21世纪高等学校电子商务专业规划教材

张宝明 李学迁 编著

网络金融

清华大学出版社
北京

内 容 简 介

网络金融作为信息技术与现代金融相结合的产物，具有形态虚拟化、运行方式网络化的特征，对创新金融服务渠道、充分激发商业流通和社会经济发展发挥了重要作用。

本书作为研究网络金融工具、业务及其活动的教材，内容涉及网络金融数据处理、网络金融安全、网络金融业务和网络金融监管等各个方面，融合了信息技术、金融理论与实务、数学理论、管理和营销等学科知识，具有很强的学科交叉性。

本书的特色是突出了网络金融数据处理、网络金融交易、网络货币、网络支付和网络金融服务的地位，对网络货币的安全机制、流通机制和网上金融产品的交易类型和具体的算法模型进行了详细介绍，对网络支付的最新发展进行了全新诠释，理顺了网络金融与电子商务的关系。

本书可作为高等院校金融学、国际商务、电子商务、信息管理等专业本科生或研究生的教材或教学参考书，也可作为相关领域高级管理人员的培训用书。

图书在版编目(CIP)数据

网络金融/张宝明，李学迁编著. —北京：清华大学出版社，2017(2020.7重印)
(21世纪高等学校电子商务专业规划教材)
ISBN 978-7-302-46488-4

Ⅰ. ①网…　Ⅱ. ①张… ②李…　Ⅲ. ①金融网络—研究　Ⅳ. ①F830.49

中国版本图书馆CIP数据核字(2017)第025455号

责任编辑：魏江江　张爱华
封面设计：常雪影
责任校对：胡伟民
责任印制：沈　露

出版发行：清华大学出版社
网　　址：http://www.tup.com.cn，http://www.wqbook.com
地　　址：北京清华大学学研大厦A座　　邮　　编：100084
社 总 机：010-62770175　　邮　　购：010-62786544
投稿与读者服务：010-62776969，c-service@tup.tsinghua.edu.cn
质量反馈：010-62772015，zhiliang@tup.tsinghua.edu.cn
课件下载：http://www.tup.com.cn，010-83470236
印 装 者：涿州市京南印刷厂
经　　销：全国新华书店
开　　本：185mm×260mm　　**印　　张**：18.75　　**字　　数**：470千字
版　　次：2017年4月第1版　　**印　　次**：2020年7月第3次印刷
印　　数：2801～3100
定　　价：39.50元

产品编号：070795-01

前　言

作为我国战略性新兴产业的重要组成部分，电子商务和网络金融在培育经济新的增长点，保持经济高速增长，促进大众创业、万众创新，建设科技创新中心等方面发挥了重要作用。大力发展电子商务和网络金融，实现“创新驱动、转型发展”，这对于优化产业结构、满足和提升消费需求、带动就业都具有十分重要的意义。

从狭义上讲，网络金融是指在互联网上开展的金融业务及其活动，如网上银行、网络支付、网络借贷、网络众筹、网络基金销售、网络保险、大数据金融等；从广义上讲，网络金融是指以各种信息技术为支撑、遍及全球范围内的所有金融业务及其活动。与前者相比，后者不仅包括了前者的全部内容，还包括了网上金融安全、网上金融监管等方面的内容。网络金融不同于传统的以物理形态存在的金融活动，它是存在于电子空间中的金融活动，是信息技术特别是互联网技术飞速发展与现代金融相结合的产物，具有形态虚拟化、运行方式网络化的特征。同时，网络金融也是金融信息化发展进程当中出现的重要成果，是信息科技与金融服务紧密结合的集中体现。以IT支持的金融业务，为企业和公众提供了更加便捷、高效和多样化的服务渠道，对推动金融创新和可持续发展，充分激发商业流通和社会经济发展发挥了积极作用。

经过多年的沉淀与洗礼，网络金融在中国得到蓬勃发展。传统金融企业和互联网企业涉足到网络金融这个行业中，对人们的社会生活、企业管理与业务发展、政府服务与监督带来了革命性的影响。目前，网络金融竞争激烈，为提高收益、控制风险，许多互联网金融公司正在寻求创新突破，向专业化、场景化、数据化、共享互联网金融发力，出现了许多新的网络金融业务和形式。

在此情况下，高校及其相关专业需要了解网络金融的发展趋势，熟悉其相关业务和运作机理，及时更新教材内容，提升教学手段，以符合人才培养要求，满足社会发展需要。

为此，上海理工大学专门组织了一批专家对急需编写的教材进行筛选，并筹集资金，设立教育教学项目，扶植教材编写。同时，为加强和规范学校教研项目的管理工作，发挥各类教育教学项目和项目经费匹配资助的积极作用，学校设立了“精品本科”系列教材建设项目。本书正是“上海理工大学‘精品本科’系列教材”成果之一。

“网络金融”作为研究网络金融工具、业务及其活动的学科，融合了信息技术、金融理论与实务、数学理论和管理与营销等学科知识，具有很强的学科交叉性。同时，网络金融作为一门新兴的应用性学科，它紧密联系实践应用，又具有很强的操作性，需要较高的综合分析能力。教材的编写具有一定的挑战性。

本书在作者讲授“电子金融”课程的基础上，结合原有教材(《电子金融学》，2011年9月，立信会计出版社)和现有互联网金融的发展成果撰写而成。全书共分9章，其中第1～7章由张宝明撰写，第8～9章由李学迁撰写。在本书撰写的过程中，得到了不少金融学和电子商务专家的帮助，还得到了郑让让、谢雨彤、樊晓露、侯若男、陆仕超、钮丹倩、张帆、周慧、梅洁、傅傅云、黄雅宇等许多研究生的帮助，在此特表谢意。

本书的特色是突出了网络金融数据处理、网络货币、网上金融产品定价与交易、网络支付和网络金融服务的地位，对网络货币的安全机制、流通机制和网上金融产品的交易类型以及具体的算法模型进行了详细介绍，对网络支付的最新发展进行了全新诠释，理顺了网络金融与电子商务的关系。

本书在阐述网络金融的相关理论、工具、业务的同时，力图创新，尽量反映产业升级和技术进步，但限于能力水平，书中难免出现错误和不如意之处，恳请读者谅解并批评指正。

张宝明
上海理工大学
2016年9月

目　　录

第1章　网络金融概述

综观人类历史发展的进程，人类社会每一次革命性的发展，都与技术的重大突破息息相关。比如铁器的发明，蒸汽机的使用，计算机的普及等。同样，互联网的发明以及普遍使用不可避免地也给人类社会带来了深刻影响，在政治、经济、文化、思想等各个领域，发挥着巨大的作用。

1.1　互联网及其对金融业的影响

1.1.1　互联网技术

互联网来源于阿帕网（Defense Advanced Research Projects Agency Network，ARPANET，http://www.cs.utexas.edu/users/chris/think/ARPANET/），由美国国防部高级研究计划局于1968年开始组建，1969年第一期工程投入使用。之后阿帕网不断完善，终于在1982年衍生出一个全球性的互联网络，即因特网。

互联网技术发展经过了三个历史阶段：

第一阶段，实现计算机与计算机的连接。最初阿帕网遵循拉里路线，采用分组交换、分布式的网络控制、TCP/IP分层构建的方式，将不同功能的计算机连接在一起，实现信息传输和资源共享。伦纳德·克兰罗兰于1964年提出"包交换理论"，信息不再点对点传输，被"打包"分割成固定大小的块，每个包上都注明了从哪里来以及传向哪里，通过网络接口传送到目的地后，再进行组合汇聚，还原得到原始信息。同时，由于采用了保罗·巴兰的分布式网状结构，在人类信息交流的世界里，处于特权地位的中心被解构了，每一个普通个人与每一个组织机构划时代地拥有了平等地位，由此带来了社会结构扁平化。起初实验在洛杉矶与斯坦福之间进行，距离500多公里，尽管只传输了Login的头两个字母，但意义非凡："这是不同凡响的Lo，这是史无前例的Lo，这是属于分布式与包交换的Lo，这是孕育大数据与云计算的Lo。"

第二阶段，实现计算机与人的连接。在1991年之前，网络虚拟空间使用不同的系统交换数据，各种不同的文字、声音、图像等文件，驻留在计算机硬盘的底层深处，人们在不同的符号世界难以沟通，只有专业的人士才能通过复杂的代码程序前往特定的地方捕捉特定的信息。在1989年，欧洲核子研究组织（CERN）的科学家Tim Berners-Lee创建了一个称为Web（World Wide Web，万维网）的分布式超媒体系统，能够使用Web浏览器，通过链接的方法访问因特网服务器上的资源，从而主动地按需获取丰富的信息。这样，在网络世界中，人们就再也不会迷路了。

第三阶段，实现人与人的连接。基于物联网、大数据和云计算的智能生活时代，实现了"每个个体、时刻联网、各取所需、实时互动"的状态，也即是一个"以人为本"的互联网思维指引下的新商业文明时代。在今天，信息的传播方式已经由单向传播转为双向传播，因为有了智能手机，用户可以进行反向沟通，每个个体都会与品牌产生互动。与此同时，受众对公司的认知也不仅来源于公司的主动传播，同时还包括从其他受众和媒体那里得到的信息认知和口碑传播。在媒体社交化和移动化的今天，除了关注不断更新和发展的技术与设备，人与人之间的连接更加重要。

1.1.2 互联网价值

在几十年的发展当中，人们对互联网的价值已经逐渐形成共识，可以将其概括为共享、协作、自由平等、长尾、普惠和自治。互联网技术的运用，以及互联网的治理和管理，都应该建立在尊重这些价值的基础上。

(1) 共享。包括用户、产品、评价、信用等多层次数据、信息与知识、经验的共享，甚至包括商务与金融服务过程中关键算法和模型的共享。

(2) 协作。包括(商务与金融)机构相互协作，为用户提供更具价值的服务；机构与用户协作，改进产品设计；用户互相协作，实现产品与服务的筛选乃至自金融。

(3) 自由平等。商务与金融服务门槛降低，机构多元化，产品供给充足，市场竞争充分，用户拥有自由选择、评价机构和产品的权利，甚至可以(在不违反监管精神的前提下)自由提供服务。所有参与交易的主体(如买方、卖方)市场地位平等，服务提供与使用权利平等。

(4) 长尾。电子商务较之传统商务的一大优势就在于它对平民化、个性化、碎片化需求的有效满足，虚拟化的产品展示、自动化的购买流程，显著降低了销售的边际成本，允许电子商务平台提供极其丰富、多样的产品，海量用户的频繁购买，使得极其小众的产品都可能产生规模效应，实现买卖双方的共赢。

(5) 普惠。有效解决长尾问题带来的低成本、差异化效应，本身就意味着购买群体的扩大，带有普惠色彩。人人都能以合理的价格、方便和有尊严地得到所需的产品和服务，并能从正当的活动中受益。反过来，对于大量“草根”需求的广泛满足，使得电子商务平台具有爆发式的口碑传播效应，普惠成为用户规模增长的催化剂。

(6) 自治。意味着平等、民主、去中心化。一个网状结构的互联网，是没有中心节点的，它不是一个层级结构。虽然不同的点有不同的权重，但没有一个点是绝对的权威。所以，互联网的技术结构决定了它内在的精神，是去中心化，是分布式，是平等。交易结构的多元化和消费者地位的反转，与去中心化互为因果。它们共同保证了用户需求的有效满足，形成需求方规模经济，并防止强制性垄断权力的形成。

1.1.3 互联网价值重构

互联网打破产业链界限，改变了商业生态，重构了商业模式，对市场、用户、产品、企业价值链产生了很大影响。同时，互联网也正在重构传统产业价值链、资本流向和估值方法，甚至人心。一场以互联网带动传统产业转型升级、提质增效的“互联网＋”风潮，正在席卷不同产业及资本。通过“去中心化和去组织化”，打破信息的不对称性格局，透明一切信息，通过整合利用传统行业中的所有资源，实现资源优化配置，以达到资源利用的最大化。

“互联网＋”作为我国战略性新兴产业的重要组成部分，在创新企业生产经营模式、提高产业组织效率、激发市场活力、优化资源配置、促进节能减排、带动新兴服务业发展方面具有积极作用，已经成为我国国民经济新的重要增长点。互联网＋金融更是以创新的业务形态、服务形式多样化，更好地提升了金融服务和竞争力，并逐步形成一个新的金融生态体系。

1. 互联网＋商业的价值重构

伴随互联网成长起来的消费者，其消费的个性化和定制化需求越来越旺盛，这就需要传统企业在产品生产、销售及供应链方式方面随之变化，在商业模式和运作方式上做出相应的调整；需要通过互联网平台，将网站管理、电子交易、网络金融、物流服务融为一体，实现企业贸易活动、内部运营管理等所有业务过程的数字化与智能化，以开创一种全新的企业管理和经营理念。

1）打通整个商业，重构传统商业模式

互联网打破了传统行业之间的界限，不同的行业在“互联网＋”的推动下正在融合成新兴行业。例如，通信业、IT 业和传媒业相融合，形成了现代信息服务业；传媒业、娱乐业、体育业、旅游业、IT 业和地产业相融合，形成了休闲服务业；传统金融业与 IT 业相融合，形成了现代金融业；医疗业、IT 业和地产业相融合，形成了养老保健产业；等等。因此，传统商业需要“跳出商业看商业，跳出行业看产业”，主动与互联网产业相互融合，以重构自身的商业模式，完成自身的“互联网＋”之路。

2）打通信息入口和场景入口，实现 O2O 运作

产业融合的承载形式是以巨型互联网平台为基础而形成的商业生态系统，其基础是基于云计算和大数据的技术平台，其核心是数以亿计的用户和活跃用户。目前，大型互联网平台已成为人们获取信息的第一入口，具有传播价值，通过变现能直接获得商业价值。同时，平台上还聚集了来自天南海北、五湖四海而兴趣相同的人群，组合成了数目众多的社群，场景入口的价值高速成长。

因此，要想重构商业模式，必须控制信息入口，打通场景入口，也就是说，通过信息入口来获取数量庞大的用户，再通过场景入口的服务与挖掘来变现商业价值。这是未来商业模式的主要特征。为了顺利达到此目的，需要主动对接商户与平台，实行线上和线下有机互动。例如，可以考虑将商户线下实体店打造成创意设计中心、新品发布中心、新品展示中心、电子商务操作中心；同时，在平台上管理好商业运作的前提下，努力优化商业服务，对入驻平台的商户提供包括平台建设、货品拍照上传、技术维护、客户服务、融资担保以及仓储物流在内的多维度服务。

2. 互联网＋制造业的价值重构

随着互联网与制造业不断融合，产业链数据加速流动，应用模式从营销、服务端向设计、制造端不断扩散，以生产者、产品和技术为中心的制造模式加速向社会化和用户深度参与转变，互联网平台已成为制造业价值创造的重要工具。这样，通过“互联网＋”，制造业价值链得到重构、优化和提升，突出表现在以下几个方面。

1）个性化生产设计

在互联网＋制造业下，传统以“生产企业为导向”的规模型设计转向以“用户为导向”的个性化设计。从产品功能研发到产品包装设计，每一个部分都通过互联网思维与用户建立关联，得到更广泛的互动，从而形成有效的生产制作方案。强调用户的参与度，尊重用户的个性化需求，是互联网＋制造业下的一大显著特征。

2）智能化供应链管理

世界经济的发展趋于全球化、扁平化，企业供应链变得越来越复杂，越来越动态，与业务伙伴的协作关系、产品设计研发和工程化服务业务的外包越来越多，供应链管理面临着成本控制、可视性、风险、客户要求和全球化的重大考验。在企业运营过程中，利用"互联网＋"，实现供应链的"灵活性与稳定性、风险与业绩"以及供应链管理的"方便与复杂"的有效平衡，显得尤为重要。也就是说，通过物联网、移动网、互联网、大数据、云计算等技术，实现智慧供应链管理，以改善企业生产、流通、交易等的效率和效果，降低成本，提高服务质量。

3）大数据利用

制造业生态的数据资产是衔接生产性服务业与制造业生态的纽带。这些数据资产包括生态中的供应链数据、企业经营数据、物流数据、其他的市场交易数据等。这些数据资产不但构成评估生态内企业信用评估的基础，而且可以提前侦测生态的健康指数，成为对接制造业生态和生产性服务业的纽带，是现代制造业的灵魂。

在互联网＋制造业平台中，汇集了包括核心企业、（原材料）供应商、（产品）制造商、分销商、零售商、相关服务商和终端客户等，业务范围涵盖制造业产业链、生产性服务业和其他一些业务。

在制造业产业链中，起关键作用的核心企业可以借助平台从事战略规划、供应链业务协同；供应商可以借助平台从事包括材料展示、供应商资料管理、招投标管理、物资需求调剂等业务；制造商可以借助平台从事商机评估、顾客需求调研、现货交易、期货交易、资源再生处置、业务过程控制、核算分析、角色管理等业务；分销商可以借助平台从事业务处理、销售管理、财务管理、客户服务等业务；零售商可以借助平台从事零售管理、商品促销、客户服务、移动营销等业务。

在生产性服务业中，利用大数据可以从事包括供应链金融服务（业务包括核心企业选择、融资申请、在线审批、各种方式融资、动产质押、（内外贸）信用转递、自动监测预警）、智慧物流（业务包括运输管理、仓储服务、货代服务、决策模型分析）、运营服务（业务包括软件开发管理、信息系统集成、投资与资产管理、知识产权服务、教育与培训、广告）等类型的业务。

3. 互联网＋金融的价值重构

当前，依托互联网创新应运而生的金融产品如雨后春笋，层出不穷。2014 年 6 月，阿里巴巴发布"余额宝"，上线 2 个月吸收 200 亿元资金；2014 年 7 月，新浪发布"微银行"，涉足理财市场；2014 年 8 月，腾讯微信 5.0 与"财付通"打通，加入了支付功能。2013 年 8 月，巨人网络宣布推出"全额宝"，让玩家在游戏系统内沉淀的资金能实现保值、增值……。这些快捷的金融服务，为何在传统银行业里未曾见到？换句话说，互联网金融究竟凭什么能够提供这些价值创新服务？

1）互联网＋金融的价值重构理论

互联网＋金融的价值重构的本源来自于三个理论：第一个是"长尾理论①"，第二个是"产业融合理论"，第三个是"双边市场理论"。

① 长尾理论认为：互联网使产品的配销变得越来越容易，加上推荐系统的使用，使得消费者能够了解到以往不怎么引人注意的产品。这样，人们的需求就能从需求曲线"头部"（最热门的产品）转向由长长的"尾部"所代表的聚合购买力，"尾部"是由人们对各种利基产品的需求构成的。

(1) 长尾理论。首先,经济学基本规律告诉我们,需求决定供给、供给创造需求。从这个意义上来讲,一方面互联网金融顺应了市场需求的结果,只不过这些需求在传统银行业看来属于小众市场;另一方面它的出现也创造、激发出了一些潜在的需求。

按照克里斯·安德逊(Chris Anderson)2004年提出的"长尾理论",传统银行由于追求规模经济性,总是将有限的资源集中在对利润贡献最大的业务领域,也就是销量品类平面图当中销售曲线的头部,通常称为"畅销产品",在银行业里具体表现为存贷和支付两大业务。而对于向小微企业贷款、小额理财、P2P、个人借贷担保等"尾部"业务,银行则无暇顾及,或者由于风险比较高而不愿意涉足。这就为互联网金融公司提供了利基市场空间。可以说,互联网金融是对传统金融机构的一个"补位",在业务定位上是具有较大差异化的。

其次,由于这些小众的利基市场的空间分布较为分散,只有依靠柔性服务技术才能将多品种、小批量的碎片化需求聚集在一起,实现范围经济性。而互联网为这些价值创新提供了强大的技术支持。可以说互联网金融是互联网产业和金融产业融合发展的必然结果。

(2) 产业融合理论。克拉克·科尔(Clark Kerr)等学者在20世纪60年代提出的"产业融合理论"指出:产业融合一般要从技术融合开始,发展到产品或者说业务融合,再到市场的融合。

如今,银行的主要竞争对手不再是银行,而是来自互联网企业的跨界进入,这说明促进互联网产业与金融业的融合已经从技术融合发展到业务融合阶段。因此,互联网支付、网络贷款、在线理财等业务创新形态大有井喷之势。在此过程中,出现了所谓的"金融脱媒"现象,即金融服务脱离传统银行媒介,主要就是资本脱媒和技术脱媒,这对传统银行的主营业务板块产生了冲击。但是,只要银行以积极的姿态应对挑战,相信随着市场的深度融合,传统银行与互联网公司一定可以找准自己的角色定位,共同打造好"互联网金融产业生态圈"。互联网金融并不是要消灭实体银行,恰恰相反,它将有利于银行重新塑造自己的核心能力,最终提高银行业的国际竞争力。

(3) 双边市场理论。互联网金融价值创新的优势主要来源于平台经济性。传统银行以资产和负债等自营业务为主,尽管最近几年"表外"的中间业务得到了快速发展,银行作为金融中介提供了一些代理服务,但是不可否认的事实是:银行的盈利来源仍然高度依赖于存贷利差,也就是差价模式。而随着利率市场化进程的推进,差价红利将逐渐丧失,单边市场交易模式的竞争力下降将不可逆转。这也是当前传统银行业转型发展面临的现实困境。

互联网金融企业则主要提供平台型的金融服务。按照罗切(Rochet)和梯若尔(Tirole)等学者提出的"双边市场理论",一个双边或者多边的平台同时连接着双边或者多边的用户,为用户的交易提供平台服务,它的盈利模式主要是以交易佣金为主,而不是差价。互联网金融企业充分利用平台的集聚功能,促进双边用户规模的交互增长,并利用互联网技术为高度分散的供需双方进行配对交易提供便捷服务,对"尾部"需求的开发达到极致。总之,在平台经济条件下,供需双方进行直接交易,交易成本大大降低,匹配效率显著提高。

2) 互联网+供应链金融

近年来,经济的全球化、资金的短缺或成本高昂、技术的成熟和网络效应等因素,使得供应链金融具有越来越大的价值,受到银行、金融科技公司等创新型组织普遍关注。

供应链金融(Supply Chain Finance)是指银行将核心企业和上下游企业联系在一起,提供灵活运用的金融产品和服务的一种融资模式。供应链金融在解决供应链中的中小企业融资难、融资贵、融资乱问题的同时，通过计划、执行和控制金融资源在组织间的有序流动，有效压缩了供应链企业的整体风险，降低了单个企业的不可控风险；通过供应链运营，在共同创造价值的同时，实现了金融增值和供应链优化。

供应链金融从肇端至今，运作模式经历了三个不同的发展阶段，致使其业务体系结构、流程管理和相关要素发生了很大改变。

(1) 供应链金融1.0和供应链金融2.0。在供应链金融1.0阶段，从业务体系结构上看，商业银行是供应链金融的主体，产业供应链的参与各方与银行之间存在资金的借贷关系，但与传统借贷相比，其结构发生了改变。也就是说，传统借贷是点对点的关系(银行与借款人之间的关系)，而供应链金融1.0则是点对线的关系(银行与供应链参与各方之间的关系)，如图1-1和图1-2所示。

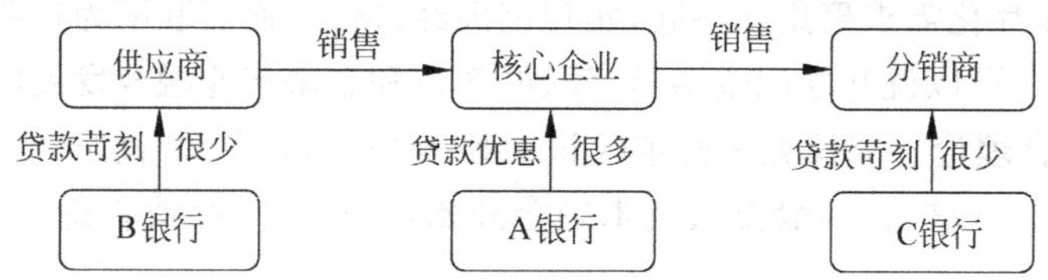

图1-1 传统融资模式业务体系结构

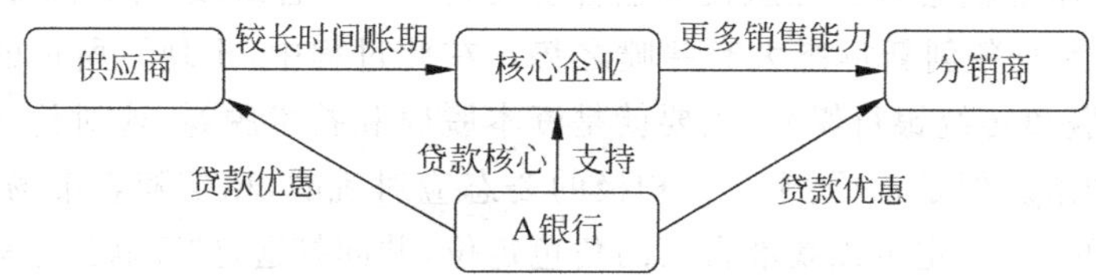

图1-2 供应链融资模式业务体系结构

尽管如此，作为金融服务的主体——银行并没有真正参与供应链运营的全过程，只是依托供应链中的某个主体信用，延伸金融服务。

从流程管理来看，作为供应链金融服务商的银行只是在关注资金流在供应链中的状况，包括资金使用的目的、使用的过程和效果，以及资金的偿还，如图1-3所示。至于供应链中的其他流程，诸如供应链能力管理、需求管理、客户关系管理、采购与供应商管理、服务传递管理等很少涉足，即便银行想要了解和管理这些流程，也因为没有产业供应链运营的切入点，较难实现。也正是因为如此，资金流的管理难以渗透到业务运行的过程中。

从要素和信息流看，供应链金融1.0更加强调有形要素，也就是说，为了能够控制和降低供应链金融运营中的风险，其业务非常注重基于"物"的要素，基本单元包括应收账款、库存和预付款，如图1-4所示。

在供应链金融1.0阶段，大多数都是基于如上3个要素而开展的金融业务，如基于应收账款类而开展的保理融资、保理池融资、反向保理、票据池授信等；基于库存类开展的静态抵质押、动态抵质押、仓单质押等业务，以及基于预付类开展的先票(款)后货、保兑仓等业务。

所有这些业务的管理核心都是保证"物"的真实性、保全性和价值性。在无形的信息流方面，供应链金融1.0的把握程度较低，只是通过信息化手段能及时掌握"物"的状况以及资金运用和偿还的情况。

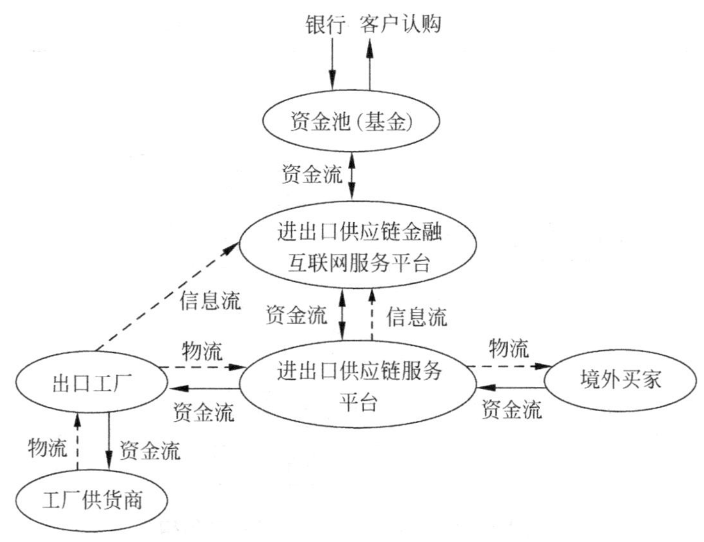

图 1-3 供应链金融 1.0 流程管理

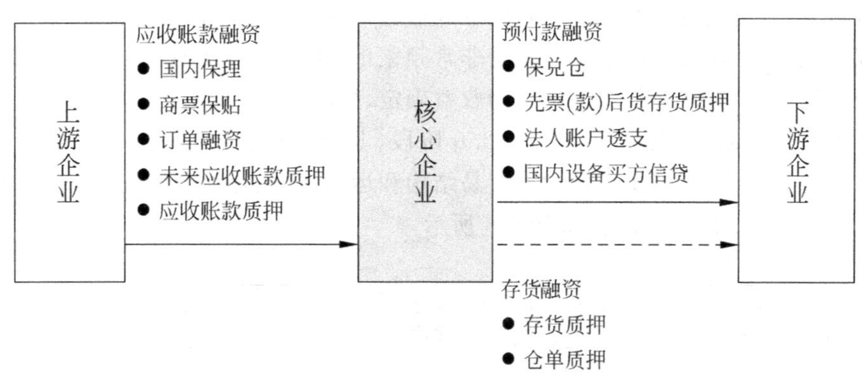

图 1-4 供应链金融 1.0 产品体系

在供应链金融 2.0 阶段，从业务体系结构上看，金融服务的主体以及其在供应链中的位置已经发生了变化，如图 1-5 所示。供应链金融服务的提供者逐渐从单一的商业银行转向供应链中各个参与者，也就是说供应链中的生产企业、流通企业、第三方或第四方物流，其他金融机构（如保理、信托、担保等）都可能成为供应链金融服务的提供方。

因此，在从事供应链金融业务的过程中，出现了生态主体的分工，即供应链直接参与方成为供应链金融交易服务提供商（供应链运营信息的聚合）和综合风险管理者（供应链金融业务的设计和提供），传统的商业银行逐渐从融资服务的主体转向流动性提供者（提供资金方）。

在供应链金融 2.0 阶段，由于服务企业不仅与上下游企业、物流服务提供商、商业银行产生关联，而且整个的交易过程、物流过程和资金流过程是由服务企业设计和组织，供应链其他各参与主体与服务企业之间形成序列依存关系，因此其在网络中具有很好的信息资源。

从流程管理来看，在供应链金融 2.0 阶段，流程管理开始复杂化。为了全面地掌握供应链参与者，特别是资金需求方的状况和能力，作为供应链金融服务提供方的服务企业需要全

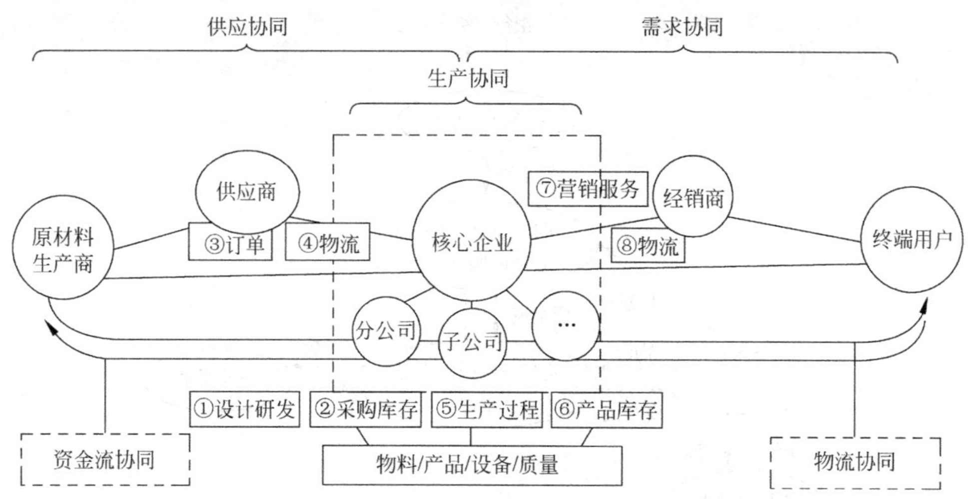

图 1-5 供应链金融 2.0 业务体系结构

方位地管理供应链各个流程,包括参与企业的能力、供应链计划、供应链采购、供应链生产、供应链分销、供应链退货以及各种保障流程和措施,因此其管理的流程呈现出多维的特点。

不仅如此,各个流程之间的互动也是非常频繁的,通过各个流程之间的互动和衔接,能保障供应链运行顺利,从而使得融资行为收益确定、风险可控。

从要素和信息流看,在供应链金融 2.0 阶段,非常强调流动中的“物”,而不是绝对的“物”的状态,亦即通过把握供应链中的交易结构和运营,来更好地判断资金需求和可能的风险,为供应链融资决策提供支撑,如图 1-6 所示。

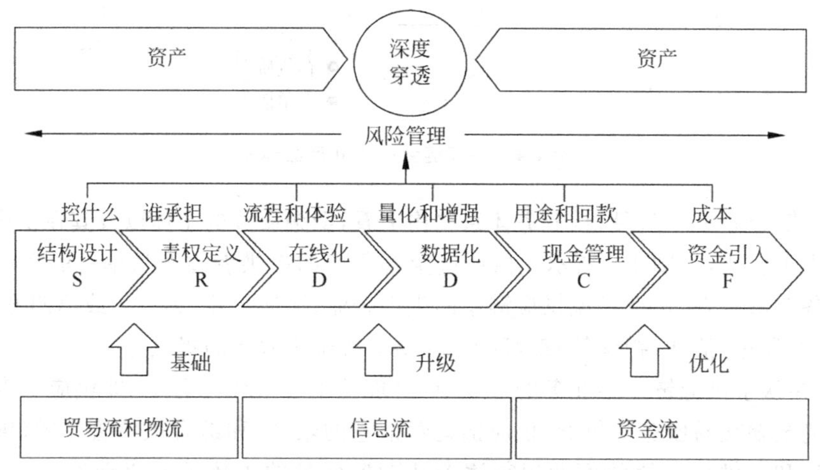

图 1-6 供应链金融 2.0 中的相关要素和信息流

因此,在无形的信息流把握上要求较高,需要及时、准确地掌握商流和物流产生的信息。

(2) 互联网+供应链金融。在“互联网+供应链金融”阶段,从业务体系结构来看,作为金融服务主体的企业的功能和位置发生了更大拓展。此时服务企业不仅是供应链运营的组织者,而且成为供应链平台的建构者,如图 1-7 所示。

在供应链金融 2.0 阶段,服务企业发挥着供应链业务协调者和流程管理者的作用;而

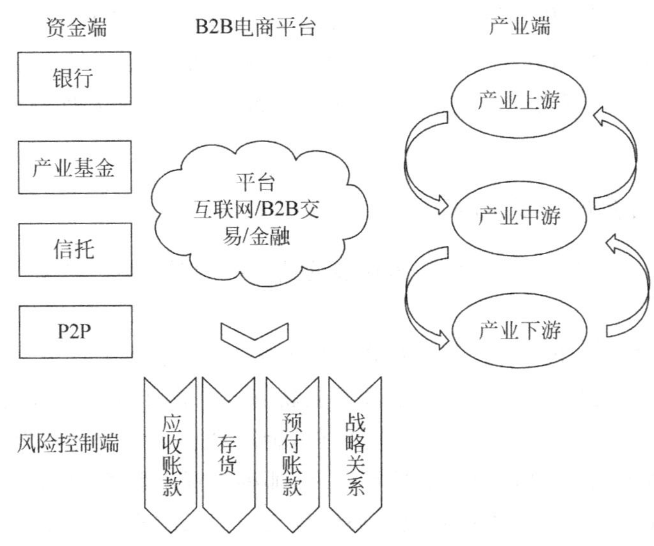

图 1-7　"互联网＋供应链金融"业务体系结构

在"互联网＋供应链金融"阶段，除了上述功能外，服务企业更是网络链的平台建设者、管理者和规则制定者，因此，服务企业与其他组织和企业之间的关系不仅是序列依存，更是池依存和相互依存关系。

此外，网络中的参与主体范围极大扩展，不仅是供应链各环节都形成了复杂的群落（如不再是单一的上游或下游，而是上游或下游本身就形成相互作用、相互影响的网络），而且供应链的参与方从直接利益相关方延伸到了各种间接利益相关方（如一些政府管理部门、行业协会等）。

从流程管理看，在"互联网＋供应链金融"阶段，由于其网络结构呈现出平台化、高度关联化的特征，因而管理流程既高度复杂又呈现出互动化的特征。这一阶段的流程管理需要管理好横向价值链流程、纵向价值链流程以及斜向价值链流程。

从要素和信息流看，"互联网＋供应链金融"阶段不仅仅要求整个网络有清晰的交易结构和交易关系，而且在信息流的维度上实现了高度的融合，这表现为：一方面信息的来源呈现出了高度的复杂性，即信息不仅来自于人与人的互联（如交易），也来自于人与物的互联以及物与物的互联；另一方面信息的形态极大地复杂化，在这一阶段金融业务风险控制的信息不仅是供应链运营这种结构化的信息，而且包括沟通、交流等非结构性的信息，通过这种复杂综合性的信息来刻画供应链网络的状态和活动。

综上分析，可以看出：

第一，"互联网＋供应链金融"之所以能够成为中国和世界其他国家和地区共同关注的话题，其核心在于供应链金融不是纯粹的金融活动或者游戏，而是立足在产业供应链并服务于产业供应链的行为，它对于优化供应链现金流量周期，乃至提升产业供应链竞争力都至关重要。

第二，"互联网＋供应链金融"本身是一个不断发展的概念，它逐渐从要素金融活动走向流程化金融，逐渐从单一的借贷走向生态化金融，从而实现依托供应链中的商流、物流和信息流带动金融资源在组织间的流动，同时又反过来推动产业供应链的发展。

第三，要使"互联网＋供应链金融"真正能够发挥推动实体产业发展的作用，就需要踏踏实实地建构供应链平台，做好供应链服务，为中小企业降低产业交易成本和资金成本，而不是假借"互联网＋供应链金融"的名义，大行资本游戏，甚至成为盘剥产业链弱势企业的手段。

1.1.4 互联网对金融业的影响

在快速发展的信息时代，以互联网为代表的信息技术对金融业产生了很大影响，主要体现在以下几个方面：

首先，改变了金融竞争规则。基于互联网的开放性、信息充分性的提高，信息技术实现了信息在全球范围内的传递，不仅赋予了金融业新的经营管理方式，提升了金融业的国际化程度，而且构建起了全新的金融竞争规则。所以，金融企业无论实力雄厚还是规模弱小，无论是老字号还是新生代，在新的市场竞争规则下，那种靠资本取胜、规模取胜、地域取胜的时代已经过去，竞争的起点一致，中小企业把握信息技术带来的机遇可以与大企业并驾齐驱。

其次，带来新的风险，促使金融监管模式发生改变。信息技术提高了效率，但信息技术也同样增加了全球金融市场的风险。金融市场是一个高科技的市场，金融的信息化、网络的虚拟化、业务的网络化和资本市场的全球化，给监管者带来的挑战是全方位的，利用风险管理技术来实现全球化的监管是各个监管机构普遍的潮流。

第三，经营管理的格局，促进了金融业务创新和市场创新。通过互联网的支持，企业经营由分业走向混业，催生各种网上金融业务，如网上消费信贷、电子账单处理与支付(EBPP)和电子通信网络(ECNs)等业务，并形成新的保险比较市场、场外市场、公司债等流通市场。20世纪90年代，信息技术的发展出现了一个前端多个后台，提供支持多样化金融需求业务的可能性，企业经营也曾出现过混业经营的模式。从产品开发的角度看，任何金融产品都意味着特色的需求，提供特色的供给。因此，需要对特色的需求的深度和广度进行准确判断。对新产品中短期的盈利性进行客观的分析，这种准确判断和客观分析一定要借助信息化手段，没有信息手段难有一个准确的市场判断。

20世纪70年代以来，国际金融市场上最显著的三个变化是资产证券化、金融市场国际化和网上交易，信息技术的发展是催生这些变化的重要物质基础。信息技术的进步减小了金融市场中的信息不对称，减轻了逆向选择和道德风险问题，以前金融机构资产负债表中的资产现在可以在国际市场进行交易。金融机构通过分类定价和对风险的重新包装，使得不透明的资产变成了信息充分的有价证券，这样这些资产不但可以交易，而且交易成本也下降了。交易成本的下降增加了这类债务的供给并加强了它们的流动性。因此，债务市场发展起来，而且规模越来越大，可交易的债务工具也越来越多，许多债务不仅可以以银行贷款的形式出现，而且可以作为新兴的金融产品在证券市场上进行交易，如CMO债券等。

第四，改变了金融机构组织形态。信息技术能使金融企业提高管理效率，促使组织柔性化、决策分散化，金融业的高度信息化和知识化使得服务前台或管理机构的信息能够实时地传送到决策者。决策的智能化和快速反应大大提高了管理效率，扩大了管理范围，减少了管理层次，促进了金融企业的管理模式向扁平化发展。

第五，改善了信息不对称性。信息从垄断的金融机构向消费者或中小投资者方向转换，通过网络通信技术，突破了信息障碍(即信息的非对称性)，消费者可以无偏颇地得到丰富的优质信息。

第六，产生了完全的价格破坏，促进了价格模式的创新。创新是企业发展的源泉，新技术的出现必然破坏原有竞争的平衡，产生“创造性破坏”（熊彼特语），引起行业变革，促使企业从内部变革经济结构，信息技术的这种“创造性破坏”能力，造成了金融产品价格的完全破坏，超越了降价范畴，使交易成本越来越低。

1.2　互联网金融的产生与发展

1.2.1　电子商务的出现及其创新

电子商务（Electronic Commerce，EC）是以信息网络技术为手段，实现消费者的网上购物、商户之间的网上交易和在线电子支付以及各种商务活动、交易活动、金融活动和相关的综合服务活动的一种新型的商业运营模式。电子商务的出现，给社会、经济、政治等带来了巨大影响。

电子商务的初衷在于依托互联网技术把传统的商品贸易形式迁移到线上，以降低交易成本，吸引价格敏感用户。随着参与者的增加和交易额的上升，电子商务日益红火，与传统商务的区别日益明显，大有颠覆传统商务之势：

首先，它通过新型的交易技术（线上交易、网络支付等）扩大了销售范围和消费者的选择权，提升了消费者的消费体验，降低了产品展示与销售的成本。

其次，它带动了企业的经营过程（依托信息系统的企业流程再造）、组织机构（依托快速信息交流的组织机构扁平化）和生产工具（柔性生产、制造技术）的优化，降低了生产与运输成本。

第三，它为企业搜集、理解相应用户的个性化需求提供了快速、低成本的手段（如在线反馈、客户关系管理系统、基于数据的客户需求分析系统等）。

总之，电子商务以交易上网为契机，不但节省了交易成本，提高了商务效率，而且驱动、融合了整个产业链（包括生产、物流、渠道和支付）的改造。其特点在于：

一是价值创新。电子商务把互联网作为商品销售渠道，与线下渠道形成差异化竞争策略。单就购买体验来讲，它与线下渠道互有长短，但是电子商务具有关键的低成本优势，为用户创造了更大价值。

二是覆盖头部市场和长尾市场。对于标准化的热门产品需求，电子商务可以轻松满足。对于个性化的小众需求，由于品类足够丰富、商品供应者众多，这些需求同样可以被满足，而其满足成本与热门商品并无显著差异。

三是以消费体验带动流程优化。对于用户体验的重视是电子商务成功吸引海量用户高频购买的前提。这种体验不仅体现于软件操作层面，而且贯穿于商品查找、支付、交付和售后服务的全过程。例如，对于商品交付周期和价格的关注，导致供应链不断优化，直接促进了物流行业的大爆发。

四是消费者地位的反转。电子商务汇集起来的庞大用户数，使得个性化产品也能拥有不小的市场。在商品的设计与生产、自身权益保护方面，个人消费者开始拥有发言权。消费者地位的反转推动了制造企业流程的再造，强化了渠道的服务职能，使得商业服务更加贴近本质。

由此可见,电子商务的创新在于:

(1) 交易技术。主要表现为以技术降低成本、简化支付和优化体验,促进海量用户频繁交易,激活了增量市场。

(2) 交易结构多元。电子商务提供了 B2B、B2C、C2C 和 C2B 等丰富的交易渠道,既涵盖了传统的批发和零售,又包括新型的团购、个人预售和集体定制。多样化的交易渠道形成多元化的交易结构,为消费者带来充分的选择权利,有效地防止了个别商家对于产品和渠道的垄断,确保不同层次消费者的不同需求均可以得到有效、实惠地满足。

(3) 权利契约平等,即消费者地位反转(或称消费者主权崛起)。在电子商务环境中,消费者拥有对商品和服务的评价权,这种权力直接影响商家的信誉和商品的销量,尤其是团购和 C2B 模式的出现,使得用户对于产品的设计与生产也拥有一定的发言权。换言之,生产者、销售者的权力被用户分享,后者以购买、评价、参与等行为与前者达成平等契约。在此平等契约面前,生产者和销售者的强制性垄断权力难有容身之地。

此外,电子商务的创新并未改变商务的逻辑,却使得商品更加贴近商业服务的本质——对接生产者和消费者。电子商务的核心不仅在于互联网技术,更在于互联网逻辑(思想)。

1.2.2 互联网金融及其发展

电子商务的出现极大地推动了互联网金融发展。互联网金融是互联网与金融的结合,是借助互联网和移动通信技术实现资金融通、支付和信息中介功能的新兴金融模式。广义的互联网金融既包括金融机构通过互联网开展的业务,也包括非金融机构(互联网企业)所从事的金融业务。狭义的互联网金融仅指互联网企业开展的、基于互联网技术(如网上支付、云计算、社交网络以及搜索引擎)的金融业务,如第三方支付、网络借贷、网络投融资、网络理财、大数据金融、信息化金融机构、互联网金融门户,等等。

1. 互联网金融的特征

互联网金融(IT FIN)不是简单的"互联网技术的金融",而是"基于互联网思想的金融"。其重点应是基于互联网思想,让社会所有成员都有权利和手段参与金融活动,在信息相对对称中,自由平等地获取金融服务;借助低成本的自动化决策技术和更加高效便捷的交易技术,实现金融交易活动的有效性和民主化,并表现出"自下而上、去中心化、资源共享、信息交互、契约重构"的特点。

1) 金融"脱媒"

P2P 借贷和众筹融资是互联网金融的典型业务,这种需求对接形式脱离了金融机构,省去了传统的金融媒介。不过,完全脱媒并不现实,P2P 等业务平台就是一个媒体。金融脱媒的实质,在于信息不对称的消除和金融权利的觉醒。网站聚集大量的金融供给与需求,促进了信息透明化,削弱了传统金融机构利用信息不对称所建立的交易壁垒,使得交易渠道扁平化。

2) 长尾市场

满足长尾市场的关键在于降低交易成本,给予用户充分(体现在产品丰富、选择成本低)的自由(体现在无强制契约、合法前提下的风险自负)选择(体现在信息透明、评价充分)的权利。互联网金融通过交易技术、交易结构和权力契约的创新,满足了长尾市场要求,实现了人人平等参与金融活动，改善了“中小企业贷款难、小微企业直接融资难、民营企业受歧视、低收入群体无法获得合适的金融服务、资金产出效率低”等现象。

3）普惠

互联网降低了行业运营成本，支持普遍的差异化产品。海量、低价包含和体现了普惠精神。

4）去中心化

金融权力为大大小小的节点所分享，权力的大小由它所服务的用户决定。用户根据自身需要，在不同节点之间迁徙，金融权力时刻处于自由竞争、协同演化的状态中。但总体系统是稳定的。

2. 与传统金融的区别

互联网金融不是互联网和金融业的简单结合，而是在实现安全、移动等网络技术水平上，被用户熟悉接受后(尤其是对电子商务的接受)，自然而然为适应新的需求而产生的新模式及新业务，是传统金融行业与互联网精神相结合的新兴领域。

与传统金融相比，互联网金融不仅与金融业务所采用的媒介不同，而且更重要的是金融参与者深谙互联网“开放、平等、协作、分享”的精髓，通过互联网、移动互联网等工具，使得传统金融业务具备透明度更强、参与度更高、协作性更好、中间成本更低、操作上更便捷等一系列特征。

3. 互联网金融的发展

20 世纪 80 年代以来，全球金融业经历了一场史无前例的大变革，创新化、自由化、全球化、信息化成为浪潮，在此浪潮的洗礼下，产生了一个新的产业——互联网金融业。互联网金融业的出现，给传统的金融市场产生了巨大的影响，使金融业结构发生很大的改变，混业经营的模式日渐增多，电子交易与电子支付的比重日益提高，金融机构的发展日益全能化、规模化、市场化、多元化，金融监管与金融安全日益受到重视。所有这一切的发生，究其背后的动力和原因，一是信息技术的发展及其在金融业的应用和推广，二是金融革命的影响。

在互联网金融下，因为有搜索引擎、大数据、社交网络和云计算，市场信息不对称程度非常低，交易双方在资金期限匹配、风险分担的成本非常低，银行、券商和交易所等中介起到的作用很小；贷款、股票、债券等的发行和交易以及券款支付可以直接在网上进行。所有这些，使得这个市场充分有效，接近一般均衡定理描述的无金融中介状态。

纵观互联网金融的发展，延续了两个基本的路径：一是金融行业走向互联网；二是互联网企业进军金融业。

1）金融互联网：金融行业走向互联网

20 世纪 70 年代以来，金融自由化①浪潮席卷全球，成为西方发达国家金融创新的主流。其核心要义是：实行金融自由化改革，充分发挥市场机制作用，减少政府干预管制，以增加储蓄与投资，改善资源配置的效率。金融自由化的结果：使相关国家的金融抑制得到缓解，

① 金融自由化理论是新自由主义经济思潮在金融领域中的反映。新自由主义经济思潮的典型代表学派有现代货币主义、弗来堡学派、哈耶克新自由主义、合理预期学派、供给学派等。

许多金融机构的投融资能力得到增强，并吸引了大量投资，有力地促进了全球经济的发展，由此得到世界银行、国际货币基金组织的赞赏与肯定。许多新兴市场经济国家也纷纷效仿，并取得不俗成果，这对以后放松金融管制、掀起金融大革命浪潮产生了深远的影响。

在此背景下，世界金融业的发展明显出现了金融管制放松化、金融产品创新化、金融市场全球化、金融机构全能化、金融业务一体化、融资全球化、金融系统网络化等特征。在此过程中，相关国家进行了一系列的实践，主要事件有：

(1) 取消对存款利率的最高限额，逐步实现利率自由化。如美国国会于 1980 年通过的《对存款机构放宽管制与货币控制法》的主要目标就是修改或取消利率限制。1982 年通过的《加恩·圣杰曼存款机构法》授权存款机构可为客户开立“货币市场存款账户”，存款利率限度由存款机构自行决定，具有有限度的转账权力。这两个法案的问世，标志着美国金融变革的真正开始。

(2) 放宽对各类金融市场的管制。如 1987 年，加拿大取消了对银行业和证券业的分立规制。许多国家同时放宽外国金融机构进入的条件，并允许本国金融机构走向国际金融市场，这极大地促进了金融业的国际化。

(3) 放宽和接触外汇管制，让资金的输出有较大的或完全的自由。20 世纪 50 年代后期，西欧各国经济有所恢复，国际收支状况有所改善，从 1958 年开始，各国不同程度地恢复了货币自由兑换，并对国际贸易收支解除外汇管制，但对其他项目的外汇管制仍维持不变。1961 年，大部分国际货币基金组织的会员国表示承担《国际货币基金组织协定》第 8 条所规定的义务，即避免外汇限制而实行货币自由兑换。

(4) 放宽对金融业务的限制，允许金融机构业务交叉，鼓励实行金融业务范围的综合化和自由化。如 1986 年 10 月，英国议会通过了《1986 年金融服务法》，实行了史称“大爆炸”的金融改革，率先放松了金融规制，允许商业银行进入证券业。这是各国放宽管制的一项重要内容。

自由主义经济思潮的复兴以及急剧变化的经济金融形势，促使人们对原来的金融监管制度重新做出评价。西方发达国家纷纷对金融体制进行调查，得出的结论基本是：现行制度已丧失了效率，不利于金融发展和经济增长。其中澳大利亚“金融制度调查委员会”的最终报告就是一个典型。该报告认为，金融自由化将产生三方面的效益：一是资源配置效益，一个不受管制的金融体系将会把储蓄资金引向收益最高的投资部门；二是经营效益，自由化所带来的竞争将减少金融机构的冗员，使金融中介的营运成本降低，从而使整个社会得益；三是动态效益，自由化的资本市场将产生金融创新以适应新的经济形势，从而提高劳动生产率。

金融市场高度的竞争化、创新化和全球化，银行、非银行，国内和国外以及反映在资产负债表内和表外的企业竞争，这一切的产生，很大一部分是由信息技术推动的。信息技术在各国金融业的应用和推广过程中发挥了重要作用。

信息技术在我国金融业的应用和推广大致分为四个阶段。第一阶段是金融后台业务电子化。在 20 世纪 70 年代之前，银行使用计算机执行简单的计算任务，计算机对金融管理起到的作用非常有限。第二阶段是 70 年代的金融业务的全面电子化。随着大型计算机、主机终端等的推出，计算机在金融业的运用逐渐由后台变为前台，终端系统中的各个信息由主机统一存储并保存。第三阶段是金融业务网络化。80 年代后期网络技术的兴起，促使金融业发生巨大的变革，网络系统的快捷、方便，无时空限制等特点，使得金融信息的沟通和金融市场的交易摆脱了时空的限制，成本大幅度下降，为金融业创新提供了有利的条件。第四阶段是金融数据化阶段。利用已有的大量金融交易的数据进行联机分析、数据挖掘，实现职能管理和风险控制。未来金融业的创新取决于金融业与信息技术的结合程度，这一趋势已成为全球金融发展的主旋律。

2）互联网金融：互联网企业进军金融业

互联网企业进军金融业经历了网上银行、第三方支付、个人贷款、企业融资、在线理财产品销售、信用评价审核、金融中介、金融电子商务等多个阶段。并且，越来越在融通资金、资金供需双方的匹配等方面深入传统金融业务的核心。

阿里金融——蚂蚁金服

2014年10月16日，在原有"阿里金融"服务的基础上，成立了阿里小微金融服务集团，即浙江蚂蚁小微金融服务集团(简称"蚂蚁金服")。作为马云"平台＋金融＋数据"的架构和规划中的重中之重，蚂蚁金服与其他金融机构一起，致力于打造一个开放的金融环境，共同为未来社会提供金融支撑，实现"让信用等于财富"的愿景。目前，蚂蚁金服的业务已经覆盖支付(支付宝)、微贷(包括淘宝小贷、阿里小贷和网商贷)、理财(余额宝、招财宝)、保险(众安在线)、担保(商城融资担保)、征信(芝麻信用)、网商银行等诸多金融领域。

事实上，蚂蚁金服的金融试水可以追溯至原阿里金融公司早期的阿里信贷业务。早在2007年，阿里金融就开始与浙江省的建设银行、工商银行合作，为阿里电商平台上的商家提供贷款服务。2010年和2011年，阿里金融又分别在浙江和重庆设立小额贷款公司，为阿里巴巴B2B业务、淘宝、天猫三个平台的商家提供额度在100万元以下的订单贷款和信用贷款。

当前，我国中小微企业高达4200多万户，占企业总数99.8%，创造的最终产品和服务价值占国内生产总值60%左右。然而，长期以来，"融资难、融资贵"问题一直困扰着它们。究其原因，从企业内部讲，首先，由于大多数采用家族式经营管理方式，导致其管理人员结构老化，创新能力较弱，生产效率受到很大影响，加上内部机制不健全，抗风险能力弱，在经济不稳定期不可避免地会发生破产、倒闭现象；其次，中小微企业财务制度往往并不完善，财务信息不规范，甚至会出现虚假的财务信息，这给银行信贷人员评估设置了重重障碍；第三，一些小微企业由于缺少作为有效抵押物的固定资产和流动资产存量，在现行制度下很难申请到信贷资金。从银行角度讲，由于大部分中小企业的信贷在100万元以下，而小微企业的信贷更是在几千元左右，贷款金额太低，且信贷次数较为频繁，信誉度不良，管理成本太高；另外，在企业贷款业务上，传统银行以客户为导向，采取精细风险管理，在管理成本、人力成本近似的情况下，银行及其业务人员不愿受理风险大、流程烦琐、单笔收益低的小额贷款业务。

基于此，阿里金融在这方面进行了业务创新。例如，在支付业务上，已由支付宝运作将近10年，与163家银行进行了支付系统的对接，拥有8亿注册账户，在互联网支付市场占据了75%的份额，并已具备了比较领先的移动支付技术。在保险方面，阿里巴巴与作为最大股东的保险公司——"众安在线"合作，业务范围包含与互联网交易直接相关的企业或家庭财险、货运险、责任险等险种；在担保方面，阿里巴巴有注册于重庆的商诚融资担保；在理财业务方面，围绕产品的支付创新，阿里金融已开展了包括数家保险公司的理财产品以及天弘基金运营的余额宝产品，未来还将加入其他类基金产品。在小额贷款业务方面，2010 年 6 月，在阿里巴巴、银泰、万向、复星等股东的推动下，成立了浙江阿里巴巴小额贷款公司，注册资本 6 亿元，是国内第一家完全面向电子商务领域小微企业融资需求的小额贷款公司，并获得国内首张电子商务领域的小额贷款公司营业执照。在 2011 年，成立了重庆市阿里巴巴小额贷款有限公司，注册资本 10 亿元。

1. 阿里金融的小额贷款

目前，阿里金融的小额贷款产品已并入蚂蚁金服，并更名为蚂蚁小贷，产品主要包括淘宝小贷、阿里小贷和网商贸等，已为超过 50 万家的小微企业累计提供了 1300 亿元的信贷资金。下面主要介绍淘宝小贷和阿里小贷。

1) 淘宝小贷

淘宝小贷面向的是淘宝、天猫平台上小微企业、个人创业者的淘宝贷款业务群体，包括淘宝(天猫) 订单贷款、淘宝(天猫)信用贷款。

订单贷款是指卖家凭借“卖家已发货”的订单即可以申请的贷款，基本上具备了申贷资质的卖家有多少订单就能获贷多少，同时也需参考交易的真实性等信息。本质上是订单质押贷款。贷款额度较小，最高设限为 100 万元，贷款周期为 30 日。日利率为 0.05%。

信用贷款则是完全的无抵押、无担保贷款，阿里业务平台上的商户凭借信用记录即可申请。阿里金融根据店铺的经营状况和申请人的资质来决定是否通过。最高额度为 100 万元，贷款周期为 6 个月。日利率为 0.06%。商家提交申请后，经审核通过，即时打入客户的支付宝账户。

从业务流程讲，在淘宝小贷中，只要卖家店铺的经营情况符合贷款标准，贷款申请的接口就会自动对这部分卖家开放。卖家只需提交申请就能立刻知道是否获批，申请成功的贷款将通过支付宝发放到卖家的账户中。

2) 阿里小贷

阿里小贷是一种信用贷款，面向阿里巴巴 B2B 平台小微企业的阿里贷款业务群体。其贷款额度为 5 万元～100 万元，期限为 1 年。贷款方式包括两种：一是循环贷，获取一定额度作为备用金，不取用不收利息，随借随还，日利率为 0.06%(年利率约合 21.9%)，用几天算几天，只算单利；二是固定贷，获贷额度在获贷后一次性发放，日利率为 0.05%(年利率约合 18.25%)。

阿里小贷的业务流程包括三个阶段。首先，企业需提供相关数据。在申请贷款时，申请人需要提供相关的数据，包括企业近一年的销售总额、净利润率、总资产、总负债等财务数据，以及企业在阿里巴巴订单占销售额的比率等详细信息。这些数据越真实详细，审批时间越短。其次，阿里核实相关数据。包括核实申请人的各项信息，以判断企业的财务状况及运营能力，工作人员将对申请人进行视频调查。最后，必要时进行实地核查。对于部分商户，必要时还需进行实地勘察，该勘察由阿里金融委托第三方机构于线下执行。若一切审核通过，则商户在一周左右即能收到贷款。

2. 阿里金融的特点

纵观整个阿里金融，其特点如下。

1）打造“信贷流水线”

利用互联网技术，阿里金融正在打造一条信贷流水线。生产线上每个环节客户的滞留情况、风险状况以及推进速度都全面地显示在阿里金融实验室的操作屏幕上。通过模拟工业化作业流程，采用各模块专业控制手段，从而有效地降低运作成本。

有别于传统银行的 Case by Case 方式，阿里金融采用大数定理去做小微企业信贷，将金融这一现代服务业标准化，实现贷款批量化“生产”。通过信贷流水线，阿里金融力争做到每个业务员管理 1000 家小微企业，建立真正的信贷工厂。

2）完善的“征信系统”

阿里巴巴掌握了庞大的后台数据，这使得其征信系统极富价值。在阿里巴巴平台运行的 12 年里，全国 4200 万个小微企业中有超过 1/5 的企业在阿里巴巴平台上交易。通过深度数据挖掘，阿里巴巴不但掌握了他们的资金流动数据，而且还了解企业订单数量、销售情况、仓储周转、投诉情况等整个运营细节，这使得阿里巴巴相对于任何一个金融机构都更为了解小微企业客户。

同样，支付宝沉淀的庞大的后台数据也为小微信贷业务提供了强大的支持。将来，阿里金融还将为许多使用支付宝的外部电子商务公司用户提供贷款服务，通过对其支付宝交易数据的分析，判断未来发展趋势，从而为贷款发放提供依据。

3）360 度客户评级模式

阿里金融对小微企业的客户可进行全方位综合评价。为反映小微企业主真实的信用状况，评级系统会对其在阿里巴巴平台上的注册认证信息、交易数据及贸易平台表现等进行分析，所有信息都会存储于数据库。同时，阿里金融还引进了世界上先进的心理测试系统，对小微企业主进行分析，判断其性格特点，并将结果定量；随后，网络行为评分模型利用这些数值进行客户交互行为分析，从而对小微企业的客户进行评级分层。

除此之外，客户在外部互联网上留下的数据信息也会被客户评级系统抓取，结合客户软信息、上下游评价等，再将行业与政策数据作为调整因素。阿里巴巴还与第三方公司合作掌握了业主经过海关、税务验证数据，从而完成全方位综合评价。

利用沙盘推演技术也可以为在某一地区的小微企业提供开放信贷依据。通过设定一系列承受率指标对客户进行评级分层，利用云计算系统自动生成授信客户，并按排名先后顺序浏览，排名靠前的客户将成为优选贷款对象。

由此可见，准确的评级结果得益于阿里金融坚持定性与定量相结合的理念，通过全方位调查对客户定性，并将结果数量化，输入评级模型组合，通过大规模数据计算得到具体评级。

4）独特的“风控系统”

阿里金融建立了多层次的微贷风险预警和管理体系，渗透贷前、贷中以及贷后三个环节。贷前根据企业电子商务经营数据和第三方认证数据，辨析企业经营状况，反映企业偿债能力；贷中通过支付宝及阿里云平台实时监控商户的交易状况和现金流，为风险预警提供信息输入；贷后通过互联网监控企业经营动态和行为，可能影响正常履约的行为将被预警，采取网络店铺/账号关停机制，提高客户违约成本，有效控制贷款风险。

另外，基于社交概念的风控系统——人际爬虫，通过对某个人行为数据的海量计算，对其进行分析和追踪。利用互联网技术，人际爬虫突破了地理距离限制，通过捕捉及整合相关人际关系信息，实现小微企业的网络社区化。合理的分类使得对于小微企业客户经营情况的了解大大加深,提高了其信用行为透明度。

总之,阿里金融的产品与业务发展很好,得到了许多方面的肯定。当然了,也应看到,阿里金融在发展过程中也存在一些问题和困难。譬如,尚未拿到银行牌照,因此作为小贷公司,贷款资金仅限于注册资本金,虽然浙江和重庆阿里小贷公司的注册资本金达到16亿元,也可以向同业进行融资,但按规定不能超过其注册资本的2倍。相比平台上的庞大客户群,贷款资金来源问题迟早会成为其发展的桎梏;而且小额贷款公司面临着较为沉重的税收等成本负担。另外,阿里小贷的贷款客户目前集中于销售和购买端,尽管未来业务可以拓展至产业链中的其他环节,但受制于信息技术平台的搭建,目前的模式难以复制到产业链上的其他参与方。再者,阿里金融缺少专业的金融人才和相关技术人才,导致不能自主开发电子商务配套的理财产品及金融衍生品,且没有物理网点,难以为客户提供配套的线下支持服务,不能满足客户个性化的金融需求。

1.3 互联网金融乱象及其思考

1.3.1 互联网金融乱象

近几年,互联网金融在“金融创新”名义下快速发展,出现了众多业态和模式,包括大量P2P平台,对金融产业带来了很大冲击。客观地说,互联网金融在中国的大发展大繁荣,的确对发展中国经济,对倒逼传统金融机构和体制改革,对拓宽居民的理财渠道、提升理财体验具有一定的促进作用。

任何有利可图的地方都会吸引来无数嗅觉灵敏的资本,但在借助互联网思维推动金融业改革的过程中,一些企业滥用所谓的“互联网思维”,在将金融平民化、简单化的过程中,过度营销、无视风险、片面宣传、误导客户;一部分平台打着互联网金融的名义,做着非法吸收公众存款的不法行为。2015年,金朝阳、泛亚、e租宝、中晋系等一系列震惊全社会的互联网金融大案的集中爆发,互联网企业充满破坏性和颠覆性的狼性作风和金融业的审慎要求产生了严重冲突,充分暴露出当前互联网金融的各种乱象。

“e租宝”事件

“e租宝”是“钰诚系”下属的金易融(北京)网络科技有限公司运营的网络平台。2014年2月,钰诚集团收购了这家公司,并对其运营的网络平台进行改造。2014年7月,钰诚集团将改造后的平台命名为“e租宝”,打着“网络金融”的旗号上线运营。

2015年底,多地公安部门和金融监管部门发现“e租宝”经营存在异常,支配流动资金持续紧张,资金链随时面临断裂危险;同时,钰诚集团已开始转移资金、销毁证据,数名高管有潜逃迹象。为了避免投资人蒙受更大损失,2015年12月8日,公安部指挥各地公安机关统一行动,对“钰诚系”主要高管实施抓捕。

从2016年1月31日新华社发表的《“e租宝”非法集资案真相调查》一文可以看出:“e租宝”上线后一年半内,以高额利息为诱饵,虚构融资租赁项目,持续采用借新还旧、自我担保等方式非法吸收公众资金多达500多亿元,受害投资人遍布全国,涉及众多投资人。

“e租宝”采用“假项目、假三方、假担保”障眼法进行行骗,是一个彻头彻尾的庞氏骗局。

一方面，“e 租宝”对外宣称，其经营模式是由集团下属的融资租赁公司与项目公司签订协议，然后在“e 租宝”平台上以债权转让的形式发标融资；融到资金后，项目公司向租赁公司支付租金，租赁公司则向投资人支付收益和本金。在正常情况下，融资租赁公司赚取项目利差，而平台赚取中介费；然而，“e 租宝”从一开始就是一场“空手套白狼”的骗局，其所谓的融资租赁项目根本名不副实。“e 租宝”虚构融资项目，把钱转给承租人，并给承租人好处费，再把资金转入关联公司，以达到事实挪用的目的。并为此花了 8 亿多元向项目公司和中间人购买资料。

“e 租宝”上 95%的项目都是假的。“e 租宝”平台实际控制人、钰诚集团董事会执行局主席指使专人，用融资金额的 1.5%～2%向企业购买信息，并把这些企业信息填入准备好的合同里，制成虚假项目在“e 租宝”平台上线。为了让投资人增强投资信心，他们还采用了更改企业注册金等方式包装项目。

另一方面，根据人民银行等部门出台的《关于促进互联网金融健康发展的指导意见》，网络平台只进行信息中介服务，不能自设资金池，不提供信用担保。然而，“e 租宝”却将吸收来的资金以“借道”第三方支付平台的形式进入自设的资金池，相当于把资金从“左口袋”放到了“右口袋”。

不仅如此，钰诚集团还直接控制了三家担保公司和一家保理公司，为“e 租宝”的项目担保。这样的关联担保给债权人带来极大风险。

现在看来，“e 租宝”是在借 P2P 的名义做非法集资，是违法犯罪行为，并不是真正的 P2P。但“e 租宝”在短短二年半时间里，从最初的几个亿做大到交易额 700 多亿元，涉及犯罪金额 500 多亿元，不得不令人反思：这样的公司是怎么出现的？是什么让“e 租宝”的骗局如此迅速地扩大、发酵？这类打着金融“创新”旗号的骗局有多严重？

1. P2P 行业跑路、倒闭现象严重

P2P 行业在互联网金融大潮中发展最迅猛，也是问题最大的行业。各种 P2P 企业中已经有三分之一企业出现跑路、倒闭等严重问题。按照银监会的口径，截至 2015 年 11 月末，全国正常运营的网贷机构共 2612 家，其中问题平台数量 1000 多家，约占全行业机构总数的 30%。据网贷之家《2015 年中国网络借贷行业年报》的数据显示，2015 年网贷问题平台的数量大幅增加，全年达到 896 家，是 2014 年的 3.26 倍。

2. 股权众筹非法集资现象时有出现

股权众筹原本就属于高风险投资，其投资性质和风险收益关系更接近于专业的 VC/PE 等投资机构。然而随着投资门槛的降低，有时甚至只需几十元钱，给非法集资提供了巨大的滋生空间。

3. 虚拟货币泡沫突出

自从 2013 年比特币泡沫破灭后，各种各样的虚拟货币此起彼伏，资金盘泡沫现象突出，一旦泡沫破灭，必然会让接最后一棒的投资者损失惨重。

4. 万能险产品蕴含巨大风险

借道互联网金融平台，保险公司开始将万能险产品改头换面变成几乎没有保障功能的理财产品，这种保险不像保险、理财产品不像理财产品的产物也蕴含着巨大的风险。

5. 房产中介助推楼市杠杆

一些房产中介利用网络平台吸储,给买房者提供过桥贷款,资金操作过程极不透明,大幅放大了购房杠杆,导致银行资金过快流入楼市,极易引发系统性金融风险。

6. 消费贷款漏洞巨大

目前,一些互联网金融企业不但与银行争夺吸储放贷业务,还与银行争夺信用卡业务,创造了低息无抵押无担保消费贷款。但大部分互联网平台缺乏足够的征信依据,难以对用户进行严格的信用评级,有的征信系统还存在"刷分"漏洞。

1.3.2 创新监管的思考

事实上,互联网金融从来就不是可以无视投资规律的逆天神器,更不是可以胡作非为的法外之地。正是因为预见到了互联网金融的巨大发展前景,以及它为中国老百姓投资理财带来的巨大福音,所以各界有识人士才对眼下的各种互联网金融乱象痛心疾首。正所谓"爱之深,责之切",为了互联网金融的长远发展,需要坚决反对互联网金融野蛮生长。

互联网金融是运用了互联网思维的金融,本质还是金融,金融的固有风险并没有消除。与传统金融一样,互联网金融也会面临流动性、信用、技术和操作等风险,而且金融的核心是管理和经营风险。在互联网金融快速发展的背后,互联网金融的风险问题开始越来越多地暴露出来。所以,不但互联网金融企业应该反思,传统的银证保企业也应该反思,监管部门更需要反思。

1. 加强风险评估,做足压力测试

近几年,互联网金融在"金融创新"名义下快速发展,出现了众多业态,包括大量 P2P 平台。但监管机构和金融从业者、投资者似乎都忽略了互联网金融的本质不是互联网,而是金融。互联网金融要解决的问题是金融业的核心问题,即风险的识别、风险的评级及风险的控制。任何重大决策的出台,都需要事前做足风险评估,做足压力测试。

2. 加强制度建设,细化监管规则

反观近些年放开互联网金融的前后,监管制度建设相对滞后,仅仅是在包括"e 租宝"在内的恶性事件爆发后,才加快了出台网贷管理制度,在 2015 年出台了《网络借贷信息中介机构业务活动管理暂行办法(征求意见稿)》。更要注意的是:监管方提出的不设门槛的网贷备案制,在业内是有争议的;还有专家认为将监管权下放至地方金融办也值得商榷,因为各地方金融办的能力差别非常大,担心最后的结果是金融发展水平比较高、监管能力比较强的地方全叫停,反而是发展水平比较低、监管能力弱的地方继续放开。因此,需要加强制度建设,细化监管规则,并实施过程中不断修正、规范。

3. 明确准入门槛,实施负面清单管理

政府需要对方兴未艾的互联网金融市场划定"不可触碰的红线",明确准入门槛,建立负面清单,划清底线原则,企业达不到一定的规模和要求,决不允许随意进入金融领域,在此基础上,继续允许互联网金融百花齐放,在创新中不断自我调整,自我纠偏,自我反省,以便更好地发展。

4. 提高风险意识,加强专业知识学习

收益和风险永远对称,想要高收益,就必须承担高风险,天下没有免费的午餐,这就是市场经济。“e 租宝”投资者之所以会上当受骗，一方面是被“e 租宝”的广告策略所蒙骗，另一方面则是因为一些投资者本身没有建立起风险意识，投资理念缺失、专业知识不足。因此，需要投资者擦亮眼睛，提高风险意识，加强专业知识学习。

1.4　网络金融及其市场组成

现代金融业是集金融交易和金融性增值服务为一体的超级金融市场。金融市场是指资金供应者和资金需求者双方通过信用工具进行交易而融通资金的市场，广而言之，是实现货币借贷和资金融通、办理各种票据和有价证券交易活动的市场。换句话说，金融市场是交易金融资产并确定金融资产价格的一种机制。和其他市场相比，金融市场具有自己独特的特征：一是金融市场是以资金为交易对象的市场；二是金融市场交易之间不是单纯的买卖关系，更主要的是借贷关系，体现了资金所有权和使用权相分离的原则；三是金融市场可以是有形市场，也可以是无形市场。

金融市场包括货币市场、资本市场、外汇市场和黄金市场等。其中，货币市场是融通短期资金的市场，包括同业拆借市场、回购协议市场、商业票据市场、银行承兑汇票市场、短期政府债券市场、大面额可转让存单市场、共同基金市场；资本市场是融通长期资金的市场，包括中长期银行信贷市场和证券市场，中长期信贷市场是金融机构与工商企业之间的贷款市场，而证券市场是通过证券的发行与交易进行融资的市场，包括债券市场、股票市场、保险市场、融资租赁市场等；外汇市场是指买卖外币和相关的有价证券(以外币计价)的交易市场，黄金市场是指专门经营黄金买卖的市场。

网络金融(E-Finance)，从狭义上讲，是指在国际互联网上开展的金融业务及其活动，包括网上银行、网上证券、网上保险、网上信托、网上投资理财等金融服务及相关活动；从广义上讲，是指以各种信息技术为支撑、遍及全球范围内的所有金融业务及其活动的总称。与前者相比，后者不仅包括了前者的全部内容，还包括了网上金融安全、网上金融监管等方面的内容。

网络金融不同于传统的以物理形态存在的金融活动，它是存在于电子空间中的金融活动，是信息技术特别是互联网技术飞速发展与现代金融相结合的产物，具有形态虚拟化、运行方式网络化的特征。同时，网络金融也是金融信息化发展进程当中出现的重要成果，是信息科技与金融服务紧密结合的集中体现。以信息技术支持的金融业务，为企业和公众提供了更加便捷、高效和多样化的服务渠道，对推动金融创新和可持续发展、充分激发商业流通和社会经济发展发挥了积极作用。

目前，网络金融市场主要包括以下几个方面的内容。

1. 电子银行

电子银行系指在银行与客户间，通过网络技术和信息技术，为客户提供各种自助形式的、综合和实时的全方位服务。主要包括网上银行、电话银行、移动银行、ATM 自助银行等。与传统银行相比，电子银行除了具有信息传播的优势外，还具有如下特点：一是虚拟性。电子银行的虚拟性主要体现在电子银行经营地点和经营业务，以及经营过程的逐步虚拟化。经营地点虚拟性表现为电子银行没有或仅需要很小的实体营业厅和网点。经营业务的虚拟化是指电子银行经营的金融产品和金融业务大多属于电子货币、数字货币和网络服务，且其产品没有具体的实物形态。经营过程虚拟化是指电子银行经营的过程全部通过数字指令实现。二是互动性。电子银行支持互动服务，客户可以就一系列有先后顺序的交易在电子银行逐次进行，并能在短时间内根据交易的结果随时调整自身的决策，决定下一交易，这在传统银行基本是不可能的。三是个性化服务。相对于传统银行，电子银行的客户散布于不同的终端之前，传统的大众营销方式已不适合新的客户结构。在电子银行的竞争环境中，如何根据客户的实际需要为客户提供个性化的服务是网上银行竞争成败的关键所在。借助网上银行完善的交易记录，银行可以对客户的交易行为进行分析和数据挖掘，从中发现重要价值客户。通过对客户行为偏好的分析，细分服务市场，利用互联网交互性特点，制定投其所好的营销策略和服务内容，对产品进行金融创新，从而为客户提供量身定制的服务。

2. 网上证券

中国证券业经过几十年的发展，实现了从实物交易到无纸化交易、从手工竞价到计算机撮合，从有形席位到无形席位、从场外市场(如历史上的STAQ系统、NET系统和天津、武汉和沈阳等23个证券交易中心，现有新三板和四板市场[①])到场内市场(上海证券交易所和深圳证券交易所)的巨大转变。

网上股票交易通常有两种模式：一种是传统网上券商模式(Conventional Online 3rd Part Brokers)，另一种是电子化直接交易模式(Electronic Direct Access Trading，EDAT)。这两种模式都可以实现网上股票交易，但因其对客户股票下单执行方式不同，因而在效果上存在着极大的差异。

在传统模式中，以美国为例，网络交易商在拿到客户订单后，一般会将委托单转让给另一券商去执行。受转让券商通常是Market Maker(即做市商)，再由他们将客户的订单分别送入纽约证交所或纳斯达克交易盘中。由于经过一重或多重的转手，订单执行的时间会延长，具体结果的体现就是客户输入订单后，不可能立即看到成交结果，而要有数秒至数分钟的延迟。在分秒变化的股票市场上，尤其是股价急剧变动时，时间的延迟无疑是种损失。以市价单(Market Order)而言，如果客户下买单，那成交价很可能高于下单价；如果客户下卖单，那成交价很可能低于下单价。以限价单(Limit Order)而言，客户时常会拿不到所设定的价格。再者，做市商在取得买卖单后，会按照下单的数量给予网络交易商一定的回扣，当然这笔费用又会转嫁到客户的账上。对于网络交易商来说，哪个做市商给的回扣最高，就会将委托单转让给谁，其后果就是：交易商的回扣越高，客户的下单的隐形费用也越高。

直接下单交易系统的执行方式与传统网络券商完全不同。它首先需要下载券商提供的交易软件，客户利用此软件，通过网络可以直接和电子交易系统对接。在网络通畅的情况下，下单可以做到即点即执行，客户的委托单直接送入电子撮合系统或小单执行系统中，客户可以立刻在显示幕上看到成交结果，股票交易瞬间执行，因而可以取得相当理想的股票交易价格。

---

① 新三板，即全国中小企业股份转让系统，原来只针对国家高新园区内的企业，现在已全国放开；四板，即四新板，是为了支持中小型科技创新创业企业挂牌，为四新企业(新技术、新业态、新模式、新经济)获得新的融资渠道和资产交易而设立的平台，由上海股权托管交易中心管理。目前，四板设有Q板及E板两大板块，其中Q板为中小企业股权报价系统，E板为非上市股份有限公司股份转让系统。

3. 网上保险

网上保险是指保险公司或保险中介机构以互联网和电子商务技术为工具来支持保险经营管理活动的经济行为，涉及的产品可以分为两类：一类为机动车保险、意外险、家居财产险等短期险产品，条款标准化，消费者也比较熟悉，完全可以自行购买，非常适合在线直接销售；另一类为健康险、分红险、万能险、投资连结险等长期缴费产品，要根据客户实际情况进行合理规划，在保险顾问的协助下进行购买。

网上保险是一种新兴的以计算机网络为媒介的保险营销模式，与传统的保险代理人营销模式不同，网上保险过程中涉及的若干业务（如保险信息咨询、保险计划书设计、投保、缴费、核保、承保、保单信息查询、保权变更、续期缴费、理赔和给付等）都可以直接在网络上进行。具体操作流程为：保民浏览保险公司的网站，选择适合自己的产品和服务项目，填写并提交投保意向书；保民通过网上银行或第三方支付等方式，将保费转入保险公司，保单正式生效；经核保后，保险公司同意承保，并向客户确认，确认后合同订立，客户之后可以利用网上售后服务系统，对整个签订合同、划交保费等过程进行查询。

网上保险作为一种特殊的交易商品，具有诺成性、无形性和服务性的特征，在交易的过程中，仅仅涉及资金和信息的流动，不涉及物流配送及其相关的问题。与传统的保险方式相比，网上保险具有许多优势。网上保险可以将各个保险公司的产品集合在一起，保民轻点鼠标，就可以看到这些产品，对产品进行比较和选择变得清晰容易；通过网络技术，保民还可以享受到各种便捷的服务，如信息咨询、保单变更等。与此同时，保险公司也能从网上保险中获得许多利益，如通过网络来推进传统保险业的加速发展，使险种的选择、保险计划的设计和销售等方面的费用大大减少。据有关数据统计，通过互联网向客户出售保单或提供服务要比传统营销方式节省 58%～71%的费用。

4. 其他类型的电子交易

除了网上证券、网上保险，网上还存在其他种类的金融产品电子交易，例如期货交易、外汇交易、电子通信网络、网上公开发行、网上经纪业务等，都需要在一个强大、严密的电子交易平台上进行。

电子交易涉及交易主体、交易客体、交易工具、交易方式、交易平台、交易安全、清算体系等内容，按照这些内容的不同要素，可将电子交易分为不同的类型。例如，按照交易主体的不同，电子交易可分为客户与客户之间的交易（C2C）、企业与客户之间的交易（B2C）、企业与企业之间的交易（B2B）、企业与政府之间的交易（B2G）等；按照交易客体的不同，电子交易分为证券交易、期货交易、外汇交易、期权交易、互换交易、现货交易等；按照交易工具的不同，电子交易分为电子现金交易、电子票据交易、电子信用卡交易等；按照交易方式的不同，电子交易分为定价交易、电子拍卖、网上招标与网上协议采购、在线洽谈与专场交易等。

20 世纪 70 年代以来，电子交易在交易平台、交易方式方面得到了很大发展。以外汇交易为例，交易平台从最初的电子屏幕交易系统，发展到双边的路透交易系统和具有撮合功能的多边的路透交易系统，直到现在的 G20 银行清算系统；交易方式也从最初的原始交易发展到现在的外汇市场大宗经纪业务（Prime Brokerage）和白色标签业务。

5. 网络金融服务

网络金融服务包括各种金融机构和非金融机构为客户所提供的电子化手段的服务。例如，由传统金融机构在线上所提供的投资理财、资产评估、线上或电话客户服务（如申请信用卡）、客户遥距操作及结算（如电子信用证、电子承兑汇票）、线上产品资讯服务（如线上查询存款利率）等；由非金融机构所提供的第三方支付、网络借贷（P2P）、网络投融资（众筹）、理财、大数据金融等。网络金融服务提高了金融业务的效率与质量，降低了经营管理的成本，扩大了普惠金融的收益水平。

值得一提的是，银行业作为金融业的重要组成部分，一直高度重视网络金融的发展，并为此进行业务和服务渠道创新，内容涉及银行、电子支付、保险、基金、证券，推出的产品包括网上银行、手机银行、电话银行、电子支付、网上基金交易、网上保险交易、网上证券交易等多种。

习题与思考

1. 互联网有何价值？举例说明。
2. 信息产品有哪些特征？
3. 列举“金融大革命”的主要事件。
4. 何谓信用违约掉期合约？有何作用？

第2章 网络金融数据处理

互联网金融时代，数据逐渐成为金融业的核心基础设施，数据在金融业正扮演着越来越重要的角色。利用数据处理与分析技术，洞察客户行为，建立多渠道的营销体系，获得竞争力和独家优势，实现智慧金融，成为各类金融机构和数据服务公司的主要目标和手段。

2.1 数据处理技术

金融企业的数据分为内部数据和外部数据。内部数据是面向交易的综合业务系统数据、其他业务部门和管理部门自行维护的数据；外部数据是有关国家宏观经济信息、互联网有关信息、路透社信息系统等。应用时需要将它们进行有效集成。

利用数据处理技术对数据进行处理，可以为决策者和管理者提供更多的有用信息，进而能够提高竞争优势，增加企业效益和利润。常见的数据处理技术包括数据仓库、机器学习、商务智能、数据挖掘、大数据处理等。

2.1.1 数据仓库

数据库按照一定的数据结构来组织、存储和管理数据，目前已经广泛应用到社会生活的各个方面。作为数据库的一个分支，数据仓库(Data Warehouse)主要研究和解决如何从数据库中获取信息，以便通过决策支持系统和联机分析应用得出有价值的信息，来快速响应外部环境变动，帮助企业建构商业智能。

1. 数据仓库的定义

正如数据仓库之父比尔·恩门(Bill Inmon)在1991年出版的*Building the Data Warehouse*(建立数据仓库)一书中所说，数据仓库是一个面向主题的(Subject Oriented)、集成的(Integrated)、相对稳定的(Non-Volatile)、反映历史变化(Time Variant)的数据集合。

(1) 面向主题。面向主题是相对于传统数据库的面向应用而言的。传统数据库系统在实现过程中主要围绕着业务功能进行组织，而面向主题则考虑一个个的问题域，也即决策时所关心的重点方面，如收入、客户、销售渠道、保险单、索赔和账目等，按照问题域进行组织。

(2) 集成。集成是指数据仓库中的数据来自各个不同的数据源(数据库或文件)。由于历史的原因，各操作数据库的组织结构往往是不同的，在这些异构数据输入到数据仓库之前，必须经历一个集成过程。在集成过程中，原有分散的数据经过抽取、清理、加工、汇总和整理，消除源数据中的不一致性，最后得到全局信息一致性的数据仓库。

一般而言，不同的数据仓库应用设计人员可以制定不同的设计决策，采用不同的数据表示方法。例如编码、命名习惯、键码结构、实际属性、属性度量以及数据特点等，与原有数据库中的数据格式并不一致。数据在进入数据仓库时，需要消除各种不一致性。例如，数据仓库中顾客“性别”的编码，既可采用“男/女”，也可采用 m/f，采用哪种方式并不重要，重要的是在数据仓库中应该统一编码。如果数据库中的相应数据编码为 X/Y,则进入数据仓库时需要进行转换。

(3) 相对稳定。数据仓库中的数据通常是一次性载入与访问的,在数据仓库环境中并不进行一般意义上的数据更新,数据仓库主要是为决策分析提供服务,所涉及的操作主要是数据的查询。

(4) 反映历史变化。数据仓库中的数据通常包含历史信息,系统记录了企业从过去某一时点(如开始应用数据仓库的时点)到当前的各个阶段的信息,通过这些信息,可以对企业的发展历程和未来趋势做出定量分析和预测。

数据仓库一般以维的形式对数据进行组织。时间维是数据仓库中很重要的一个维度。数据仓库中的数据时间跨度大,为几年至几十年,称为历史数据。一些数据库的时间期限一般是 60～90 天,而数据仓库中数据的时间期限通常是 5～10 年,可见数据仓库中的数据时间期限要远远长于一般数据库中的数据时间期限。数据库与数据仓库的区别如表 2-1 所示。

表 2-1 数据库与数据仓库的区别

	业务数据库	数 据 仓 库
内容	与业务相关的数据	与决策相关的数据
数据模型	关系、层次结构的	关系的/多维的
访问	经常是随机的读写操作	经常是只读操作
负载	事务处理量大、但每个事务涉及的记录数较少	查询量少,但每次要查询大量的记录
事务输出量	一般很少	可能非常大
停机时间	可能意味着灾难性错误	可能意味着延迟决策

2. 数据仓库系统结构

一个数据仓库的大小一般在 100GB 以上。通常,数据仓库系统应该包含的功能部件有:

(1) 加载管理器(ETL)。用于抽取、清洗、转换、过滤、装载相关数据。

(2) 仓库管理器。用于管理数据仓库,必要时可生成若干数据集市。

(3) DM 工具与查询管理器。用于基础数据定义、数据建模、数据分析与数据挖掘、管理所有查询(如即将查询导向到适当的数据源)。对数据库而言,一般与 ERP 系统集成在一起,用来处理商品管理、存货管理和相关业务过程;而数据仓库可进一步用于平衡财务、业务智能和业务分析系统,需要与数据分析软件(如 SAS 软件)、数据挖掘软件和数据仓库技术(如 Teradata)整合在一起。

数据仓库系统的应用体系结构如图 2-1 所示。

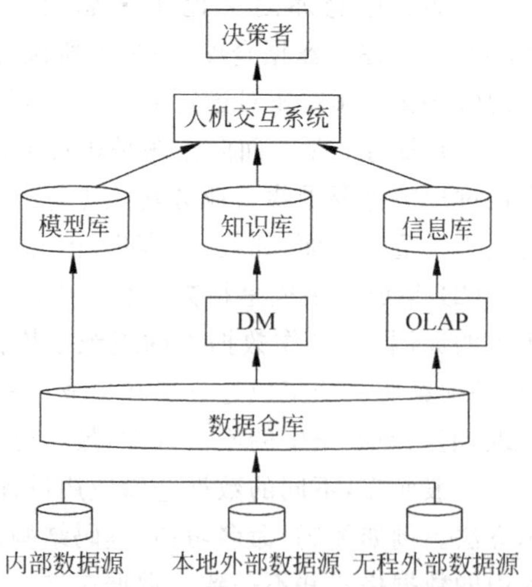

图 2-1 数据仓库系统的应用体系结构

3. 数据仓库的数据模型

数据模型是对现实世界的一种抽象,根据抽象程度的不同,可形成不同抽象层次上的数据模型。与数据库的数据模型相类似,数据仓库的数据模型也分为三个层次：概念模型、逻辑模型、物理模型。

(1) 概念模型。概念模型是客观世界到计算机系统的一个中间层次，需要对实际业务的使用范围进行抽象概括，并产生若干主题域，如客户、服务、服务使用、账务、结算、资源、客服、营销。由于数据仓库一般建立在关系型数据库的基础之上，所以其概念模型与一般关系型数据库采用的概念模型相一致，通常采用 E-R(实体-关系)法来表示。

(2) 逻辑模型。逻辑模型指数据的逻辑结构，如多维模型、关系模型、层次模型等。数据仓库的逻辑模型描述了数据仓库的主题的逻辑实现，即每个主题对应的模式定义。在进行逻辑建模时，需要对主题进行细化，定义实体与实体之间的详细关系和实体的详细属性，即定义出具体表的作用，表与表的约束，表的字段。形成具体的 E-R 图。

(3) 物理模型。物理模型是逻辑模型的具体实现，如物理存取方式、数据存储结构、数据存放位置以及存储分配等。在设计数据仓库的物理模型时，需要考虑一些提高性能的技术，如表分区、建立索引等。

目前，对数据仓库模型的讨论大多集中在逻辑模型，其中最常用的是多维模型。在多维模型中，又存在三种类型，分别是星形结构、雪花形结构和星形雪花形结构。其中，星形雪花形结构混合了星形结构和雪花形结构两种形式。

在星形结构中，维度表(如部门表、品牌表等)只会与事实表(如用户统一视图)生成关系，维度表与维度表之间并不会生成任何的关系，如图 2-2 所示。

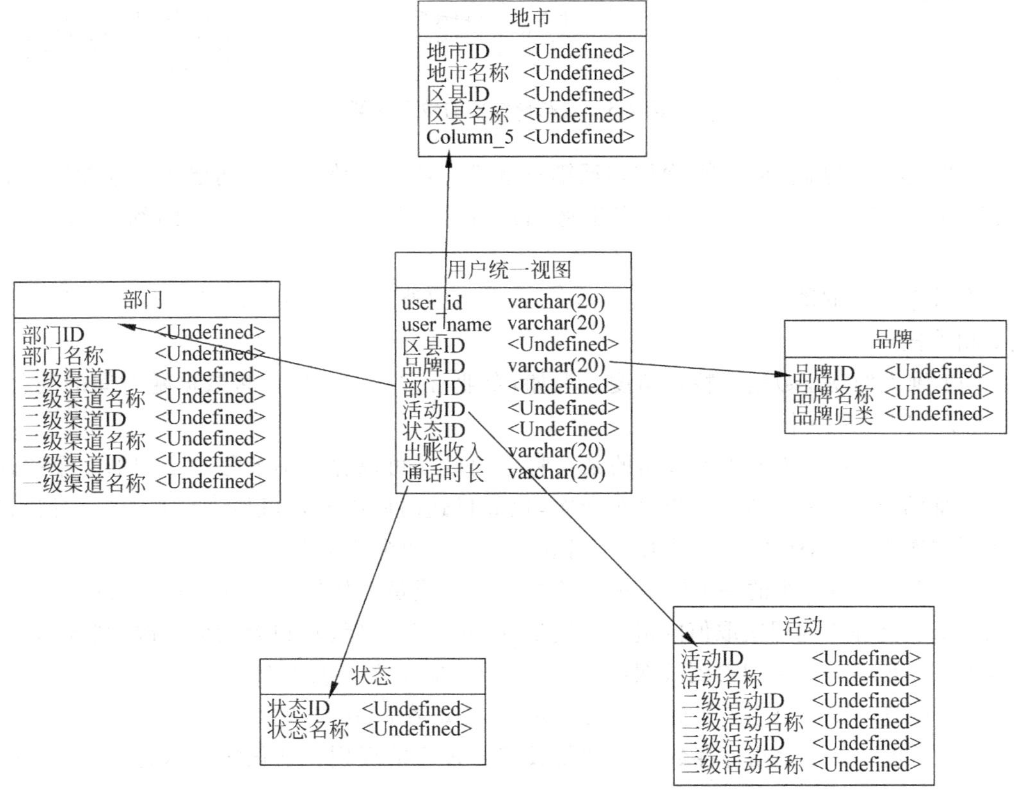

图 2-2　星形结构的数据模型

在雪花形结构中，一些维度表不是直接与事实表连接，而是通过维度表中转，如图 2-3 所示。

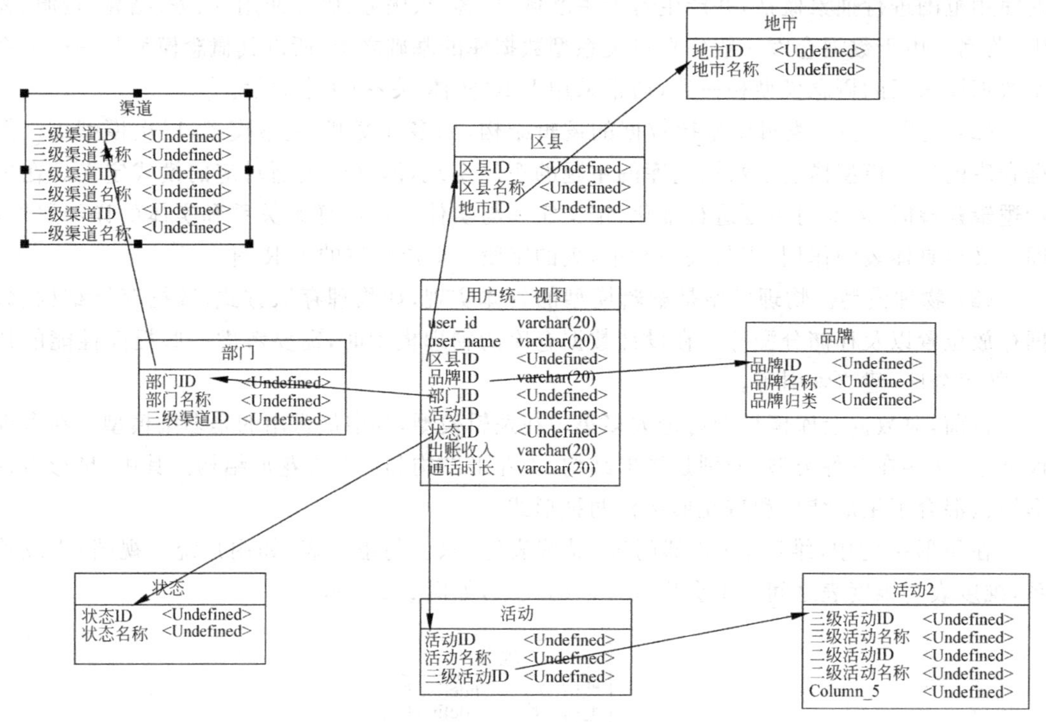

图 2-3　雪花形结构的数据模型

有时，为了提高查询性能，允许违反第三范式①，将同一维度的不同层次的维度（如地市 ID、区县 ID）都融合到事实表中，产生适当的冗余，并隐藏表与表之间的约束，如图 2-4 所示。

在数据仓库的逻辑模型中，除了相关的数据结构外，数据还存在维、层次、成员、度量、粒度等相关概念。

（1）维人们观察数据的特定角度。例如，企业常常关心不同销售数据随时间的变化情况，所以时间就是一个维。

（2）维的层次。人们观察数据的某个特定角度还可以存在细节程度不同的多个描述，这就是维的层次。一个维往往有多个层次，比如描述时间维时，可以从年份、季度、月份、天等不同层次来描述，所以年份、季度、月份和天就是时间维的层次。

（3）维的成员。维的一个取值称为该维的一个成员。如果一个维是多层次的，那么该维的成员就是在不同层次取值的组合。例如，时间维分为年、月和天三个层次，则分别在其上各取一个值组合起来即得到日期维的一个成员，即“某年某月某日”。

（4）度量。度量描述了要分析的具体数值，例如话费、用户数量等。

（5）粒度。粒度是指保存数据的细化或综合程度的级别。细化程度越高，粒度级就越

① 第一范式要求数据库表的字段都是单一属性，不可再分；第二范式要求数据库表中不存在非关键字段对任一候选关键字段的部分函数依赖；第三范式要求数据库表中不存在非关键字段对任一候选关键字段的传递函数依赖。

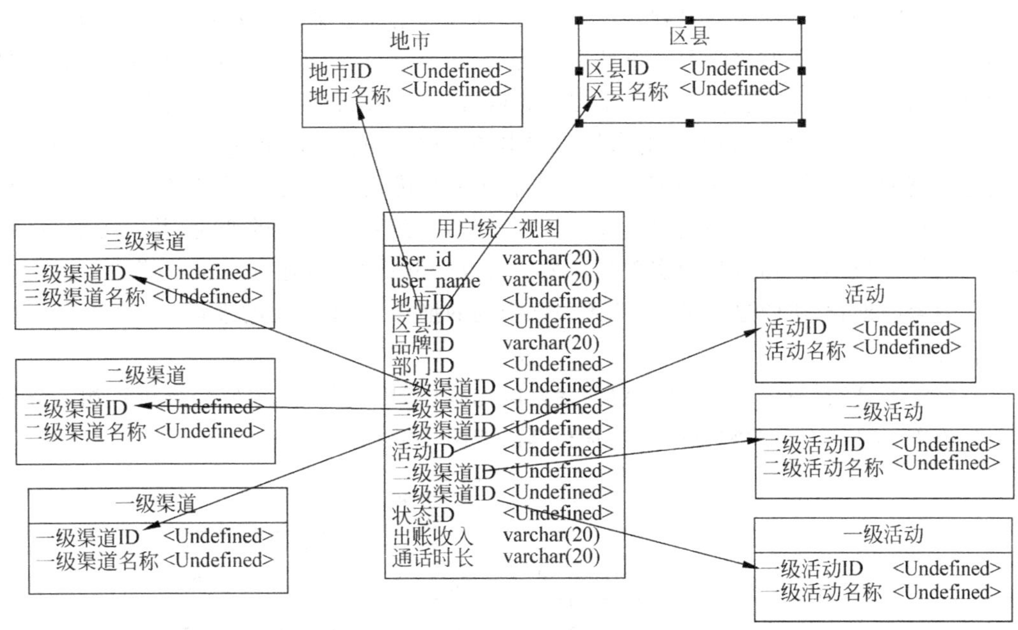

图 2-4　冗余结构的数据模型

小；细化程度越低，粒度级就越大。粒度深深地影响存放在数据仓库中数据量的大小，同时影响数据仓库所能回答的查询类型，所以有时需要在数据粒度与查询的详细程度之间做出权衡。

2.1.2　机器学习

机器学习(Machine Learning)是指通过计算机，利用已有的经验数据得出某种模型，并利用模型来预测未来的一种方法，这种方法类似于人类的思考方式。机器学习的一个主要目的就是把人类思考归纳经验的过程转化为计算机对数据的处理计算得出模型的过程，如图 2-5 所示。

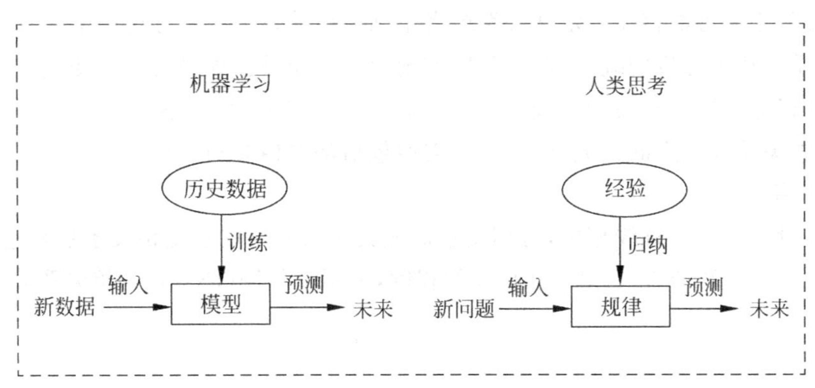

图 2-5　机器学习与人类思考方式对比

机器学习的算法类型分为监督学习、无监督学习、半监督学习、强化学习(Reinforcement Learning)以及推荐等几类。监督学习是利用一组已知类别的样本来调整模型(分类器)的参数,使其达到所要求性能的过程,常用于训练神经网络和决策树。若所给的学习样本不带有类别信息,就属于无监督学习。半监督学习(Semi-Supervised Learning)是模式识别和机器学习领域研究的重点问题,是监督学习与无监督学习相结合的一种学习方法,它主要考虑如何利用少量的标注样本和大量的未标注样本进行训练和分类的问题。强化学习的特点是通过与环境的试探性(Trial and Error)交互来确定和优化动作的选择,以实现序列决策任务。在这种任务中,学习机制通过选择并执行动作,导致系统状态的变化,并有可能得到某种强化信号(奖励或惩罚),从而实现与环境的交互。除此之外,还存在推荐算法,具体方法有基于内容的推荐、协同过滤推荐、基于关联规则的推荐、基于效用的推荐、基于知识的推荐和组合推荐。

机器学习算法的数理统计基础包括变量的选择(如因子分析、主成分分析)、相关分析、回归分析等。机器学习的常见应用场景和算法如图 2-6 所示。

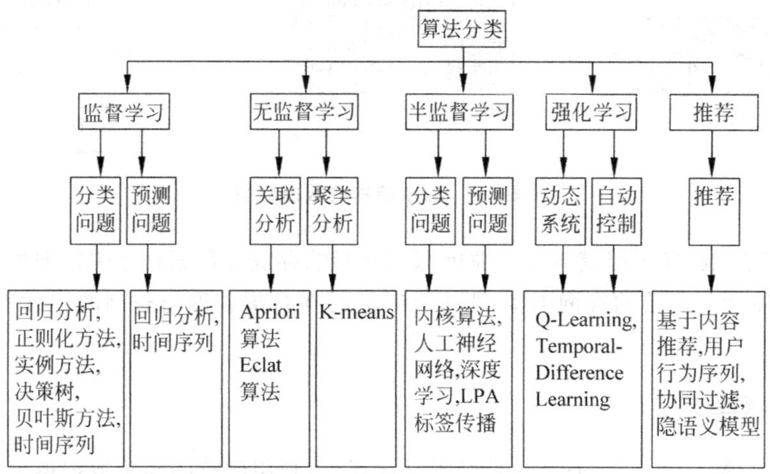

图 2-6 机器学习算法分类

1. 相关分析

两个变量之间可能存在确定性关系或者不确定性关系。为了分析两个变量之间的不确定性关系,采用相关分析的统计方法,可以实现用一个变量去预测另一个变量。

相关可以分为线性相关和非线性相关;也可分为完全相关、不完全相关、完全不相关。其中,直线相关是最常用的相关分析方法,类型包括基本相关和偏相关。

1) 基本相关

两个变量之间存在直线相关,可用皮尔逊相关系数或斯皮尔曼相关系数来进行衡量。

(1) 衡量变量 Y 与 X 之间线性相关的程度,采用皮尔逊(Pearson)相关系数 r。其中,

$$r=\frac{\sum_{i=1}^{n}(x_i-\bar{x})(y_i-\bar{y})}{\sqrt{\sum_{i=1}^{n}(x_i-\bar{x})^2\sum_{i=1}^{n}(y_i-\bar{y})^2}}$$

它的适用条件为:要求两个变量是连续的、散点图中呈直线分布;总体都应符合正态分布(在取大样本进行正态分布非参数检验时)。同时,对其显著性要求,可通过 t 检验来进

行衡量。

例如，设 14 个学生英语成绩与每个学生掌握的单词量的相关系数 r 是 0.98，若要检验其显著性，可以选择 $a=0.05$，根据自由度 df=14－2=12，查找 t 分布表得 $t_{\frac{0.05}{2}}=2.1788$。由 $t=\frac{r\sqrt{n-2}}{\sqrt{1-r^2}}\to t(n-2)$，有 $\frac{0.98\sqrt{14-2}}{\sqrt{1-0.98^2}}=17.2792$。因为 $t>t_{\frac{0.05}{2}}$，所以皮尔逊线性相关系数是显著的。

(2) 为了反映两个定序(或等级)变量之间的相关程度，可采用斯皮尔曼(Spearman)相关系数。在计算斯皮尔曼相关系数时，预先需要对两个配对测量的变量 X 和 Y 的测量值求秩，在求得它们在各自序列中的秩后，再采用与皮尔逊相关系数相同的公式来求取斯皮尔曼相关系数。

2) 偏相关

两个变量之间的偏相关(Partial Correlations)程度可以通过偏相关系数来进行衡量。偏相关系数描述了“当控制一个或几个附加变量的影响时，两个变量之间存在的相关性”。

当剔除了一个变量 Z 后，两个变量 X、Y 之间的偏相关系数为

$$r_{XY,Z}=\frac{r_{XY}-r_{XZ}r_{YZ}}{\sqrt{(1-r_{XZ}^2)}\sqrt{(1-r_{YZ}^2)}}$$

当剔除了两个变量 Z_1、Z_2 后，两个变量 X、Y 之间的偏相关系数为

$$r_{XY,Z_1Z_2}=\frac{r_{XY,Z_1}-r_{XZ_2,Z_1}r_{YZ_2,Z_1}}{\sqrt{(1-r_{XZ_2,Z_1}^2)}\sqrt{(1-r_{YZ_2,Z_1}^2)}}$$

需要说明的是：相关分析只是测试了变量之间是否有关系，但谁影响谁(即它们之间是否存在因果关系)还需要进一步做回归分析。此外，即使存在不显著的相关系数，也并不代表变量之间就没有关系。有时只是由于样本数据太小、误差太大而不能检验出。

2. 线性分类分析

先介绍基本的分类规则，然后介绍具体的线性分类分析过程。

1) 基本的分类规则

设信用类型集合 $c=(c_1,c_2,\cdots)$，若：

① $p_r(x,c_j)>p_r(x,c_i)$，即 $p_r(c_j|x)>p_r(c_i|x)$，则事件 $X=(x_1,x_2,\cdots,x_n)$ 属于信用类型 c_j。

② 若 $p_r(x,c_j)>p_r(x,c_i)$，即 $p_r(x|c_j)p_r(c_j)>p_r(x|c_i)p_r(c_i)$，则事件 $X=(x_1,x_2,\cdots,x_n)$ 属于信用类型 c_j。

③ 若 $Ec_j<Ec_i$，则事件 $X=(x_1,x_2,\cdots,x_n)$ 属于信用类型 c_j。这里，$Ec_j=\sum_{i=1}^{n}L_{ij}p_r(c_i\mid x)p_r(x)$，$L_{ij}$ 代表将属于信用类型 c_i 的事件划分为信用类型 c_j 所付出的成本。

④ 若 $L_{ij}p_r(x|c_i)p_r(c_i)<L_{ji}p_r(x|c_j)p_r(c_j)$，则事件 $X=(x_1,x_2,\cdots,x_n)$ 属于信用类型 c_j。

这里，$i\neq j$。在规则(1)、(2)中，使用了贝叶斯定理(Bayes' Theorem)，规则(3)、(4)又称期望误划成本最小化原理。

2) 线性分类分析方法(Linear Discriminant Analysis)。

设事件 $X=(x_1,x_2,\cdots,x_n)$ 满足多元高斯正态分布(Multivariate Normal Gaussian Distribution),且所有信用类型 c_i 有相同的协方差矩阵(Covariance Matrix,记为$\boldsymbol{\Sigma}$或 Cov),协方差矩阵为

$$\mathrm{Cov}=\begin{bmatrix} c_{11} & c_{12} & \cdots & c_{1n} \\ c_{21} & c_{22} & \cdots & c_{2n} \\ \vdots & \vdots & & \vdots \\ c_{n1} & c_{n2} & \cdots & c_{nn} \end{bmatrix}$$

这里,$c_{11}=E\{[x_1-E(x_1)]^2\}=D(x_1)$,为二阶中心矩;$c_{12}=E\{[x_1-E(x_1)][x_2-E(x_2)]\}=\mathrm{Cov}(x_1,x_2)$,$c_{21}=E\{[x_2-E(x_2)][x_1-E(x_1)]\}=\mathrm{Cov}(x_2,x_1)$,为二阶混合中心矩,且 $c_{12}=c_{21}$,$D(x_1\pm x_2)=D(x_1)+D(x_2)\pm 2\mathrm{Cov}(x_1,x_2)$。则事件 X 的多元正态分布密度函数为

$$f(x_1,x_2,\cdots,x_p)=\frac{1}{(2\pi)^{p/2}\left|\sum\right|^{1/2}}\exp\left[-\frac{1}{2}(x-\mu)'\boldsymbol{\Sigma}^{-1}(x-\mu)\right]$$

对事件 X 应用规则(2),得到结论 1;对事件 X 应用规则(4),得到结论 2。

结论 1　若 $\ln\frac{p_r(x|c_j)}{p_r(x|c_i)}>\ln\frac{p_r(c_i)}{p_r(c_j)}(i=1,2,\cdots,n,i\neq j)$,则事件 $X=(x_1,x_2,\cdots,x_n)$ 属于信用类型 c_j;否则,事件 $X=(x_1,x_2,\cdots,x_n)$ 属于信用类型 c_i。

结论 2　若 $\ln\frac{p_r(x|c_j)}{p_r(x|c_i)}>\ln\frac{L_{ij}p_r(c_i)}{L_{ji}p_r(c_j)}$,则事件 $X=(x_1,x_2,\cdots,x_n)$ 属于信用类型 c_j;否则,事件 $X=(x_1,x_2,\cdots,x_n)$ 属于信用类型 c_i。

结论 2 也可以改写为:

若 $\left[X^{\mathrm{T}}-\frac{1}{2}(\mu_j+\mu_i)^{\mathrm{T}}\right]\boldsymbol{\Sigma}^{-1}(\mu_j-\mu_i)>\ln\frac{L_{ij}p_r(c_i)}{L_{ji}p_r(c_j)}$,则事件 $X=(x_1,x_2,\cdots,x_n)$ 属于信用类型 c_j;否则,事件 $X=(x_1,x_2,\cdots,x_n)$ 属于信用类型 c_i。这里,$\mu_j=(\bar{x}_{1j},\bar{x}_{2j},\cdots,\bar{x}_{nj})$、$\mu_i=(\bar{x}_{1i},\bar{x}_{2i},\cdots,\bar{x}_{ni})$,分别表示属于信用类型 c_j、c_i 的相关事件的属性的均值,$\ln\frac{L_{ij}p_r(c_i)}{L_{ji}p_r(c_j)}$ 为临界值(Cutoff Value)。

(3) 实例

使用线性分类方法对 Citicorp Mortage Inc 进行信用卡信用评级。设信用类型 $c=$(good,bad)或 $c=$(正常信用卡,不良信用卡)。假设在申请信用卡的过程中,平均有 15%的人将被拒绝。在被拒绝的 15%的人中,约 2/3 的人属于 bad 信用类型;而 1/3 的人属于 good 信用类型,将被错过,由此带来的机会成本为每人 4000 美元。根据以往的历史统计数据可知,在发放的信用卡中,大约有 3%的信用卡会发生贷款违约(Loan Portfolio Goes Into Default)现象,带来的损失平均大约占贷款总额的 23%(贷款总额为 10 万美元)。

由此可知:$p_r(c_{\mathrm{bad}})=0.03\times 0.85+0.15\times 2/3=0.1255$,$p_r(c_{\mathrm{good}})=1-0.1255=0.8745$,$L_{\mathrm{bad,good}}=100\,000\times 23\%=23\,000$,$L_{\mathrm{good,bad}}=4000$,临界值$=\ln\frac{L_{\mathrm{bad,good}}p_r(c_{\mathrm{bad}})}{L_{\mathrm{good,bad}}p_r(c_{\mathrm{good}})}=\ln\frac{23\,000\times 0.1255}{4000\times 0.8745}=-0.192\,146$。

记 $L(X)=\left[X^{\mathrm{T}}-\frac{1}{2}(\mu_{\text{good}}+\mu_{\text{bad}})^{\mathrm{T}}\right]\boldsymbol{\Sigma}^{-1}(\mu_{\text{good}}-\mu_{\text{bad}})$。明显有，当 $L(x)>-0.192\,146$，信用卡发放事件 $X=(x_1,x_2,\cdots,x_n)$ 属于 good 类型；否则，信用卡发放事件 $X=(x_1,x_2,\cdots,x_n)$ 属于 bad 类型。

进一步假设 $X=(x_1,x_2)=$(收入，年限)，$\mu_{\text{good}}=$(36 000 美元，2 年)，$\mu_{\text{bad}}=$(32 500 美元，1.5 年)，标准偏差分别为 $\sigma_{\text{收入}}=2000$ 美元，$\sigma_{\text{年限}}=0.2$ 年，收入与年限之间的相关系数为 $\sigma_{\text{收入},\text{年限}}=0.9$，则

$$\boldsymbol{\Sigma}=\begin{bmatrix}c_{11} & c_{12}\\ c_{21} & c_{22}\end{bmatrix}=\begin{bmatrix}\sigma^2_{\text{收入}} & \sigma_{\text{收入},\text{年限}}\sigma_{\text{收入}}\sigma_{\text{年限}}\\ \sigma_{\text{收入},\text{年限}}\sigma_{\text{收入}}\sigma_{\text{年限}} & \sigma^2_{\text{年限}}\end{bmatrix}$$

利用相关的统计软件（如 SAS、MATLAB 或 SPSS 等）很容易求得 $\boldsymbol{\Sigma}^{-1}=\begin{bmatrix}1.31579\text{E}-6 & -1.1842\text{E}-2\\ -1.1842\text{E}-2 & 1.3158\text{E}+2\end{bmatrix}$，从而有 $L(X)=\left[X^{\mathrm{T}}-\frac{1}{2}(\mu_{\text{good}}+\mu_{\text{bad}})^{\mathrm{T}}\right]\boldsymbol{\Sigma}^{-1}(\mu_{\text{good}}-\mu_{\text{bad}})=0.000\,003(\text{收入}-34\,250)+0.0242(\text{年限}-1.75)$。

上式的计算结果若大于 $-0.192\,146$，则接受(收入，年限)申请，否则拒绝申请。

3. Logistic 回归分析

Logistic 回归作为一种二元离散选择模型，在“二元型响应”现象分析中具有独特的优势。它利用极大似然估计法进行参数估计，不要求样本数据呈正态分布，解决了因变量不连续线性回归的问题。根据因变量取值类别不同，Logistic 回归分析分为二元逻辑回归分析(Binary Logistic，因变量只能取两个值)和多元逻辑回归分析(Multincominal Logistic)。

1) Logistic 变换

Logistic 回归分析的基本思想是从特征值 $X=(x_1,x_2,\cdots,x_n)$ 学习得出一个 0/1 分类模型。从数学上看，“事件 $X=(x_1,x_2,\cdots,x_n)$ 属于信用类型 c_i(记为 $y=1$)”的发生概率 p 在 $p=0$(或 $p=1$)的附近，相对于 X 的变化是不敏感的、缓慢的，且非线性的程度较高。这样，可以人为地设计一个函数 $g(p)$，使得它在 $p=0.5$ 的附近变化时幅度较大，且相对于 X 的变化接近线性变化，如图 2-7 所示。但是，若直接令 $p=f(\beta_i x_i)=\beta_0+\beta_1x_1+\beta_2x_2+\cdots+\beta_kx_k+\varepsilon$，由于右边 $f(\beta_i x_i)$ 取值范围为 $(-\infty,+\infty)$，要想使 p 的取值范围为 $[0,1]$ 是不可能的。

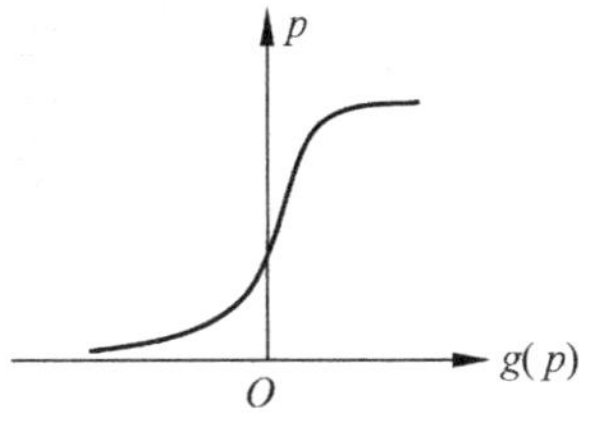

图 2-7 g(p)与 p 关系

为此，引入 Logistic 变换(简称 Logit 变换)：

$$g(p)=\text{Logit}(p)=\ln\frac{p}{1-p}=\beta_0+\beta_1x_1+\beta_2x_2+\cdots+\beta_kx_k+\varepsilon$$

此时则有 $p=\frac{e^{\beta_0+\beta_1x_1+\beta_2x_2+\cdots+\beta_kx_k+\varepsilon}}{1+e^{\beta_0+\beta_1x_1+\beta_2x_2+\cdots+\beta_kx_k+\varepsilon}}\in[0,1]$。这里 $\frac{p}{1-p}$ 称为“因变量 $y=1$”的差异比(Odds Ratio)或似然比(Likelihood Ratio)，logit(p)为这种差异比的自然对数，它以 0 为中心对称，在 $p=0.5$ 的附近变化时幅度较大。

2) 二元回归分析

令 $y=1$ 表示“事件 $X=(x_1,x_2,\cdots,x_n)$ 属于信用类型 c_i”，$y=0$ 表示“事件 $X=(x_1,x_2,\cdots,x_n)$ 不属于信用类型 c_i”，即 y 是 0－1 型伯努利随机变量。因而，$p_r(y=1)=p=$

$\frac{e^{\beta_0+\beta_1 x_1+\beta_2 x_2+\cdots+\beta_k x_k+\varepsilon}}{1+e^{\beta_0+\beta_1 x_1+\beta_2 x_2+\cdots+\beta_k x_k+\varepsilon}}$表示事件 $X=(x_1,x_2,\cdots,x_n)$属于 $y=1$ 的概率，$p_r(y=0)=1-p$ 表示事件 $X=(x_1,x_2,\cdots,x_n)$属于 $y=0$ 的概率。

二元回归分析主要是对 $y=\beta_0+\beta_1 x_1+\beta_2 x_2+\cdots+\beta_k x_k+\varepsilon$ 进行极大似然估计[①]或最小二乘法估计，求得 $\beta_0,\beta_1,\cdots,\beta_k$ 后，再对其进行估算、检验，然后用此模型求 p 值，进而进行预测。

3）实例

通过 Logistic 回归对微信支付使用意愿的影响因素进行分析。

例如，假设 $y=1$ 表示"愿意使用微信进行支付"，$y=0$ 表示"不愿意使用微信进行支付"。依据计划行为理论(Theory of Planned Behavior，TBP)中信任、态度、感知等行为特征，引入十个协变量 X=(X1，X2，X3，X4，X5，X6，X7，X8，X9，X10)=(性别，年龄，文化水平，个人月收入水平，微信支付的认知度，对微信支付的信任度，微信支付手段的创新性，微信支付的易用性，微信支付的便利性，微信支付风险感知程度)，并通过调查得到数据样本 975 个(具体数据在此省略)。

建立因变量 y 与协变量 X 之间的逻辑回归，具体过程如下：

(1) 在 SPSS 软件中，单击 Analyze→Regression→binary Logistic 命名，在"Logistic 回归"对话框中加入因变量 y 和协变量 X1～X10，如图 2-8 所示。

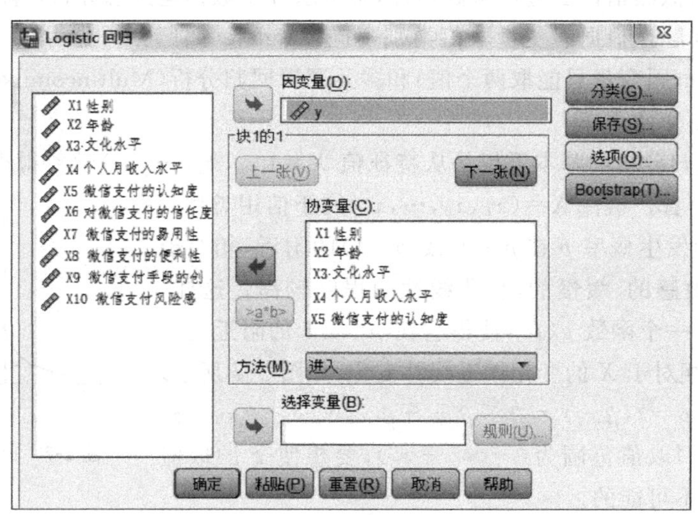

图 2-8 "Logistic 回归"对话框

(2) 单击"选项"按钮，在弹出的"Logistic 回归：选项"对话框中选择相关的内容，如图 2-9 所示。

---

① 极大似然估计(Maximum Likelihood Estimation，MLE)通过最大化对数似然值(Log Likelihood)来估计参数；最小二乘法(Least Square Method，LSM)通过使样本观测数据的残差平方和最小$\left(\text{即求 } \min\sum_i \varepsilon_i^2 \text{ 或 } \min\sum_i (y_i-a-bx_i)^2\right)$来选择参数。

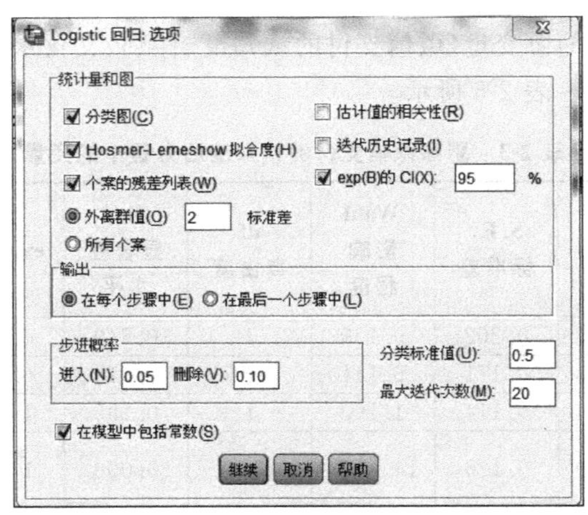

图 2-9　"Logistic 回归：选项"对话框

(3) 单击"确定"按钮，SPSS 会自动输出逻辑回归的结果，共分九个部分。其中，在第七部分有一个方程中的变量表，如表 2-2 所示，列出了回归过程中各个变量所对应的参数、该变量对应的 Wald 统计量值、相伴概率等。从该表中可以看出，X8 和 X9 的 Wald 统计量最大，显著性最小，说明其在模型中很重要。

表 2-2　方程中的变量

	B 回归系数	S. E，标准差	Wald 影响程度	df 自由度	Sig. 显著性水平	exp (B)	exp(B)的 95% C. I.	
							下限	上限
X1 性别	−0.066	0.205	0.103	1	0.748	0.936	0.626	1.399
X2 年龄	−0.423	0.172	6.079	1	0.014	0.655	0.468	0.917
X3 文化水平	0.122	0.114	1.135	1	0.287	1.130	0.903	1.413
X4 个人月收入水平	0.484	0.127	14.529	1	0.000	1.622	1.265	2.080
X5 微信支付的认知度	−0.032	0.110	0.086	1	0.770	0.968	0.780	1.202
X6 对微信支付的信任度	0.498	0.112	19.770	1	0.000	1.646	1.321	2.050
X7 易用性	0.302	0.125	5.772	1	0.016	1.352	1.057	1.729
X8 便利性	0.886	0.128	47.959	1	0.000	2.426	1.888	3.117
X9 创新性	0.572	0.096	35.818	1	0.000	1.772	1.469	2.137
X10 风险感	−0.205	0.125	2.679	1	0.102	0.814	0.637	1.041
常量	−5.175	0.787	43.263	1	0.000	0.006		

为了消除变量在进入方程时可能存在的多重共线性，此例中采取了向后回归法(Backward)对解释变量进行筛选[①]。按照显著性水平 $\alpha=0.05$ 的检验标准，前三个模型中

① 向后回归法是先让所有协变量进入逻辑回归方程，然后对逻辑回归方程进行各种检验。一般有三种检验方法，这里采用默认的 Wald 检验法，即不断剔除不符合回归方程要求变量的过程。也就是说，如果新的逻辑回归方程中所有变量的回归系数检验都显著，则本次逻辑回归方程的建立结束，否则，按照上述方法再依次剔除最不显著的变量，直到再也没有可剔除的变量为止。

都存在回归系数不显著的协变量(微信支付的认知度、性别、文化水平),所以需要进一步剔除不显著变量,如表 2-3～表 2-5 所示。

表 2-3 剔除微信支付的认知度后方程中的变量

	B 回归系数	S. E, 标准差	Wald 影响程度	df 自由度	Sig. 显著性水平	exp (B)	exp(B)的 95% C. I.	
							下限	上限
X1 性别	−0.075	0.202	0.139	1	0.710	0.927	0.624	1.379
X2 年龄	−0.425	0.171	6.141	1	0.013	0.654	0.467	0.915
X3 文化水平	0.124	0.114	1.190	1	0.285	1.132	0.906	1.416
X4 个人月收入水平	0.480	0.126	14.487	1	0.000	1.616	1.262	2.069
X6 对微信支付的信任度	0.499	0.112	19.883	1	0.000	1.648	1.323	2.052
X7 易用性	0.303	0.125	5.840	1	0.016	1.354	1.059	1.731
X8 便利性	0.887	0.128	48.052	1	0.000	2.427	1.889	3.118
X9 创新性	0.573	0.096	35.984	1	0.000	1.774	1.471	2.139
X10 风险感	−0.207	0.125	2.734	1	0.098	0.813	0.636	1.039
常量	−5.224	0.769	46.149	1	0.000	0.005		

表 2-4 再剔除性别后方程中的变量

	B 回归系数	S. E, 标准差	Wald 影响程度	df 自由度	Sig. 显著性水平	exp (B)	exp(B)的 95% C. I.	
							下限	上限
X2 年龄	−0.425	0.171	6.159	1	0.013	0.653	0.467	0.914
X3 文化水平	0.135	0.111	1.480	1	0.224	1.144	0.921	1.421
X4 个人月收入水平	0.493	0.121	16.655	1	0.000	1.638	1.292	2.075
X6 对微信支付的信任度	0.509	0.109	21.705	1	0.000	1.663	1.343	2.060
X7 易用性	0.314	0.122	6.611	1	0.010	1.369	1.077	1.738
X8 便利性	0.879	0.126	48.749	1	0.000	2.407	1.881	3.081
X9 创新性	0.572	0.096	35.899	1	0.000	1.772	1.470	2.137
X10 风险感	−0.232	0.106	4.762	1	0.029	0.793	0.644	0.977
常量	−5.386	0.637	71.383	1	0.000	0.005		

表 2-5 再剔除文化水平后方程中的变量

	B 回归系数	S. E, 标准差	Wald 影响程度	df 自由度	Sig. 显著性水平	exp (B)	exp(B)的 95% C. I.	
							下限	上限
X2 年龄	−0.419	0.171	5.992	1	0.014	0.658	0.470	0.920
X4 个人月收入水平	0.485	0.120	16.439	1	0.000	1.625	1.285	2.055
X6 对微信支付的信任度	0.559	0.101	30.413	1	0.000	1.748	1.433	2.132

续表

	B 回归 系数	S. E. 标准差	Wald 影响 程度	df 自由度	Sig. 显著性 水平	exp (B)	exp(B)的 95% C. I.	
							下限	上限
X7 易用性	0.319	0.121	6.923	1	0.009	1.376	1.085	1.746
X8 便利性	0.886	0.125	50.197	1	0.000	2.426	1.899	3.100
X9 创新性	0.570	0.095	35.799	1	0.000	1.768	1.467	2.131
X10 风险感	−0.273	0.100	7.408	1	0.006	0.761	0.625	0.926
常量	−5.100	0.588	75.337	1	0.000	0.006		

最终，七个协变量通过了显著性检验，构成了最后的统计模型，得到逻辑回归方程如下：

$$
\begin{aligned}
\mathrm{Logit}(p) &= \ln \frac{p}{1-p} \\
&= -5.100 - 0.419x_2 + 0.485x_4 + 0.559x_6 + 0.319x_7 \\
&\quad + 0.886x_8 + 0.570x_9 - 0.273x_{10}
\end{aligned}
$$

根据此方程，若在 $\mathrm{Logit}(p)>0$，即 $p>0.5$ 时，有理由相信 $y=1$。此外，对此逻辑模型拟合优度进行 Hosmer 和 Lemeshow Test 卡方检验，得到表 2-6。从中可以看到，最后阶段 Sig. 值为 0.001，小于给定的显著性水平(即 *Sig*. 值<0.05)，说明拟合方程可以接受。

表 2-6　Hosmer 和 Lemeshow 卡方检验

步骤	卡方	df	Sig.
1	26.941	8	0.001
2	26.977	8	0.001
3	26.982	8	0.001
4	26.798	8	0.001

4. 支持向量机

支持向量机(Supporting Vector Machine，SVM)是指定义在特征空间上间隔最大的线性分类器，是另一种形式的“二类分类模型”。其学习策略是使间隔最大化，并最终将此问题转化为一个凸二次规划问题的求解。

为了方便起见，在介绍支持向量机的具体算法之前，先介绍几个基本概念。

1) 几个基本概念

(1) 超平面及其方程。在向量空间中，若干向量数据如果分属不同的类型，则意味着可以用一个“平面”将它们隔开，这个“平面”就是超平面。例如，在二维向量平面上，可以用一条直线(即超平面)将若干二维向量数据分隔成两种类型：直线上方的点属于某一类(可用 $y=1$ 来表示)，直线下方的点属于另一类(可用 $y=-1$ 来表示)，如图 2-10 所示。

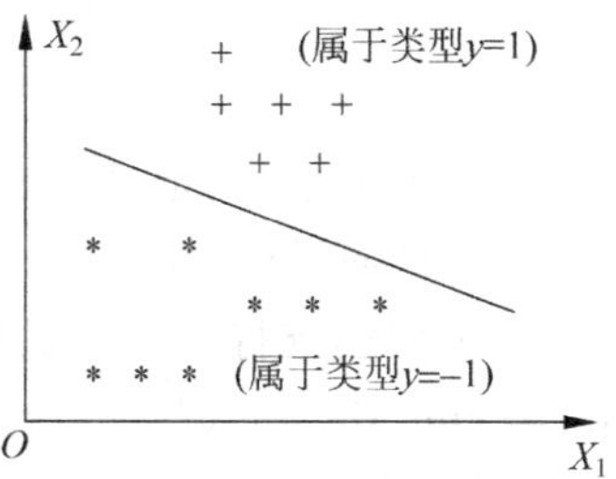

图 2-10　二维向量上的超平面

可以设想，通过超平面进行数据分类时，分类函数为 $f(X)=\omega^{\mathrm{T}}X+b$，这里 $\omega=(\beta_1,\beta_2,\cdots,\beta_n)$ 为函数矩阵，则对于特征向量 $X=(x_1,x_2,\cdots,x_n)$：

若 $f(X)>0$,则意味着 X 属于 $y=1$ 类。

若 $f(X)<0$,则意味着 X 属于 $y=-1$ 类。

若 $f(X)=0$,则意味着 X 位于超平面上。

因此,超平面方程可以定义为 $\omega^{\mathrm{T}}X+b=0$。

接下来,如何才能确定此超平面方程呢?通常施行的准则是:尽量使超平面离两边的向量点的间隔最大,也就是需要在向量空间中寻找到最大间隔的超平面。

(2) 函数间隔。函数间隔(Functional Margin)定义为

$$\hat{r}=y\cdot f(X)=y\cdot(\omega^{\mathrm{T}}X+b)$$

同时,将若干样本点 $X_1=(x_{11},x_{12},\cdots,x_{1n}),X_2=(x_{21},x_{22},\cdots,x_{2n}),\cdots,X_i=(x_{i1},x_{i2},\cdots,x_{in}),\cdots,X_m=(x_{m1},x_{m2},\cdots,x_{mn})$组成的训练数据集 T 上的函数间隔定义为:

$$\hat{r}=\min\hat{r}_i,\quad i=1,\cdots,m$$

即

$$\hat{r}=\min y_i\cdot f(X_i)=\min y_i\cdot(\omega^{\mathrm{T}}X_i+b)$$

即训练数据集 T 上的函数间隔定义为超平面关于 T 中所有样本点 (y_i,X_i) 的函数间隔最小值。

从函数间隔的定义可以看出,函数间隔的大小与 ω、b 的大小有关,也就是与超平面有关。若等比例地缩放 ω、b 的值,尽管超平面没变(满足超平面方程 $\omega^{\mathrm{T}}X+b=0$),但是函数间隔的值已发生了变化。因此,函数间隔的定义存在一定的缺陷。

(3) 几何间隔。对于一个特征向量——点 X,令其垂直投影到超平面上对应的点为 X_0,ω 是垂直于超平面的一个法向量,r 为 X 到超平面的距离,如图 2-11 所示。

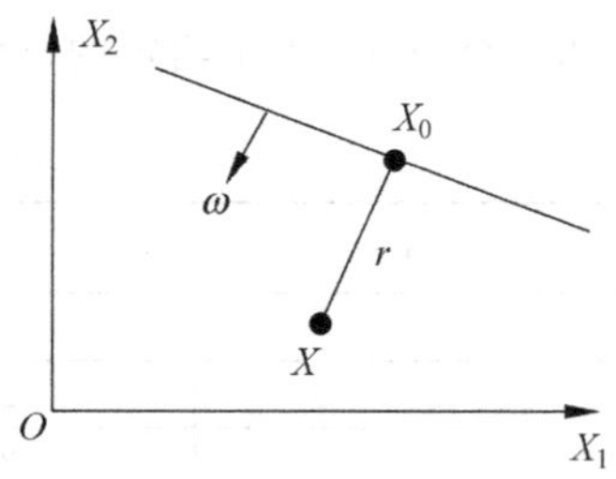

图 2-11 点 X 到超平面的几何间隔

显然,$X=X_0+r\dfrac{\omega}{\|\omega\|}$,这里 $\|\omega\|$ 为 ω 的范数。由于 X_0 是超平面上的点,满足 $\omega^{\mathrm{T}}X_0+b=0$,因此有 $r=\dfrac{X-X_0}{\frac{\omega}{\|\omega\|}}=\dfrac{(X-X_0)\omega^{\mathrm{T}}}{\frac{\omega\omega^{\mathrm{T}}}{\|\omega\|}}=\dfrac{\omega^{\mathrm{T}}X+b}{\|\omega\|}$。由此,得到点 X 到超平面的几何距离 $\bar{r}$ 为

$$\bar{r}=yr=\frac{y(\omega^{\mathrm{T}}X+b)}{\|\omega\|},$$

或者

$$\bar{r}=\frac{\hat{r}}{\|\omega\|}$$

下面介绍支持向量机的具体算法。

2) 支持向量机算法

如前所述,支持向量机的目标在于寻找最大间隔的超平面,并通过最大间隔分类器(Maximum Margin Classifier)来进行分类。

最大间隔分类器的目标函数定义为

$$\max\bar{r},\quad \text{st.}\quad \hat{r}_i\geqslant\hat{r}$$

若令$\hat{r}=1$[①]，则最大间隔分类器的目标函数转化为

$$\max \frac{1}{\|\omega\|}, \quad \text{st.} \quad \hat{r}_i \geqslant 1$$

或者

$$\max \frac{1}{\|\omega\|}, \quad \text{st.} \quad y_i(\omega^{\mathrm{T}} X_i + b) \geqslant 1$$

(1) 对偶问题的求解。求解问题 $\max \frac{1}{\|\omega\|}$，st. $y_i(\omega^{\mathrm{T}} X_i+b)\geqslant 1$ 相当于求解问题

$$\min \frac{1}{2}\|\omega\|^2, \quad \text{st.} \quad y_i(\omega^{\mathrm{T}} X_i + b) \geqslant 1$$

此问题的目标函数是二次的，约束条件是线性的，它是一个凸二次规划问题，可以使用现有的 QP(Quadratic Programming，二次规划)优化包来求解。

(2) 拉格朗日对偶算法。上述问题具有特殊结构，因而还可以通过拉格朗日对偶性(Lagrange Duality)来进行优化求解。也就是说，通过拉格朗日变量变换，求解与原问题等价的对偶问题，来得到原始问题的最优解，此即"线性可分条件下支持向量机的对偶算法"。

在进行拉格朗日变换时，需要给每一个约束条件加上一个拉格朗日乘子(Lagrange Multiplier)α，从而将约束条件融合到目标函数(即拉格朗日函数)中去。这样，使用一个拉格朗日函数，就能够清晰地表达出原问题。

拉格朗日函数为

$$L(\omega,b,\alpha)=\frac{1}{2}\|\omega\|^2-\sum_{i=1}^{m}\alpha_i[y_i(\omega^{\mathrm{T}} X_i+b)-1]$$

这里，α_i 为对应的拉格朗日乘子。

拉格朗日对偶变换带来的明显好处在于：一是拉格朗日对偶问题更容易求解；二是可以更自然地引入核函数，进而可以更容易地推广到非线性分类问题。

进一步，令 $\vartheta(\omega)=\max\limits_{\alpha_i\geqslant 0} L(\omega,b,\alpha)=\max\limits_{\alpha_i\geqslant 0}\frac{1}{2}\|\omega\|^2-\sum_{i=1}^{m}\alpha_i[y_i(\omega^{\mathrm{T}} X_i+b)-1]$，容易验证：①当某个约束条件不满足时(即存在某个 $y_i(\omega^{\mathrm{T}} X_i+b)<1$)，显然有 $\vartheta(\omega)=\infty$(只要令 $\alpha_i=\infty$ 即可)；②当所有约束条件都满足时，必要 $\vartheta(\omega)=\frac{1}{2}\|\omega\|^2$，此值为最初需要最小化的量[②]。

因此，原问题要求在约束条件得到满足的情况下最小化$\frac{1}{2}\|\omega\|^2$，在这里实际上完全等价于最小化 $\vartheta(\omega)$。所以，原目标函数可以变为

$$\min_{\omega,b}\vartheta(\omega)=\min_{\omega,b}\max_{\alpha_i\geqslant 0} L(\omega,b,\alpha)$$

$$\xLeftrightarrow{\text{满足KKT条件}}\max_{\alpha_i\geqslant 0}\min_{\omega,b} L(\omega,b,\alpha)$$

---

① 这里之所以令$\hat{r}=1$，完全是为了方便后面的公式推导和优化，并不改变目标函数的性质。

② 此时，若 X_i 为超平面上的点(也称 Supporting Vector 点)，则 $\omega^{\mathrm{T}} X_i+b=1$，$\sum_{i=1}^{m}\alpha_i[y_i(\omega^{\mathrm{T}} X_i+b)-1]=0$；若 X_i 不在超平面上，则$\alpha_i=0$。

$$\Leftrightarrow \max_{\alpha_i \geqslant 0} \min_{\omega,b} \left\{ \frac{1}{2} \parallel \omega \parallel^2 - \sum_{i=1}^{m} \alpha_i [y_i(\omega^T X_i + b) - 1] \right\}$$

$$\xLeftrightarrow[\text{令}\frac{\partial L}{\partial b}=0,\text{得到}\sum_{i=1}^{m}\alpha_i y_i=0]{\text{令}\frac{\partial L}{\partial \omega}=0,\text{得到}\omega^*=\sum_{i=1}^{m}\alpha_i y_i X_i} \max_{\alpha_i \geqslant 0} \left\{ \sum_{i=1}^{m} \alpha_i - \frac{1}{2} \sum_{i,j=1}^{m} \alpha_i \alpha_j y_i y_j X_i^T X_j \right\}$$

$$\text{st.} \quad \alpha_i \geqslant 0, \sum_{i=1}^{m} \alpha_i y_i = 0$$

其对应的对偶问题为

$$\min_{\alpha} \varphi(\alpha_i) = \min_{\alpha} \frac{1}{2} \sum_{i,j=1}^{m} \alpha_i \alpha_j y_i y_j X_i^T X_j - \sum_{i=1}^{m} \alpha_i$$

$$\xLeftrightarrow{\text{令}K(X_i,X_j)=X_i^T X_j} \min_{\alpha} \frac{1}{2} \sum_{i,j=1}^{m} \alpha_i \alpha_j y_i y_j K(X_i, X_j) - \sum_{i=1}^{m} \alpha_i$$

$$\text{st.} \quad \alpha_i \geqslant 0, \sum_{i=1}^{m} \alpha_i y_i = 0$$

此时，目标函数$\min\limits_{\alpha}\varphi(\alpha_i)$中只包含一个$\alpha_i$ 变量，可利用 SMO 算法求得α_i 的最优解α_i^*，从而得到 $\omega^* = \sum_{i=1}^{m} \alpha_i^* y_i X_i, b^* = -\frac{\max_{i,y_i=-1} y_i \omega^{*T} x_i + \min_{i,y_i=1} y_i \omega^{*T} x_i}{2}$，最优超平面方程为 $\omega^{*T} x_i + b^* = 0$，对应分类函数为 $f(X) = \omega^{*T} X + b^* = \sum_{i=1}^{m} \alpha_i^* y_i X_i^T X + b^* = \sum_{i=1}^{m} \alpha_i^* y_i K(X_i, X) + b^*$。

(3) 非线性问题处理。依照线性问题的处理方式，重点是选择一个核函数 $K(.,.)$，通过将非线性数据映射到高维空间，从而解决原始空间中线性不可分问题。

例如，对于非线性方程 $a_1 X_1 + a_2 X_1^2 + a_3 X_2 + a_4 X_2^2 + a_5 X_1 X_2 + a_6 = 0$，不能像线性方程 $\omega^T X_i + b = 0$ 一样，直接用一个超平面来进行分隔。但是，若通过映射 ϕ: $Z_1 = X_1, Z_2 = X_1^2, Z_3 = X_2, Z_4 = X_2^2, Z_5 = X_1 X_2$，则在新的高维空间下坐标方程变为 $\sum_{i=1}^{5} a_i Z_i + a_6 = 0$，它直接可解出超平面方程。这样，原非线性方程 $f(X) = \sum_{i=1}^{m} a_i y_i < X_i, X > + b$ 通过映射 ϕ，变成为 $f(X) = \sum_{i=1}^{m} a_i y_i < \phi(X_i), \phi(X) > + b$，这样原问题的解变为类似线性问题的解：$\max_{\alpha_i \geqslant 0} \left\{ \sum_{i=1}^{m} \alpha_i - \frac{1}{2} \sum_{i,j=1}^{m} \alpha_i \alpha_j y_i y_j < \phi(X_i^T), \phi(X_j) > \right\}$， st. $\alpha_i \geqslant 0, \sum_{i=1}^{m} \alpha_i y_i = 0$。

但是，由于要计算 $\phi(X_i^T)$，再计算内积$< \phi(X_i^T), \phi(X_j) >$，维数太大必然会带来巨大的计算量。为此，将内积$< \phi(X_i^T), \phi(X_j) > = X_{11} X_{21} + X_{11}^2 X_{21}^2 + X_{12} X_{22} + X_{12}^2 X_{22}^2 + X_{11} X_{12} X_{22}$修改成为$(< X_1, X_2 > + 1)^2 = K(< X_1, X_2)$，这样就能避开高维空间中复杂的内积计算[①]。

---

① 这里 $K(< X_1, X_2)$称为核函数，在支持向量机中，常见的核函数有多项式核 $K(X_i, X_j) = (< X_i, X_j > + R)^d$和高斯核 $K(X_i, X_j) = \exp\left(\frac{-\parallel X_i - X_j \parallel^2}{2\sigma^2}\right)$。

总之，利用支持向量机，可以进行线性和非线性问题分类。其分类函数为 $f(X)=\sum_{i=1}^{m}a_i y_i K(X_i,X)+b$，$a_i$ 对应的解为 $\max\limits_{a_i\geqslant 0}\left\{\sum_{i=1}^{m}\alpha_i-\frac{1}{2}\sum_{i,j=1}^{m}\alpha_i\alpha_j y_i y_j K(X_i,X_j)\right\}$，st. $\alpha_i\geqslant 0$，$\sum_{i=1}^{m}\alpha_i y_i=0$。

3）实例 MATLAB 支持向量机使用。

MATLAB 自带的 SVM 一共集成了两个函数：svmtrain 和 svmclassify。使用这两个函数进行 SVM 训练和分类的 MATLAB 程序如下：

```
clc;
clear;
close all;

traindata = [0 1; -1 0; 2 2; 3 3; -2 -1;-4.5 -4; 2 -1; -1 -3];
group = [1 1 -1 -1 1 1 -1 -1]';

testdata = [5 2;3 1;-4 -3];
svm_struct = svmtrain(traindata,group,'Showplot',true);        % training
Group = svmclassify(svm_struct,testdata,'Showplot',true);
hold on;
plot(testdata(:,1),testdata(:,2),'ro','MarkerSize',12);        % testing
hold off
```

5. 决策树分析

决策树方法起源于概念学习系统(Concept Learning System，CLS)，然后发展出多种算法，如 CART、ASSISTANT、ID3、C4. 5、Med. Gen、MDL、SL1Q、SPRIT、SPEC、Rain Forest、Clouds、BOAT、Boosting、Bagging 等。其中，最有影响的是 ID3 算法，其核心是在决策树各级节点上使用信息增益作为选择属性的标准，以便在每一个非叶子结点进行测试时，能获得关于被测试记录最大的类别信息。

1）一个实例

某学校小学生的学习状态如表 2-7 所示。这里，以学习成绩好坏来对学生进行分类；学生的属性为(性格，家庭背景，性别)。其中有关家庭背景部分，若学生的父母都是大学毕业，则家庭背景定为良好；若只有一个为大学毕业，则定为一般；没有大学毕业的，则定为差。

表 2-7　某学校小学生的学习状态

性格	家庭背景	性别	类型
内向	良	女	+
外向	良	男	+
外向	中	女	−
内向	差	女	−
外向	中	男	+
内向	良	男	+
外向	差	女	+
外向	差	男	−

续表

性格	家庭背景	性别	类型
外向	良	女	+
内向	中	女	−
内向	中	男	−
内向	差	男	−

将学生组成的集合看作某个训练集 Es，如果正例（成绩好）的比例为 P_+，负例（成绩差）的比例为 P_-（$P_-=1-P_+$），则定义熵值 $\text{Entropy(Es)}=-P_+\log_2 P_+-P_-\log_2 P_-$（这里约定 $0\log_2 0=0$）。可以看出，训练集在目标分类方面越模糊越杂乱无序，它的熵值就越高；反之越有序，它的熵值就越低（Srivastava A，1997）。

设训练集 Es 当前的熵值为 Entropy(Es)。通过一个属性（A）对训练集 Es 进行分组，将所有属性为 V（即 $A=V$）的实例分在同一组，该组构成一个新的训练集，记为 Esv。与训练集 Es 相比，Esv 的熵值将会降低（分组实际上是使无序变得有序）。这样，通过分组之后，训练集 Es 的熵值将变为（期望信息量）New_Entropy(Esv,A)。这里，

$$\text{New\_Entropy}(\text{Esv},A)=\sum v\in \text{value}(A)\left(\frac{|\text{Esv}|}{|\text{Es}|}\right).\text{Entropy}(\text{Esv})$$

将 Entropy(Es)降低的数量定义为“属性 A 相对于训练集 Es 的信息赢取（信息增益）”，记为 Gain(Es,A)，即 Gain(Es,A)＝Entropy(Es)－New_Entropy(Esv,A)。Gain(Es,A)值越大，A 对训练集 Es 越有利（ID3 算法即是根据这一原则，在算法的每一步选取最佳的分类属性）。

对于此例，分类过程如下：

第一步，将训练集 Es 包含在一个根节点中，并计算其熵值。

$$\text{Entropy(Es)}=-\frac{6}{12}\log_2\frac{6}{6+6}-\frac{6}{12}\log_2\frac{6}{6+6}=1$$

第二步，寻找当前最佳的划分属性。为了找出当前的最佳划分属性，分别计算例子集中各个属性的信息赢值。

$$\text{Entropy(Es 外向,性格)}=-\frac{4}{6}\log_2\frac{4}{2+4}-\frac{2}{6}\log_2\frac{2}{2+4}=0.9183$$

$$\text{Entropy(Es 内向,性格)}=-\frac{2}{6}\log_2\frac{2}{2+4}-\frac{4}{6}\log_2\frac{2}{2+4}=0.9183$$

$$\begin{aligned}\text{Gain(Es,性格)}&=\text{Entropy(Es)}-\text{New\_Entropy(Esv,性格)}\\&=1-\left(\frac{1}{2}\times 0.9183+\frac{1}{2}\times 0.9183\right)=0.0817\end{aligned}$$

同理：

$$\text{Entropy(Es 良,家庭背景)}=-\frac{4}{4}\log_2\frac{4}{4+0}-\frac{0}{4}\log_2\frac{0}{4+0}=0$$

$$\begin{aligned}\text{Entropy(Es 中,家庭背景)}&=-\frac{1}{4}\log_2\frac{1}{1+3}-\frac{3}{4}\log_2\frac{3}{1+3}=\frac{1}{2}-\frac{3}{4}\frac{\log_{10}\frac{3}{4}}{\log_{10}2}\\&=\frac{1}{2}-\frac{3}{4}\times\frac{-0.125}{0.301}=0.8115\end{aligned}$$

$$\text{Entropy(Es 差,家庭背景)} = -\frac{1}{4}\log_2\frac{1}{1+3} - \frac{3}{4}\log_2\frac{3}{1+3} = 0.8115$$

$$\begin{aligned}\text{Gain(Es,家庭背景)} &= \text{Entropy(Es)} - \text{New\_Entropy(Esv,家庭背景)} \\ &= 1 - \left(\frac{1}{3}\times 0 + \frac{1}{3}\times 0.8115 + \frac{1}{3}\times 0.8115\right) = 0.4591\end{aligned}$$

类似地,Gain(Es,性别)=0。

因为 Gain(Es,性别)<Gain(Es,性格)<Gain(Es,家庭背景),所以选“家庭背景”作为划分的属性,得到如图 2-12 所示的决策树。

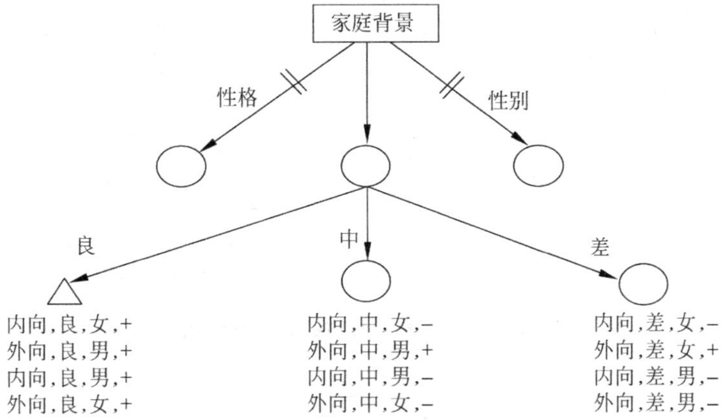

图 2-12　选取属性“家庭背景”进行分组

由于学习成绩为“中”和“差”的学生不属于同一个类,还需继续对“中”和“差”的两个分支的实例子集进行分类。

第三步,重复第二步,直到分类结束。

$$\text{Gain(Es,性格)} = 0.7113$$

$$\text{Gain(Es,性别)} = 0.2045$$

因为 Gain(Es,性别)<Gain(Es,性格),所以用属性“性格”作第二次划分,得到如图 2-13 所示的决策树。

继续对四个未明确类型的实例进行“性别”划分,最终得到如图 2-14 所示决策树。

从此例可以看出,在决策树中,一般用矩形框表示决策节点(如家庭背景),用箭头表示计算并选取最大期望值方案,用圆圈表示某种状态,用三角代表链如图 2-14 所示。各方案的期望收益均值为 $H_i = \sum_{j=1}^{n} p_j v_{ij}$,均方差为 $\sigma_i = \sqrt{\sum_{i=1}^{n} p_i\ (v_{ij} - \bar{\mu}_i)^2}$,方差系数(风险系数)为 $r_i = \frac{\sigma_i}{H_i}$。当均值与风险系数无绝对优势时,一般可设定一个效用函数(利润,风险,偏好函数)来确定最终的选取方案。

2) ID3 算法

ID3 的基本算法是贪心算法,以自顶向下递归各个击破方式构造分类树。在树的节点上使用信息增益,选择具有最高信息增益的属性当作当前节点的测试属性。

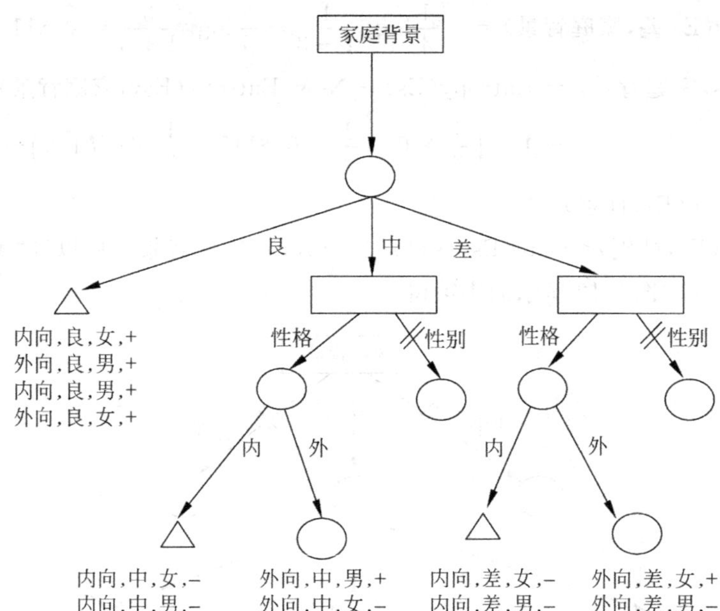

图 2-13 选取属性"性格"进行分组

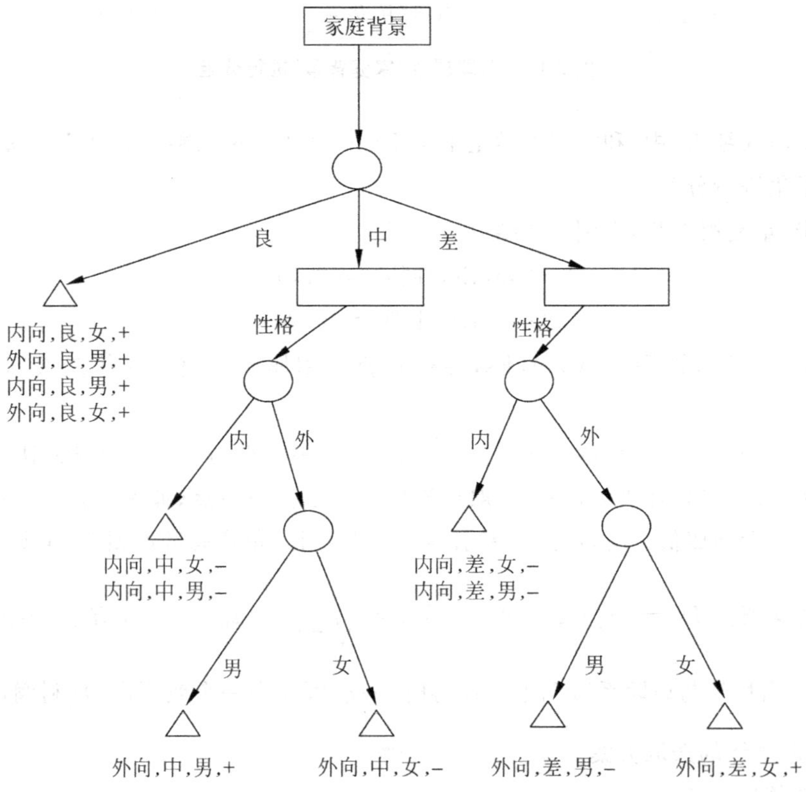

图 2-14 选取属性"性别"进行分组

设 S 是 s 个数据样本的集合。假定类标号属性具有 m 个不同值，定义 m 个不同类 $C_i(i=1,2,\cdots,m)$，设 S_i 是类 C_i 中的样本数，P_i 是任意样本属于 C_i 的概率。对于一个给定的样本分类所需的期望信息为 $I(s_i,s_2,\cdots,s_m)=-\sum_{i=1}^{m}P_i\log_2 P_i$。式中，$P_i$ 可用 S_i/s 来估计。

设属性 A 具有 v 个不同值 $\{A_1,A_2,\cdots,A_v\}$，用属性 A 将 S 划分为 v 个子集 $\{S_1,S_2,\cdots,S_v\}$。其中，S_j 包含 S 中这样一些样本，它们在 A 上具有 A_j，如果 A 选作测试属性，则这些子集对应于由包含集合 S 的节点生长出来的分枝。设 S_{ij} 是子集 S_j 中类 C_i 的样本数，则根据属性 A 划分成子集的熵或期望信息为

$$E(A)=\sum_{i=1}^{v}\frac{s_{1j}+s_{2j}+\cdots+s_{mj}}{s}I(s_{1j},\cdots,s_{mj})$$

其中，熵值越小，子集划分程度越高。A 上分枝获得的信息增益为

$$G(A)=I(s_1,s_2\cdots,s_m)-E(A)$$

ID3 算法具体处理流程为：

(1) 创建一个节点。

(2) 若该节点中的所有样本均为同一类别，则开始根节点对应所有的训练样本返回，N 作为一个叶节点，并标志为类别 C。

(3) 若 attribute_list 为空，则返回 N 作为一个叶节点，并标记为该节点所含样本中类别个数最多的类别。

(4) 从 attribute_list 中选择一个信息增益最大的属性 test_attibute。

(5) 将该节点 N 标记为 test_attribute。

(6) 对于 test_attribute 中每一个已知取值 a_i，准备划分节点 N 所包含的样本集。

(7) 根据 test_attribute$=a_i$ 的条件，由结点 N 产生相应的一个分支，以表示该测试条件；并获得一个对应的样本集合。

(8) 若该样本集合为空，则将相应的叶节点标记为该节点所含样本中类别个数最多的类别；否则，将相应的叶节点标记为决策数的返回值。

很多学者发现 ID3 算法其实就是选择 $E(A)$ 最小属性产生的分枝，这对左右分枝记录树相差不大的情况非常有效。如果左右分枝的记录树相差太远，用信息增益来判断可能得不到好的决策数。这种算法往往偏向于选择取值较多的属性，因为加权和的方法使得实例集的分类趋向于抛弃小数据量的数据元组，然而取值较多的属性并不总是最优的。按照使熵值最小和信息增益最大的原则，被 ID3 算法列为应选的属性，对其进行测试不会提供太多的信息。针对这些不足，相关文献对 ID3 提出了改进算法。

6. 人工神经网络

人工神经网络（Artificial Neural Networks，ANNs）简称神经网络（NNs）或连接模型（Connection Model），是一种模仿动物神经网络行为特征，进行分布式并行信息处理的算法数学模型，广泛用于分类或预测①。

1) 人工神经元模型

人工神经元（Artificial Neuron）是神经网络的基本元素，其原理如图 2-15 所示。

① 参见 http://www.cnblogs.com/heaad/archive/2011/03/07/1976443.html。

其中，$X_1 \sim X_n$ 是从其他神经元传来的输入信号，w_{ij} 表示从神经元 j 到神经元 i 的连接权值，θ 表示一个阈值(Threshold)，或称为偏置(Bias)，则神经元 i 的输出与输入的关系表示为

$$\text{net}_i = \sum_{j=1}^{n} w_{ij} x_j - \theta$$

$$y_i = f(\text{net}_i)$$

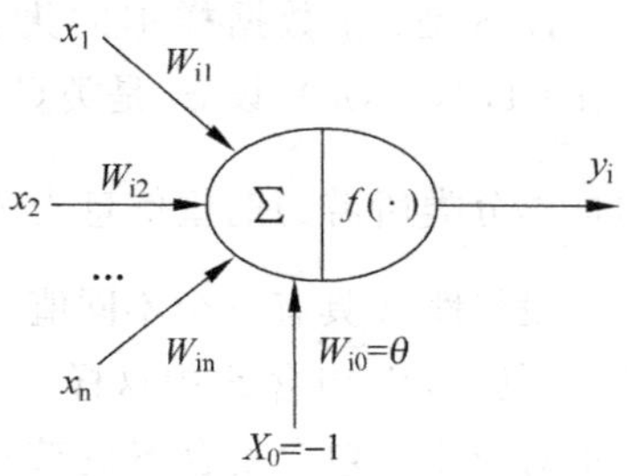

图 2-15 人工神经元模型

y_i 表示神经元 i 的输出，函数 f 称为激活函数(Activation Function)或转移函数(Transfer Function)，net 称为净激活(Net Activation)。若将阈值看成神经元 i 的一个输入 X_0 的权重 w_{i0}，则上面的式子可以简化为

$$\text{net} = \sum_{j=0}^{n} w_{ij} x_j$$

$$j_i = f(net_i)$$

若用 X 表示输入向量，用 W 表示权重向量，即

$$X = [X_0, X_1, X_2, \cdots, X_n]$$

$$\mathbf{W} = \begin{bmatrix} w_{i0} \\ w_{i1} \\ w_{i2} \\ \vdots \\ w_{in} \end{bmatrix}$$

则神经元的输出可以表示为向量相乘的形式：

$$\text{net}_i = XW$$

$$y_i = f(\text{net}_i) = f(XW)$$

若神经元的净激活 net 为正，称该神经元处于激活状态或兴奋状态(Fire)，若净激活 net 为负，则称神经元处于抑制状态。

上述这种"阈值加权和"的神经元模型称为 M-P 模型(McCulloch-Pitts Model)，也称神经网络的一个处理单元(Processing Element，PE)。

2) 常用激活函数

激活函数的选择是构建神经网络过程中的重要环节，下面介绍几个常用的激活函数。

(1) 线性函数(Liner Function)：

$$f(x) = k \times x + c$$

(2) 斜面函数(Ramp Function)：

$$f(x) = \begin{cases} T & \text{当 } x > c \\ k \times x & \text{当 } |x| \leqslant c \\ -T & \text{当 } x < -c \end{cases}$$

另外，一种称为"修正线性单元"的函数，即 ReLU(Rectified Linear Unit)函数

$$f(x) = \max(0, x)$$

它实际上是斜面函数的一种特殊情况，如图 2-16 所示。

(3) Leaky ReLU 函数：

$$f(x) = \max(\alpha x, x)$$

这里，α 的取值一般较小。其图像如图 2-17 所示。

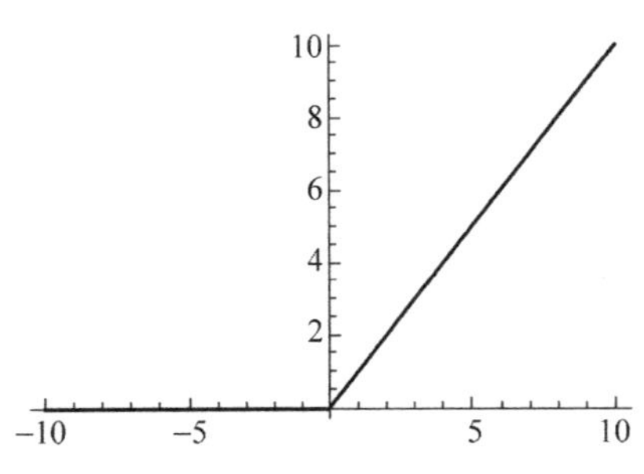

图 2-16　ReLU 函数图像

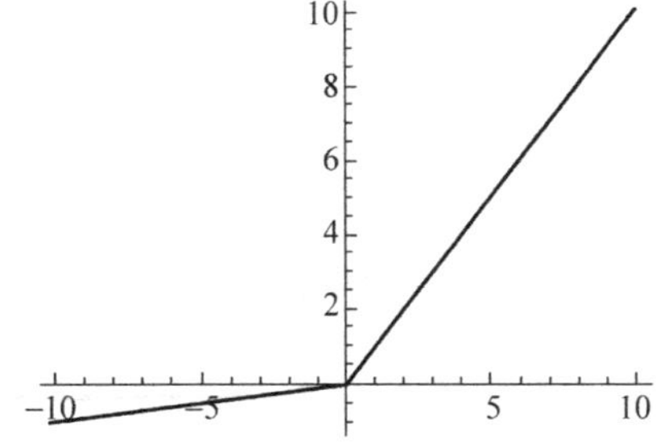

图 2-17　Leaky ReLU 函数图像

(4) 阈值函数(Threshold Function)：

$$f(x) = \begin{cases} 1 & \text{当 } x \geqslant c \\ 0 & \text{当 } x < c \end{cases}$$

以上四个激活函数都属于线性函数，下面四个为非线性激活函数。

(5) S 形函数(Sigmoid Function)：

$$f(x) = \frac{1}{1+e^{-\alpha x}} \quad (0 < f(x) < 1)$$

该函数的导函数

$$f'(x) = \frac{\alpha e^{-\alpha x}}{(1+e^{-\alpha x})^2} = \alpha f(x)[1-f(x)]$$

(6) 双极 S 形函数：

$$f(x) = \frac{2}{1+e^{-\alpha x}} - 1 \quad (-1 < f(x) < 1)$$

该函数的导函数

$$f'(x) = \frac{2\alpha e^{-\alpha x}}{(1+e^{-\alpha x})^2} = \frac{\alpha[1-f(x)]^2}{2}$$

S 形函数与双极 S 形函数的图像如图 2-18 所示。

双极 S 形函数与 S 形函数的主要区别在于函数的值域，双极 S 形函数值域是(−1,1)，而 S 形函数值域是(0,1)。由于 S 形函数与双极 S 形函数都是可导的(导函数是连续函数)，因此适合用在 BP 神经网络中(BP 算法要求激活函数可导)。

(7) Tanh 函数：

Tanh(x)函数的图像如图 2-19 所示。

(8) ELU(Exponential Linear Unit)函数：

$$f(x) = \begin{cases} x, & x > 0 \\ \alpha(e^x - 1), & x \leqslant 0 \end{cases}$$

其图像如图 2-10 所示。

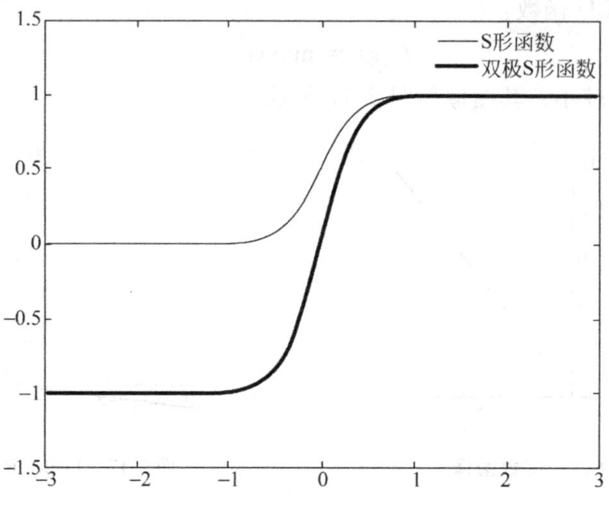

图 2-18 S 形函数与双极 S 形函数图像

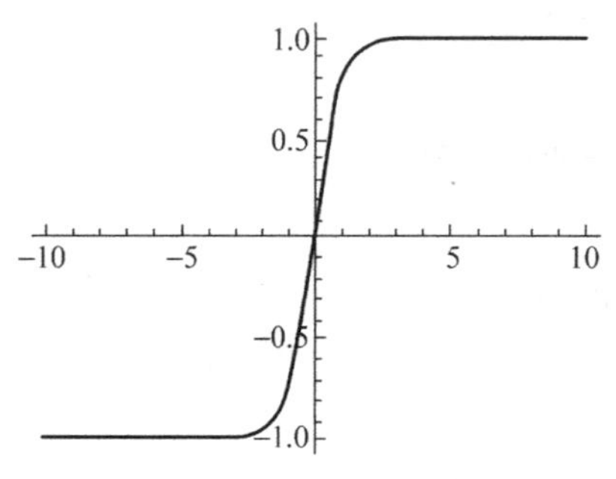

图 2-19 Tanh 函数图像

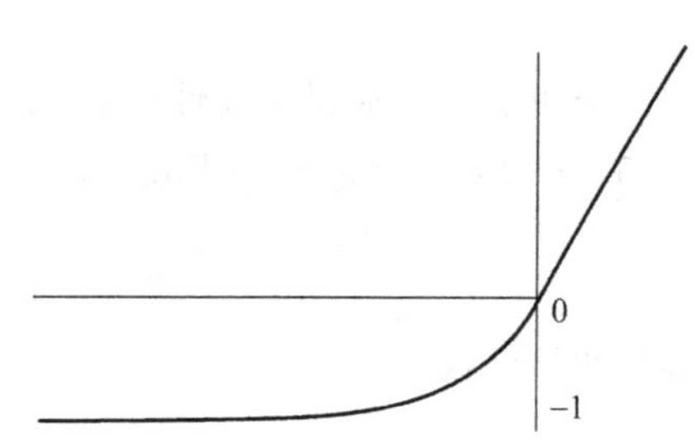

图 2-20 ELU 函数图像

3）神经网络模型

神经网络是由大量的神经元互联而构成的网络。根据网络中神经元的互联方式，常见网络结构主要可以分为下面三类：

(1) 前馈神经网络(Feedforward Neural Networks)。前馈神经网络也称前向网络。这种网络只在训练过程会有反馈信号，而在分类过程中数据只能向前传送，直到到达输出层，层间没有向后的反馈信号，因此称为前馈。感知机(Perceptron)与 BP 神经网络就属于前馈神经网络。

图 2-21 显示了一个三层的前馈神经网络，其中第一层是输入单元(Input)，第二层称为隐含层(Hidden)，第三层称为输出层(Output，输入单元不是神经元，因此图中有两层神经元)。

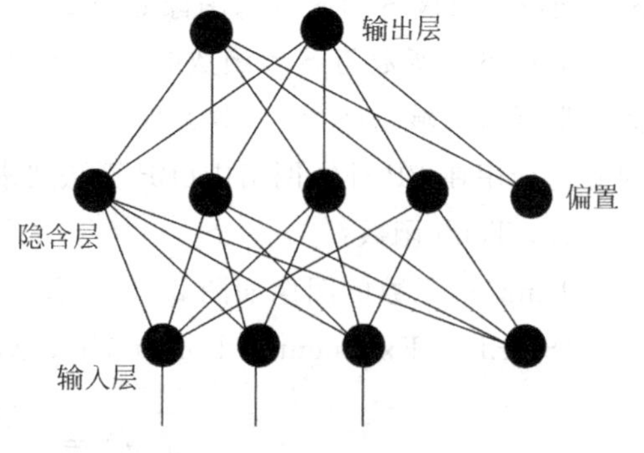

图 2-21 前馈神经网络

对于一个三层的前馈神经网络 N，若用 X 表示网络的输入向量，用 $W_1 \sim W_3$ 表示网络各层的连接权向量，用 $F_1 \sim F_3$ 表示神经网络三层

的激活函数。那么神经网络的第一层神经元的输出为

$$O_1 = F_1(XW_1)$$

第二层的输出为

$$O_2 = F_2(F_1(XW_1)W_2)$$

输出层的输出为

$$O_3 = F_3(F_2(F_1(XW_1)W_2)W_3)$$

若激活函数 $F_1 \sim F_3$ 都选用线性函数，那么神经网络的输出 O_3 将是输入 X 的线性函数。因此，若要做高次函数的逼近就应该选用适当的非线性函数作为激活函数。

(2) 反馈神经网络(Feedback Neural Networks)。反馈神经网络是一种从输出到输入具有反馈连接的神经网络，如图 2-22 所示，其结构比前馈神经网络要复杂得多。典型的反馈神经网络有 Elman 网络和 Hopfield 网络。

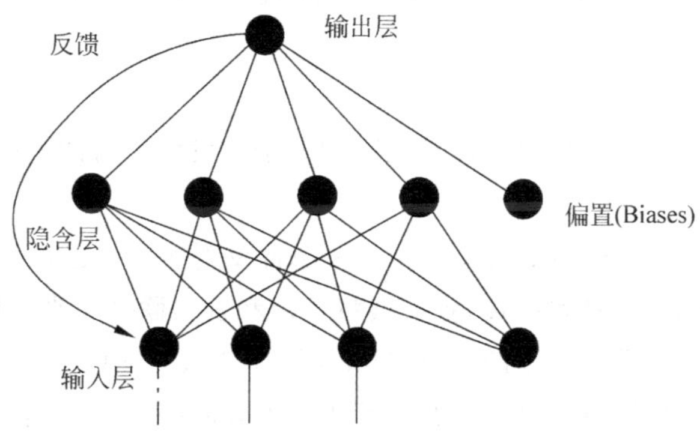

图 2-22　反馈神经网络

(3) 自组织神经网络(Self-Organizing Neural Networks,SOM)。自组织神经网络是一种无监督学习网络。它通过自动寻找样本中的内在规律和本质属性，自组织、自适应地改变网络参数与结构，如图 2-23 所示。

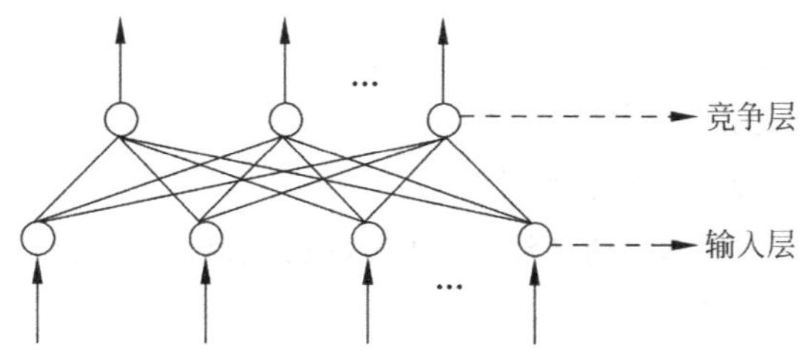

图 2-23　自组织神经网络

4) 神经网络运作过程

神经网络运作过程分为学习和工作两种状态。

(1) 神经网络的学习状态。

网络的学习主要是指使用学习算法来调整神经元间的连接权，使得网络输出更符合实际。学习算法分为监督学习(Supervised Learning)与非监督学习(Unsupervised Learning)两类。

监督学习算法将一组训练集(Training Set)送入网络，根据网络的实际输出与期望输出间的差别来调整连接权。监督学习算法的主要步骤包括：

① 从样本集合中取一个样本(A_i, B_i)。

② 计算网络的实际输出 O。

③ 求 $D=B_i-O$。

④ 根据 D 调整权矩阵 W。

⑤ 对每个样本重复上述过程，直到对整个样本集来说，误差不超过规定范围。

BP 算法就是一种出色的监督学习算法。

非监督学习抽取样本集合中蕴含的统计特性，并以神经元之间的连接权的形式存于网络中。Hebb 学习律是一种经典的非监督学习算法。

(2) 神经网络的工作状态。神经元间的连接权不变，神经网络作为分类器、预测器等使用。

(3) 非监督学习算法：Hebb 算法。

Hebb 算法核心思想是：当两个神经元同时处于激发状态时两者间的连接权会被加强，否则会被减弱。

为了理解 Hebb 算法，有必要简单介绍一下条件反射实验。巴甫洛夫的条件反射实验：每次给狗喂食前都先响铃，时间一长，狗就会将铃声和食物联系起来。以后如果响铃但是不给食物，狗也会流口水。受该实验的启发，Hebb 的理论认为在同一时间被激发的神经元间的联系会被强化。例如，铃声响时一个神经元被激发，在同一时间食物的出现会激发附近的另一个神经元，那么这两个神经元间的联系就会强化，从而记住这两个事物之间存在着联系。相反，如果两个神经元总是不能同步激发，那么它们间的联系将会越来越弱。

Hebb 算法可表示为

$$w_{ij}(t+1) = w_{ij}(t) + ay_j(t)y_i(t)$$

其中，w_{ij} 表示神经元 j 到神经元 i 的连接权，y_i 与 y_j 为两个神经元的输出，α 是表示学习速度的常数。若 y_i 与 y_j 同时被激活，即 y_i 与 y_j 同时为正，那么 w_{ij} 将增大。若 y_i 被激活，而 y_j 处于抑制状态，即 y_i 为正 y_j 为负，那么 w_{ij} 将变小。

(4) 监督学习算法：Delta 学习规则。

Delta 学习规则是一种简单的监督学习算法，该算法根据神经元的实际输出与期望输出差别来调整连接权，其数学表示如下：

$$w_{ij}(t+1) = w_{ij}(t) + \alpha(d_i - y_i)x_j(t)$$

其中，w_{ij} 表示神经元 j 到神经元 i 的连接权，d_i 是神经元 i 的期望输出，y_i 是神经元 i 的实际输出，x_j 表示神经元 j 状态，若神经元 j 处于激活态则 x_j 为 1，若处于抑制状态则 x_j 为 0 或 −1(根据激活函数而定)。α 是表示学习速度的常数。假设 x_j 为 1，若 d_i 比 y_i 大，那么 w_{ij} 将增大。若 d_i 比 y_i 小，那么 w_{ij} 将变小。

Delta 规则简单讲来就是：若神经元实际输出比期望输出大，则减小所有输入为正的连接的权重，增大所有输入为负的连接的权重。反之，若神经元实际输出比期望输出小，则增大所有输入为正的连接的权重，减小所有输入为负的连接的权重。这个增大或减小的幅度就根据上面的式子来计算。

(5) 监督学习算法：BP 算法。

采用 BP(Error Back Propagation，误差反向传播)算法的前馈神经网络通常称为 BP 网络。BP 网络具有很强的非线性映射能力，一个三层 BP 神经网络能够实现对任意非线性函数进行逼近(根据 Kolrnogorov 定理)，其模型如图 2-24 所示。

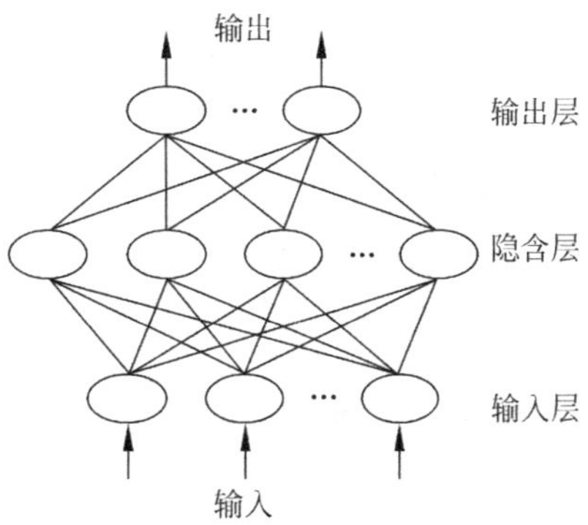

图 2-24　三层 BP 神经网络结构

在利用 BP 神经网络对样本数据进行训练时，一般需要遵循以下步骤：

一是对样本数据进行预处理，尽量将数据变为均值为 0 的标准化数据。

二是对各层中的权值矩阵 W 进行初始化，可直接赋予其均值为 0、方差较小(譬如为 0.01 左右)的正态分布数据，也可使用其他方法对其进行初始化[譬如使用 Xavier 方法，具体可参见(Glorot et al.,2010)]。

三是在前向传播的过程中，使用激活函数之前，注重对数据进行标准化处理。

四是需要调整学习速度(Learning_rate)参数，并对最终的误差或损失(Loss)进行比对，以便寻找到最佳的学习率。

五是在误差反向传播的过程，需要根据一定的模型来优化各层中的权值 W_{ji}(W_{ji} 代表从 i 神经元到 j 神经元的输入权值)，一般需要使用梯度值来进行修正。常用的优化模型有：

(1) $W_{ji}=W_{ji}-\text{Learning}_{\text{rate}}*\frac{\partial L}{\partial W_{ji}}$；(2) $W_{ji}=W_{ji}+v_t\left(\text{其中},v_t=\mu v_{t-1}-\text{Learning}_{\text{rate}}*\frac{\partial L}{\partial W_{ji}}\right)$；(3) $W_{ji}=W_{ji}+v_t\left(\text{其中},v_t=\mu v_{t-1}-\text{Learning}_{\text{rate}}*\frac{\partial L}{\partial \varphi_{t-1}},\varphi_t=\varphi_{t-1}-\mu v_{t-1}+(1+\mu)v_t\right)$。其中，方法(3)称为 Nesterov 动量修正法(Nesterov Momentum Update)。

最后，判断此 BP 神经网络的全局误差或损失是否达到相关要求。当全局误差或损失达到预设的精度或者学习次数大于设定的最大次数，则训练结束；否则，选择下一个学习样本，继续进行训练，即重复进行第三到第五步。

5) 实例

MATLAB BP 网络。

将 Iris 数据集(http://en.wikipedia.org/wiki/Iris_flower_data_set)分为两组①，每组各 75 个样本，每组中每种花各有 25 个样本。其中一组作为以上程序的训练样本，另外一组作为检验样本。为了方便训练，将三类花分别编号为 1,2,3 。

使用这些数据训练一个 4 输入(分别对应 4 个特征)、3 输出(分别对应该样本属于某一品种的可能性大小)的前向网络。MATLAB 程序如下：

① Iris 花的特征：花萼长度、花萼宽度、花瓣长度、花瓣宽度，会有差异，据此可将 Iris 花分为三个品种。

```
%读取训练数据
[f1,f2,f3,f4,class] = textread('trainData.txt','%f%f%f%f%f',150);

%特征值归一化,MATLAB中归一化处理数据可采用premnmx,postmnmx,tramnmx函数
[input,minI,maxI] = premnmx([f1,f2,f3,f4]');

%构造输出矩阵
s = length(class);
output = zeros(s,3);
for i = 1:s
output(i,class(i)) = 1;
end

%创建神经网络
net = newff(minmax(input),[10 3],{ 'logsig''purelin' }, 'traingdx') ;

%设置训练参数
net.trainparam.show = 50;
net.trainparam.epochs = 500;
net.trainparam.goal = 0.01;
net.trainParam.lr = 0.01;

%开始训练
net = train(net,input,output');

%读取测试数据
[t1 t2 t3 t4 c] = textread('testData.txt','%f%f%f%f%f',150);

%测试数据归一化
testInput = tramnmx([t1,t2,t3,t4]',minI,maxI);

%使用网络进行仿真
Y = sim(net,testInput)

%统计识别正确率
[s1,s2] = size(Y);
hitNum = 0;
for i = 1:s2
[m,Index] = max(Y(:,i));
if(Index == c(i))
hitNum = hitNum + 1;
end
end
sprintf('识别率是 %3.3f%%',100 * hitNum/s2 )
```

以上程序的识别率稳定在95%左右,训练100次左右达到收敛。

2.2　数据挖掘与大数据处理

2.2.1　数据挖掘

数据挖掘(Data Mining,DM)是指从大量的、不完全的、有噪声的、模糊的、随机的实际应用数据中,提取隐含在其中的、人们事先不知道的、但又是潜在有用的信息和知识的过程。与统计和分析过程不同的是:数据挖掘一般没有预先设定好的主题,主要是在现有数据上面进行基于各种算法的计算,以便找到不同变量间的内在关系,形成更准确的决策模型,从而实现一些高级别数据分析的需求。

数据挖掘的具体方法有聚类(Clustering)、分类(Classification)、关联(Association)、预测(Prediction)等。其功能模式分为两类:一是假设验证型,采用自上而下的方法,来证实或否定某一假设;二是知识发现型,采用自下而上的方法,通过数据发现有价值的信息。

1. 聚类

聚类是从纷繁复杂的数据中,根据最大化类内相似性、最小化类间相似性的原则进行分组,使得在一个簇内的对象具有高相似性,而不同簇间的对象具有低相似性的过程。其方法主要有基于划分的聚类方法、基于层次的聚类方法、基于密度的聚类方法、基于网格的聚类方法和基于模型的聚类方法。

1) 基于划分的聚类方法

基于划分的聚类方法是给定一个由 n 个对象组成的数据集合,对此数据集合构建 k 个划分($k\leqslant n$),每个划分代表一个簇,即将数据集合分成多个簇。在此过程中,要求每个簇至少有一个对象,每个对象必须且仅属于一个簇。典型算法 k-均值和 k-中心点算法等。

k 均值(k-means)是一种简便、实用的无监督聚类分析算法。其算法步骤如下:

(1) 从 n 个数据中任意选择 k 个作为初始的簇中心,然后不断重复地将剩余的 $n-k$ 个数据按照一定的距离函数(欧氏距离、曼哈顿距离、明考斯基距离)划分到最近的簇。

(2) 按一定的距离函数计算各个簇中数据的各属性平均值,作为新的簇中心,重新不断将 n 个数据按照一定的距离函数划分到最近的簇。

(3) 重复步骤(2),直到簇的中心不再变化为止。

k-中心点算法是对 k-均值算法的改进。k-中心算法不再采用簇中对象的平均值作为参照点,而是选用簇中位置最中心的对象,即中心点。这样的划分方法依然是基于最小化所有对象与其参照点之间的相异度之和的原则来执行的。其基本思想是:首先为每个簇随机地赋一个样本作为中心点,将剩余的点依照距离的远近分配给最近的簇;随后用其他非中心点数据做中心点,并查看聚类情况。如果替换的聚类总代价小于零,那么就执行替换直到中心点不再发生变化,也就是说达到代价最小值时停止算法。

2) 基于层次的聚类方法

基于层次的聚类方法是对给定的数据集合进行层层分解,主要包括凝聚法和分裂法。凝聚法指起初每个对象被认为是一个簇,然后不断合并相似(常用相似矩阵表示,每个元素为不同对象间的夹角余弦、相关系数或指数相似系数)的簇,直到达到一个令人满意的终止条件;分裂法恰恰相反,先把所有的数据归于一个簇,然后不断分裂彼此相似度最小的数据集，使簇被分裂成更小的簇，直到达到一个令人满意的终止条件。

根据簇间距离度量方法的不同，层次法又可分为不同的种类。常用的距离度量方法包括最小距离、最大距离、平均值距离和平均距离等。典型算法有 CURE（Data Partitioning and Clustering）、Chameleon 和 BIRCH 等。

3）基于密度的聚类方法

这类算法的思想是：只要某簇邻近区域的密度超过设定的某一阈值，则扩大簇的范围，继续聚类。这类算法可以获得任意形状的簇。典型算法有 DBSCAN、OPTICS 和 DENCLUE 等。

4）基于网格的聚类方法

基于网格的聚类算法首先将问题空间量化为有限数目的单元，形成一个空间网格结构，随后聚类在这些网格之间进行。这类算法速度较快。典型算法有 STING、WareCluster 和 CLIQUE 等。

5）基于模型的聚类方法

基于模型的聚类算法基于这样的假设：数据是根据潜在的概率分布生成的，这样在算法中，先为每个簇假定一个模型，然后寻找数据对给定模型的最佳拟合。相关算法有 COBWEB 和神经网络算法等。

2. 分类

分类的目的是获得一个分类函数或分类模型（也常常称为分类器），该模型能把数据库中的数据项映射到某一个给定类别。具体方法有逻辑回归、决策树、遗传算法和神经网络等。

3. 关联

关联分为简单关联、时序关联、因果关联，是指从大量数据中发现项集之间有趣的相关联系或依赖关系。例如，零售商通过对顾客放入购物车中的不同商品，分析其间的关联，就可以获知顾客的购买习惯，制定出合适的营销策略、价目表、商品排放等。

若设 $I=\{i_1, i_2, \cdots, i_m\}$ 是 m 个不同元素的集合，每个元素（如一笔交易）具有多个数据项（代表一种交易商品），则关联规则可表示为 $X=>Y$，其中 $X,Y\subset I$ 且 $X\cap Y=\varnothing$。这里，X 和 Y 为若干项的集合，X 称为规则的前提或前项，Y 称为结果或后项。

一般而言，每一规则有两个度量标准，即支持度（Support）和可信度（Confidence）。规则的支持度定义为 support（X=>Y）=support（X ∪ Y），规则的可信度定义为 confidence(X=> Y)=support(X ∪ Y)/support(X)。

例如，某一交易集合数据如表 2-8 所示，则 support(A)=75%，support(B)=50%，support(C)=50%，support(A,C)=50%，support(A=>C)=support(A,C)=50%，confidence(A=>C)=50%/75%=66.6%，support(C=>A)=support(A,C)=50%，confidence(C=>A)=50%/50%=100%。

表 2-8 交易集合数据

交易号	所购商品
2000	A,B,C
1000	A,C
4000	A,D
5000	B,E,F

关联规则的典型算法有 AIS、Apriori、SETM、DHP、PARTITION、Sampling 和 FP-growth 等。

4. 预测

相较分类，预测是估计某些空缺或未知的数值，而不是所属类型。例如，在银行业务中，根据贷款申请者信息判断贷款者是属于"安全"类还是"风险"类的，这是数据挖掘中的分类任务，而分析给贷款人贷款量的多少对于银行是"安全"的就是数据挖掘中的预测任务。预测的方法有趋势外推法、时间序列法和回归分析法等。

2.2.2 大数据处理

大数据一般是指数据规模在 10TB 以上。区别于以往的海量数据，目前所说的"大数据"不仅指数据本身，有时也指采集数据的工具、平台和数据分析系统，即大数据处理技术。

大数据处理是指从各种各样类型的巨量数据中，快速获得有价值信息。由于大数据具有 4V(Volume、Variety、Value 和 Velocity)特征，即体量大、多样性、价值密度低、速度快。因此，在进行大数据处理时，秉承的基本理念应是："要全体不要抽样，要效率不要绝对精确，要相关不要因果。

大数据处理的流程一般分为五个步骤，如图 2-25 所示，分别是采集、导入/预处理、统计/分析、数据挖掘和可视化显示/结果查询。

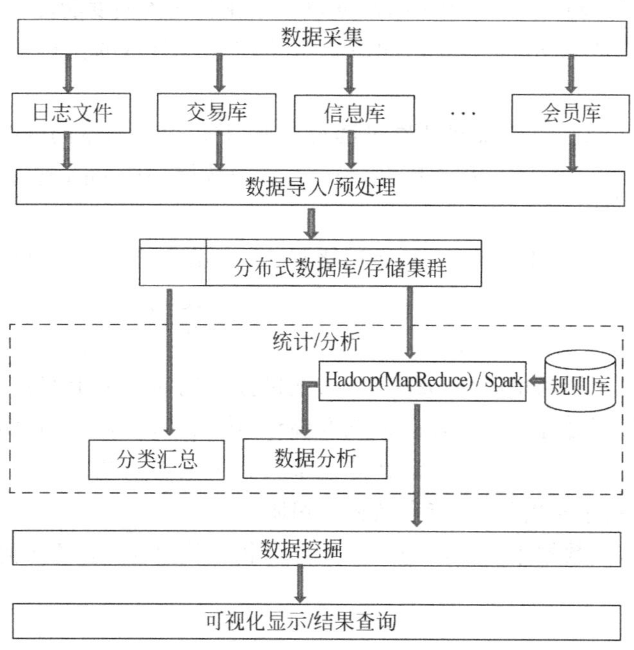

图 2-25　大数据处理的流程

(1) 数据采集。大数据的采集是指利用多个数据库来接收发自客户端(Web、App 或者传感器形式等)的数据，并且用户可以通过这些数据库来进行简单的查询和处理工作。例如，电商会使用传统的关系型数据库 MySQL 和 Oracle 等来存储每一笔事务数据，除此之外，Redis 和 MongoDB 这样的 NoSQL 数据库也常用于数据的采集。

在大数据的采集过程中，有时因为并发数很高，需要部署大量的数据库，并在数据库之间进行负载均衡和分片，才能支撑系统运作。

(2) 数据导入/预处理。在对海量数据进行有效分析前，还需要将来自前端的数据导入到一个集中的大型分布式数据库，或者分布式存储集群，在导入过程中可以做一些清洗和预处理工作，并可利用一些工具(如 Twitter 的 Storm)对数据进行流式计算，来满足部分业务的实时计算需求。

(3) 统计/分析。主要利用分布式数据库的相关工具(如 EMC 的 GreenPlum、Oracle 的 Exadata、MySQL 的列式存储 Infobright)对海量数据进行普通的统计分析和分类汇总。

常见的统计分析方法包括假设检验、显著性检验、差异分析、相关分析、t 检验、方差分析、卡方分析、偏相关分析、距离分析、回归分析、简单回归分析、多元回归分析、逐步回归、回归预测与残差分析、岭回归、Logistic 回归分析、曲线估计、因子分析、聚类分析、主成分分析、因子分析、快速聚类法与聚类法、判别分析、对应分析、多元对应分析(最优尺度分析)。

分类汇总主要是利用 Hadoop 工具或 Spark 工具对基于半结构化数据的分布式计算集群进行数据分析。这里，Hadoop 是 MapReduce 的一个实现，专门用于分析大型分布式数据库；MapReduce 是一种编程模型，用于大规模数据集的并行运算。在 Hadoop (MapReduce)系统运行的过程中，自动将一个作业待处理的大数据划分为很多个数据块，每个数据块对应于一个计算任务(每个计算任务也会按照一定的策略布置到不同的计算节点上)，并自动调度计算节点来处理相应的数据块。作业和任务调度功能主要负责分配和调度计算节点(Map 节点或 Reduce 节点)，同时负责监控这些节点的执行状态，并负责 Map 节点执行的同步控制。

由于 Hadoop 中每次计算都要从磁盘读写数据，并需要一定量的网络传输，导致其延迟较长，不能很好地支持交互式应用。因此，Spark 有望替代 Hadoop，成为新一代云计算大数据核心技术。

(4) 数据挖掘。在此过程中，主要使用诸如 Mahout 等工具，借助数据挖掘算法，例如聚类 Kmeans 算法、统计学习 SVM 算法、分类 NaiveBayes 算法等，实现数据分析需求。该过程的特点和挑战主要在于挖掘的算法很复杂，计算涉及的数据量和计算量都很巨大。

例如，阿里金融利用阿里巴巴 B2B、淘宝、支付宝等电商平台上客户积累的信用数据及行为数据，通过大数据处理、挖掘，辅以第三方验证，确认客户信息的真实性，全面地预测小额贷款的风险，就可以向这些通常无法在传统金融渠道获得贷款的客户群体发放“金额小、期限短、随借随还”的小额信贷，并能有效控制风险。

需要指出的是，大数据不是万能的——数据分析不懂社交，不懂如何叙事，只能发现需求，但不能解决问题。

2.3 网络金融数据应用

2.3.1 网络金融数据应用概述

网络金融数据广泛应用于金融企业的产品开发、客户筛选与服务、风险控制、反欺诈、征信服务、数据银行/数据开放平台、不良资产处置、资产证券化、市场营销、企业管理等各个方面。

1. 客户筛选与服务

例如，商业银行在银行卡业务上，可以根据客户的平均存款余额、本外币结算量、各种中间业务的手续费收入等数据，进行客户贡献度分析，来确定优质客户的贷款定价利率。商业银行还能利用大数据，和金融嫁接，做很多过去做不到的事情。除了控制不良贷款、扩宽银行零售规模，更能直接占领互联网金融江湖渠道，直销银行就是如此。

2. 风险控制

网络金融的健康发展应遵循金融业的基本规律和内在要求，核心仍是风险控制。在金融行业中一个天然而又典型的风险控制应用，就是对借款人进行信用评估。依靠数据分析与挖掘，而不是担保抵押，来进行风险的决策与抵御。

传统金融的风险控制，主要是基于央行的征信数据及银行体系内的生态数据依靠人工审核完成。在国内的征信服务远远不够完善的情况下，中小企业很难得到贷款。互联网金额风险控制的真正核心在于：可以依靠互联网获取的数据，借助机器学习等技术，进行数据挖掘。通过搭建互联网金融企业自动化大数据风控系统，完成诸如放贷前的信用审核、(传统金融企业无法做到的)放贷过程中对借款人还贷能力的实时监控、实时对后续可能无法还贷的人进行事前的干预、标的有效组合、资产的合理配置等，以减少坏账损失。

目前，互联网金融企业以及第三方征信公司在信用评估这方面比较常用的架构是规则引擎加信用评分卡。信用评分卡最常用的算法是逻辑回归，这也是被银行信用卡中心或金融工程方面奉为法宝的算法。的确，逻辑回归因其简单、易于解释、开发及运维成本较低而受到追捧。然而互联网中获取的用户的数据维度较多，以离散或分类属性变量居多，且缺失数据较多，在这种情况下，逻辑回归的适应性会较差。而且规则引擎和信用评分卡模型分开的模式，有时会因为规则引擎里面某些规则过强而拒绝掉很多优质客户。

GBDT(Gradient Boosting Decision Tree)又叫 MART(Multiple Additive Regression Tree)，该模型不像决策树模型那样仅由一棵决策树构成，而是由多棵决策树构成，通常都是上百棵树，而且每棵树规模都较小(即树的深度会比较浅)。模型预测的时候，对于输入的一个样本实例，首先会赋予一个初值，然后会遍历每一棵决策树，每棵树都会对预测值进行调整修正，最后得到预测的结果。

3. 反欺诈

反欺诈服务在国内和国外都有很大的需求。根据多年来为商业银行成功解决信用卡申请欺诈防范问题的实践经验，结合当前互联网金融行业的欺诈特征，通过收集和整理全网的黑名单信息，给银行、第三方支付、信贷等企业提供云端风险管控和反欺诈服务，解决单家企业黑名单信息不全、自建成本高的问题。同时，通过“跨行业联防联控”的概念，要求客户企业继续上载新的黑名单信息，继续扩大黑名单规模，通过正向循环形成网络效应，不断扩充其“黑名单、灰名单、黑行为”数据，并基于多样化的机器学习模型、大数据关联分析和指标计算等，以云服务的方式为各行业提供网络反欺诈保护，提供更准确、更全面的反欺诈服务。通过对个人信用活跃度、履约能力、信用历史、身份特质、信用消费能力等信息进行统计分析建立的类 FICO 的征信评分，用于预测未来一段时间内发生违约风险的可能性。目前，国内较有影响的企业有鹰眼数服、同盾、中智诚等，涉及的数据及技术包括借贷黑名单、设备指纹、地理位置库、欺诈信息库、高危账户、代理检测、生物探针、风险引擎等产品。

鹰眼数服风控数据整合了第三方征信机构、电商平台、电信运营商、银联等第三方机构的消费数据，覆盖2000＋维度大数据，并和金融公司合作，将失信数据(如网贷逾期、借贷黑名单、法院失信数据、犯罪记录、执行信息、催欠信息、税务信息等)加入黑名单共享，把信贷全生命周期管理作为产品设计思路，切分各行业业务流程中的各大应用场景，为小微金融机构提供大数据驱动的信贷风控决策服务。

4. 征信服务

征信在国内覆盖率较低，央行的征信数据也未对外开放。目前，国内的征信企业呈现百花齐放的状态，基于其数据情况，运作模式有较大差异。国内除央行的信用数据外，还有较为老牌的企业(如鹏元、上海资信等)和互联网征信(如芝麻信用、腾讯征信、考拉征信、凤凰信用、天创信用、金电联行等)。

芝麻信用基于阿里巴巴的电商交易数据和蚂蚁金服的互联网金融数据，并与公安网等公共机构以及合作伙伴建立数据合作。与传统征信数据不同，芝麻信用数据涵盖了信用卡还款、网购、转账、理财、水电煤缴费、租房信息、住址搬迁历史、社交关系等。芝麻信用通过分析大量的网络交易及行为数据，可对用户进行信用评估，产生芝麻信用分，主要包含用户信用历史、行为偏好、履约能力、身份特质、人脉关系五个维度。这些信用评估可以帮助互联网金融企业对用户的还款意愿及还款能力做出结论，继而为用户提供快速授信及现金分期服务。

腾讯征信是首批经人民银行批准开展个人征信业务的机构之一。用户使用QQ、微信、财付通、QQ空间、腾讯网、QQ邮箱、微博后，在腾讯体系留下大量数据，腾讯数据具有人群覆盖广、用户活跃高等特点。依托社交、支付、金融、社会等多维度数据综合评估，腾讯征信通过海量数据挖掘和分析技术来预测其风险表现和信用价值，为其建立个人信用评分及信用报告。腾讯征信目前存在两大问题：一是人脸识别技术识别率不高；二是大家普遍认为腾讯的社交数据难以转化为征信数据。

考拉征信成立于2014年10月，为拉卡拉旗下第三方的信用评估及征信管理服务商，由拉卡拉和蓝色光标、拓尔思、梅泰诺、旋极等四家上市公司共同出资设立。2015年4月，考拉征信正式推出面向使用拉卡拉POS机商户的征信评估系统，商户可以通过登录拉卡拉微信商服平台查询自己的商户信用分，进而直接向拉卡拉小额贷款公司申请信用贷款。此外，考拉征信数据将向金融机构等开放数据。

5. 数据银行/数据开放平台

数据银行类数据公司通过互联网/人工采集的方式将数据聚合在一个平台上，围绕数据提供方、数据需求方、数据服务方等多方，构建了以数据开放、数据共享、数据分析为核心的综合性数据开放平台。相关企业有聚合数据、数据堂、京东万象等。

聚合数据平台定位于数据银行，是国内领先的移动数据服务商，为智能手机开发者、移动设备开发人员及图商提供原始数据API服务的综合性云数据平台。聚合数据包含手机聚合、网站聚合、LBS聚合三部分，其功能类似于Google APIS。聚合数据包含各类136项数据信息，如短信API服务、加油卡充值、银行卡实名认证、空气质量等。

数据堂成立于2011年9月，拥有独家基于众包模式的数据采集平台，40多万全球实名注册用户可高效采集和提供各类线下数据。众客采集线下非结构化数据，包括文本、语音、图像等资源，这些被采集的数据经过结构化处理，供给近千家合作机构，为其提供人工智能、征信、智能交通、健康医疗、商家商价等多领域优质行业数据资源服务。

京东万象是京东云在已有的云计算平台基础上围绕数据提供方、数据需求方、数据服务方等多方，构建的以数据开放、数据共享、数据分析为核心的综合性数据开放平台，以便帮助数据的提供方与需求方进行数据对接，解决企业之间的数据缺失问题，完善数据价值，提升企业效率。平台对接多维度的企业数据，在数据安全的基础上，通过数据API的共享和交易实现双方的数据价值交换，来保证数据的安全性与接入效率，成为企业数据输出与流入的有效渠道。

6. 资产证券化

资产证券化可将相关资产(如债权)打包并销售，如网贷之家的投之家、PP基金等。资产证券化是一个万亿级的市场，其核心在于：一是有能力判断资产质量并定价；二是有较强销售渠道，在流量端有优势，或者能对接机构市场、二级市场。

PP基金是一家二级债权转让平台，以"债"为基础，通过"筛选、组合、推荐、大数据风控"的智能模型组合多项债权，并打包成1元起投的基金式活期及短期理财产品，以实现分散风险的目的。PP基金以P2P债权作为突破点切入互联网金融市场。PP基金研发了300个数据机器人抓取P2P数据，这些数据细化到标的和借款人，并对这一系列数据进行打包和分析来监测平台风险及评价平台资产安全性。

2.3.2 网上证券大数据应用

目前，移动支付、大数据、社交网络、搜索引擎、云计算等，这些构成互联网金融的基础应用极有可能在证券投资领域引爆一场巨大的革命，金融很有可能成为继电商之后又一个互联网应用的热点领域。利用大数据、通过人工智能来进行证券投资分析与交易成为可能。

随着大量关于人们行为、情绪等大量数据的积累，以及云计算、机器学习、深度学习等技术的发展与应用，可能会在云端催生出人工智能，使智能代理也可以通过学习，"贡献"新的认知。由此，证券投资领域因此将会产生革命性的变革。

1. 投资策略生产的变革

首先，传统的投资策略生产模式将被颠覆，投资策略的生产将变得更快、更短、更个性化，且源源不断。机器学习的强大挖掘能力，结合大数据，将会产生更多以往无法通过经验和理论推导出来的新认知。完全个性化的、实时的投资策略生产成为可能，每个投资者都可以按照其需求定制个性化的投资策略。投资策略本身将成为可以买卖的产品。

其次，可以利用互联网构建证券投资策略超市，一边对接投资策略提供者，另一边为小额投资需求的策略使用者。策略提供人一般拥有实操能力和碎片化的投资管理能力。通过互联网平台将这些零碎分散的资源整合起来，衍生出投资方法策略。策略研究员也可以通过出卖自己的策略，根据投资获取回报。投资策略成为一种可以交易的商品。

策略提供人提供的策略托管在云端，只要投资者购买投资策略之后，云端托管策略直通交易所，保证交易的保密性和交易及时性。云端智能托管，也让投资者省去了天天看盘的精力，节约了大量时间。

为了方便投资人选择策略，以及对策略进行定价，需建立一套策略评价体系，如同淘宝商城的评价和买家秀，展示这个策略的前世今生。一个投资策略可以先被观察一段时间，通过后台确认是否审核通过，才可以上线。策略的定价可以根据投资收益率的变化，进行动态定价，以此搭建整个C2C模式的投资策略交易平台。

2. 投资者情绪量化挖掘

在真实的投资行为中，投资行为不完全由意识层面的理性做主，而是屈从于潜意识的驱使。固有的分析方法无法对投资者情绪进行高质量的研究，而大数据时代这个局面有望打破。

随着互联网的普及以及信息技术的突飞猛进，阿里巴巴、微博、微信、百度等互联网平台沉淀了大量商品交易、社交、个人情感、搜索等方面的数据，拥有了洞察投资者“心动”的宝库。云计算的发展则提供了打开这座宝库的钥匙，利用云计算来分析互联网上的沉淀的大数据，对投资者情绪量化挖掘。通过大数据，新的投资策略可以实现金融、数学、心理学的跨学科应用。

第一，利用搜索关键词来构建证券投资策略。

在构建影响因子的时候，可以把基本面因子、交易数据因子与金融大数据因子结合起来，其中金融大数据因子可以根据每只股票的搜索增量或者搜索总量来量化，将搜索平台的金融大数据信息与股票信息综合测度，构建基于搜索关键词的投资者综合情绪模型，进行指数化选股。

第二，利用微博、微信社交平台的数据构建证券投资策略。

利用微博、微信等社交平台，根据讨论话题的内容，识别出有关股票讨论的话题，可以量化股票的热度，再结合传统的基本面因子、交易量因子，构建出基于社交话题的投资者综合情绪指数模型，精选出具有超额收益预期的股票，进行投资。

3. 交易的变革

智能代理能够以更快的速度、更高的精度和更敏捷的反应执行交易。一个智能代理交易程序能够轻易地同时跟踪许多不同的证券，同时还能通过实时观察申报单的态势、高频交易数据，拟订最优交易指令，并准确无误地执行。跨市场、跨品种的交易将能够很轻松地实现，投资人可以委托云端的机器人完成所有的交易。

2.3.3 网上保险再定价

网上保险是指保险公司或保险中介机构以互联网和电子商务技术为工具来支持保险经营管理活动的经济行为，涉及的产品可以分为两类：一类是机动车保险、意外险、家居财产险等短期险产品，条款标准化，消费者也比较熟悉，完全可以自行购买，非常适合在线直接销售；另一类是健康险、分红险、万能险、投资连接险等长期缴费产品，要根据客户实际情况进行合理规划，在保险顾问的协助下进行购买。

对保险业来说，如果互联网能够深入到产品定价才是最有价值的。所谓深入定价，主要是利用大数据，来丰富、完善和细化定价因子，寿险目前主要的定价因子为死亡发生率和重疾发生率，发生率基本上来自于行业生命表，重疾发生率依托于经验数据和再保险数据，数据基本上是统一采用；产险定价主要假设是事故发生率，这些事故发生率在当前背景下呈现单一化、统一化特征，年龄和性别是主要的纬度。

如果大数据能够提供更加丰富有效的数据，保险产品定价将会更加精细化，预计这还有很长的一段路要走，需要在数据标准化、数据粒度（能提供诸如生命表、死亡发生率、重疾发生率和事故发生率等更详细的数据）和政策（数据被保监会和保险公司认可）上做出更多努力。

习题与思考

1. 数据仓库有何特征？其逻辑模型有哪些类型？
2. 举例说明机器学习的方法及其应用。
3. 何为支持向量？举例说明其分类原理。
4. 举例说明决策树的分类原理。
5. 举例说明 Hadoop 及 Mahout 的使用过程。

第3章　网络金融安全技术

现代网络金融,许多电子交易和电子支付都是通过网上交易平台和支付平台完成的。由于互联网的开放性和技术上存在的缺陷,加上黑客和病毒的破坏,正常的信息传输常常面临着被非法中断、截取、篡改和伪造的危机。为了保证电子交易、资金汇兑和电子支付的正常进行,保证企业和消费者的利益不受任何损失,保证厂商的重要商业信息、消费者的个人隐私信息不被泄露,需要有安全技术作为保障。其中,作为电子交易和电子支付安全的基础,加密技术起了至关重要的作用。

3.1　网络金融的安全需求

网络金融提供了全新的交易品种和服务方式,通过 Internet 和金融网络,不但能为全球的客户提供丰富的金融信息、简便的交易过程,而且使得交易的成本大为降低。但是,在享受这些好处的同时,人们也碰到了一系列的问题,较为突出的就是有关交易安全的问题。有时,交易系统会遭到各种各样病毒的侵扰、黑客的攻击,导致系统突然崩溃,用户账号被盗,网站页面内容被恶意篡改,偶尔还会产生子虚乌有的合同,等等。在这样的情况下,网络金融业务要能正常地进行下去,必须满足一定的安全需求,具备相应的安全保障。

案例1　手机在,SIM卡却被"偷"

2016年4月,一起不同寻常的电信诈骗案吸引了众多的手机安全公司和电信专家的注意,用户回复了一条短信后,手机绑定的网银被盗。最终调查结果显示,这次并非伪基站在"捣鬼",那骗子是如何得手的呢?

1. 回复验证码短信后网银被洗劫一空

据北京移动用户许先生反映,4月8日,他收到来源为1065800、10086的短信提示,说他订阅了某财经杂志的手机报,花费40元。许先生以为被运营商摊派业务,在退订的过程中回复了一个6位数的校验码之后,自己支付宝、手机绑定的三张银行卡、百度钱包里的所有财产居然被洗劫一空。

2. 骗术过程

手机安全公司和电信专家们对此案进行研究后终于弄清了骗子的诈骗过程。

第一步,掌握手机营业厅账号密码后订购手机报服务。

首先,诈骗嫌疑人在行动前已掌握了许先生的中国移动网上营业厅账号和登录密码,因此可以用许先生的身份订购手机报等服务,如图3-1所示。许先生发现自己订购不明业务后便回复TD进行退订。

第二步,申请办理"自助换卡"业务。

与此同时,嫌疑人再次利用许先生的账号密码登录中国移动网上营业厅,并办理"自助换卡”业务。骗子办理“自助换卡”后，中国移动官方系统会给许先生发出短信提示“您的 USIM 卡 6 位验证码为××××××”，如图 3-2 所示。

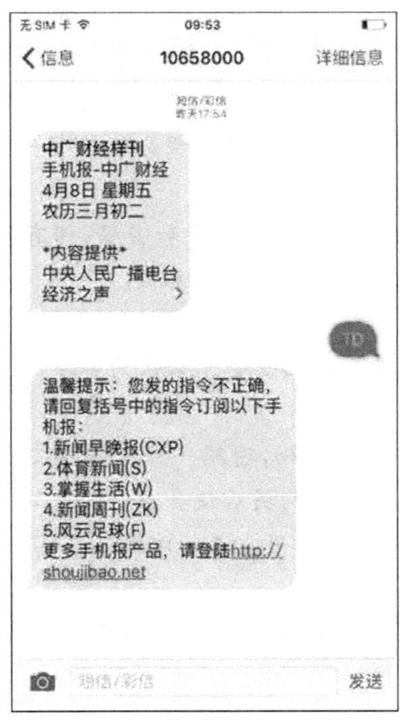

图 3-1　假冒身份订购手机报

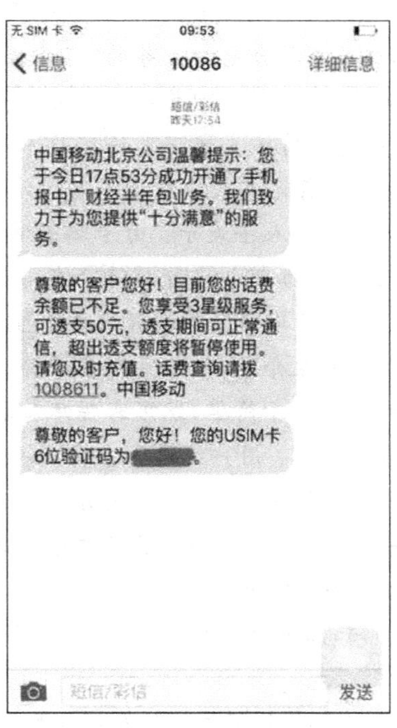

图 3-2　“自助换卡”短信提示

据电信业内人士解释，自助换卡是运营商推广的 4G 业务，客户在网站、手机 APP 上填入姓名、地址、联系方式等信息，运营商就可以将新的 SIM 寄送给客户，收到卡片后按照提示发送短信或验证码，即可开通新的卡片。开通同时旧卡失效，新 SIM 卡插入手机即可享受 4G 服务。

第三步，启用新 SIM 卡转移网银账户钱款

这时骗子再通过中国移动免费邮箱，给许先生发送“退订业务请发送校检码”的短信，因此许先生收到的短信显示来源为 106581390 开头，如图 3-3 所示。许先生一看到“校验码”三个字，就毫不犹豫地把这组数字回复给来源为 106581390 开头的短信。

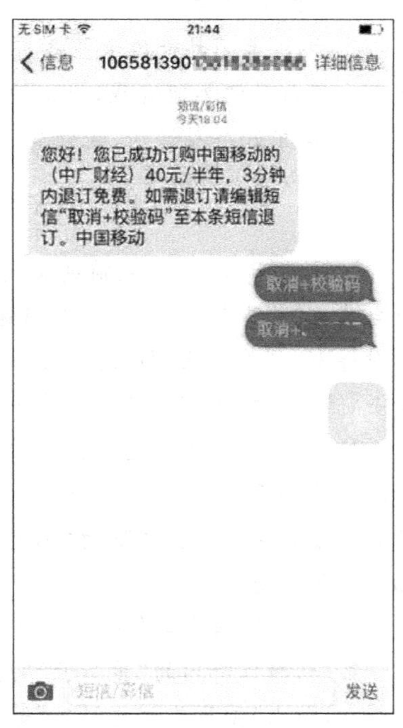

图 3-3　假冒发送“退订业务请发送校检码”的短信

这时，嫌疑人拿到验证码后完成“自助换卡”，许先生的手机里的 SIM 卡则报废停用。嫌疑人启用 SIM 卡后，可以用自己的手机接收所有许先生的电话、短信信息，然后配合已经获取的支付宝、银行卡账号、身份证信息转移财产。

此案例出现之后，引发了相关思考：

(1) 运营商的业务流程安全吗?

许先生的遭遇让很多人对运营商的业务流程安全性提出质疑。现在人们的手机号大多关联了银行卡、支付宝、微信钱包等至关重要的财产,通过六位校验码就可以完成自助换卡操作,这是否符合电信业务的“可靠性”要求?

对此,中国移动回复:许先生的手机号码是通过海南海口IP、采用客户自设密码登录营业厅,并通过官方系统下发给客户本人手机的验证码换卡成功,业务流程办理正常。

(2) 运营商怎么才能分辨真假?

电信业内人士表示:由于骗子掌握了许先生网上业务大厅的账号和密码,拥有密码最高权限,可以办理包括自助换卡在内的所有业务,因此运营商无法分别真假。

(3) 骗子为什么会掌握到许先生的关键信息?

据许先生介绍,他已半年多未登录手机营业厅官网。手机安全专家认为:可能是用户设置的密码过于简单,或黑客撞库获取了相关信息。

专家介绍:用户经常会在很多平台或网站使用同一个密码,密码一旦在一些安全性较低的网站被黑客盗用,信息就有可能会被放到黑市交易,骗子购买后便会在一些网站进行尝试,得到身份证号、姓名、银行卡等有效信息后再有针对性地对用户进行诈骗。

(4) 如何防范此类诈骗?

① 手机用户收到不了解的业务增订或退订短信,一定要拨打官方客服或去营业厅咨询。

② 手机收到陌生短信及链接切勿轻易点击下载。

③ 骗子会利用伪基站、改号软件等发送短信,用户即使是收到官方客服号码发来的短信也不要轻易相信。

④ 手机卡的补卡换卡业务可通过手机直接办理,并非一定要去营业厅办理,遇到相关问题应提前了解办理流程,以免被骗。

⑤ 保护好个人信息,避免身份证号、银行卡号、密码等敏感信息泄露。

案例2　骗子克隆“公司微信群”,女会计被骗85万元

2016年5年14日之前的某天,武汉一家汽车销售公司的会计李女士正在上班,突然发现自己被“董事长”拉进了一个新建的微信工作群里。群内六人都是公司同事,头像、名称也都对得上。“董事长”与“总经理”在群里先是一番热聊。之后,“董事长”发出工作指示,要李女士将公司的85万元转给江苏一名客户。

然而,等李女士打完了款,却发现公司老总就在旁边办公室,压根没有开会。而且,公司老总当面告诉李女士,他没有做出过任何汇款的指示。李女士急忙向警方报案。还好,在银行和警方的通力配合之下,被骗走的85万元当中,有近80万元被拦截了下来。当地警方也已经立案侦查。

1. 骗子行骗的四个关键节点

第一,微信群内的“董事长”“总经理”等六位同事,表面看上去,他们的微信头像、名称都对得上,加上“董事长”“总经理”等同事在群内讨论工作,这完全是场景模拟,让李女士深信这就是小范围的“内部工作群”。

第二,故意在群里说:“我这边在开会,不方便电话”,直接堵死了李女士电话和当面确

认的渠道。

第三，透露与江苏的蒋总(同伙)谈好了合同，并故意告知蒋总的联系方式，叫李女士联系同伙，进一步诱李女士入局。

第四，表明对方也打了保证金到自己的私人账户上。将事先 PS 伪造好的邮件信息和电子版汇款单发给李女士，彻底让她打消疑虑。

2. 详细过程

(1) 微信群聊天记录曝光。

2016 年 5 月 6 日，武汉洪山区一公司会计李女士正在上班。突然发现自己被“董事长”拉进了一个新建的微信工作群里，如图 3-4 所示。群内六人都是公司同事，头像、名称都对得上。

在群中，“董事长”与“总经理”等同事进行热聊，讨论工作，进行完全的场景模拟，让李女士深信这就是小范围的“内部工作群”，如图 3-5 所示。

图 3-4　拉进微信工作群

图 3-5　在微信工作群热聊

(2) “董事长”故意在群里说：“我这边在开会，不方便电话，如图 3-6 所示。此举直接堵死了李女士电话和当面确认的渠道。

(3) 表明对方也打了保证金到自己的私人账户上。将事先 PS 伪造好的邮件信息和电子版汇款单发给李女士，彻底让她打消疑虑，如图 3-7 所示。

(4) 引诱并指示李女士将公司的 85 万元转给江苏一名客户，如图 3-8～图 3-10 所示，并伪造到账信息，如图 3-11 所示。

(5) 透露与江苏的蒋总(同伙)谈好了合同，并故意告知蒋总的联系方式，叫李女士联系同伙，进一步诱李女士入局。

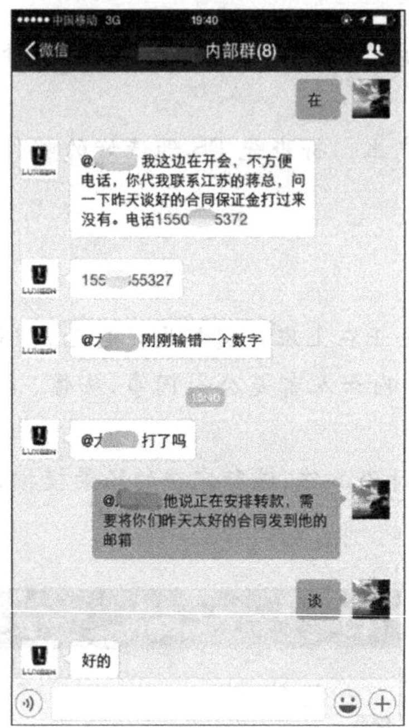

图 3-6　“董事长”在微信中的留言

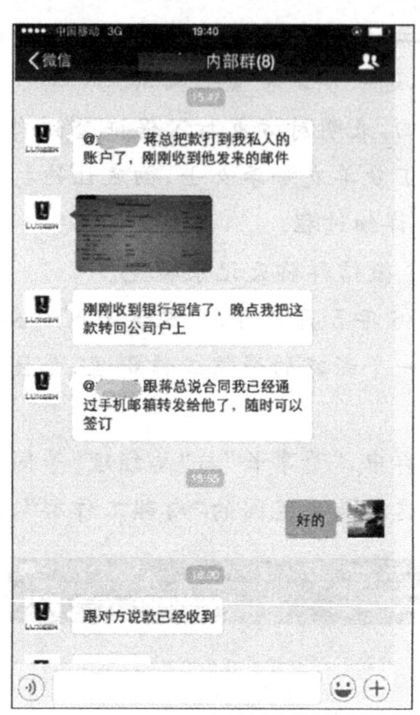

图 3-7　假冒合同保证金已到账

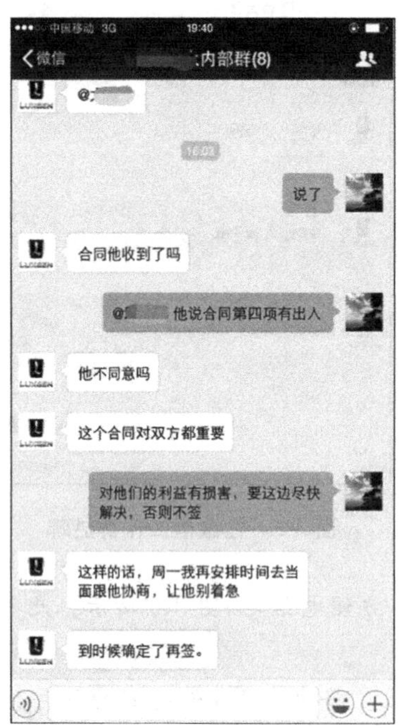

图 3-8　引诱并指示李女士转账(1)

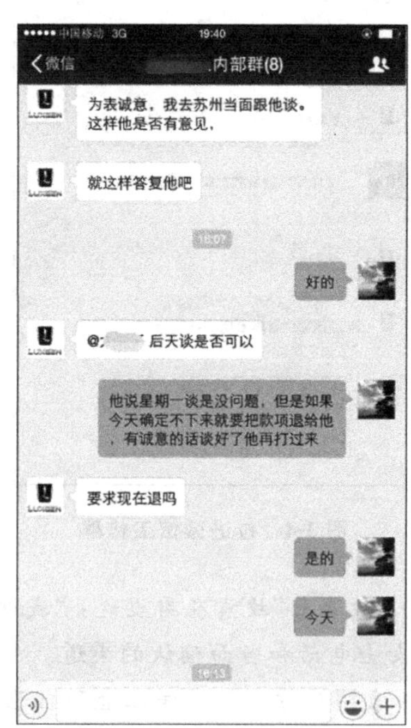

图 3-9　引诱并指示李女士转账(2)

至此，李女士以为圆满完成了领导交代的任务。当天下午4时左右，李女士起身外出时，竟然发现董事长在隔壁办公室办公。他不是在外面开会吗？还让我不要打他电话。想到这里，李女士顿时慌了。

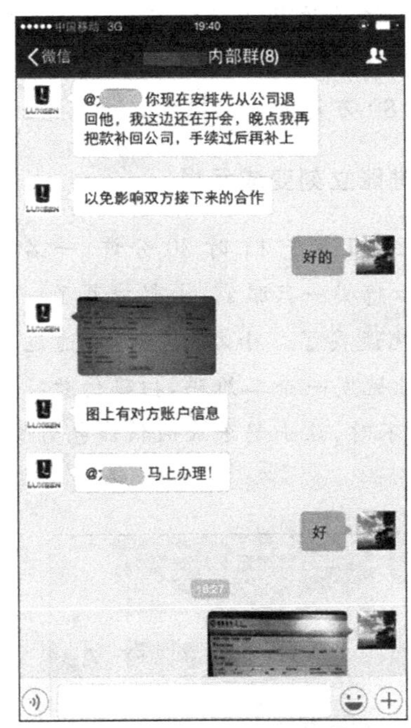

图 3-10　引诱并指示李女士转账(3)

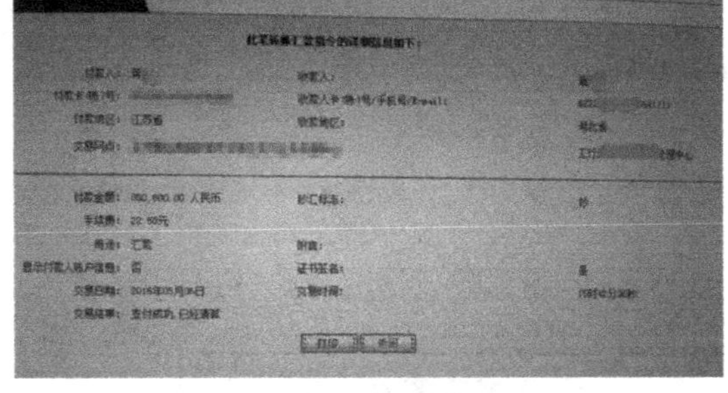

图 3-11　伪造到账信息

(6) 报警后，警察出手追回了近 80 万元。

当天下午 5 时 01 分，在警方介入后，骗子仍在冒充董事长，在微信群点名李女士说道："对方已经收到。"并问："转出这笔后，公司还有多少余款"，如图 3-12 所示。

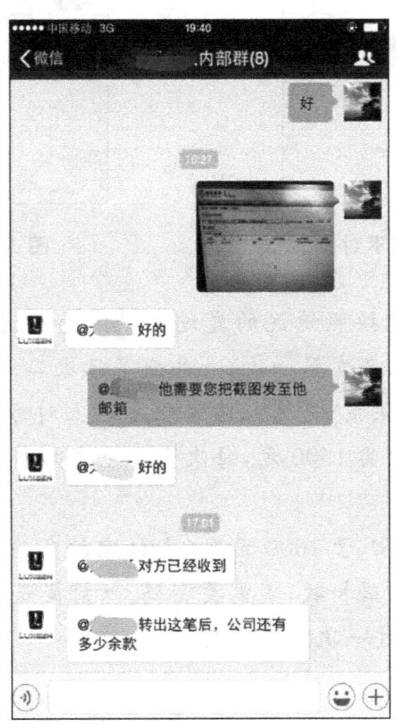

图 3-12　继续行骗

经调查，该公司是招商银行账户，85万元巨款已转到江苏的某工商银行账户。当天下午5时许，民警带着法律文书与工商银行某支行取得联系，迅速启动冻结程序。由于整个过程十分迅速，骗子仅转走5万元并用掉了9元手续费，近80万元被成功冻结。

案例3　分不清收款码和付款码，原本进账立刻变成亏损

24岁的小赵是一名微商，在朋友圈卖化妆品。4月24日上午11时30分许，一名微信昵称叫"美美"的加了她的微信。一番交谈后，"美美"表示想买一只眼霜，小赵推荐了一款价格是288元的眼霜。"美美"同意购买。很快，一单生意就谈妥了。小赵让"美美"通过微信红包将钱汇过来。"美美"称微信转账支付金额超额了，让她发一个二维码，扫码付款。

没多想，小赵就发了一个收款码给她，但"美美"说这不对，让小赵进入微信钱包首页，将付款码的二维码发给她，如图3-13和图3-14所示。

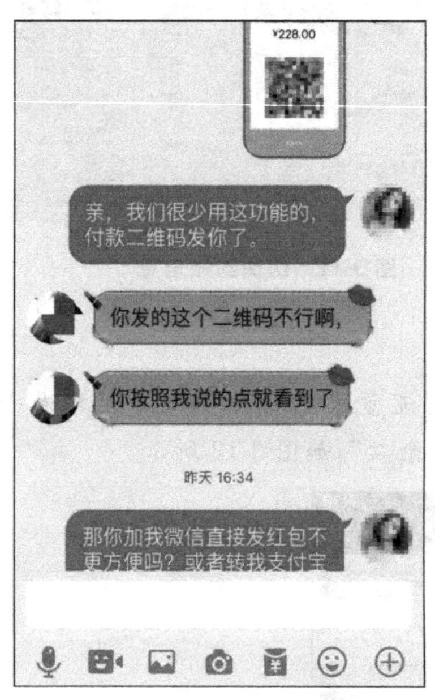

图3-13　谎称收款码不对

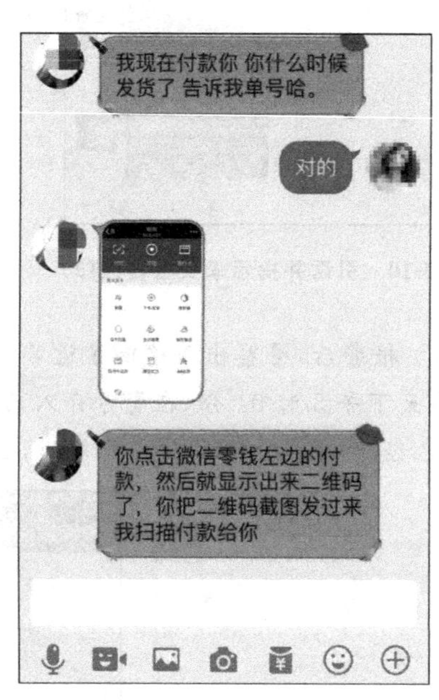

图3-14　欺骗索要付款码

"二维码这个我不太懂，就按照她说的发过去了，"小赵说，第一次"美美"说超时，让再发，第二次发过去说网络不好，又发了一次，一共发了三次二维码。

等小赵发完验证码后，再联系"美美"，已经联系不上对方。小赵慌了，此时短信提醒微信绑定的农业银行分三次付款共1500元，每次500元左右。

相关提示：

(1) 当微信支付交易金额小于1000元时(支付宝的免密金额是2000元)，对方通过特定收款工具即可扫描你的付款码扣款，不需要密码。(前提是先展示了自己的付款码，当然，付款码会不断动态更新，被扫过一次后将会失效)。

(2) 收款码。

单击微信右上角的"+"图标，进入"收付款"—"我要收款"，就会出现一个二维码页面，如图3-15所示。

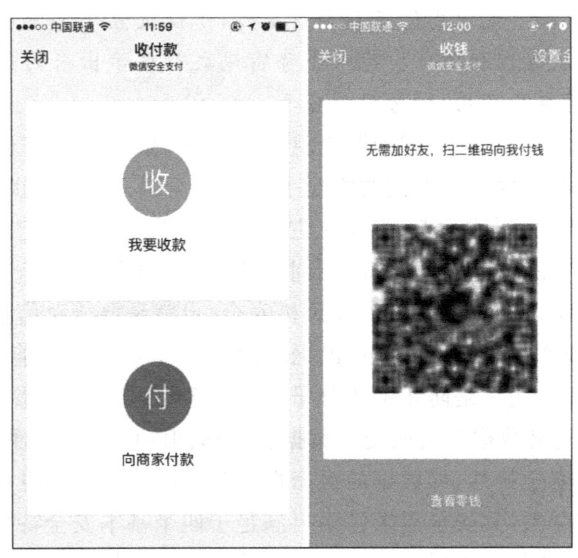

图 3-15　收付款下的收款码

属性：二维码。

特点：长期不变。

用途：别人无须加你好友，扫二维码就可以向你转账。

(3) 付款码。

单击微信右上角的“+”图标，进入“收付款”—“向商家付款”或者，打开“钱包”—“付款”，如图 3-16 所示。

属性：由一个条形码+一个二维码组成。

特点：动态更新。

用途：商家用专用的设备扫一扫，支付过程就完成了。

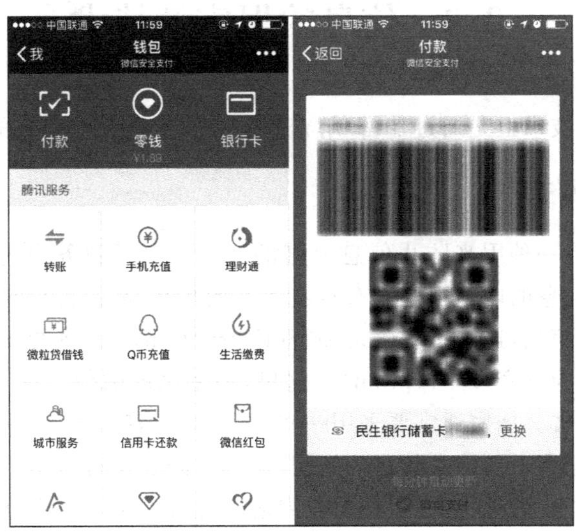

图 3-16　钱包下的付款码

若担心付款码对1000元以内的交易免密支付，建议设置手势密码，这样就算他人拿到你的手机也无法进入钱包进行消费。输入手势密码之后展示出来的条形码+二维码，可用于向商家付款，但仅限自己使用，切勿截屏分享。

一般来讲，网络金融的安全需求涉及信息安全需求、信用安全需求、管理安全需求和法律保障安全需求这几个方面。只有同时满足了这些安全需求，才能够真正地保障网络金融的顺利实施。但要完全做到这几点，不仅在主观上和客观上存在一定的困难，而且有时也显得没有必要。事实上，在网络金融发展的不同阶段，对网络金融的安全需求也是不一样的。早期对网络金融的安全需求主要是提供计算机安全，也就是要能对信息进行保密，这可以通过加密、访问控制等技术手段解决。之后的网络金融安全需求要求能提供较为全面的信息安全保障，其要解决的问题一是防止不法分子冒名顶替合法交易者参与交易或未经授权地篡改数据；二是防止交易数据丢失或交易数据在通信网络中传输出现问题。此时要求网络金融应具备四个基本安全特性，即数据的保密性、完整性、可用性和身份的确定性。

网络金融发展到今天，其安全需求已不再满足于四个基本安全特性，而是要求更全面的安全保证，包括管理安全和法律保障安全。换句话说，目前对网络金融的安全需求是一个立体的需求，不但要求网络金融能提供数据保密性、完整性、可用性和对交易行为的可控性、身份的真实性等，还要求具备安全的外部交易法律环境，要求制定一系列的有关交易安全的法律法规，以解决管理安全问题和法律保障问题。

总之，除去外部交易环境的安全因素外，网络金融安全应具备以下几个基本特性：

(1) 信息的保密性。

(2) 信息的完整性。

(3) 信息的不可否认性。

(4) 交易者身份的真实性。

(5) 系统的可靠性、可用性、可控性。

3.2 信息的保密性技术

信息的保密性在技术上是通过加密/解密和防火墙等措施来实现的。

3.2.1 加密与解密技术

加密/解密技术是一种用来防止信息泄露的技术。电子商务中的信息在通过Internet传送之前，为了防止信息的内容被他人有意或无意地知晓，需要将它的内容通过一定的方法转变成别人看不懂的信息，这个过程就是加密(Encryption)；而将看不懂的信息再转变还原成原始信息的过程称为解密(Decryption)。这里，加密之前的信息称为明文(Plaintext)，加密之后的内容称为密文。加密通常要采用一些算法(对应着加密/解密的程序)，这些算法需要用到不同的参数，这些不同的参数称为密钥，密钥空间是所有密钥的集合。

加密/解密所用方法的种类，按照历史发展阶段可分为手工加密、机械加密、电子机内乱加密、计算机加密四种。手工加密是指以手工完成加解密的过程，或者以简单器具来辅助完成加解密的过程，在第一次世界大战之前主要采用这种加密形式。机械加密是指以机械密码机或电动密码机来完成加解密过程，它在第一次世界大战到第二次世界大战期间曾得到普遍应用。电子机内乱加密是指通过电子电路，以严格的程序进行逻辑运算，以少量制乱元素来生成大量的加密乱数，最终完成加解密过程。由于制乱是在加解密的过程中完成的，不需要预先制作，所以称其为电子机内乱加密，在 20 世纪 60 年代到 70 年代被广泛应用。计算机加密是指以计算机软件程序来进行加密，程序是公开的，也就是加解密的算法是公开的，密文的保密程度不取决于加密程序，而是取决于加密中用到的参数，即密钥，这种方法适用于对现代计算机中的数据进行保护和通信。

计算机加密方法，按照保密程度来说，又可分为理论上保密的加密、实际上保密的加密、不保密的加密三种类型。对于理论上保密的加密，不管获取多少密文和有多大的计算机计算能力，对明文始终不能得到唯一解，所以也叫理论不可破的加密，如客观随机一次一密的加密就属于这种；而对于实际上保密的加密，虽然在理论上可破，但在现有客观条件下，无法通过计算来确定密码；至于不保密的加密，当获取一定数量的密文后就可以得到所用的密码，如早期的单表代替密码，后来的多表代替密码，以及明文加少量密钥等。

按照密钥使用方式的不同，计算机加密方法通常又分为对称加密和非对称加密两种类型。对称加密是指加密和解密时使用相同的密码，传统的加密都属此类；而非对称加密，在加密和解密时，分别使用两个不同的密码，一个称为公钥，另一个称为私钥。常见的对称加密和非对称加密方法如表 3-1 所示。

表 3-1　常见的对称加密和非对称加密方法

	方　法	描　　述
对称加密	DES	是美国国家标准局 20 世纪 70 年代开发的一种对称加密算法，采用分组乘积密码体制。数据块 64 位，密码长 64 或 56 位
	IDEA	由瑞士苏黎士联邦工业大学的赖学嘉和 James L. Massey 于 1990 年共同提出。数据块 64 位，密码长 128 位
	FEAL	由日本 NTT 公司的清水和宫口设计
	Rijndael（荣代尔）	一种高级的加密标准（AES），由比利时的 Joan Daemen 和 Vincent Rijmen 提出，用于代替 DES，其数据块长度和密钥长度可分别为 128、192、256
	RC	由 Ron Rivest 于 1987 年设计，密钥长度可变
非对称加密	RSA	由 MIT 的 Ron Rivest、Adi Shamir、Leonard Adleman 于 1978 年提出。安全性基础是数论和计算复杂性理论中的下述论断："求两个大素数（$>10^{100}$）的乘积在计算上是容易的，但若要分解两个大素数的积而求出它的因子则在计算上是困难的"
	EL Gamal	1985 年由 EL Gamal 提出，安全性基于"在有限域上计算离散对数比计算指数更高的困难"（DLP）
	背包系统	第一种出现的公开钥加密算法，由 Ralph Merkle 和 Martin Hellman 于 1978 年基于求解背包问题的难解性而提出
	McEliece	1978 年由 McEliece 提出。基于"将一个译码容易的线性码经过变换而伪装成一个译码困难的线性码"原理
	Diffe-Hellman	1976 年出现，安全性基于"在有限域上计算离散对数比计算指数更高的困难"
	椭圆曲线密码（FEE、ECC）	1985 年由 N. Koblitz 和 V. Miller 提出，利用有限域上的椭圆曲线上点集所构成的群，在其上定义离散对数系统。安全性基于"在有限域上计算离散对数比计算指数更高的困难"

3.2.2 对称加密与解密

对称加密也称共享密钥加密或机密密钥加密，收发双方拥有相同的单个密钥，这个密钥既可用于加密，也可用于解密，即加密和解密使用的是相同的密钥，此密钥又称对称密钥或会话密钥。常见的对称加密方法有 DES、DES3、AES、IDEA、RC2、RC4、RC5、Blowfish、CAST、BASE64 等。

DES(Data Encryption Standard)算法是美国政府机关为了保护信息处理中的计算机数据而使用的一种加密方式，是一种对称加密的方法，其历史可以追溯到 1973 年。1973 年，美国国家标准局开始研究国防部门以外的计算机系统数据加密标准，先后于 1973 年 5 月 15 日和 1974 年 8 月 27 日两次向公众发出了征求加密算法的公告。1977 年 1 月，美国政府采纳了 IBM 公司设计的 DES 方案作为非机密数据的正式数据加密标准。目前，DES 算法在国内的 POS、ATM、磁卡及智能卡(IC 卡)、加油站、高速公路收费站等领域被广泛应用，以此来实现关键数据的保密，如信用卡持卡人的 PIN 的加密传输，IC 卡与 POS 间的双向认证、金融交易数据包的 MAC 校验等。

DES 加密的原理如图 3-17 所示，加密之前，先将明文分成若干数据块，每块的大小为 64 位，每块与 64 位的密钥(包含 8 位的奇偶校验，实际有效长度为 56 位)进行 16 轮的循环置换，得到 64 位的密文，将不同的密文块组合起来，得到最终的密文。1997 年 RSA 数据安全公司发起了一项“DES 挑战赛”活动，志愿者四次分别用四个月、41 天、56 个小时和 22 个小时破解了其用 56 位 DES 算法加密的密文。因此，DES 加密算法在计算机速度提升后的今天被认为是不太安全的。

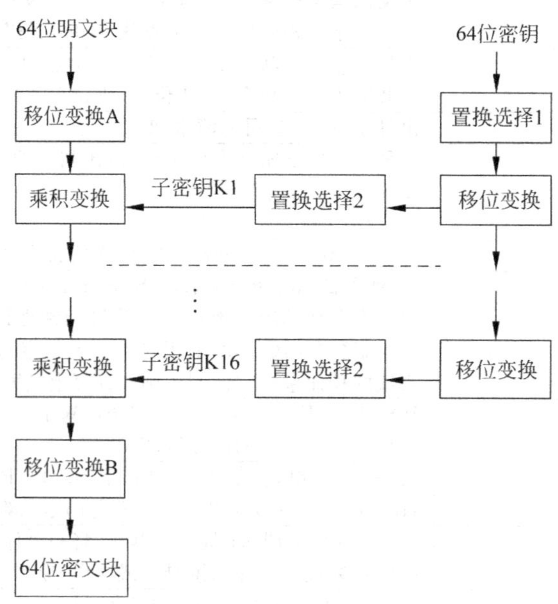

图 3-17 DES 加密原理

DES3 是 DES 算法扩展其密钥长度的一种方法，可使加密密钥长度扩展到 128bit(实际有效位为 112bit)或 192bit(实际有效位为 168bit)。其基本原理是将 128bit 的密钥分为

64bit 的两组，对明文多次进行普通的 DES 加解密操作，从而增强加密强度。

AES(Advanced Encryption Standard)是在 2001 年由 NIST 宣布的一种 DES 后继加密算法。AES 处理以 128bit 数据块为单位的对称密钥加密算法，可以用长为 128 位、192 位和 256 位的密钥加密。NIST 估计如果用能在 1 秒内破解 56bit DES 算法的计算机来破解 128 位的 AES 密密钥，那需要用大约 149 亿万年时间才行。

使用 Openssl 软件，来对某个文件进行 DES3 加密

Openssl 是一个有关安全的自由软件，具有多个版本(可从 www. openssl. org 站点下载)，分别运行在 UNIX、Linux、Windows 平台上。运行在 Windows 平台上的 Openssl 功能主要包括对称加密、非对称加密、SSL 接口及 PKCS 接口(包括 X509 证书、PKCS 标准、ASN. 1)等。利用 Openssl 可以直接构建各种有关数据加密和 PKCS 接口的应用，不但如此，用它构建的应用，其加密的强度要比微软(受美国安全产品出口限制)用组件来加密的强度高得多，也安全得多。目前，Openssl 已发展到 0. 95 版，功能越来越丰富。

对文件进行加密，其命令为"openssl enc －des －in 明文文件 －out 密文文件"，命令中参数 enc －des 表示用 DES 算法来进行加密。若要进行解密，只需输入命令"openssl enc －des －d －in 密文文件 －out 明文文件"，命令中的参数－d，表示解密。

对称加密具有算法简单、加密与解密的速度较快的特点，能对大量的明文进行加密；但也有一些明显的缺点，最主要的缺点是：由于加解密双方都要使用相同的密钥，因此在发送、接收信息之前，必须完成密钥的分发，密钥不能直接通过网络来传递，在首次通信前，通信方必须通过除网络以外的途径来传递对称密钥给接收方。因而，密钥的分发便成了该加密方法中最薄弱、风险最大的环节，在非对称加密方法出现前，各种基本的手段很难保障安全、高效地完成此项工作。另外，当某个对象需要与多个对象保密通信时，就需要产生多个密钥，因此对密钥的管理难度很大。对称加密是建立在共同保守秘密的基础之上的，在管理和分发密钥的过程中，任何一方的泄密都会造成密钥的失效，因而存在潜在的危险。

3.2.3　非对称加密与解密

对称加密方法遇到了密钥分发管理的难题，不管算法多么优秀，如果密钥在分发时发生泄露，则整个安全将毁于一旦。非对称加密方法则有效地避免了密钥分发的难题。非对称加密方法中使用一对密钥：公钥(Public Key)和私钥(Private Key)组合。用公钥加密的密文只能用私钥解密，反之，用私钥加密的密文只能用公钥解密。在操作过程中，公钥可向外界发布，让其他人知道，私钥则自己保存，只有自己知道。如果 A 要发一份秘密信息给 B，则 A 只需要得到 B 的公钥，然后用 B 的公钥加密秘密信息，此加密的信息只有 B 能用其保密的私钥解密。反之，B 也可以用 A 的公钥加密保密信息给 A。信息在传送过程中，即使被第三方截取，也不可能解密其内容。非对称加密也有许多种方法，常见的有 RSA 加密和椭圆曲线加密等。

RSA(由 Ron Rivest、Adi Shamir 和 Leonard Adleman 三人首创)是一种公开密钥加密方法，其密钥对的产生方法如下：先产生两个足够大的强素数 p、q。可得 p 与 q 的乘积为 $n=p\times q$。由 p 和 q 算出另一个数 $z=(p-1)\times(q-1)$，这里 z 称为 n 的欧拉函数值。然后，再选取一个与 z 互素的奇数 b，称 b 为公开指数；从这个 b 值可以找出另一个值 a，并满

足条件 $b\times a=1\ (mod\ z)$。由此而得到的两组数(n,b)和(p,q,a)分别称为公开密钥和秘密密钥,或简称公钥和私钥。

使用RSA密钥来对明文$x(0\leqslant x<n)$进行加密/解密时,其加密算法为$y=E(x)=x^b\ (\text{mod}\ n)$,解密算法为$D(y)=y^a(\text{mod}\ n)$。

RSA算法的数学基础

剩余类集合:整数集合$\mathbf{Z}$模正整数n得到的剩余类集合$\mathbf{Z}_n$(或$\mathbf{Z}/(n)$称为剩余类环,即$\mathbf{Z}_n=\{[0],[1],[2],\cdots,[n-1]\}$。在剩余类环中,存在两类元素:零因子元素和可逆元因子元素。若$\alpha,\beta\in\mathbf{Z}_n$且$\alpha,\beta\neq[0]$,有$\alpha\times\beta\equiv[0]\ (\text{mod}\ n)$,则称$\alpha$(或$\beta$)为零因子元素;若$\alpha,\beta\in\mathbf{Z}_n$,有$\alpha\times\beta\equiv[1]\ (\text{mod}\ n)$,则称$\alpha$(或$\beta$)为可逆元因子元素。可以证明,剩余类环$\mathbf{Z}_n$中元素$a=[a]$为可逆元因子元素当且仅当$\gcd(a,n)=1$,即$a$与$n$互素。

可逆元集合上的封闭除法运算:若α,β属于可逆元集合上的两个元素,则定义$\alpha/\beta=\alpha\times\beta^{-1}$。

欧拉函数(Euler $\varphi(n)$):当$n=1$时,$\phi(1)=1$;当$n>1$时,$\phi(n)$的值为$\mathbf{Z}_n$集合中与n互素的元素的个数。利用欧拉函数可判断可逆元因子的个数。例如:$\phi(8)=4$,$\phi(24)=8$。可以看出,若p为素数,则$\phi(p)=p-1$;若p、q为不同的素数,则$\phi(pq)=(p-1)(q-1)=\phi(p)\phi(q)$;若$p$为素数,则$\phi(pp)=p(p-1)$;若$ab\equiv ac(\text{mod}\ n)$且$\gcd(a,n)=1$,则必有$b\equiv c\ (\text{mod}\ n)$。

费马定理(Format Formula):如果p为素数,a是任意一个正整数,a不能被p整除(此时$\gcd(a,p)=1$),则有$a^{p-1}\equiv1(\text{mod}\ p)$。

欧拉定理(Euler Formula):对任意互素的整数a和n,有$a^{\phi(n)}\equiv1(\text{mod}\ n)$。

可以看出,费马定理是欧拉定理的特例,并且可以证明:若n为两个素数p和q之积(即$n=pq$),整数a和n在不互素的情况下,也有$a^{\phi(n)}\equiv1(\text{mod}\ n)$这样的结论成立。

例如,设$p=11$,$q=13$,则$n=143$,$\phi(n)=(11-1)(13-1)=120$。再令$a=11$,$b=11$,这里$ab\equiv[1]\ (\text{mod}\phi(n))$,则公钥为$(n,b)=(143,11)$,私钥为$(p,q,a)=(11,13,11)$。若对信息$M=7$进行加密,密文$y=M^b\ \text{mod}\ n=106$;若进行解密,得明文$x=y^a\,\text{mod}\ pq=7$。

椭圆曲线加密的数学基础

1. 无穷远点(θ)

规定欧氏平面上的两条平行的直线,相交于无穷远点,记为θ。由此得到欧氏平面上的以下结论:

(1) 直线L上的无穷远点只能有一个。

(2) 一组相互平行的直线,有一个公共的无穷远点。

(3) 任何相交的两个直线,有不同的无穷远点。

(4) 全体无穷远点,构成一条无穷远直线。

(5) 无穷远直线和欧氏平面一起,构成射影平面。

2. 齐次坐标

类似在欧氏平面上引入欧氏坐标系,在射影平面中也可以引入齐次坐标系,进而能用代数的方法来研究直线性质。

对于两条直线 L_1 和 L_2，若在欧氏平面上的直线方程为 $\begin{cases} L_1: a_1x+b_1y+c_1=0 \\ L_2: a_2x+b_2y+c_2=0 \end{cases}$，其中，$a_1$，$b_1$ 不同时为 0，a_2，b_2 也不同时为 0，并设 $D=\begin{vmatrix} a_1 & b_1 \\ a_2 & b_2 \end{vmatrix}$，$D_x=\begin{vmatrix} b_1 & c_1 \\ b_2 & c_2 \end{vmatrix}$，$D_y=\begin{vmatrix} c_1 & a_1 \\ c_2 & a_2 \end{vmatrix}$。

(1) 若 L_1 和 L_2 相交于点 $P(x,y)$，则有 $\begin{cases} x=\dfrac{D_x}{D} \\ y=\dfrac{D_y}{D} \end{cases}$，这里 $D\neq0$。设 $x=\dfrac{X}{Z}$，$y=\dfrac{Y}{Z}$，这里 $Z\neq0$，则有 $\dfrac{X}{D_x}=\dfrac{Y}{D_y}=\dfrac{Z}{D}$，点 $P(x,y)$ 的齐次坐标即为 $P(X,Y,Z)$ 或 $P(X:Y:Z)$。

(2) 若 L_1 和 L_2 相互平行(即相交于无穷远点 θ)，则 $D=0$，$c_1\neq c_2$。也设 $x=\dfrac{X}{Z}$，$y=\dfrac{Y}{Z}$，代入 L_1、L_2 直线方程，有 $\begin{cases} Z=0 \\ a_1X+b_1Y=0 \end{cases}$，无穷远点的齐次坐标为 $\theta(X,Y,0)$ 或 $\theta(X:Y:0)$。

总之，两条直线在射影平面上的交点坐标为 $P(X,Y,Z)$。当 $Z\neq0$ 时，有 $\dfrac{X}{D_x}=\dfrac{Y}{D_y}=\dfrac{Z}{D}$；当 $Z=0$ 时，有 $\begin{cases} Z=0 \\ a_1X+b_1Y=0 \end{cases}$。

3. 椭圆曲线

在射影平面上满足方程 $Y^2Z+a_1XYZ+a_3YZ^2=X^3+a_2X^2Z+a_4XZ^2+a_6Z^3$ 的所有点构成的集合，形成了椭圆曲线(又称 Weierstrass 曲线)。

由椭圆曲线方程可知，无穷远点 $\theta(0:1:0)$ 在椭圆曲线上。实际上，椭圆曲线是由欧氏平面上所有满足方程 $y^2+a_1xy+a_3y=x^3+a_2x^2+a_4x+a_6$ 的点和 y 轴上的无穷远点 $\theta(0:1:0)$ 组成的。若 $a_1,a_2,\cdots,a_6\in$ 集合 K，则称椭圆曲线为 K 域上的椭圆曲线。实数域 **R** 上的椭圆曲线 ECC，形状类似于计算一个椭圆周长的方程(故得名)。

1) 椭圆曲线在实数域上的⊕运算

设 L 为实数域 **R** 上的一条直线，与椭圆曲线 ECC 相交(交点为 P,Q,R)或相切(P,Q,R 相同)，如图 3-18 所示。

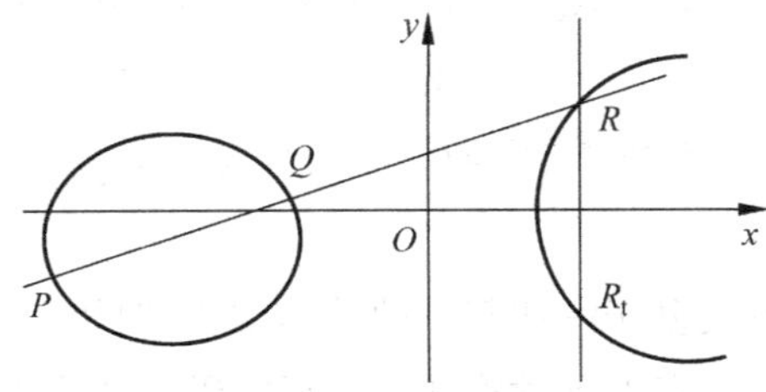

图 3-18　椭圆曲线与直线相交

定义⊕运算为：$P\oplus Q=R_t$，其中 R_t 为直线 $R\theta$(平行于 y 轴)与椭圆曲线 ECC 的交点。

⊕运算的性质：

(1) $\forall P\in$ ECC，$\forall Q\in$ ECC，有 $P\oplus Q=Q\oplus P$。

(2) $\forall P \in ECC$，$\forall Q \in ECC$，$\exists R \in ECC$，使得$(P \oplus Q) \oplus R = \theta$。

(3) $\forall P \in ECC$，有 $P \oplus \theta = \theta \oplus P$。

(4) $\forall P \in ECC$，必定$\exists P_t \in ECC$，使得 $P \oplus P_t = \theta$。

(5) $\forall P \in ECC$，$\forall Q \in ECC$，$\forall R \in ECC$，有$(P \oplus Q) \oplus R = P \oplus (Q \oplus R)$。

由$\oplus$运算性质可知，ECC 对$\oplus$运算形成了一个循环群(Abel 群)，其中 θ 为单位元(幺元)。

若 $P(x_1, y_1)$，$Q(x_2, y_2)$，$P \oplus Q = R_t(x_4, y_4)$，则$\begin{cases} x_4 = k^2 + a_1 k - (a_2 + x_1 + x_2) \\ y_4 = k(x_1 - x_4) - y_1 - a_1 x_4 - a_3 \end{cases}$，这里 $k = \frac{y_2 - y_1}{x_2 - x_1}(P \neq Q)$ 或 $k = \frac{3x_1^2 + 2a_2 x_1 + a_4 - a_1 y_1}{2y_1 + a_1 x_1 + a_3}(P = Q)$。值得一提的是，不仅实数域上的椭圆曲线 ECC 满足这样的条件，其他有限域(如可逆元因子集合)也满足这样的条件。例如，运用此条件公式，可求得椭圆曲线 $y^2 = x^3 + x + 1$ 在 Z_{23} 域上的所有点的集合为$\{\theta$，(0，1)，(6，19)，(3，13)，(13，16)，(18，3)，(7，11)，(11，3)，(5，19)，(19，18)，(12，4)，(1，16)，(17，20)，(9，16)，(4，0)，(9，7)，(17，3)，(1，7)，(12，19)，(19，5)，(5，4)，(11，20)，(7，12)，(18，20)，(13，7)，(3，10)，(6，4)，(0，22)$\} = \{\theta, p, p^2, \cdots, p^{27}\}$，这里 $p = (0, 1)$。

2) 椭圆曲线加密原理

1985 年，N. Koblitz 和 V. Miller 分别独立提出了椭圆曲线加密的密码体制，其依据是定义在椭圆曲线循环群上的离散对数具有难解的特性。由前面的原理可以看出，设 $p \in$ ECC，必有 $p \oplus p \oplus \cdots \oplus p = \theta$(即 $p^t = \theta$)，若 p 的周期 t 足够大，则 $p^m = Q\ (m < t)$；已知 p、m 求 Q 容易，但若已知 P、Q，求 m 却很难。

椭圆曲线加密的过程如下：

在 ECC 上选一个周期很大的点 P，由点 P 生成的循环群点的集合为 $Z_* = \{\theta, P, P^2, \cdots, P^{t-1}\}$，这里 ECC 曲线、点 P 和周期 t 是公开的信息。

(1) 密钥生成：在区间$[1, t-1]$中随机选取一个整数 d，计算 $P^d = Q$，得到公钥(ECC，P，t，Q)和私钥(ECC，P，t，d)。

(2) 用公钥对信息 m 加密：将 m 看作 ECC 域中的一个元素，并在区间$[1, t-1]$内选取一个随机数 k，计算 $P^k = T(x_1, y_1)$，$Q^k = S(x_2, y_2)$；若 $x_2 = 0$，则重新取一个随机数 k 并计算 T 和 S，直到 $x_2 \neq 0$ 为止。当 $x_2 \neq 0$ 时，计算 $c = m x_2$，得到密文$(T(x_1, y_1), c)$。

(3) 用私钥对密文解密：先计算 $T^d = (x_1, y_1)^d = Q(x_2, y_2)$，然后计算 $c x_2^{-1} = m$，这里 m 为明文，x_2^{-1} 为 x_2 的逆元。

目前的公钥密码算法都是基于一些复杂的数学难题，例如目前广泛使用的 RSA 算法就是基于大整数因子分解这一著名的数学难题。公钥密码体系的优点：能适应网络的开放性要求，密钥管理简单，并且可方便地实现数字签名和身份认证等功能，是目前电子商务等技术的核心基础。其缺点是：算法复杂，加密数据的速度和效率较低。因此在实际应用中，通常将对称加密算法和非对称加密算法混合加以使用，利用对称加密算法来进行大容量数据的加密，而采用 RSA 等非对称加密算法来传递对称加密算法所使用的密钥，通过这种方法可以有效地提高加密的效率并能简化对密钥的管理，如图 3-19 所示。

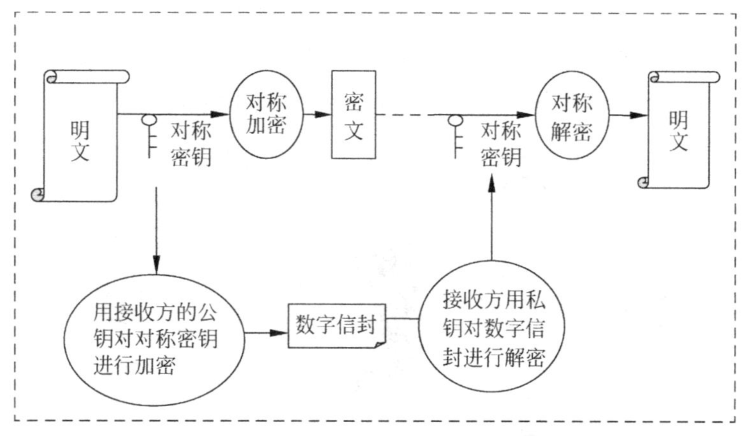

图 3-19　混合加密

使用 Openssl 软件进行加密和解密

首先，使用命令：

```
openssl genrsa -out 密钥存放文件 1024
```

产生长度为 1024 位的一对 RSA 非对称密钥。

有了 RSA 的私钥和公钥，就可以对某个文件进行加密和解密。由于 RSA 算法的复杂性，利用它只能对少量数据内容的文件(一般少于 150 字节)进行加密。RSA 有两种加密方式：

(1) 用公钥加密，以后用私钥解密(加密模式)。

(2) 用私钥加密，以后用公钥解密(签名模式)。

使用命令：

```
openssl rsautl -encrypt -in 明文文件 -inkey 密钥存放文件 -out 密文文件
```

用公钥对明文加密；使用命令：

```
openssl rsautl -decrypt -in 密文文件 -inkey 密钥存放文件 -out 新明文文件
```

用私钥对加密的文件进行解密。

同理，可使用命令：

```
openssl rsautl -sign -in 明文文件 -inkey 密钥存放文件 -out 密文文件
```

用私钥对明文加密；使用命令：

```
openssl rsautl -verify -in 密文文件 -inkey 密钥存放文件 -out 新明文文件
```

用公钥对密文解密。

3.2.4　防火墙技术

实现保密的另外一种方法是进行存取访问控制，对敏感数据的访问实行身份验证，具备合法身份的允许其访问，不合法身份的禁止其访问。防火墙技术正是为实现这一目的而产生的。

“防火墙”是一种形象的说法，其实它是一种计算机硬件和软件的组合，使互联网与内部网之间建立起一个安全网关(Security Gateway)，从而保护内部网免受非法用户的侵入，它其实就是一个把互联网与内部网(通常这局域网或城域网)隔开的屏障，如图 3-20 所示。

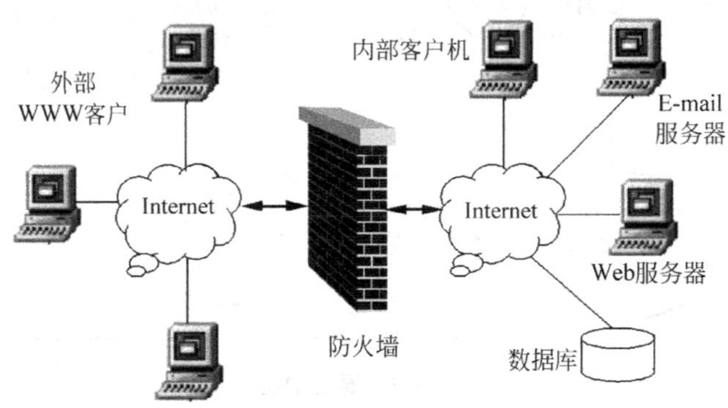

图 3-20 防火墙

防火墙如果从工作原理来看，主要可分为包过滤型和应用网关型两类。包过滤型防火墙可以动态检查通过防火墙的 TCP/IP 报文头中的报文类型、源 IP 地址、目标 IP 地址、源端口号等信息，与预先保存在防火墙中的清单进行对照，按预定的安全策略决定哪些报文可以通过、哪些报文不可以通过。应用型网关使用代理技术，在内部网与外部网之间建立一个单独的子网，该子网有一个代理主机，通过路由器和网关分别与内、外网连接，代理主机对外部和内部用户的网络服务请求进行认证，对于合法用户的服务请求，代理主机则连接内部网与外部网，自己作为通信的中介，外部用户只能获得经过代理的内部网服务，从而保护内部网络资源不受侵害。

防火墙如果从实现方式来看，又分为硬件防火墙和软件防火墙两类，通常软件防火墙属于包过滤型，而硬件防火墙属于应用网关型与包过滤型的综合。硬件防火墙通过硬件和软件的结合来达到隔离内、外部网络的目的，价格较贵，但效果较好，一般小型企业和个人很难实现；软件防火墙采用纯软件的方式，价格很便宜，但这类防火墙只能通过一定的规则来达到限制一些非法用户访问内部网的目的。现有的软件防火墙主要有天网防火墙个人及企业版，Norton 防火墙个人及企业版，以及一些开发杀病毒软件的开发商开发的软件防火墙，如 KV 系列、KILL 系列、金山系列、瑞星系列等。

硬件防火墙又可分为两类，即标准防火墙和双家网关防火墙。标准防火墙系统包括一个 UNIX 工作站，该工作站的两端各接一个路由器进行缓冲。其中一个路由器的接口是外部世界(即公用网)，另一个则连接内部网。标准防火墙使用专门的软件，并要求较高的管理水平，而且在信息传输上有一定的延迟。双家网关（Dual Home Gateway）则是标准防火墙的扩充，又称堡垒主机(Bation Host）或应用层网关(Applications Layer Gateway)，它是一个单个的系统，但却能同时完成标准防火墙的所有功能。其优点是能运行更复杂的应用，同时防止在互联网和内部系统之间建立的任何直接的边界，可以确保数据包不能直接从外部网络到达内部网络，反之亦然。

随着防火墙技术的发展，在双家网关的基础上又演化出两种防火墙配置：一种是隐蔽主机网关方式，另一种是隐蔽智能网关(隐蔽子网)。隐蔽主机网关是当前一种常见的防火墙配置。顾名思义，这种配置一方面将路由器进行隐蔽，另一方面在互联网和内部网之间安装堡垒主机。堡垒主机装在内部网上，通过路由器的配置，使该堡垒主机成为内部网与互联网进行通信的唯一系统。目前技术最为复杂而且安全级别最高的防火墙是隐蔽智能网关，它将网关隐藏在公共系统之后使其免遭直接攻击。隐蔽智能网关提供了对互联网服务进行几乎透明的访问，同时阻止了外部未授权访问对专用网络的非法访问。一般来说，这种防火墙是最不容易被破坏的。

3.3　数据完整性技术

要保证数据的完整性，技术上可以采用信息摘要的方法或者采用数字签名的方法。与信息摘要相比，数字签名除了能保证完整性外，还能有效防止交易者的交易抵赖，保证交易的不可否认。

信息摘要技术的原理如图 3-21 所示。

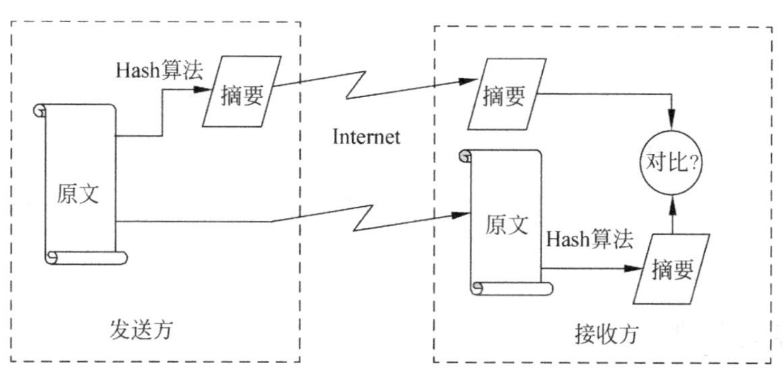

图 3-21　信息摘要

数字摘要采用单向 Hash 函数（如 SHA、MD5 等）对要传送的信息内容进行某种变换运算，得到固定长度的摘要信息，并在传输信息时将它一起送给接收方；接收方收到文件后，用相同的方法进行变换运算，若得到的结果与发送来的摘要信息相同，则可断定信息在传送的过程中未被篡改，反之亦然。在 Openssl 软件中，可使用命令：

```
openssl  dgst -md5  -out 存放摘要的文件  文件
```

来产生数字摘要。

3.4　不可否认技术

要达到不可否认的目的，可以采用数字签名和数字时间戳等技术。

3.4.1　数字签名

日常生活中，通常用对某一文档进行签名来保证文档的真实有效性，防止其抵赖。在网络环境中，可以用电子数字签名作为模拟。

把 Hash 函数和公钥算法结合起来产生的数字签名如图 3-22 所示。可以在提供数据完整性的同时保证数据的不可抵赖。完整性保证传输的数据没有被修改，而不可抵赖则保证了是由确定的对象产生的 Hash，而不是由其他人假冒的，自己不可否认。

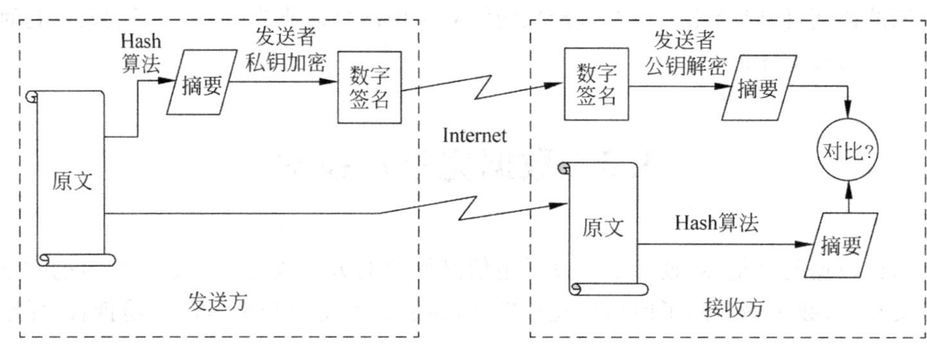

图 3-22 数字签名

在 Openssl 软件中，可使用命令：

```
openssl  dgst -md5  -out 数字签名文件  -sign 密钥文件  需签名的文件
```

来对原件进行签名；使用命令：

```
openssl  dgst -md5  -signature 数字签名文件  -prverify  密钥文件  需验证的文件
```

来对已签名的文件进行验证。

3.4.2 数字时间戳

在电子交易合同中，文件签署的日期和签名一样均是防止文件被伪造和篡改的关键性内容。而在电子交易中，同样需要对交易文件的日期和时间信息采取安全措施，而数字时间戳就能提供电子文件发表时间的安全保护。数字时间戳（DTS）是网络安全服务项目，由专门的机构提供。时间戳是一个经加密后形成的凭证文档，它包括三个部分：需加时间戳的文件的摘要、DTS 收到文件的日期和时间、DTS 的数字签名，如图 3-23 所示。

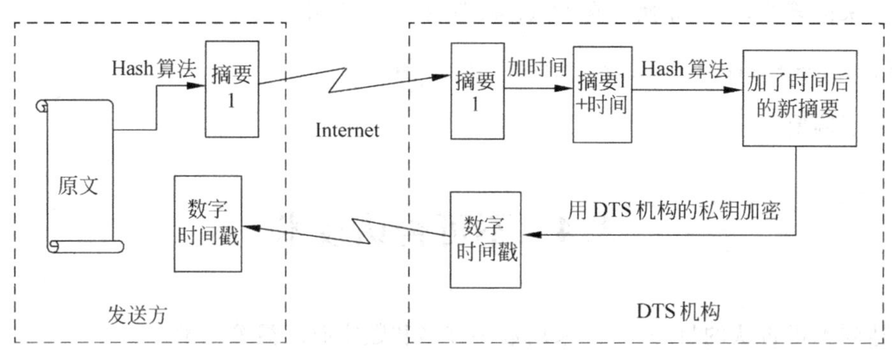

图 3-23 数字时间戳

3.5　身份认证技术

在电子商务的过程中，尤其在交易支付过程中，参与各方必须要能在网上表明自己的真实身份，防止身份的假冒，需要借助于数字证书的技术，设立安全认证中心，制定一系列的安全协议等来实现。

3.5.1　数字证书

数字证书(Digital Certificate)是一种权威性的电子文档，提供了一种在Internet上验证身份的方式，其作用类似于司机的驾驶执照或日常生活中的身份证。它利用数字签名技术由一个权威机构——CA证书认证(Certificate Authority)中心签发。在数字证书认证的过程中，证书认证中心(CA)作为权威的、公正的、可信赖的第三方，其作用是至关重要的。

数字证书概念最早由MIT的Kohnfelder于1978年在他的本科毕业论文中提出，内容是通过数字签名来保护命名的证书(名字/密钥对)，从而可将公钥分散存放和访问，克服将公钥集中存放到一个数据库中而带来的访问性能问题，因此，数字证书除了可用于网上证明交易者的身份，还有另外一个作用，可以利用它来分发交易者的公钥。

数字证书必须具有唯一性和可靠性。为了达到这一目的，需要采用很多技术来实现。通常，数字证书采用公钥体制，即利用一对互相匹配的密钥进行加密、解密。每个用户自己设定一个特定的仅为本人所有的私有密钥(私钥)，用它进行解密和签名；同时设定一个公共密钥(公钥)并由本人公开，为一组用户所共享，用于加密和验证签名。当发送一份保密文件时，发送方使用接收方的公钥对数据加密，而接收方则使用自己的私钥解密，这样信息就可以安全无误地到达目的地了。通过数字的手段保证加密过程是一个不可逆过程，即只有用私有密钥才能解密。公开密钥技术解决了密钥发布的管理问题，用户可以公开其公开密钥，而保留其私有密钥。

数字证书颁发过程一般为：用户向注册中心提出申请，注册中心首先为用户产生密钥对，然后生成一个称为csr(数字证书请求)的文件，内含公钥及部分用户身份信息；认证中心收到注册中心的csr文件后，执行一些必要的核实步骤，以确信请求是真实的，然后进行签名，生成数字证书。这样该证书内包含有用户的个人信息和他的公钥信息，同时还附有认证中心的签名信息。数字证书各不相同，可用于不同的目的，每种证书可提供不同级别的可信度。

目前的数字证书按用途可分为个人数字证书、服务器数字证书、代码签名证书；按证书的格式可分为X.509、PGP、SDSI/SPKI、X9.59(AADS)、AC等类型的证书；按证书所用于的协议可分为SSL证书(服务于银行对企业或企业对企业的电子商务活动)、SET证书(服务于持卡消费、网上购物)等。SSL证书通过公开密钥可证明持证人的身份，而SET证书则是通过公开密钥，证明了持证人在指定银行确实拥有该信用卡账号，同时也证明了持证人的身份。常见的X.509数字证书，其内容含有数字证书的版本号、数字证书的序列号、证书拥有者的姓名、证书拥有者的公钥、公钥的有效期、颁发数字证书的单位、颁发数字证书单位的数字签名等。

下面是一个 X.509 数字证书的数据结构：

```
Version: 3 (0x2)
Serial Number: 288 (0x120)
Signature Algorithm: md5WithRSAEncryption
Issuer: C = CN, ST = SH, L = sh, O = usst, OU = Certification Services Division, CN =
MyCa/emailAddress = myca@sh.cn
Validity
    Not Before: Jun 8 12:12:36 2005 GMT
    Not After : Jun 8 12:12:36 2006 GMT
Subject: CN = User/emailAddress = zhang_bm@citiz.net
Subject Public Key Info:
    Public Key Algorithm: rsaEncryption
    RSA Public Key: (1024 bit)
        Modulus (1024 bit):
            00:ca:87:bb:d8:b0:6e:15:30:73:5a:c0:6e:f5:49:
            42:c7:26:38:15:d8:74:6c:a3:f0:a2:91:12:fb:4a:
            1e:88:73:d4:1b:f1:b7:5a:64:41:0a:ae:57:d6:d9:
            31:a7:3c:08:18:4c:c4:8a:52:47:bd:84:be:1a:f7:
            9b:a0:dd:5f:64:40:98:ee:05:93:93:19:4d:c2:63:
            59:76:29:92:1d:ba:5b:5e:ce:d9:b0:0b:b4:d7:fe:
            41:34:f2:6e:e3:27:e3:c1:1f:e3:f0:17:ce:82:10:
            85:47:a8:d0:97:de:c4:cd:65:2d:8a:3a:49:4c:1e:
            ac:e9:b2:00:ae:c1:c5:ae:cb
        Exponent: 65537 (0x10001)
 X509v3 extensions:
    X509v3 Subject Alternative Name:
        email:zhang_bm@citiz.net
    X509v3 Basic Constraints: critical
        CA:FALSE
    X509v3 Authority Key Identifier:
        keyid:69:9B:A8:8A:93:8C:68:8D:38:16:ED:80:36:BF:91:CE:AE:3F:C9:DC
    X509v3 Extended Key Usage:
        TLS Web Client Authentication, E-mail Protection
Signature Algorithm: md5WithRSAEncryption
    14:11:27:83:10:bf:bd:35:43:71:dc:04:e4:9d:8f:de:2a:a8:
    3e:1e:8e:51:39:97:5b:a0:17:ae:2b:c9:3a:52:e5:19:91:69:
    26:99:a3:b5:ac:e1:13:a8:dd:80:f4:0e:99:6f:99:cd:50:91:
    59:9a:ec:f9:a1:4a:a9:1a:4e:d5
```

在浏览器窗口中，选择“工具”→“Internet 选项”命令，在“Internet 选项”对话框中，单击选项卡“内容”下的“证书”按钮，在出现的。证书对话框中将会看到若干数字证书，任选一个数字证书，将会看到如图 3-24 所示的数字证书的具体内容。

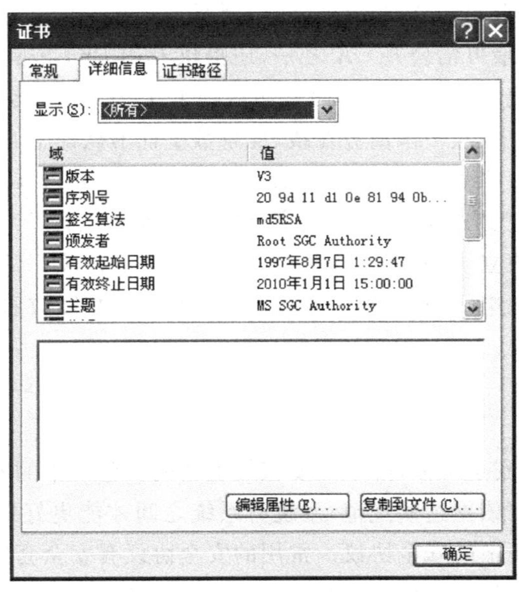

图 3-24　一个数字证书

3.5.2　认证中心

认证中心(Certificate Authority,CA)作为电子交易中受信任的第三方,负责为网络金融环境中各个实体颁发数字证书,以证明各实体身份的真实性,并负责在交易中检验和管理证书;数字证书的用户拥有自己的公钥/私钥对。证书中包含有证书主体的身份信息、其公钥数据、发证机构名称等。发证机构验证证书主体为合法注册实体后,就对上述信息进行数字签名,形成证书。在公钥证书体系中,如果某公钥用户需要任何其他已向 CA 注册的用户的公钥,可直接向该用户索取证书,而后用 CA 的公钥解密即可得到认证的公钥;由于证书中已有 CA 的签名来实现认证,攻击者不具有 CA 的签名密钥,很难伪造出合法的证书,从而实现了公钥的认证性。数字证书认证中心是整个网上电子交易安全的关键环节,是电子交易中信赖的基础。它必须是所有合法注册用户所信赖的具有权威性、信赖性及公正性的第三方机构。

CA 的核心功能就是发放和管理数字证书。概括地说,CA 的功能主要有证书发放、证书更新、证书撤销和证书验证。具体描述如下:

(1) 接收验证用户数字证书的申请。

(2) 确定是否接受用户数字证书的申请,即证书的审批。

(3) 向申请者颁发(或拒绝颁发)数字证书。

(4) 接收、处理用户的数字证书更新请求。

(5) 接收用户数字证书的查询、撤销。

(6) 产生和发布证书的有效期。

(7) 数字证书的归档。

(8) 密钥归档。

(9) 历史数据归档。

VeriSign是最大的公共CA,也是最早广泛推广PKI并建立公共CA的公司之一。VeriSign除了是公认的最可信公共CA之一,还提供专用PKI工具,包括称为OnSite的证书颁发服务,这项服务充当了本地CA,而且连接到了VeriSign的公共CA。国内常见的认证中心有中国金融认证中心、中国商务在线、北京数字证书认证中心等。

中国金融认证中心(China Financial Certification Authority,CFCA),是经中国人民银行和国家信息安全管理机构批准成立的国家级权威的安全认证机构,是重要的国家金融信息安全基础设施之一,成立于2000年6月29日。2004年底,CFCA建成了“国家金融安全认证系统”,为网上银行、电子商务、电子政务等金融机构、税务、政府机关和大企业集团提供第三方安全认证服务。

3.5.3 安全协议

要保障电子商务的安全可靠,除了需要依靠上述的一些基本的安全技术外,还需要制定一系列的安全规范,只有依据这些规范,系统与系统之间才能更好地协调工作,安全才能有所保障,这些规范就是所谓的安全协议。常用的安全协议有安全套接层协议、安全电子交易协议、安全超文本传输协议、安全多媒体Internet邮件扩展协议等。

1. 安全套接层协议

安全套接层(Secure Sockets Layer,SSL)协议最初是由Netscape Communication公司设计开发的,主要用于提高应用程序之间的数据的安全系数。SSL协议的整个概念可以被总结为:一个保证任何安装了安全套接字的客户和服务器间事务安全的协议,它涉及所有TC/IP应用程序。

SSL安全协议主要提供三方面的服务:一是用户和服务器的合法性认证。认证用户和服务器的合法性,使得它们能够确信数据将被发送到正确的客户机和服务器上。客户机和服务器都有各自的识别号,这些识别号由公开密钥进行编号,为了验证用户是否合法,安全套接层协议要求在握手交换数据进行数字认证,以此来确保用户的合法性。二是加密数据以隐藏被传送的数据。安全套接层协议所采用的加密技术既有对称密钥技术,也有公开密钥技术。在客户机与服务器进行数据交换之前,交换SSL初始握手信息,在SSL握手信息中采用各种加密技术对其加密,以保证其机密性和数据的完整性,并且用数字证书进行鉴别。这样就可以防止非法用户进行破译。三是保护数据的完整性。安全套接层协议采用Hash函数和机密共享的方法来提供信息的完整性服务,建立客户机与服务器之间的安全通道,使所有经过安全套接层协议处理的业务在传输过程中能全部完整准确无误地到达目的地。

需要说明的是,安全套接层协议是一个保证计算机通信安全的协议,对通信对话过程进行安全保护。例如,一台客户机与一台主机连接上了,首先是要初始化握手协议,然后就建立了一个SSL。对话进段。直到对话结束,安全套接层协议都会对整个通信过程加密,并且检查其完整性。这样一个对话时段算一次握手。而HTTP协议中的每一次连接就是一次握手,因此,与HTTP相比,安全套接层协议的通信效率会高一些。

安全套接层协议的通信过程如下:

(1) 接通阶段:客户通过网络向服务商打招呼,服务商回应。

(2) 密码交换阶段:客户与服务器之间交换双方认可的密码,一般选用RSA密码算法,也有的选用Diffie-Hellmanf和Fortezza-KEA密码算法。

(3) 会谈密码阶段：客户与服务商间产生彼此交谈的会谈密码。

(4) 检验阶段：检验服务商取得的密码。

(5) 客户认证阶段：验证客户的可信度。

(6) 结束阶段，客户与服务商之间相互交换结束的信息。

当上述动作完成之后，两者间的资料传送就会加密，另外一方收到资料后，再将编码资料还原。即使盗窃者在网络上取得编码后的资料，如果没有原先编制的密码算法，也不能获得可读的有用资料。

发送时信息用对称密钥加密，对称密钥用非对称算法加密，再把两个包绑在一起传送过去。接收的过程与发送正好相反，先打开有对称密钥的加密包，再用对称密钥解密。

在电子商务交易过程中，由于有银行参与，按照 SSL 协议，客户的购买信息首先发往商家，商家再将信息转发银行，银行验证客户信息的合法性后，通知商家付款成功，商家再通知客户购买成功，并将商品寄送客户。

SSL 协议是国际上最早应用于电子商务的一种网络安全协议，至今仍然有很多网上商店使用。在传统的邮购活动中，客户首先寻找商品信息，然后汇款给商家，商家将商品寄给客户。这里，商家是可以信赖的，所以客户先付款给商家。在电子商务的开始阶段，商家也是担心客户购买后不付款，或使用过期的信用卡，因而希望银行给予认证。SSL 协议正是在这种背景下产生的。

SSL 协议运行的基点在于商家对客户信息保密的承诺。但从上述流程中可以看出，SSL 协议总体有利于商家而不利于客户：客户的信息首先需要传给商家，商家阅读后再传至银行，这样，客户资料的安全性便受到威胁。商家认证客户是必要的，但整个过程中，缺少了客户对商家的认证。在电子商务的开始阶段，由于参与电子商务的公司大都是一些大公司，信誉较高，这个问题没有引起人们的重视。随着电子商务参与的厂商迅速增加，对厂商的认证问题越来越突出，SSL 协议的缺点完全暴露出来。SSL 协议将逐渐被新的电子商务协议(如 SET)所取代。

2. 安全电子交易协议

在开放的因特网上处理电子商务，保证买卖双方传输数据的安全成为电子商务的重要问题。为了克服 SSL 协议的缺点，满足电子交易持续不断地增加的安全要求，达到交易安全及合乎成本效益的市场要求，VISA 国际组织及其他公司(如 Master Card、Micro Soft、IBM 等)共同制定了安全电子交易(Secure Electronic Transaction，SET)协议。这是一个为在线交易而设立的一个开放的、以电子货币为基础的电子付款系统规范，它采用公钥密码体制和 X.509 数字证书标准，主要应用于 B2C 模式中保障支付信息的安全性。SET 在保留对客户信用卡认证的前提下，又增加了对商家身份的认证，这对于需要支付货币的交易来讲是至关重要的。由于设计合理，SET 协议得到了许多大公司和消费者的支持，已成为全球网络的工业标准，其交易形态将成为未来“电子商务”的规范。

SET 协议比 SSL 协议复杂，因为前者不仅加密两个端点间的单个会话，而且可以加密和认定三方间的多个信息。

SET 主要使用电子认证技术，其认证过程使用 RSA 和 DES 算法，因此，可以为电子商务提供很强的安全保护。由于安全电子交易规范是由信用卡发卡公司参与制定的，一般认为，安全电子交易规范的认证系统是有效的。当一位供货商在计算机收到一张有 SET 签证的订单时,供货商就可以确认该订单背后是有一张合法的信用卡支持,这时他就能放心地接下这笔生意;同样,由于有 SET 作保障,发出订单的客户也会确认自己是在与一个诚实的供货商做买卖,因为该供货商受到万事达或维莎发卡组织的信赖。

SET 协议要达到的目标主要有五个:

(1) 保证电子商务参与者信息的相互隔离。客户的资料加密或打包后边过商家到达银行,但是商家不能看到客户的账户和密码信息。

(2) 保证信息在因特网上安全传输,防止数据被黑客或被内部人员窃取。

(3) 解决多方认证问题,不仅要对消费者的信用卡认证,而且要对在线商店的信誉程度认证,同时还有消费者、在线商店与银行间的认证。

(4) 保证了网上交易的实时性,使所有的支付过程都是在线的。

(5) 规范协议和消息格式,促使不同厂家开发的软件具有兼容性和互操作功能,并且可以运行在不同的硬件和操作系统平台上。

SET 安全协议的工作原理主要包括以下七个步骤:

(1) 消费者利用已有的计算机通过因特网选定物品,并下电子订单。

(2) 通过电子商务服务器与网上商场联系,网上商场做出应答,告诉消费者的订单的相关情况。

(3) 消费者选择付款方式,确认订单,签发付款指令(此时 SET 介入)。

(4) 在 SET 中,消费者必须对订单和付款指令进行数字签名,同时利用双重签名技术保证商家看不到消费者的账号信息。

(5) 在线商店接受订单后,向消费者所在银行请求支付认可,信息通过支付网关到收单银行,再到电子货币发行公司确认,批准交易后,返回确认信息给在线商店。

(6) 在线商店发送订单确认信息给消费者,消费者端软件可记录交易日志,以备将来查询。

(7) 在线商店发送货物或提供服务,并通知收单银行将钱从消费者的账号转移到商店账号,或通知发卡银行请求支付。

3.6 PKI 技术

为解决 Internet 和网络金融的安全问题,世界各国对其进行了多年的研究,初步形成了一套完整的解决方案,即目前被广泛采用的 PKI(Public Key Infrastructure)体系结构。PKI 体系结构采用证书来管理公钥,通过第三方的可信机构 CA,把用户的公钥和用户的其他标识信息(如名称、E-mail、身份证号等)捆绑在一起,来验证网上用户的身份。同时,在 PKI 体系结构中,通过使用 SSL 协议和 SET 协议,实现密钥的自动管理,并保证数据的机密性、完整性。

从广义上讲,所有提供公钥加密和数字签名服务的系统都可称为 PKI 系统。PKI 的主要目的是通过自动管理密钥和证书,为用户建立起一个安全的网络运行环境,使用户在多种应用环境下能方便地使用加密和数字签名技术,从而保证数据的机密性、完整性、有效性。一个典型、完整、有效的 PKI 应用系统至少应具有以下部分:公钥密码证书管理、黑名单的发布和管理、密钥的备份和恢复、自动更新密钥、自动管理历史密钥、支持交叉认证。为此,由 RSA 实验室牵头制定了一个 PKCS 标准(Public-Key Cryptography Standard,公开钥密码标准)。PKCS 共包括 15 个标准,如表 3-2 所示。

表 3-2　PKCS 标准

标准名	说　明
PKCS#1	RSA Cryptography Standard RSA 密码标准
PKCS#2	已合并入 PKCS#1
PKCS#3	Diffie-Hellman Key Agreement Standard DH 密钥交换标准
PKCS#4	已合并入 PKCS#1
PKCS#5	Password-Based Cryptography Standard 基于口令的密码标准
PKCS#6	Extended-Certificate Syntax Standard 证书扩展语法标准
PKCS#7	Cryptography Message Syntan Standard 密文信息语法标准
PKCS#8	Private-Key Information Syntax Standard 私钥信息语法标准
PKCS#9	Selected Attribute Types 属性种类
PKCS#10	Certification Request Syntax Standard 认证请求语法标准
PKCS#11	Cryptographic Token Interface Standard 密码令牌接口标准
PKCS#12	Personal Information Exchange Syntax Standard 个人信息交换语法标准
PKCS#13	Elliptic Curve Cryptography Standard 椭圆曲线密码标准
PKCS#14	Random Number Generation Standards 伪随机数生成标准
PKCS#15	Cryptography Token Information Format Standard 密码令牌信息格式

由于 PKI 体系结构是目前比较成熟、完善的 Internet 网络安全解决方案,国外的一些大的网络安全公司纷纷推出一系列的基于 PKI 的网络安全产品,如美国的 Verisign、IBM、Entrust 等安全产品供应商为用户提供了一系列的客户端和服务器端的安全产品,为电子商务的发展提供了安全保证,为电子商务、政府办公网、EDI 等提供了完整的网络安全解决方案。PKI 安全结构如图 3-25 所示。

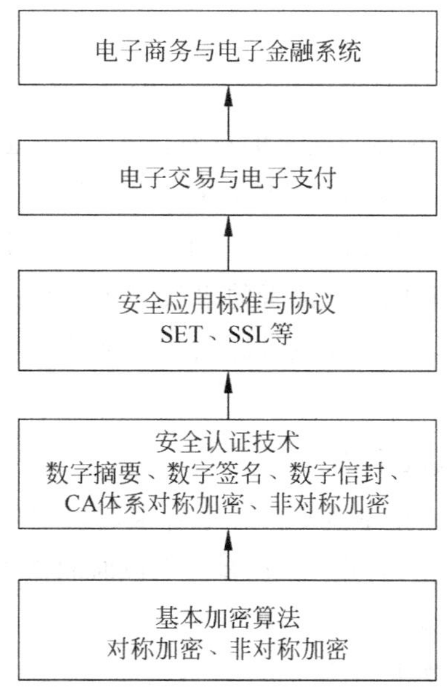

图 3-25　PKI 安全结构

3.7 口令身份验证

网上交易者身份的识别,除了使用数字证书之外,还可使用口令验证的方法。利用口令来验证身份是一种较为传统的方法,在交易过程中普遍使用。

3.7.1 常规口令验证

最早的口令验证出现在网络诞生之前,口令是以明文方式表达的,用于计算机用户访问单机系统。后来,这种技术又被广泛用于网络的远程访问。用户访问时,系统出现提示符,用户遵照要求输入自己的用户名和口令,系统查看用户账号数据库,如果输入的用户名和口令与数据库中的内容相匹配,系统就允许该用户访问。

常规口令验证的过程分为三步:首先,用户将口令传送给计算机,计算机完成口令单向函数值的计算,并将单向函数值和存储在后台文件或数据库中的值进行比较,若相符则说明口令正确,否则口令不正确。常规口令验证机制具有自身的弱点:口令不能随着时间的变化而发生随机的改变,具有弱鉴别特性,因而容易产生许多问题,如外部泄露、被猜测、通信过程中被窃取、被重放,甚至危及验证的主机或数据库的安全。

为了防止发生以上这些安全问题,除了需要加强教育和严密组织管理外,还要求口令定期进行更改,口令的长度和内容应满足一定要求。为了防止口令被非法程序进行猜测和非法截取,在口令验证的过程中应插入实时延迟,并对口令进行变换(如进行散列变换)。另外,为了防止含有口令的信息包的网络重放,每次验证时,验证者都应发送随机的验证码,以增加口令验证时的不可预测性和不重复性。

3.7.2 动态口令验证

常规口令验证方法由于其本身的弱点,或多或少会存在一些安全隐患。相比较而言,动态口令(又称一次性口令)是一种更为安全的身份验证方法,近年被广泛使用。

动态口令的基本特征是:在应用过程中,用户必须持有一个用于产生动态口令的设备,用设备产生动态口令后,交给应用系统,再由应用系统转交给认证系统进行认证。这样可有效地防止信息重放、信息窃取和危及验证者的事故发生。目前,基于使用方式的不同,动态口令主要有三种工作模式:基于时间同步机制、基于事件同步机制、基于提问/应答(异步)机制。

1. 基于时间同步机制的动态口令

在这种工作模式中,客户手中掌握着一个令牌卡,里面装有微处理器芯片、有时钟和电源。令牌的形状有多种,如图 3-26 所示。在客户端以时间作为变量,使用对称密钥,进行密码运算,得出一个结果,称为伪随机数,长度可为 128 位。为了操作方便,只截取一定的位数(如 8 位十进制数),显示在令牌卡的液晶屏上,这就是动态口令。用户读取这 8 位数字后,把它输入终端,传给认证服务器。认证服务器使用同样的对称密钥,对时间加密形成另一个伪随机数。显然，因为双方的时间是同步的，两个伪随机数也会相同，认证服务器截取 8 位数字后把它与收到的动态口令进行比较，如果相同，这就实现了认证。黑客或非法程序因为不掌握相同的密钥，产生不出正确的伪随机数和口令，也就通不过认证。而如果靠窃听截获了这个动态口令，想用它来通过下一次认证，也是无法得逞的。因为下一次认证的时间变量已经改变，密码运算得到的伪随机数和动态口令也变了，上一次的口令已经作废了。

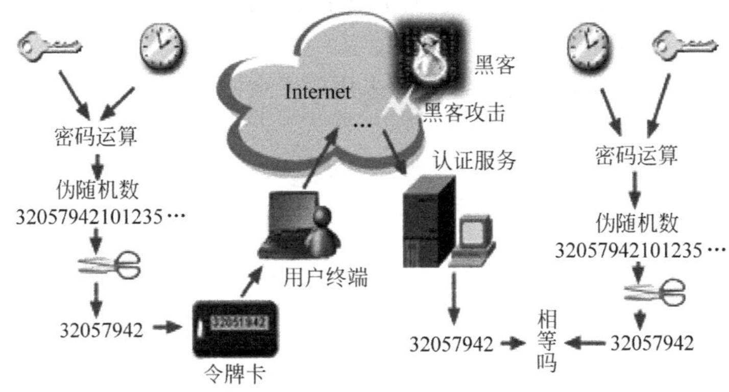

图 3-26 时间同步机制的动态口令

2. 基于事件同步机制的动态口令

在这种工作模式中，通过执行一个 n 次的单向函数来对口令进行变换，用户每登录一次，n 的值就减 1，这样每次产生的变换口令都不相同。由于在验证者处保存了 n 的值和最后一次使用的变换口令，因而正常情况下能够正确地进行验证。若产生变换口令的 n 值与验证者处保存的 n 不一致，则也就通不过认证。

3. 基于提示/应答机制的动态口令

在这种工作模式中，每次由认证系统给出一个挑战数，客户将挑战数输入客户端设备后产生一个应答数，应答数传送给认证系统，由认证系统来判断其真伪。

以上三种模式的动态口令，其后台的认证系统结构非常类似，功能也基本相同，提供着同一级别的安全认证管理。但三种模式的客户端则有着较大的不同。对于时间同步机制，由于以时间做变量，因此客户端设备必须具有时钟，从而对设备精度要求高，成本高，耗电量大，应用模式单一，很难支持双向认证及“数字签名”等应用需求。对于提示/应答机制，由于挑战数是由认证系统提出，客户端设备将挑战数输入后产生应答数，因此应用模式可设计得较丰富，可支持不同的应用需求，如双向认证、数字签名等。但由于需要运算，因此客户端设备必须具备运算功能，同样难以降低成本，而且由于其认证步骤复杂，对旧的应用系统的改造工作量很大。而对于事件同步机制，由于这一机制与应用逻辑相吻合(都是以次数为计算单位)，因此客户端的设备设计简单，在使用动态口令表时甚至可不需要运算设备，成本极低，并可支持丰富的应用需求。

习题与思考

1. 计算机加密有何特点？
2. 身份验证有哪些常用的方法？
3. 何谓数字信封？何谓数字摘要？何谓数字签名？
4. 搜寻有关资料，了解双重签名的原理。
5. 收集有关资料，了解网上银行系统所采用的安全协议？

第4章 网络金融产品交易

网络经济环境下，网络金融产品（服务）所呈现出的许多新特性，与传统金融产品存在较大的差异，显示出网络经济的特有性质。这导致传统的定价能力、定价方式发生变化，定价策略不再适用。定价能力、定价策略和定价方式直接影响着金融机构利润空间。为了在激烈的网络化竞争中获取更大的市场份额，保持利润增长，需要提高网络金融产品（服务）的定价能力，采用新的定价策略和定价方式。

此外，经济学的主要任务是研究社会资源尤其是稀缺资源如何在社会中进行分配。社会资源的分配，可以通过多种方式来实现。例如，可以通过税收、政策主导、赠送、慈善捐助、彩票中奖、合作社、赌博、偷窃、被政府认定为非法所得等，但最主要的方式还是市场交易。在网络金融市场中，网络金融产品和服务的分配最终也是通过市场交易方式实现的。

4.1 传统金融产品定价

4.1.1 定价形式

传统金融产品的定价形式主要表现为利率和费用。

1. 利率

利率是金融产品（货币）价格的重要表现形式，是金融机构收益的主要来源。它取决于社会平均利润率、借贷资本的供求关系、物价水平、放款人与借贷人对通胀的预期、国际利率水平及相关政策法规。如36%民营借贷不受保护。

利率具有一定的组成结构。利率结构是指利率体系中各种利率的组合情况，包括风险结构和期限结构。其中，利率的风险结构是指期限相同的各种信用工具（指以书面形式发行和流通、借以保证债权人或投资人权利的凭证，如商业票据、银行票据、政府债券、股票等）利率之间的关系，影响其决定因素有违约风险（信用工具的违约风险越大，利率越高。反之，利率越低）、流动性（流动性越强，变现越容易，利率越低）和所得税规定（税率越高，其税前利率也越高）等。利率的期限结构是指各种信用工具的到期收益率与到期期限之间的关系，涉及风险结构、流动性、利率变化的预期及市场资金状况，包含三种类型：水平型，说明利率与期限没有关系；渐升型，说明利率是期限的增函数，期限越长，利率越高，期限越短，利率越低；渐降型，说明利率是期限的减函数，期限越长，利率越低，期限越短，利率越高。

另外，汇率作为一国货币对外价格的表现形式，其制定和调整由国家主管部门负责，通常受严格管理，可操作性远低于利率。管理制度一般分为三种：按中心银行制定的中心汇率上下浮动（固定汇率）、完全自由浮动汇率制度（供求是决定汇率的唯一因素，汇率随市场供求变化，货币当局对外汇市场很少干预）、有管理的浮动汇率制度（货币当局按照本国经济利益的需要，不时地干预外汇市场，以使本国货币汇率升降朝有利于本国的方向发展的汇率制度）。

2. 费用

费用包括传统业务收费、创新业务收费和其他费用。传统业务收费有汇费、兑换费、结算费、保管费、担保费、咨询费等，取决于客户关系，收入稳定，无风险。创新业务收费以表外业务为主，表现为日益增多的金融衍生产品，主要特性表现为险惠并存性、技术依赖性、新旧结合性、快速发展性。

4.1.2 定价原则

传统金融产品定价原则类似于其他产品的定价。一般来说，定价主要取决于需求决定机制，如弹性原理。金融产品定价受政策影响较大，一般在满足需求的同时，还应考虑金融企业对于承受风险的能力、专门的技术条件和设备、市场容量及金融产品可替代性。常见的原则有：

1. 目标组合优选原则

金融产品的定价首先要确定定价目标，通常有多个。例如，生存目标(在市场条件不利的情况下，舍弃期望利润，确保生存而定价)、利润最大化目标(根据不同产品竞争型定价)、市场份额最大化目标(竞争目标，常牺牲短期利润)、信誉目标(确定金融企业的信誉，成为顾客最满意的最信任的企业)。

2. 成本效益优化原则

成本效益优化即合理平衡效益与成本的关系。例如，贷款定价时，要考虑放款的各种条件、发放贷款的预期收入、给借款者提供资金的成本、管理和收贷费用、借款者的信用等。一般上，金融企业的产品成本有直接生产成本(各职能部门或产品上费用支出)、营销成本、管理成本(董事费、会员费等)、利息成本等。

4.1.3 定价策略

价格通常是影响交易成败的重要因素，同时又是市场营销组合策略中最难以确定的因素。企业定价的目标是促进销售，获取利润。这就要求企业在定价时，既要考虑成本的补偿，又要把握消费者的价格心理的变化，考虑消费者对价格的接受能力。

消费者的价格心理变化主要体现在三个方面：一是消费者需求量价格心理。价格直接影响消费者的需求量，一般来说，价格上升会引起需求量下降，抑制消费；价格下降会增加需求量，刺激消费，产生"买涨不买落"心理。当然，有时也会出现相反的情况。造成这种情况的原因是消费者的生活经验、经济条件、知觉程度、心理特征等有着不同程度的差异，他们对价格的认识及心理反应各不相同。二是消费者价格折射心理。价格是消费者社会地位和经济收入的象征。一些人往往把某些高档商品同一定的社会地位、经济收入、文化修养等联系在一起，认为购买高价格的商品，可以显示自己优越的社会地位、丰厚的经济收入和高雅的文化修养，可以博得别人的尊敬，并以此为满足；相反，使用价格便宜的商品，则感到与自己的身份地位不符。三是消费者质量价格心理。价格是消费者衡量商品价值和品质的直接标准。在消费者对商品品质、性能知之甚少的情况下，主要通过价格判断商品品质。许多人认为价格高表示商品质量好，价格低表明商品品质差，这种心理认识与成本定价方法以及价格构成理论相一致。所以，便宜的价格不一定能促进消费者购买，相反可能会使人们产生对商品品质、性能的怀疑。适中的价格，可以使消费者对商品品质、性能有“放心感”。

为此，在设定定价策略时，考虑到价格心理因素，可以对传统金融产品采取折扣定价、差别定价、地区定价、组合定价、新产品定价、商誉定价等策略。除此之外，还可以采取以下几种定价策略。

1. 成本导向定价策略

金融机构重点考虑如何补偿和收回成本，并将此因素作为产品定价的主要依据。此种定价策略的难度在于成本的核算比较难，预期销售量较难预测，单位成本很难计算。例如，成本附加定价法（即在生产和营销成本基础上加上特定金额的利润）就属于此类。

2. 需求导向定价策略

它以顾客的价值观和购买动机为基础，来制定价格。具体包括：

(1) 关系定价方法。以与客户建立长期信用关系为定价目标，向该客户提供一种或几种现时亏损的、但边际效益高的产品或服务。

(2) 主导定价法。对几种服务制定较低的价格，在吸引顾客购买低价服务的同时，引导他们购买其他正常价格的服务，并注重产品之间的交叉弹性和互补性。

(3) 经验曲线定价法。该方法假定随着金融产品生产和经营经验的积累，成本会有所降低。因而金融企业制定的价格，与其未来出售产品（服务）时的成本有关，而不是与其制定服务战略时的实际成本有关。

(4) 目标利润定价法。对量、本、利进行分析并制定价格，类似于成本附加定价法，但要更复杂。

3. 竞争导向定价策略

主要包括：

(1) 竞争-平价法，即制定一个与多个竞争对手相同的价格，一般同垄断有关。

(2) 差别定价法。将客户、产品、服务、时间、地点等主要的市场营销要素，按一定的规则划分为若干不同的等级，分别定价，再通过优化组合，实现期望利润。例如，不同客户的按揭贷款，可采用差别定价法来确定其利率。

(3) 竞争投标定价法。为竞争胜利而定价，但限于本企业的成本结构和竞争者的投标战略。

三种定价策略中，前两种策略由于忽视了竞争对手的价格和顾客的需求因素，存在一定的缺陷。相比而言，后一种方法较为实用。

4.2　网络金融产品定价

4.2.1　定价影响因素

成本和收益影响定价。网络金融中，网络金融产品成本包含固定成本（用于设计和设备投入）和可变成本（用于生产、推广和服务）。

网络金融产品这种特殊的成本结构使得传统经济学中价格等于边际成本的定价原则不再适用。此外，价格敏感度同时也影响着定价策略。

1. 网络金融产品成本特性

在对网络金融产品进行定价分析时，网络经济中数字产品的成本特性同样适用于网络金融产品。网络金融产品成本如同大多数网络产品一样，由于存在网络外部性、规模收益递增、数字产品可复制性强等影响因素，网络金融产品也呈现出平均成本递减的特征。网络金融产品的成本结构对定价有很大影响。

(1) 信息网络的发展过程中存在着网络效应，作为网络经济重要组成部分的网络金融也必然受这一法则的支配，即网络金融产品对某一客户的价值，依赖于接受网络金融产品的其他客户的数量。因此，当网络金融产品(服务)的规模增大时，其产品系统的价值必然相应增加。

(2) 随着网络金融产品规模增加，规模经济同样产生，即随着(服务)产品的增加平均成本降低。但不同于传统规模经济，网络金融(服务)产品可允许无限多的人同时共享，不存在生产量的临界值，且复制成本几乎为零，不存在边际收益递减的情况，网络金融服务中规模经济主要表现为规模收益递增。

(3) 网络金融中网络金融产品(服务)供应商所提供的(服务)产品(如股票、外汇信息，支付结算平台等)可以为多个客户所使用，即网络金融服务供应商提供的信息服务存在着共享性，而信息复制的费用几乎为零，因此网络所提供的(服务)产品的平均成本会随着(服务)产品规模的增加而下降。

因此，网络金融业的高固定成本、低边际成本(且规模收益递增)的特点，表明了它的平均成本具有无穷递减的趋势，并且一直大于边际成本。因此，只要不断增加产量，平均成本就会不断下降，当产量无穷大时，平均成本就会趋近于零。

2. 价格敏感度对定价的影响

价格敏感度是决定价格提高或降低策略能否成功的关键。价格敏感度又称价格弹性，是指产品价格变动一个百分比引起的需求变动的百分比，即

$$\varepsilon = \frac{\Delta q/q}{\Delta p/p} = \frac{p}{q} \cdot q'(p)$$

价格弹性高，客户对价格的变动比较敏感，提价会使客户放弃该产品；反之，价格弹性低，客户对价格的变化并不怎么关注，价格提高不会对他们的消费决策有太大影响。

影响价格敏感度的因素包括：

(1) 产品差异程度，金融服务产品与竞争者同类产品之间的差异越大，即替代品越少，客户对该产品的价格敏感度越低。

(2) 产品比较难易程度，如果客户难以对网络金融服务产品进行比较，他们对价格敏感度也较低。

(3) 市场细分程度，网络金融服务供应商在市场上为服务对象定位的能力越强，它所面临的价格敏感度越低。

(4) 其他产品的销售，即如果能成功地向客户交叉销售其他网络金融产品或服务，那么它面临的价格敏感度往往会较低。

(5) 价值认同程度，如果客户觉得该服务产品具有更高的价值或更优质，则对价格的敏感度越低。

4.2.2 供应商因素

影响供应商定价能力的相关因素主要包括：

1. 便利性

网络金融产品（服务）供应商提供的产品（服务）便利性越好，定价能力越强。如果金融产品（服务）网站上有快捷的导航工具，便捷的搜索工具，并且在网络产品（服务）交易过程中能提供较快的校验服务，客户能便捷地了解和获得所需产品（服务），由此降低搜寻成本和交易成本，则网络金融产品（服务）供应商就能够相应收取高价，定价能力也就比较强。此外，一个友好的用户界面以及个性化的个人账户能为客户节省时间，从而提高他们的忠诚度，增加客户的转换成本，因为重新适应新的网络金融产品（服务）界面或许会让他们感到不方便。

2. 产品（服务）信息

网络金融为客户提供了更低的搜寻成本来寻找他们需要的金融产品（服务），网络金融相对于传统方式能够给客户提供更多的信息帮助减少信息不对称，增加客户选择产品（服务）的参考依据。通常来说，有更好信息环境的金融产品（服务）网络能加速客户搜索过程。客户如果认为在线环境可提供更好的信息，则可能转向使用在线渠道。网络金融产品（服务）信息的深度可以降低客户对产品（服务）的价格敏感度。因此，网络金融产品（服务）供应商提供的产品（服务）信息越丰富，定价能力越强。

3. 客户认知程度

网络金融产品（服务）供应商的客户认知度越高，定价能力越强。虽然网络环境大大降低了客户搜寻成本，但同时网络信息量暴增，也增加了客户对产品（服务）信息充分了解的难度。因此，客户认知度较高的网络金融产品（服务）供应商能够吸引更多的客户关注，在一定范围内可以制定相对较高的价格。例如，四大国有银行的认知度在银行业内遥遥领先，客户在选择网络金融产品（服务）时就可能直接在它们的网络金融产品（服务）中搜寻。而客户认知度较低的网络金融产品（服务）供应商，例如一些区域性网络金融产品（服务）供应商，或刚进入中国市场的外资网络金融产品（服务）供应商，由于客户很难搜寻到他们的网站，为了吸引客户，只能制定较低的价格。

4. 产品（服务）的丰富程度

如果大部分网络金融产品（服务）供应商提供的产品（服务）具有较高的相似度，客户可以在进行比较之后再做决策。这种情况下，能够提供丰富品种类型的供应商就有更多的优势。因为，如果一家供应商提供种类丰富的产品（服务），就相当于降低了网络消费者的搜寻成本，客户会更愿意向该供应商购买所需的产品（服务），因而网络金融产品（服务）供应商在产品（服务）价格上也更有竞争力；另一种情况，产品差别化程度越高，即供应商能够提供不同于其他供应商的产品（服务），价格竞争力也越强。

此外，网络金融产品（服务）供应商的网站连接速度，受理和处理客户咨询的速度和态度，受理和处理客户投诉的速度和态度，对客户的优惠奖励程度、安全性等也会影响供应商的定价能力。

4.2.3 定价策略

网络金融产品的定价策略主要包括:

1. 渗透定价策略

实施渗透定价就是要在进入市场的初期采取低价格、零价格或者负价格的策略,也就是先发制人,以争取更多的安装基础,达到必要的临界值,其目的是对消费者进行"锁定"。网络金融产品(服务)供应商在推出网络金融产品(服务)的初期,其战略目标是优先占领市场,所提供的网络金融服务品种比较单一,客户对新服务产品还抱有一定的怀疑态度。在这种情况下,网络金融产品(服务)供应商一般采用的定价策略是提供免费服务。

网络金融产品(服务)的需求曲线与传统经济学需求曲线之间有很大不同。网络经济下存在网络外部性,产品的客户价值将随着使用相同产品的用户数量的增加而增大。后进客户的支付意愿也会随着客户数量的增大而增大,即随着消费该产品(服务)的客户数量的增加,新进入市场的客户愿意比老客户支付更高的价格,直到该产品(服务)有大量的消费客户(临界值状态),客户预期该产品不会有更高的价值,或者新产品的出现使客户转移到他们认为价值更高的产品(服务),该产品(服务)进入衰退期,这就导致了网络金融产品(服务)的需求曲线呈倒U形,如图4-1所示。

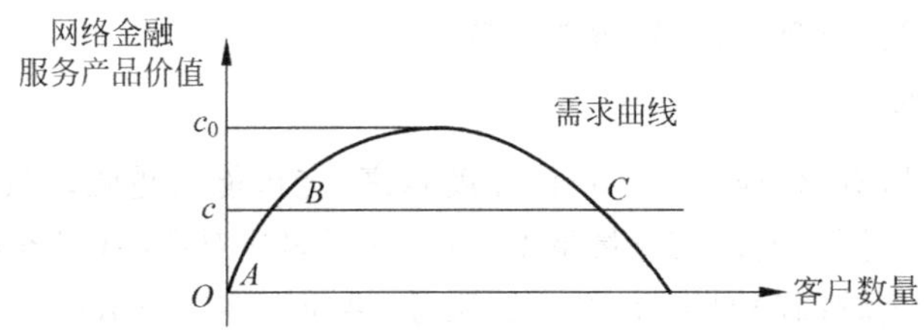

图4-1 网络金融产品(服务)的需求曲线

假设网络金融产品(服务)的供给曲线是一条价格等于边际成本的直线,对于任意小于c_0的边际成本c,都存在三种与边际成本定价一致的网络规模:零网络规模(A点),需求曲线与边际成本第一个交点对应的网络规模(B点),需求曲线与边际成本第二个交点对应的最大网络规模(C点)。这是一个多态均衡的模型。考虑B点和C点的均衡状态。B点是较低的网络规模,是非稳态的交点,在B点使用网络金融产品(服务)的客户数量会受到外在相关因素的影响而发生扰动。如果产品(服务)采取免费策略,这个因素就足以使系统越过不稳定均衡,达到高水平的市场均衡(C点)。因此,在服务产品推广初期,客户数量少,服务产品的价值在其他客户看来就比较低,网络金融产品(服务)供应商采取渗透定价策略才能吸引新客户的进入,扩大用户基础,达到较高的网络规模水平。

2. 歧视定价策略

歧视定价策略即价格歧视,是目前在网络营销中最常用的定价策略。歧视定价是根据网络金融产品(服务)对客户需求满足的不同程度,来制定不同的价格。在网络金融产品(服务)价格歧视的具体操作中,主要可以采用以下两种策略:

(1) 个性化定制。网络金融产品(服务)供应商根据客户对产品(服务)的价值认知为每一顾客制定一种价格,这一策略也被称为"一对一营销"。个性化定价利用互联网的互动性和客户的个性化需求来确定商品价格。为了实施个性化定价策略，首先，供应商要能针对客户的需求对网络金融产品（服务）进行个性化定制，使产品（服务）对顾客有最大的价值；其次，供应商能建立起从这种价值中获取最大利润的定价机制。

例如，定制的网络金融咨询服务，是通过网络互动交换信息，由金融专家根据客户需求而定制的咨询服务。这种高度定制化的服务产品对于特定的客户有高价值，但对于其他客户并不适用。而且，网络金融咨询是信息流的交易，没有实物，不同客户之间由于需求不同，获得的服务不同，无法比较价格的差异，金融产品（服务）供应商因此就能够采用"一对一定价"的方式。

(2) 群体定价。在大部分情况下，网络金融服务产品没有"一对一定价"如此强的定制性，供应商很难准确了解每个客户的需求情况，所以对产品（服务）进行个性化定价行不通。此时，金融服务供应商可以把价格建立在群体特征（如年龄、收入、购买历史、购买数量等）的基础上，根据不同的群体特征将客户划分为几个不同的子类型，在不同的子类型（具有不同特征的客户群体组成）制定不同的销售价格。群体定价实质上是"三级价格歧视"。

3. 捆绑定价

捆绑定价是网络金融产品（服务）供应商将一系列服务产品组合配搭到一起，综合定价的方法。拥有多种网络金融产品（服务）的网络金融供应商推行捆绑定价有助于产品（服务）的交叉互补销售。例如，网络金融产品（服务）供应商可以将一种金融业务与金融信息服务捆绑在一起销售。单独订购信息服务的客户可能数量很少，但在接受了其他金融业务后很多客户会产生对信息服务的需求，而这些客户在接受捆绑定价时会觉得享受了优惠。这样，供应商成功地将服务组合推销出去，而信息制定成本是固定的，网络发送无任何附加成本。

此外，网络金融产品（服务）供应商可以提供客户自我选择的捆绑菜单，消费者从中选取和设计自己要购买的捆绑产品包。这种定价策略将确保更高的利润，因为当消费者选择定制捆绑时，已经透露了自己的支付意愿信息，为供应商提供了进一步差别定价的机会。

4.3　网络金融产品的交易

4.3.1　交易类型

随着信息技术尤其是网络技术的发展，网络金融产品的交易方式得到不断的发展，经历了不同的几个发展阶段。

第一阶段，在互联网上最先出现了企业或产品黄页（Yellowpage），并得到迅速推广，由此信息获取更加方便，内容更多更新，传播范围更广，成本更低。

第二阶段，出现了广告型的网站（Pamphlet），并增加了多媒体内容，企业通过网站与消费者建立了平等的沟通渠道。

第三阶段，出现了销售型的网站，如 B2C，B2B 等，以部分取代传统的销售方式，一些适合在网上销售的产品开始向互联网转移，流通环节得到减少，经营成本得到降低，给消费者带来了更多的交易方式。

第四阶段，出现了功能集成的综合商务交易平台，将消费者、员工、经销商、零售商、供应商直到管理者，根据不同的角色和权限，集中到一个平台上，进行产品销售、招聘、招商引资、企业宣传、售后服务、技术支持、合作意向，以及财务管理、物流管理、人事管理、决策管理等。

网络金融市场中的产品(服务)交易，种类多种多样。按照产品或服务的交割时间不同，交易可以分为现货交易和非现货交易。前者包括现货订单交易，现货订单中远期交易，股票、债券、基金等交易；后者包括期货、期权、远期等交易。按照交易信用的不同，交易可分为信用交易、委托交易。按照交易方式的不同，交易可分为定价交易，招标、拍卖交易(如集中竞价、在线竞买、在线竞卖、双向竞价、竞价专场、集合竞价、特殊拍卖等)，双边协商(包括双边多步协商、交易协议、在线洽谈)，多边撮合，挂牌等。按照交易位置的集中与否，交易可分为集中交易和分散(连锁)交易。

4.3.2 定价交易

定价交易以及在此基础上衍生的折价交易是一种最为传统的商品销售方法。在网上定价交易的销售机制中，商家考虑的首要问题应是如何合理地设置固定价。假设顾客抵达服从参数为 λ 的泊松分布 $P(X=k)=\frac{e^{-\lambda}\lambda^k}{k!}$ (Segev 等，2001)，商家设定的固定价格为 p，每件商品的成本为 c，选择以固定价格机制购买的顾客，可以立即获得商品，不需等待。因此，"购买顾客"的抵达是一个服从参数为 $\lambda[1-F(p)]$ 的泊松分布，这里 $F(p)$ 为这一价格下的顾客分布函数，对应的概率密度为 $f(p)$。记 $\lambda 1=\lambda[1-F(p)]$，提供的商品数量为 Q，则商家通过固定价格销售机制获得的期望净收益为

$$E(\pi_p)=\sum_{x=0}^{Q-1}\frac{e^{-\lambda_1 T}(\lambda_1 T)^x}{x!}xp+\sum_{x=Q}^{\infty}\frac{e^{-\lambda_1 T}(\lambda_1 T)^x}{x!}Qp-cQ$$

为使期望的净收益最大化，令 $p^*=\arg\max\limits_p E(\pi_p)$，则此时商家最大的期望净收益为

$$E(\pi_{p^*})=\sum_{x=0}^{Q-1}\frac{e^{-\lambda_1 T}(\lambda_1 T)^x}{x!}xp^*+\sum_{x=Q}^{\infty}\frac{e^{-\lambda_1 T}(\lambda_1 T)^x}{x!}Qp^*-cQ$$

例如，商家想要在 5 天内出售 10 件商品，假设顾客的到达率服从参数为 8 的泊松分布，商品的单位成本为 4，则 $\lambda=8,T=5,Q=10,c=4$。

若设顾客购买的概率在价格区间 $[\underline{v},\bar{v}]=[20,70]$ 上均匀分布，即

$$f(p)=\frac{1}{\bar{v}-\underline{v}}=\frac{1}{70-20},$$

$$F(p)=\int_{\underline{v}}^{p}f(p)dy=\frac{p-\underline{v}}{\bar{v}-\underline{v}}=\frac{p-20}{70-20},$$

$$\lambda_1=\lambda[1-F(p)]=8\times\left[1-\frac{p-20}{70-20}\right]$$

依据公式

$$E(\pi_{p^*})=\sum_{x=0}^{Q-1}\frac{e^{-\lambda_1 T}(\lambda_1 T)^x}{x!}xp^*+\sum_{x=Q}^{\infty}\frac{e^{-\lambda_1 T}(\lambda_1 T)^x}{x!}Qp^*-cQ$$

在 Mathematics 中编写如下的程序：

```
max1 = 0;py = 0;
For[p = 0,p < 70,p += 0.5,
```

```
    lamta1 = 8 * (1 - (p - 20)/(70 - 20));
    For[y1 = 0;i = 1;
      x1 = E^(-5 * lamta1),i<= 10,i++,y1 += x1 * (5 * lamta1)^i/i! * i * p];
    For[y2 = 0;i = 11;
      x2 = E^(-5 * lamta1),i<2000,i++,y2 += x2 * (5 * lamta1)^i/i! * 10 * p];
    If[max1 < y1 + y2 - 40,max1 = y1 + y2 - 40;py = p];
    ];
  Print[N[py,7]];
  Print[N[max1,7]];
```

得到最优定价结果：$p^*=55, E(\pi_{p^*})=479.003$。

4.4　拍卖交易

拍卖(Auction)是价格发现的机制之一，其历史源远流长。早在大约公元前 500 年，古巴比伦就出现了拍卖奴隶的现象。公元 193 年，当时的罗马禁卫军杀死了皇帝，对外拍卖整个古罗马，不过后来没有成功。近现代以来，在荷兰，拍卖是农产品流通机制的枢纽，各种各样的农产品和花卉从全国 20 余个拍卖行走向世界各地。在当代西方国家，闻名世界的两大艺术品拍卖行索斯比(Sothebys)和克里斯蒂(Christies)垄断了世界大多数艺术品的拍卖。两大拍卖行将古老的拍卖艺术发挥到了淋漓尽致的地步。

拍卖也称竞买，是指由拍卖人(例如某个拍卖机构)在一定的时间和地点，按照约定的程序和规则，以公开竞价的方式，将特定的物品或财产权利转让给最高应价者的一种买卖方式[①]。同时，拍卖也是一种市场状态，在此市场状态下，市场参与者通过标价来决定资源的配置和资源的价格。从经济学的角度来说，拍卖属于商品流通的范畴，是一种以货币为媒介的商品交换行为，其价格与分配过程由拍卖群体集体决定。从法律角度来说，拍卖是在各参与主体实现平等、公正、公开的基础上订立竞买契约的行为，其特征是能最大限度地实现标的物的价值。公开、公平、公正及诚实信用是拍卖的基本前提，也是我国拍卖法所规定的基本原则。“公开”就是指拍卖物品公开展示，拍卖活动公开进行，整个交易过程对买卖双方透明，以公开叫价竞购的方式来求得买卖的成交，这是拍卖交易区别于其他交易方式的显著标志。“公平”是指买家竞买资格平等，竞买机会平等，竞买规则平等。“公正”是指拍卖人对买卖双方高度负责，无欺骗，无偏袒，诚实守信。所以，美国经济学家 McAfee 将拍卖定义为不仅是一种价格形成机制，同时也是一种资源配置机制。人们对拍卖的关注早在 1956 年和 1961 年就有相关的论文发表，但在那之后近 20 年的时间内，对其研究近于停顿，直到 20 世纪 80 年代，随着博弈理论、网络与信息经济的发展，拍卖研究才再度活跃起来，产生了各种各样的电子拍卖。

在传统拍卖的基础上发展起来的电子拍卖(E-auction，包括各种形式的网上拍卖)，利用计算机充当拍卖人(经纪人)来模拟传统的拍卖程序，买卖双方在电子交易系统上进行物品的公开竞价。电子拍卖在不改变拍卖活动进行的目的、原则和竞价方式的基础上，借助现

① 参见《中华人民共和国拍卖法》。

代化的信息沟通方式和互联网技术，为拍卖活动营造了更加广泛、更加快捷和更加准确的拍卖环境，通过 Internet 将过去少数人才能参与的贵族式的物品交换形式，变成每一位网民都可以加入其中的平民化交易方式。对于网上拍卖来讲，它不仅体现了网络时代的消费者定价原则，而且通过拍卖网站营造了一个供需有效的集结市场，成为消费者和生产商各取所需的场所。在网络拍卖中，无须现场展示拍卖标的，只需将拍卖物的图片、价格评估、历史资料等信息放到互联网上，不但保证了拍卖物品的安全，方便了竞买人在第一时间了解拍卖物的资料，进行更充分的竞买准备，同时还扩大了适拍品的范围，衍生出多种拍卖方式，使原来费时、费力、费钱的低价值的物品拍卖能以更加平民化、形式多样的方式进行交易。

在交易市场中，若要采用拍卖方式进行交易，必须具备三个基本条件。一是拍卖必须有两个以上的买主，即凡拍卖表现为只有一个卖主(通常由拍卖机构充任)而有许多可能的买主，从而得以具备使后者相互之间能就其拍卖的物品展开价格竞争的条件。二是拍卖必须有不断变动的价格，即凡拍卖皆非卖主对拍卖物品固定标价待售或买卖双方就拍卖物品讨价还价成交，而是由买主以卖主当场公布的起拍价为基准进行竞价，直至最后确定最高价为止。三是拍卖必须有公开竞争的行为，即凡拍卖都是不同的买主在公开场合针对同一拍卖物品竞相出价，争购以图，而倘若所有买主对任何拍卖物品均无意思表示，没有任何竞争行为发生，拍卖就将失去任何意义。

4.4.1 拍卖类型

拍卖的种类多种多样，根据不同的标准可分为增量拍卖与增价拍卖、强制拍卖与任意拍卖、有底价拍卖与无底价拍卖、开放式拍卖与密封式拍卖、一次性拍卖与连续性拍卖、自行拍卖与委托拍卖、定向拍卖与不定向拍卖、法定拍卖与意定拍卖、集中拍卖与分布拍卖、单品拍卖与组合拍卖、单向拍卖与多向拍卖(或正向拍卖与反向拍卖)等。

基于博弈论，根据信息拥有程度和报价次序的不同，拍卖也可分为完全信息的静态拍卖、完全信息的动态拍卖、不完全信息的静态拍卖、不完全信息的动态拍卖。在完全信息下进行拍卖，买方拥有完备的策略和明确的支付函数，为买方所共知，若买方同时报价则为静态拍卖，先后报价则为动态拍卖。在不完全信息下进行拍卖，买方各自拥有自己的策略和相关的支付函数(称为私有信息)，不为他人所知，对外不公开。对于完全信息的(静态或动态)拍卖通常采用博弈的规范式或扩展式求得博弈的纳什(或精练纳什)均衡而得到问题的解；而对于不完全信息的(静态或动态)拍卖通常采用海萨尼转换，变成完全但不完美信息的(静态或动态)博弈并求得博弈的贝叶斯(或精练贝叶斯)均衡而得到问题的解。

传统的拍卖(维克里，1961)分为英式拍卖、荷兰式拍卖、第一密封递价拍卖、第二密封递价拍卖。英式拍卖(English Auction)属于公开拍卖或者增价拍卖，是最流行的一种拍卖方式，在拍卖过程中，拍卖人就某件商品宣布拍卖标的的起拍价及最低增幅，竞买人以起拍价为起点，由低至高竞相应价，最后以最高竞价者以三次报价无人应价后，响槌成交。

目前流行的拍卖网站如 eBay、Yahoo、Amazon 等都使用了英式拍卖。网上的英式拍卖使投标者的参与变得相对容易。一旦买者发现自己感兴趣的物品，他就可以浏览当前的最高出价，然后决定自己是否出更高的价格。在他提供投标价后，就可以看到拍卖状态的一个自动更新，显示他是否成功地成为当前的最高出价者。在传统的英式拍卖中，对每件拍卖品来说，不需要事先确定拍卖时间，一般数分钟即可结束；与之相比，网上的英式拍卖需要事先确定拍卖的起止时间，一般是数日或数周，例如 eBey 网站规定的拍卖持续时间一般为七天。根据有没有起拍价，拍卖是否私底下进行，网上英式拍卖又分为预底拍卖、逾底拍卖和单件拍卖等。预底拍卖所指的预底就是预留底价，预留一个秘密底价，买家仍然使用正常的竞标方式，但是看不到预留的底价，竞标截止时的最高竞价只有高于或等于预留底价时拍卖才能成交。逾底拍卖方式中卖家设立有一个不公开的杠杆价，一旦出价人的出价超过了这个杠杆价，拍卖过程就结束了，出价人按照他所出的这个超过杠杆价的价格支付。单件拍卖来源于淘宝网，其含义是卖家设置参加拍卖的物品起拍价及加价幅度。买家可根据自己的实际情况，输入系统需要的最低价格，也可以输入自己可以接受的最高价格，让系统代理出价，拍卖结束时，出价最高者获得拍卖品。

英式拍卖对卖方和竞买人来说都存在缺点。既然获胜的竞买人的出价只需比前一个最高价高一点就可获得标的，那么每个竞买人都不愿马上按照其心理预估价位出价。当然，在此过程中竞买人也要冒风险，他可能会被令人兴奋的竞价过程所吸引，出价超出了其预估价，从而产生赢者诅咒（Winner's Curse）现象。

荷兰式拍卖也称"降价拍卖"或"高估价拍卖"，是英式拍卖的逆行。就某件商品先由拍卖人给出一个潜在的最高价（起拍价）及降幅，并依次降低叫价，直到有人应价，交易达成，但成交价不得低于保留价。

和传统荷兰式拍卖不一样，网上的荷兰式拍卖往往针对一个卖主有许多相同的物品要出售的情况而设计。传统荷兰式拍卖的价格是逐渐降低的，而网上荷兰式拍卖大多数并不存在价格逐渐下降的情况，通常是到截止时间后，出价最高的人获得他想要的数量；如果有几个人出价同样高，那么网站会把拍卖品优先分配给先出价的人，即遵循"高价优先，先出价优先"的原则，所以这种方法也称为"速降竞拍""秒杀拍卖"。至于最终的成交价格，有的网站规定是按照成功出价人各自的出价付款，有的网站则规定所有人都按照最低出价付款。

另外存在一种称为"单件荷兰式拍卖"的方式，如拍客广州网站，其拍卖规则是采用荷兰式降价拍卖法，产品的价格会在拍卖过程中不断下降直到降至底价，在整个拍卖过程中，最先支付费用者（即抢拍的优胜者是第一个成功完成所有支付程序的人）将获得拍品，如果在拍卖的时段内无人出价，则此产品流拍。这种拍卖方式采用单件式拍卖法，一次抢拍只可以抢到一件商品，抢拍成功后，下一件产品则会从起拍价重新拍卖，直到商品剩余数量为零。由此可见，单件荷兰式拍卖更能给参与拍卖者更多的刺激，参拍者不仅要快速决定是否购买产品，而且还要及时付款下订单，才能获得想要的产品，不然就会错过。

荷兰式拍卖成交的速度特别快，经常用来拍卖诸如果蔬、食品之类的不易长期保存的鲜活产品。如果拍卖的是同类多件物品，竞买人一般会随着价格的下降而增多，拍卖过程一直进行到拍卖品的供应量与总需求量相等为止。一些情况下，出价最高者还可以以出价最低的获胜的竞买人的价格获得该拍品。

密封递价拍卖又称"秘密拍卖"，是指竞买人通过加密的 E-mail 将出价发送给拍卖人，再由拍卖人统一开标后，比较各方递价，最后确定中标人。网上密封拍卖多用于工程项目、大宗货物、土地房产等不动产交易以及资源开采权出让等交易。目前，这种拍卖方式已被越来越多的国家政府用于在网上销售库存物资以及海关处理的货物。网上的密封递价拍卖有时也称"秘密拍卖"，拍卖时往往会设定一个秘密的保留底价，在竞标截止时只有最高价格高于或等于保留底价时才能成交。

密封拍卖可分为一阶密封拍卖和二阶密封拍卖。一阶密封拍卖也称密封递价最高价拍卖，即在密封递价过程中，出价最高的竞买人中标。如果拍卖的是多件相同物品，则出价低于前一个的竞买人可以购得剩余的拍卖品。二阶密封拍卖也称密封递价次高价拍卖，其递价过程与一阶密封拍卖类似，只是出价最高的竞买人是按照出价第二高的竞买人设想的心理价格出价，降低了竞买人串通的可能性，获胜者不必按照最高价付款，从而使所有的竞买人都想以比其一阶密封拍卖中高一些的价格出价。威廉·维克瑞（William Vickrey）因对此拍卖的研究而荣获 1996 年诺贝尔经济学奖，因此，二阶密封拍卖也称维氏拍卖。

网上密封拍卖，经常采用其变种——广义（一阶或二阶）密封拍卖来进行。例如，在 Google 网站中，使用了广义二阶密封拍卖方式，来对 AdWords 关键词广告位进行拍卖。在其定价机制中，若完全采用二阶密封拍卖定价方式，则第 i 个广告位的广告每次点击所付的费用，等于第 $i+1$ 个广告位的广告出价加上一个很小的值（一般是 0.01 美元）。若 A 认为这个关键词广告位本身的价值为 1 美元，B 认为这个关键词广告位的价值为 0.74 美元，则 A 将会出价 1 美元，而 B 出价 0.74 美元，这样，A 会得到第 i 个广告位，B 会得到第 $i+1$ 个广告位；同时，A 需要对第 i 个广告位付 0.75 美元（0.74 美元+0.01 美元）。然而，如果 A 对第 i 个关键词广告位出价 0.78 美元（此价格小于 A 的心理价值），B 出价 0.80 美元（此价格超出 B 的心理价值），那么 B 会以 0.79 美元的价格得到第 i 个广告位（这个价格比 B 的最高心理价值多出 0.05 美元），此时 B 的收益将为负。由此可以看出，网上传统的二阶密封拍卖存在如下两种缺陷：

（1）恶意封杀。例如，出于恶意，Intel 公司可买断 AMD 关键词，并把搜索页面前几页的广告位全买下来，然后在广告位上投放广告语 Coca Cola，这样搜索 AMD 的用户自然不会点击 Coca Cola 广告，进而可以封杀 AMD 广告；同时很低的点击率也降低了 Google 的收入。为此，2005 年，Google 引入了广义二阶密封拍卖，加入质量得分的因素，解决了这个问题。质量得分里最关键的是点击率（Click Through Rate，CTR）。对于上面的例子，Intel 投放的广告语是 Coca Cola，点击率很低，假设是 0.01%，然而换作 AMD 的话，其投放的广告会有 0.5%的点击率，这样来计算一下搜索引擎的收入：假设广告展示了 10000 次，展示 Intel 的广告只能收入 10000 * 0.01% * 4 美元＝4 美元，而展示 AMD 的广告可以收入 10000 * 0.5% * 1 美元＝50 美元。由此可见，在竞价排名时，不应该只考虑价格，还应考虑点击率。一般讲，影响质量得分的因素，除了价格、点击率外，还包括关键词和广告语的相关性（ 也就是防止 Intel 帮 Coca Cola 打广告 ）、广告账户历史、目标网页质量等。

（2）恶意抬价。例如，当 Intel 和 AMD 公司竞价 CPU 这个关键词广告位时，当 Intel 认为可值 2 美元，AMD 认为只值 0.5 美元的情况下，若 AMD 出价 0.5 美元，那 Intel 只需付费 0.51 美元就可以了；但若 AMD 认为，既然自己得不到这个广告位，那也不能便宜了 Intel，就出 0.99 美元，这时 Intel 将不得不付费 2 美元，这样就会接近或超过 Intel 的心理价格了。为了解决这个问题，出现了理论上很有名气的 VCG（Vickrey-Clark-Groves）拍卖。

与二阶密封拍卖定价方式不同，VCG 拍卖是通过计算一个竞拍人参加拍卖给别的竞拍者带来的损失之和来定价的。例如，对于上面的例子，假设每次点击广告位上的广告，广告主 A 需要支付 10 美元，广告主 B 需要支付 5 美元，广告主 C 需要支付 1 美元。现在只有两个广告位，第一个广告位平均每小时有 100 次点击，第二个有 50 次点击。若 A 得到第一个广告位，B 得到第二个广告位。则在二阶密封拍卖中，A 需要付费 500 美元，B 需要付费 50

美元(忽略计算 0.01 这个零头);而若使用 VCG 方式来定价,首先必须考虑如果 A 没有参与拍卖会发生什么? 若 A 没有参与,那么 B 会得到第 1 个广告位,同时也会多得到 50 次点击,每次点击给 B 带来的纯收益若为 5 美元(即每次点击会带来 10 美元毛收入,减去每次点击广告费 5 美元,剩下 5 美元纯收益),则 A 的出现意味着 B 损失了 250 美元。同理,如果 A 不出现,C 会得到 50 次点击,每次点击给 C 带来的纯收益若为 1 美元(即每次点击会给 C 带来 2 美元毛收入,减去每次点击广告费 1 美元,剩下 1 美元纯收益),则 A 出现意味着 C 损失了 50 美元。所以,根据 VCG 竞价规则,A 的付费应该是给 B 和 C 带来的损失之和,即需要付费 300 美元。同理,B 需要付费 50 美元。

事实上,在 Google 平台上并没有采用 VCG 拍卖方式,而是采用了广义二阶密封拍卖。这是因为前者在实践中比广义二阶密封拍卖有更大的缺陷(参见 Sponsored search: an overview of the concept, history, and technology)。

苏富比电子拍卖

苏富比(Sotheby's,或译作索斯比)是世界三大著名的专业拍卖行之一(其他两家是克里斯蒂或译作佳士得和菲利普),由英国人巴克于 1741 年在伦敦创立。1778 年巴克过世后,他把遗产分给了当时的合伙人和他的侄子约翰·索斯比,接下去的 80 年里,索斯比家族管理拍卖公司,将经营范围扩大到版画、奖牌与硬币等领域,业务遍布全球,1973 年在中国香港开设了分公司,1994 年春在上海设立了办事处。

苏富比拍卖可在网下和网上进行。在网下进行时,苏富比会于拍品正式开拍前一个月,印制拍品的拍卖图录,就拍品的描述、来源、展览历史、相关文献数据以及参考估价进行详细说明,相关的拍品实物也会在拍卖会场公开展览三至七天,部分精选拍品更会在之前巡回各地展示。在网上进行拍卖时,苏富比也会在拍卖会前一个月将拍品上传至网站,如图 4-2 所

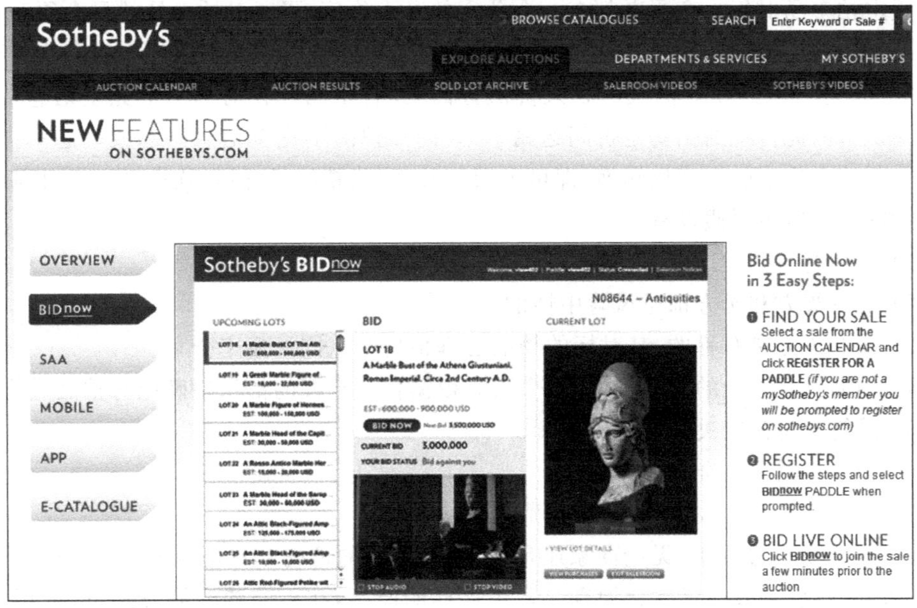

图 4-2 苏富比网站(http://www.sothebys.com)

示,竞拍者登录网站后,可在拍卖时间表栏目上选择相关的拍卖会,并单击"浏览图录"BROWSE CATALOGUE),细读拍品的图录内容,并参与竞拍。当然,竞拍者也可亲临或以书面、电话形式参与竞拍。

纽约证券交易所拍卖交易

纽约证券交易所(New York Stock Exchange,NYSE)是世界上交易量仅次于纳斯达克的第二大证券交易所,总部位于美国纽约百老汇大街18号。2005年4月,纽约证券交易所收购全电子证券交易所(Archipelago),成为一个营利性机构。2006年6月,纽约证券交易所宣布与泛欧股票交易所(Euronext)合并,组成NYSE Euronext。目前,纽约证券交易所有大约2800家公司在此上市,市值达15万亿美元。

纽约证券交易所在进行股票和债券交易时,采用公开叫价、人工撮合的密封递价双重拍卖方法,这与上海证券交易所采用的计算机自动撮合的方法不太一样。在交易场内,来回走动的经纪人在接受到顾客买卖股票的委托后,便到相应交易站的专家面前进行喊价,专家随后从众多经纪人的叫声中选出最好的价码。在交易的过程中,经纪人依靠为客户提供服务而获得相应的佣金。而专家一般守在交易站不动,只买卖自己专属的几只股票,他们主持竞标、执行买卖、记录和传送价格信息,有时可通过传递一些有用的消息来获得一些利益。例如,经营AT&T股票的专家可以告诉经纪人,今天早些时候美国银行(Bank of America)和嘉信理财(Charles Schwab)的股票大量出仓,而和这两家公司股票价格相当的某个银行的股票却有大量买家。通过此消息,有关客户就能及时避险。

4.4.2 传统拍卖的定价方式

对传统拍卖及其机制的研究往往从基准模型(Benchmark Model,又称私有价值模型)开始,假定拍卖品对每一竞买者都有一个独立的私人价值,买者对拍卖品的最大愿意支付为其私人价值,每一买者不知道其他买者的私人价值,但所有买者私人价值有一完全相同的主观概率分布,换言之,在对他人的私人价值方面,买者中间存在对称的不完全信息,并形成"共同知识",因此传统的拍卖定价问题属于"共同知识的不完全信息静态或动态博弈"均衡问题,采用博弈论中的海萨尼转换,即可求得贝叶斯(或精练贝叶斯)均衡解。在此基础上做一些基本的假设,主要假设有。

(1) 单件物品拍卖。

(2) 所有买方和卖方都是风险中性的。

(3) 所有买方是对称的,其对标的物的心理估价服从同一概率分布。

(4) 拍品具有独立的私有价值,每个买方根据自己掌握的信息精确地对拍品进行估价。

(5) 最终支付额取决于报价额。

(6) 买方之间是非合作博弈。

(7) 卖方就是拍卖人,不存在交易费用。

在电子交易的过程中,无论商家还是客户,在理性的情况下总是希望以最小的代价获得最大的收益,这就是收益最大化原则。基于这样的原则,在不同的交易方式下,采用不同的定价模型。

对于英式拍卖,它是一种公开拍卖,属于完全信息的静态拍卖。当拍卖者逐渐往上喊价时，任何小于等于次高私人价值的价格，两人都会接受，但当价格略微高于次高私人价值时，只有获胜者可以接受，故英式拍卖的成交价等于第二高私人价值。对于次高价密封拍卖，一般大家都会按自己的私人价值出价，但成交价为次高私人价格。因此，英式拍卖等价于次高价密封拍卖。

对于最高报价密封拍卖（等价于荷式拍卖），属于不完全信息的静态拍卖，在以上假设的条件下，设买方 $P_i(i=1,\cdots,n)$ 对标的物的私人价值记作 v_i，v_i 介于[0,1]之间且均衡对称分布，彼此独立，买方出价 b_i 为 v_i 的线性函数，即 $b_i=a_i+c_iv_i$。在此情况下，买方 P_i 的收益 u_i 为

$$u_i(b_i,v_i)=\begin{cases}v_i-b_i & \text{当 } b_i>b_j\\ \dfrac{1}{2}(v_i-b_i) & \text{当 } b_i=b_j\quad (j=1,\cdots,i-1,i+1,\cdots,n)\\ 0 & \text{当 } b_i<b_j\end{cases}$$

因此，

$$\begin{aligned}u_i(b_i,v_i)&=\max_{b_i}(v_i-b_i)p\{b_i>b_j\}\quad (j=1,\cdots,i-1,i+1,\cdots,n)\\&=\max_{b_i}(v_i-b_i)p\{b_i>a_j+c_jv_j\}\quad (j=1,\cdots,i-1,i+1,\cdots n)\\&=\max_{b_i}(v_i-b_i)p\{v_j<\frac{b_i-a_j}{c_j}\}\quad (j=1,\cdots,i-1,i+1,\cdots,n)\\&=\max_{b_i}(v_i-b_i)\left(\frac{b_i-a_j}{c_j}\right)^{n-1}\end{aligned}$$

令 $\dfrac{\mathrm{d}u_i}{\mathrm{d}b_i}=0$，得

$$-\left(\frac{b_i-a_j}{c_j}\right)^{n-1}+(n-1)(v_i-b_i)\left(\frac{b_i-a_j}{c_j}\right)^{n-2}\frac{1}{c_j}=0$$

从而有贝叶斯博弈均衡问题的解 $\max b_i=\dfrac{a_i+(n-1)v_i}{n}$。

由此可见，当 $a_i=0$ 时，$\max b_i=\dfrac{(n-1)v_i}{n}$，显然，在纳什均衡情况下，获胜者的出价是低于其私人价值水平的（近似第二高私人价值）；但当出价者数目增加时，竞争加剧，均衡出价水平将趋近私人价值水平；当 N 为无穷大时，则均衡出价等于私人价值。

在上述的均衡出价策略的基础上，维克里提出了一个著名的“收益等价定理”(The Theorem of Revenue Equivalence)，即四种类型的拍卖制度会给商家带来相同的期望收益。如把私人价值分布区间的上限计作 $v_{\max}$，则区间 $[0,v_{\max}]$ 可被均匀分割成 $n+1$ 个子集，四种拍卖制度下的拍卖商的期望收益 R 是等同的，即都等于第二高私人价值：

$$R=P(I_E)=P(I_D)=P(I_F)=P(S_S)=\frac{(n-1)v_{\max}}{n+1}$$

式中，R 表示预期期望收益，P 为拍卖价格，$I(.)$ 表示不同的拍卖制度。收益等价定理的实质是：在四种拍卖制度中，不论采取何种形式，其配置结果对交易商来说是完全一致的。

4.4.3　网上英式拍卖及其定价

假设购物顾客的抵达服从参数为 λ 的泊松分布，且顾客是风险中性的。也就是说，当顾客估价低于起始价 q 时，他不参与报价；只有当他的估价高于 q 时，他才会参与拍卖，并按

自己的真实估价进行报价。我们将到达且参与拍卖的顾客称为"报价顾客",易知他们的抵达是一个服从参数为 $\lambda[1-F(q)]$ 的泊松分布。设 N 为一次拍卖中到达的顾客数,$\lambda_0=\lambda[1-F(q)]$,定义

$$P_n = p\{N=n\} = \mathrm{e}^{-\lambda_0 T}\frac{(\lambda_0 T)}{n!}, n=0,1,\cdots$$

用 $W(n,Q,q)$ 表示拍卖中当提供的拍卖品数量为 Q、起始价为 q、报价顾客数为 n 时的期望成交价。显然,$W(n,Q,q)\geqslant q$,于是可以得到下面的引理。

引理 1 若 $n>Q$,则 $W(n,Q,q)=\bar{v}-(\bar{v}-q)\dfrac{Q+1}{n+1}$;否则,$W(n,Q,q)=q$ 。

证明:由支付规则知,当竞买顾客数低于商品数量时,即 $n\leqslant Q$,那么 $W(n,Q,q)=q$。下面,主要证明当竞买顾客数超过商家提供的拍品数量时的期望成交价格,按规则规定,此时该期望成交价格为估价高于起拍价的 n 位竞价者叫价中,第 $Q+1$ 个高的叫价。

若设起拍价为 q,最高叫价为 $\bar{v}$,所有竞买顾客的叫价在 $[q,\bar{v}]$ 区间内均匀分布,即

$$p(y)=\begin{cases}\dfrac{1}{\bar{v}-q} & \text{当 } q\leqslant y\leqslant \bar{v}\\ 0 & \text{其他}\end{cases}$$

显然有

$$W(1,1,q)=\int_{-\infty}^{+\infty} yp(y)\mathrm{d}x=\int_q^{\bar{v}}\frac{1}{\bar{v}-q}y\mathrm{d}y$$

$$W(n,Q,q)=\int_q^{\bar{v}}\frac{n!}{(n-Q-1)!Q!}\left(\frac{y-q}{\bar{v}-q}\right)^{n-Q-1}\left(1-\frac{y-q}{\bar{v}-q}\right)^{Q}\frac{1}{\bar{v}-q}y\mathrm{d}y$$

令 $z=\dfrac{y-q}{\bar{v}-q}$,那么 $y=z(\bar{v}-q)+q$,则

$$\begin{aligned}W(n,Q,q)&=\int_0^1\frac{n!}{(n-Q-1)!Q!}z^{n-Q-1}(1-z)^Q\left(z+\frac{q}{\bar{v}-q}\right)(\bar{v}-q)\mathrm{d}z\\&=\int_0^1\frac{n!}{(n-Q-1)!Q!}z^{n-Q}(1-z)^Q(\bar{v}-q)\mathrm{d}z+\\&\quad\int_0^1\frac{n!}{(n-Q-1)!Q!}z^{n-Q-1}(1-z)^Q q\mathrm{d}z\\&=(\bar{v}-q)\frac{n-Q}{n+1}+q\\&=\bar{v}\frac{n-Q}{n+1}+q\frac{Q+1}{n+1}\\&=\bar{v}-(\bar{v}-q)\frac{Q+1}{n+1}\end{aligned}$$

于是,商家在拍卖中获得的期望净收益为

$$E(\pi_a)=\sum_{x=0}^{Q}\frac{\mathrm{e}^{-\lambda_0 T}(\lambda_0 T)^x}{x!}.xq+\sum_{x=Q+1}^{\infty}\frac{\mathrm{e}^{-\lambda_0 T}(\lambda_0 T)^x}{x!}.QW(x,Q,q)-cQ$$

$$q^*=\underset{q}{\operatorname{argmax}}E(\pi_a)$$

则此时商家最大期望净收益为

$$E(\pi_{a^*}) = \sum_{x=0}^{Q} \frac{e^{-\lambda_0 T} (\lambda_0 T)^x}{x!}. xq^* + \sum_{x=Q+1}^{\infty} \frac{e^{-\lambda_0 T} (\lambda_0 T)^x}{x!}. QW(x,Q,q^*) - cQ$$

下面来对定价交易模型与网上英式拍卖模型作一下比较。

对于目标为最大化期望净收益的卖家来说，若 $E(\pi a*)>E(\pi p*)$，则选择英式拍卖优于固定价格销售机制；若 $a*$　$p*$　$E(\pi)<E(\pi)$，则选择固定价格销售机制优于英式拍卖；否则，固定价格销售机制与英式拍商家式无差异。

实例：设 eBay 网上的某个商家意欲在 5 天内出售 10 件(同种)商品。顾客对商品的估价在区间[20,70](单位：元)上服从均匀分布，商品的单位成本为 4。假设顾客的到达服从参数为 8 的泊松过程。于是，$v=20$，$v=70$，$\lambda=8$，$Q=10$，$T=5$，$c=4$。

通过编程，计算出 $q*=41$，$E(\pi a*)=529.099$，$p*=55$，$E(\pi p*)=479.003$，$E(\pi a*)>E(\pi p*)$，即商家采用拍卖方式出售商品最有益。下面，进一步分析各个参量对拍卖的影响。观察表 4-1～表 4-3 发现：$E(\pi a*)\geqslant E(\pi p*)$恒成立，说明对于目标为最大化期望净收益的商家来说，英式拍卖将略优于固定价格机制。

表 4-1　$Q=10$、$T=5$ 时，顾客抵达率对商家的影响

λ	5.0	8.0	10.0	12.0	15.0	20.0
p^*	49	55	57	59	61	63
$E(\pi_{p^*})$	399.2	479.0	509.4	530.6	552.5	575.8
q^*	21	21(41)	21	44	44	51
$E(\pi_{a^*})$	446.2	528.1	555.2	573.6	592.1	610.4

表 4-2　$\lambda=8$、$T=5$ 时，商品数量对商家的影响

Q	5	15	25	35	45	55
p^*	60	50	42	36	35	35
$E(\pi_{p^*})$	270.5	634.0	803.4	832.6	799.9	760.0
q^*	41	33	31	35	35	35
$E(\pi_{a^*})$	295.1	698.2	855.2	839.4	800.0	760.0

表 4-3　$\lambda=8$、$Q=10$ 时，拍卖持续时间对商家的影响

T	3	5	7	9	12	15
p^*	48	55	58	60	62	64
$E(\pi_{p^*})$	391.3	479.0	522.9	848.9	573.0	588.2
q^*	21	21(41)	21	44	51	57
$E(\pi_{a^*})$	437.1	528.1	567.0	589.1	608.1	619.5

4.4.4　双向拍卖

双向拍卖(Double Outcry)又称"双重拍卖"或"双边拍卖"，是指买家和卖家同时进行竞价的一种拍卖方式。按照拍卖物品的种类和数量，分为单件物品的双向拍卖、多件同一物品的双向拍卖和多件不同物品的组合双向拍卖。网上进行的多件同一物品的双向拍卖在报价时，通常需要买方和卖方同时向拍卖人递交价格和数量，而且在具体操作时，买方和卖方的信息可以公开，也可以不公开，因而存在密封的双向拍卖和开放的双向拍卖，种类比较丰富，定价模型多种多样，有基于多代理(Multi-agent)的双重拍卖模型，也有基于K重属性的双向拍卖模型(Michigan AuctionBot)，所以在金融系统中用得比较普遍，例如后面介绍的集合竞价的拍卖方式就是这种拍卖的变化之一。

在网上进行单件物品的双向拍卖时，作为变化之一，买卖双方同时递交价格和数量，在拍卖人宣布起拍价及最低增幅后，由竞买人竞相应价，拍卖人依次升高叫价，以最高应价者竞得。若无人应价则转为拍卖人依次降低叫价及降幅，并依次叫价，以第一位应价者竞得。但成交价不得低于保留价。

在网上进行多件同一物品的双向拍卖时，作为变化之二，买卖双方的出价都是通过软件代理竞价系统进行的。拍卖开始前，买方向软件代理竞价系统提交最低出价和出价增量，卖方向软件代理竞价系统提交最高要价和要价减量。网上拍卖信息系统把卖方的要约和买方的要约进行匹配，直到要约提出的所有出售数量都卖给买方。

下面介绍单件物品的双向拍卖模型。

单件物品的双重拍卖属于不完全信息的静态拍卖，买方和卖方都存在自己的私人信息。设买方对拍品的估价为 v_b，卖方对拍品的估价为 v_s，并且二者都服从$[0,H]$区间的均匀分布。拍卖时买方给出的买价为 p_b，卖方给出的卖价为 p_s，如果 $p_b \geqslant p_s$，则拍卖成功，成交价假设为 $p=(p_b+p_s)/2$；如果 $p_b<p_s$，则拍卖失败。根据收益最大化原则，买卖双方的出价应为

$$\begin{cases}\max\limits_{p_b}\left\{v_b-\dfrac{p_b+E[p_s(v_s)\mid p_b\geqslant p_s(v_s)]}{2}\right\}p\{p_b\geqslant p_s(v_s)\}\\ \max\limits_{p_s}\left\{\dfrac{p_s+E[p_b(v_b)\mid p_b(v_b)\geqslant p_s]}{2}-v_s\right\}p\{p_b(v_b)\geqslant p_s\}\end{cases}\tag{1}$$

其中，$E[p_s(v_s)|p_b\geqslant p_s(v_s)]$、$E[p_b(v_b)|p_b(v_b)\geqslant p_s]$分别表示在交易成功的条件下，卖方和买方价格的期望值，$p\{p_b\geqslant p_s(v_s)\}$、$p\{p_b(v_b)\geqslant p_s\}$分别表示交易成功的概率。

由于买方(b)和卖方(s)的出价是各自估价的函数，以它们泰勒(Taylor)展开式的第一阶作为近似，即采用线性策略来出价，有

$$\begin{cases}p_s(v_s)=a_s+c_sv_s & \text{当 } c_s>0\\ p_b(v_b)=a_b+c_bv_b & \text{当 } c_b>0\end{cases}$$

考虑到前面假设 v_b 和 v_s 都是$[0,H]$上的均匀分布，因而有

$$p\{p_b\geqslant p_s(v_s)\}=p\{p_b\geqslant a_s+c_sv_s\}=p\{v_s\leqslant\frac{p_b-a_s}{c_s}\}=\frac{p_b-a_s}{c_sH}$$

$$p\{p_b(b_b)\geqslant p_s\}=p\{a_b+c_bv_b\geqslant p_s\}=p\{v_b\geqslant\frac{p_s-a_b}{c_b}\}=\frac{a_b+c_b-p_s}{c_bH}$$

$$E[p_s(v_s)\mid p_b\geqslant p_s(v_s)]=E\left(a_s+c_sv_s\middle|v_s\leqslant\frac{p_b-a_s}{c_s}\right)=\frac{E(a_s+c_sv_s,v_s\leqslant\frac{p_b-a_s}{c_s})}{p\left\{v_s\leqslant\dfrac{p_b-a_s}{c_s}\right\}}$$

$$=\frac{1}{\dfrac{p_b-a_s}{c_sH}}\int_0^{\frac{p_b-a_s}{c_s}}(a_s+c_sv_s)\mathrm{d}v_s=\frac{p_b+a_s}{2}H$$

同理

$$E[p_b(v_b) \mid p_b(v_b) \geqslant p_s] = \frac{(a_b + c_b H)^2 - p_s^2}{2(a_b + c_b - p_s)} H$$

将以上几个等式代入式(1)，对 p_b，p_s 分别求导可解得(贝叶斯纳什均衡解) $p_b = \frac{a_s + 2v_b}{2+H}$，$p_s = \frac{a_b + c_b + 2v_s}{2+H}$。若再考虑到拍卖失败时买方的损失 B 和卖方的损失 S，则 $p_b = \frac{a_s + 2(v_b + B)}{2+H}$，$p_s = \frac{a_b + c_b + 2(v_s - S)}{2+H}$。

若假设 $H=1$，则 $p_b = \frac{a_s}{3} + \frac{2v_b}{3}$，$p_s = \frac{a_b + c_b}{3} + \frac{2v_s}{3}$，对应的出价策略分别为 $p_b(v_b) = \frac{2v_b}{3} + \frac{1}{12}$，$p_s(v_s) = \frac{2v_s}{3} + \frac{1}{4}$。

单件物品的双向拍卖，属于非完全信息的静态博弈，结果可能会存在多个纳什均衡解，到底应该选择哪一个(即选择“最好”的一个)需要进行协商，协商机制上采用一定的策略，如帕累托占优策略或风险占优策略等；同时，考虑到交易的效率问题，也需要引入纳什谈判解，通过转移支付得到比纳什均衡解更好结果的基础上提高交易的效率，集合竞价就是一个效率更高的交易方式。

4.4.5　集合竞价

集合竞价拍卖又称招标式拍卖，是集中竞价的一种(另一种集中竞价的方式是连续竞价，是指对申报的每一笔买卖委托，由计算机交易系统按照以下两种情况产生成交价：最高买进申报与最低卖出申报相同，则该价格即为成交价格；买入申报高于卖出申报时，或卖出申报低于买入申报时，申报在先的价格即为成交价格)，也是公开双向交易的一种扩展，广泛应用于股票、外汇、现货、期货等大宗商品市场的交易。其特点是存在众多的买方和卖方，对同质量的若干物品进行同时报价，集体议价，彼此信息私有，成交遵循价格原则、数量原则和时间原则，最早由美国 Priceline 公司提出。

集合竞价交易既能克服低端市场面大量小、零散随机、积压滞销的缺陷，又能克服中端市场合同谈判成功率低、交易成本高、货款支付与货物交收脱节而容易造成债务纠纷的弊端。企业参与集合竞价交易能降低交易成本和其他经营成本，可使商流、物流、信息流和资金流合四归一，在区域经济内产生经济盆地效应。

集合竞价机制的核心在于成交价的决定原则。目前，运行于世界各国证券市场上的集合竞价原则有十多个，如最大成交量原则、最小剩余原则、市场压力原则、参考价格原则、最大成交价原则、最小成交价原则、中间成交价原则等。其中，依次执行前四个原则，已成为当前国际成熟证券市场上集合竞价机制主流的做法，其数学模型如下：

假设在执行第 t 次集合竞价之前，某商品(如股票)汇集了 n_t 个买单和 m_t 个卖单。买单用二元组$\{p_{i,t,b}, O_{i,t,b}\}$表示，其中 $i=1,\cdots,n_t$，下标 b 表示“买”，$p_{i,t,b}$表示买单价格，$O_{i,t,b}$表示买单量；卖单用$\{p_{i,t,s}, O_{i,t,s}\}$表示，其中下标 s 表示“卖”，$p_{i,t,s}$表示卖单价格，$O_{i,t,s}$表示卖单量。令：

$$p_{t,\max} = \max\{\max_i\{p_{i,t,b}\}, \max_j\{p_{j,t,s}\}\}$$

$$p_{t,\min} = \min\{\min_i\{p_{i,t,b}\}, \min_j\{p_{j,t,s}\}\}$$

$$\Omega = \{p_t \mid p_{t,\min} \leqslant p_t \leqslant p_{t,\max}\}$$

根据集合竞价机制最大成交量原则，知成交价 p_t 是下面优化问题的解（暂不考虑时间优先原则）

$$\left\{\max_{\Omega}\left\{\min_{\Omega}\left(\sum_{i=1}^{n_t} O_{i,t,b} I_{p_{i,t,b} \geqslant p_t}, \sum_{j=1}^{m_t} O_{j,t,s} I_{p_{j,t,s} \leqslant p_t}\right)\right\}\right\}$$

式中，$I p_{i,t,b} \geqslant p_t = \begin{cases} 1 & \text{当 } p_{i,t,b} \geqslant p_t \\ 0 & \text{其他} \end{cases}$，$I p_{j,t,s} \leqslant p_t = \begin{cases} 1 & \text{当 } p_{j,t,s} \leqslant p_t \\ 0 & \text{其他} \end{cases}$，考虑到解的非唯一性，成交价又可写成

$$p_t \in \{\arg\max_{\Omega}\{\min_{\Omega}(\sum_{i=1}^{n_t} O_{i,t,b} I_{p_{i,t,b} \geqslant p_t}, \sum_{j=1}^{m_t} O_{j,t,s} I_{p_{j,t,s} \leqslant p_t})\}\}$$

下面介绍一种称为“Multi-Agent 撮合交易模型”的集合竞价交易过程。

在“Multi-Agent 撮合交易模型”中，存在一个交易撮合主体，称为 Multi-Agent，它是一个服务性质极强的虚拟实体，不仅负责为交易主体提供撮合交易服务，同时还以最大化自身收益为目标。其收益的最大化是通过最大化交易量（即尽可能地促成交易主体之间的交易）来实现。为此撮合主体在考虑自身收益最大化的同时，还要考虑交易双方收益的最大化和均衡性。

模型中，设定买方和卖方不需要通过交易主体自主搜索交易对方，而由撮合主体根据市场信息，按最大化交易区间和优化多方收益的策略进行交易对匹配，从而促成交易。撮合交易模型中最重要的撮合因素有竞标时间、竞标价格、竞标数量。基本的撮合规则定义为：撮合分时间段进行若干轮次，不同时间段的竞标，按时间先后优先处理，本次不成功的竞标可以进入下一轮次。在某一轮中，按价格优先→数量优先→时间优先的规则进行撮合。交易撮合的过程主要涉及市场清算、撮合匹配集合、撮合交易量确定、撮合交易价格的确定等四个步骤。

（1）市场清算。先确定市场清算的时段：设 T 为交易系统设定的清算周期，如果 t_0 为某一天撮合交易市场的开市时间，则第 k 轮清算撮合的时间区段为$[t_0+kT, t_0+(k+1)T]$。再确定市场清算价格：买方和卖方在同一个时间段内的报价形成市场供给和需求曲线，在均衡策略下具有严格单增性。为了尽可能扩大交易区间，市场清算价格 P_0 可以定义为供给和需求曲线的中位数或算术平均数$\overline{P_b}$和$\overline{P_s}$中的最小值，即 $P_0=\min(\overline{P_b}, \overline{P_s})$。一旦清算价格确定后，基本的撮合匹配集合也就确定下来了。

市场清算规则：保留出价 $P_b(v_b)$ 大于等于清算价格 P_0 的买方竞标，保留要价 $P_s(v_s)$ 小于等于清算价格 P_0 的卖方竞标；其余的竞标进入下一轮清算撮合或撤标。

（2）撮合匹配集合。在每一轮撮合中先将所有出价大于等于清算价格的买方竞标根据出价大小从高到低排序，所有要价小于等于清算价格的卖方竞标根据要价大小从低到高排序，从而保证 $P_b(v_b) \geqslant P_0 \geqslant P_s(v_s)$。在各自排序中如果价格相同，则数量优先；如果数量也相同，则时间优先。然后按买卖双方竞标的排序结果一一匹配成潜在的交易对，形成初步的交易对集 Tag_1。

设清算后卖方竞标数为 N_1，买方竞标数为 N_2，取 $K=\min(N_1, N_2)$，不妨假设 $N_1 \leqslant N_2$，则 $\mathrm{Tag}_1=\{(s_1, b_1), (s_2, b_2), \cdots, (s_i, b_i), \cdots, (s_k, b_k), b_{k+1}, \cdots, b_{N2}\}$。

（3）撮合交易量的确定。在交易对集 Tag_1 中，如果某交易对双方供需数量相等，则形成正式交易对；如果交易双方在需求与供给数量上不一致，则允许将竞标进行拆分，匹配成正式交易集 M_1：$\{(s_1', b_1'), (s_2', b_2'), \cdots, (s_i', b_i'), \cdots, (s_k', b_k')\}$。设卖方竞标集中有 $L_1 \leqslant N_1$

只竞标被拆分，买方竞标集中有 $L_2 \leqslant N_2$ 只竞标被拆分，则 L_1 只卖方竞标和 $L_2+(N_2-K)$ 只买方竞标，仍然满足上述清算和排序规则，可继续形成交易匹配对集 M_2。所有的正式交易对构成撮合交易对集 $\text{Tag}=M_1+M_2+\cdots+M_{M'}$，其中 M' 是在一轮撮合匹配中允许拆分的次数。如果本轮清算撮合中经 M' 次拆分都没有完成竞标中所报数量的匹配，则被拆分后剩余的竞标可直接进入下一轮撮合。

接下来，Tag 中的交易对进入交易价格的确定阶段。

(4) 撮合交易价格的确定。交易价格 P 的计算是求买卖主体及撮合主体收益的基础，同时交易价格与交易量的确定也是撮合主体任务求解模型的协同交易行动策略的子集 $M_i \in M$。

设 $\overline{PS}$ 和 $\underline{PS}$ 分别表示市场清算后卖方集中的最高要价和最低要价，$\overline{PB}$ 和 $\underline{PB}$ 分别表示市场清算后买方集中的最高出价和最低出价。为了促使买卖各方竞标策略都以报实价为其最优选择，令 $\begin{cases} P_s^* = P_s - \dfrac{\overline{PS}-\underline{PS}}{2} \\ P_b^* = P_b + \dfrac{\overline{PB}-\underline{PB}}{2} \end{cases}$，则最终的撮合交易价格 P 设定为 $P=\dfrac{P_b^*+P_s^*}{2}$。

下面看一看此模型中各方的收益。当不考虑交易成本(交易佣金)时，设交易主体 j 在第 t 轮撮合中被拆分了 k 次，q_i 为第 i 次拆分的撮合交易量，P_i 为第 i 次拆分的撮合交易价格，W_{jt} 为交易主体 j 在第 t 轮撮合交易的总收益，则对买方 $W_{jt}=\sum\limits_{i=1}^{k}(P_b-P_i)q_i$；对卖方 $W_{jt}=\sum\limits_{i=1}^{k}(P_i-P_s)q_i$。如果交易主体 j 经过 N 轮撮合，则 j 的总收益为 $W_j=\sum\limits_{t=1}^{N}W_{jt}$。

对于撮合交易主体来说，其收益记为 W_m。为了满足激励相容性，可以定义其第 j 轮撮合交易中成功交易次数为 N，其中第 i 次交易的交易量为 q_i，交易价格为 P_i，第 j 轮成交总量 $Q_j=\sum\limits_{i=1}^{N}q_i$，设 $Q=\min$(第 j 轮撮合交易中需求总量，第 j 轮撮合交易中供应总量)。如果买方主体 B 的报价为 P_b，则 B 在第 i 次支付的交易佣金为 $W_{bi}=\dfrac{\left[\dfrac{q_i\,|p_b-p_i|}{2}+\beta\left(1-\dfrac{Q}{Q_j}\right)\right]}{2}$；卖方主体 S 的报价为 P_s，则 S 在第 i 次支付的交易佣金为 $W_{si}=\dfrac{\left[\dfrac{q_i\,|p_s-p_i|}{2}+\beta\left(1-\dfrac{Q}{Q_j}\right)\right]}{2}$，$B\in[0,1]$ 为激励相容因子。故撮合主体在第 i 次撮合中的收益为 $W_{mi}=W_{bi}+W_{si}$，在第 j 轮撮合中的总收益为 $W_{mj}=\sum\limits_{i=1}^{N}W_{mi}$。如果在某一次开市中共进行了 L 轮撮合，则 $W_m=\sum_{j=1}^{L}W_{mj}$。

集合竞价本质上是复杂的组合拍卖，在复杂理论中属于 SPP 问题(Set packing Problem，NP-hard 难题解的一种)。SPP 模型的通式为

$$\begin{cases} \max \sum\limits_{V} c_j x_j \\ \text{s.t.}\ \sum\limits_{V} a_{ij} x_j \leqslant 1 \quad \text{当}\ \forall i \in M \\ x_j \sim [0,1] \quad \text{当}\ j \in V \end{cases}$$

可用整数规划(Integer Programming)的方法来求解。对于集合竞价来讲,若考虑买方交易量 q_b 与最终的撮合交易价格 P 之间的影响关系,以及最终的撮合交易价格 P 与买方出价 P_b(或 P_s)之间的联动关系,则其 SPP 模型通式为 $\begin{cases} \max W_m = \sum_{j=1}^{L} W_{mj} \\ \text{s.t.} \quad q_j(P) \\ P(P_s, P_b) \end{cases}$。这里若将 $q_j(P)$ 设定为: $P = -aq_b + b, (a \geqslant 0, b \geqslant 0)$,则集合竞价模型演变为 PLPD 拍卖模型(Saurabh Spectrum Auction),可用于无线频谱的拍卖;若将 $P(P_s, P_b)$ 设定为 $P = kP_b + (1-k)P_s, k \in [0, l]$,则集合竞价模型又演变为 K 双重拍卖模型,研究该模型会发现交易方存在着不真实竞价的可能,因此该模型具有不稳定性。

4.4.6 一口价拍卖

网上拍卖的流行和普及,进化出很多不同的拍卖规则,其中之一就是固定价格和网上英式拍卖相结合,产生了"一口价"拍卖,通过在拍卖中设置一个固定价格,提供给顾客一个便利的选项使得顾客可以不用竞价而直接购得拍品。eBay 在 2000 年引入"一口价",其规则是:第一个参与的顾客可以选择竞价也可以选择一口价,一旦第一个人选择竞价,则"一口价"选项消失,后来者只能参与竞价,这种方式为临时一口价。而在雅虎、亚马逊等网站,只要拍卖不结束,"一口价"选项会一直存在,这种拍卖方式为持久一口价。在国内的淘宝、易趣等拍卖网站,某些物品的拍卖只提供"一口价"选项,没有竞价的可能,可称之为固定一口价,类似于定价交易。

Lucking-Reiley 在 2000 年的网上拍卖回顾中提到了一口价的应用,同时也说明没有任何理论文献涉及一口价在拍卖中的效果。Budish 和 Takeyama 第一次在理论上证明了一口价拍卖的益处,他们利用一个简单模型(该模型包含两个投标者和两个估价值),得出设置一个合适的"一口价",面对风险中性的买家,卖家将获得与标准英式拍卖相同的收益,如果是面对风险规避的买家,卖家将获得更高的收益的结论。而 Zohan 等在卖家设置保留价和一口价网上拍卖中讨论了投标者的门限价格,并且证明了投标者门限价格的均衡值可以通过一口价、投标的效用函数和估价分布进行计算,门限价格介于保留价和一口价之间并且严格递减。同时,Zohan 在文中也提到了三种一口价拍卖方式:持久一口价、临时一口价和受限一口价。他提到的受限一口价,是指在拍卖周期内设置一个有限的时段可以使用一口价选项,除此时段之外,不能使用。一口价网上拍卖已经引起了学者的关注,其中尤以 Mathews 和 Katzman 对 eBay 上的临时一口价拍卖的研究更为突出。

基于独立私有价值模型,并且做如下的基本假设:

(1) 单件物品拍卖,参与网上拍卖的顾客是理性人并且风险中性,一口价为 B,$B \in [\underline{v}, \bar{v}]$,物品的成本为 c。

(2) 在拍卖周期 $[0, t]$ 内,有 n 个参与者随机到达,并且服从参数为 λ 的泊松分布。

(3) v_i 是竞价者 i 的估价,$v_i \in [\underline{v}, \bar{v}]$,$v_i$ 服从分布函数 $F(v_i)$,其密度为 $f(v_i)$。

(4) 设定一个门限值移 $\hat{v}$,$B < \hat{v} < \bar{v}$,一旦参与者的估价 $v_i \geqslant \hat{v}$,则立即出一口价。

如果在拍卖周期 $[0, t]$ 内到达的 n 个顾客的估价均小于一口价 B,最大的估价为 v,则采用固定一口价拍卖方式的卖家期望收益 $R_1=0$。在不计卖家在网上展出成本和耗费的时间成本的前提下，采用临时一口价拍卖方式的卖家期望收益 $R_2=\int_{\underline{v}}^{\overline{v}} vf(v)\mathrm{d}v-c$。采用持久一口价拍卖方式的卖家期望收益 $R_3=\int_{\underline{v}}^{\overline{v}} vf(v)\mathrm{d}v-c$。从 R_1、R_2、R_3 的结果来看，一旦在拍卖周期内顾客的估价小于一口价 B，采用固定一口价拍卖方式的卖家的期望收益为 0，而此时，采用临时一口价和采用持久一口价的效果是一样的，同样没有人会叫出一口价，只会使得拍卖坚持到最后，卖家的期望收益由最高出价者的估价来决定，完全等同于网上英式拍卖，卖家的收益满足 $R_1<R_2=R_3$。

在拍卖周期$[0,t]$内到达的 n 个顾客中，只要有估价不小于一口价 B 的顾客，则对于固定一口价拍卖方式，由于只有一个选项，所以只要到达的顾客的估价大于等于一口价，就会立即选择一口价，从而及早结束拍卖，卖家的期望收益 $R_1=B-c$。对于临时一口价拍卖方式的卖家，在第一个到达的顾客采用一口价时，期望收益 $R_2=B-c$，否则期望收益 $\int_{\underline{v}}^{\overline{v}} vf(v)\mathrm{d}v-c$，等同于网上英式拍卖。对于持久一口价拍卖方式的卖家来说，当第一个到达的顾客采用一口价时，其期望收益 $R_2=B-c$；否则的话，在不高于门限值$\hat{v}$时，其期望收益为 $R_3=\int_{\underline{v}}^{\overline{v}} vf(v)\mathrm{d}v-c$，高于门限值时，出的是一口价，其期望收益为 $R_3=B-c$。三种方式下，卖家的期望收益一般满足 $R_3\leqslant R_1\leqslant R_2$。

一口价拍卖结合了固定定价和网上英式拍卖，为网上拍卖带来了新鲜的活力。固定一口价拍卖更接近于固定定价方式；临时一口价更接近于网上英式拍卖；持久一口价从拍卖开始就保持竞价和固定价格两种选择，是一种灵活的方式，但是从前面独立私有估价模型下的期望收益比较发现，这种方式卖家获得的期望收益是最小的，在卖家收益最大化的假设下，卖家更应该选择临时一口价方式。然而需要说明的是，这只是在相对理想的状态下所得出的结论。网上拍卖还存在更多的信息不对称性，例如买家有时无法做到对估价的独立与私有信息的保密，而卖家提供一个一口价，就相当于提供了一个竞价的参考，等于为买家提供了更多的信息，从而减少了买家对竞价缺乏信心的情况，这样无疑可以吸引到更多的顾客参与，毫无疑问卖家的期望收益也会增加。

实例：Yahoo 网上对一件艺术品的拍卖，分别采用三种不同的一口价拍卖方式，拍卖周期为一个星期，一口价为 600，成本为 100，起拍价为 200，门限值$\hat{v}$为 1000，最高价为 1200，$f(v)$服从$[200,1200]$区间上的均匀分布。由此可以计算得出：当在拍卖周期内没有顾客的估价高于一口价 600 的情况下，就以$\hat{v}=600$ 计算，得到

$$R_1=0,R_2=R_3=\int_{200}^{600} v\times\frac{1}{600-200}\mathrm{d}v-100=300$$

当在拍卖周期内有顾客的估价高于一口价 600 的情况下 $R_1=600—100=500$。对于采用临时一口价拍卖方式时，若第一个顾客选用一口价，则 $R_2=500$；否则：

$$R_2=\int_{200}^{1200} v\times\frac{1}{1200-200}\mathrm{d}v-100=600$$

采用持久一口价拍卖方式时，若第一个顾客选用一口价，则 $R_2=500$；否则在不高于门

限值$\hat{v}$时，$R_3=\int_{200}^{1000} v\times\frac{1}{1200-200}dv-100=380$；高于时 $R_3=500$。

4.4.7 扬基拍卖

扬基拍卖(Yankee Auction)是对同质的多物品进行英式拍卖，有时又称“美国式拍卖”。在拍卖过程中，确定成功投标者的依据多种多样，但一般遵循“价格优先，数量优先，时间优先”的原则。

Bapna 等(2001)对扬基拍卖进行了初步的探索，他们通过模拟网络拍卖中的三类投标人(估价者、参与者和机会主义者)，研究扬基拍卖中投标增量、投标人到达情况以及交易费用等问题，特别是投标人跳投的问题，即投标人不选择当前的最低投标，而是选择一个相对较高的投标。他们提出一种应对策略，称为边缘策略(Strategic-at-Margin)，即如果当前最低投标同投标人估价间相差一个投标增量时，投标人选择跳过当前的最低投标，直接按估价投更高的标的会更加有利。

针对拍卖机制的设置，Bapna 等(2003)希望能够设定出最佳的投标增量，因此，他们依赖于投标人的估价分布，研究了扬基拍卖过程中的收入变化情况，寻求到扬基拍卖设计中的最佳投标增量。

Bapna 等对扬基拍卖研究的模型的关键在于对投标增量与交易价格的建模。假设总的拍卖品数量为 N，投标的增量为 k，最高的未获胜标(边际标)为 B_m，投边际标的投标人估价为 V，$B_m\leqslant V\leqslant B_m+k$。基于最高的未获胜标，参与最后一轮投标的投标者被分为两类，N 个获胜者，M 个落败者。那么，如果第 j 个投标 B_m 为边际标，那么获胜投标为[①] $B_m^1,\cdots,B_m^{j-1},(B_m+k)^1,\cdots,(B_m+k)^{N-(j-1)}$，则卖方最终的收益为 $NB_m+k(N-j+1)$。因为边际估价为 V，令 r 等于初始价格，% 表示取余，定义 $\delta=(V-r)\%k$，所以边际投标人所能投的最高投标 $B_m=V-\delta$，因此拍卖收益的上下限为 $N(V-\delta+k)$、$N(V-\delta)$，收益区间长度为 Nk。如果最小投标增量 k 增减 αk(α 是一个比例数)，则收益区间长度的变化为 αNk。然后他们利用独立私有估价寻求最优的投标增量 k^*，假设总的投标人数为 P，投标人的估价分布为 $F(*)$，首先他们证明投标增量上限为 $k_{\max}=V_{\max}-x^*$，其中 $x^*=F^{-1}[1-(N+1)/P]$。如果投标人估价分布为均匀分布，那么最优的投标增量恰好为$\frac{k_{\max}}{2}$。

4.4.8 逢低买入

作为网上同质多物品拍卖的主流机制之一(另一种是扬基拍卖)，逢低买入又称“集体议价”或“团购”，是传统折扣销售方式在互联网上的拓展，在国内外网站上普遍使用。例如 Letsbuyit. com、美团网(Meituan. com)等。逢低买入充分利用了互联网的特性，将零散的消费者及其购买需求聚合起来，形成类似集团采购的庞大的订单，从而与供应商讨价还价，争取最大、最优惠的折扣。人数越多，折扣就越大。最早实现团购的网站有 Mercata. com 和 Mobshop. com，近年我国类似的网站也越来越多。

逢低买入存在多种变体，但它们的机制目标都是保证投标者越多，拍卖的物品价格就可能越低。简单来说可以分为：

---

① 更一般的获胜投标情况参见 Bapna(2002，Optimal Design of the Online Auction Channel: Analytical，Empirical and Computational Insights)。

(1) 阶梯式：以数量为阶梯，最多可有多个阶梯，如 1～10 个物品价格设为 100 元，11～20 物品价格设为 90 元，21～30 个物品价格设为 80 元。

(2) 递减式：即按照某个递减函数，每增加一个购买数量，价格就下降一定数额。如报价为 100 元，设定递减额为 1 元，当为 7 个购买数量时，出售价格为 93 元，依此类推。图 4-3 和图 4-4 列示了美团网团购形式及交易流程。

图 4-3　美团网团购形式

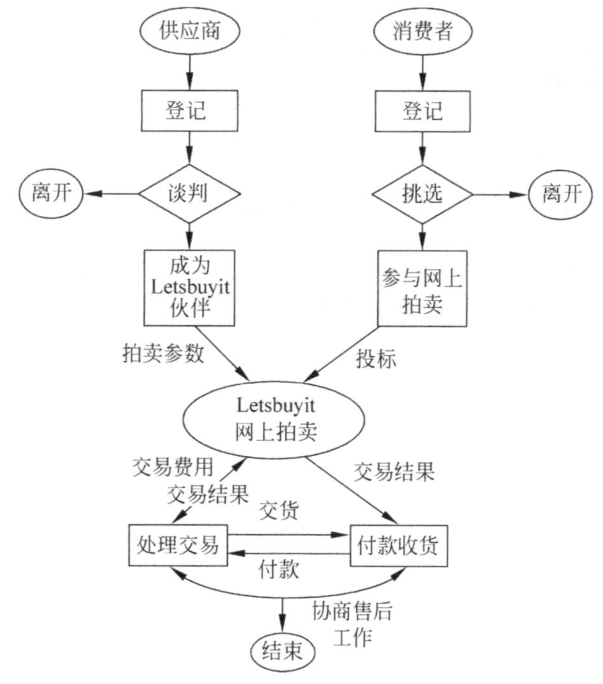

图 4-4　美团网团购交易流程

设逢低买入存在 m 个价格梯度，分别为 $(p_{s1},l_1),(p_{s2},l_2),\cdots,(p_{sm},l_m)$；其中，$p_{s1}>p_{s2}>\cdots>p_{sm},l_1<l_2<\cdots<l_m$，记 $(p_{s0},l_0)=(\infty,0)$。若顾客的到达服从参数为 λ 的泊松分布，顾客对商品的估价服从 $N(\mu,\sigma^2)$ 的正态分布，商品的单位成本为 c，则商家在 T 时间段内采用逢低买入出售 Q 件商品所获得的最大期望收益为

$$
\begin{aligned}
E(\Pi)&=\sum_{i=1}^{m}\Pi_i\\
&=\sum_{i=1}^{m}\left(\sum_{k=l_{i-1}+1}^{+\infty}\frac{e_x^{-\lambda T}(\lambda T)^k}{k!}\cdot\sum_{z_i=l_{i-1}+1}^{\min(k,l_i)}\Pr\{z_i,z_{i+1}\leqslant l_i,\cdots,z_m\leqslant l_{m-1}\}z_i(p_{si}-c)\right)\\
&=\sum_{i=1}^{m}\left(\sum_{k=l_{i-1}+1}^{+\infty}\frac{e_x^{-\lambda T}(\lambda T)^k}{k!}\cdot\sum_{z_i=l_{i-1}+1}^{\min(k,l_i)}\sum_{z_{i+1}=z_i}^{\min(k,l_i)}\cdots\sum_{z_{m-1}=l_{m-2}+1}^{\min(k,l_{m-2})}\sum_{z_m=z_{m-1}+1}^{\min(k,l_{m-1})}W_i\right)
\end{aligned}
$$

其中，$W_i=\dfrac{k!\ (1-\mathrm{pr}_{si})^{z_i}(\mathrm{prs}_i-\mathrm{prs}_{i+1})^{z_{i+1}-z_i}\cdots(\mathrm{prs}_{m-1}-\mathrm{prs}_m)^{z_m-z_{m-1}}(\mathrm{prs}_m)^{k-z_m}}{z_i!\ (z_{i+1}-z_i)!\ \cdots(z_m-z_{m-1})!\ (k-z_m)!}z_i(p_{si}-c)$；

Prs_i 为顾客投标价格低于 p_{si} 的概率，$\mathrm{Prs}_i=\Pr\{p_{bit}\leqslant p_{si}\}=\dfrac{1}{\sqrt{2\pi}\sigma}\int_{-\infty}^{p_{si}}\mathrm{e}^{-\frac{(t-\infty)^2}{\varpi^2}}\mathrm{d}t)$；$\lambda=\lambda_0(1-\mathrm{Prs}_i)$。

说明：$\Pr\{z_i,z_{i+1}\leqslant l_i,\cdots,z_m\leqslant l_{m-1}\}$ 表示 z_i 个报价以梯度价格 p_{si} 成交的概率。当 z_i 个报价以梯度价格 p_{si} 成交时，意味着合符梯度价格 $p_{s(i+1)}$ 的顾客报价个数 $z_{i+1}\leqslant l_i,\cdots$，符合梯度价格 p_{sm} 的顾客报价个数 $z_m\leqslant l_{m-1}$。

实例　商家计划在 7 天内出售 100 件商品。假设顾客到达服从参数为 $\lambda_0=10$ 的泊松分布，团购周期 $T=7$，商品单位成本 $c=10$，顾客的心理估价服从均值为 40、标准差为 20 的正态分布。逢低买入的价格阶梯设置如表 4-4 所示。

表 4-4　逢低买入价格阶梯

商品数量	价格
1～20	50
21～50	35
51～100	25

基于上面的假设，可以运用 Mathematic 软件对逢低买入定价模型进行编程求解，可求出逢低买入定价模式下商家获得的期望收益为 875.79。具体 Mathematic 程序代码如下：

```
lambad0 = 10;
goodscoct = 10;
goodsquantity = 100;
t = 7;
ps1 = 50;
ps2 = 35;
ps3 = 25;
l1 = 20;
l2 = 50;
l3 = 100;
```

```
prs1 = CEF[NormalDistribution[40,20],ps1];( * prs1 为投标价格低于价格梯度 1 的概率)
prs2 = CEF[NormalDistribution[40,20],ps2];
prs3 = CEF[NormalDistribution[40,20],ps3];
lambda1 = lambda0 * (1 - CDF[NormalDistribution[40,20],ps1]);
lambda2 = lambda0 * (1 - CDF[NormalDistribution[40,20],ps2]);
lambda3 = lambda0 * (1 - CDF[NormalDistribution[40,20],ps3]);
y1 =
```

$$\sum_{k=1}^{100}\left(\frac{e^{-1*\text{lambda1}*t}*(\text{lambda1}*t)^k}{k!}*\left(\sum_{z1z1}^{\text{Min}(k,11)}\left(\sum_{z2=z1}^{\text{Min}[k,11]}\left(\sum_{z3=z2}^{Min[k,12]}\left(\frac{k!*(1-\text{prs1})^{z1}*(\text{prs1}-\text{prs2})^{a2-s1}*(\text{prs2}-\text{prs3})^{z3-z2}*(\text{prs3})^{k-a3}}{z1!*(z2-z1)!*(z3-z2)!*(k-z3)!}*z1*(\text{ps1}-\text{goodscost})\right)\right)\right)\right)\right);$$

$$y2=\sum_{k=11,1}^{200}\left(\frac{e^{(-1+\text{lambda2}*t)}*(\text{lambda2}*t)^k}{k!}*\left(\sum_{t1=11+1}^{Min[k,12]}\left(\sum_{t3=t2}^{\text{Min}[k,12]}\left(\frac{k!*(1-\text{prs2})^{z2}*(\text{prs2}-\text{prs3})^{z1-z2}*(\text{prs3})^{t-t3}}{z2!*(z3-z2)!*(k-z3)!}*z2*(\text{ps2}-\text{goodscost})\right)\right)\right)\right);$$

$$y3=\sum_{k=12,1}^{200}\left(\frac{e^{(-1*\text{lambda3}*t)}*(\text{lambda3}*t)^k}{k!}*\left(\sum_{t1=11+1}^{Min[k,12]}\left(\frac{k!*(1-\text{prs3})^{z3}*(\text{prs3})^{k-z3}}{z3!*(k-z3)!}*z3*(\text{ps3}-\text{goodscost})\right)\right)\right)$$

```
Print["y1 = ",N[y1,5]];
Print["y2 = ",N[y2,5]];
Print["y3 = ",N[y3,5]];
Print["Profit = ",N[y1 + y2 + y3,5]];
Profic = 875.79
y3 = 75.822
```

4.5 网上招标与协议采购

招标(Invitation to Tender)又称逆向拍卖，是指招标人(买方)发出招标通知，说明采购的商品名称、规格、数量及其他条件，邀请投标人(卖方)在规定的时间、地点按照一定的程序进行投标的行为。招标分为公开招标、邀请招标和议标。公开招标是指招标人以招标公告的方式邀请不特定的法人或者其他组织投标。邀请招标是指招标人以投标邀请的方式邀请一到二家特定的法人或其他组织进行投标，有时也称非竞争性招标或指定性招标。

相比其他的交易方式，招标主要有以下三个特点：一是招标是由参加投标的企业按照招标人所提出的条件，一次性递价成交的贸易方式，双方无须进行反复磋商。二是招标是一种竞卖的贸易方式。三是招标是在指定的时间和指定的地点进行的，并事先规定了一些具体的条件，因此，投标必须根据其规定的条件进行，如不符合其条件，则难以中标。

网上招标就是项目招标者通过互联网向竞标人提供电子竞标平台而进行的招标活动。这种招标形式最大的特点就是能给竞标者提供一个互动的既公开透明又能有效保护竞标人竞标隐私的环境。无论在什么地方，竞标人都可以通过网络终端上的竞标平台参与竞标，实时查看并在线分析自己及竞争对手投标的有关情况，及时调整竞标策略而不必担心身份的暴露，进而更有效地实现自己的竞标意图；招标人也可以通过网络实时查看全部的竞标情况，并藉此判断各竞标人的竞标策略和真正实力。相对于传统的明标和暗标两种方式，网上招标可以说是“取其精华，去其糟粕”。

网上招标一般有两种组织方式。一种是全部招标活动由招标人自己完成，包括自己开发或购买用于提供竞标电子平台服务的应用软件，发布招标信息，拟定标书，进行整个投标过程的数据分析等。这种方式最显著的特点就是保密性好，不用向第三方泄露自己的商业机密。但它的不足也是明显的：为一次或几次招标活动购买竞标软件通常是不经济的，其次全部招标活动由招标人自己完成不仅比较费时，而且效果也不一定好。

第二种方式是招标人通过与专业的中介公司合作，由中介公司提供竞标平台并进行相关信息收集和数据处理，招标人则主要负责提供招标项目本身的信息并就有关招标策略做出决策。与前一种方式相比，通过这种方式招标人可以有效地利用中介公司已有的专业知识、经验和市场数据资料，更高效地完成招标工作；而它的不足之处在于全部数据的分析处理由第三方来完成，这就意味着招标人必须向中介公司提供与项目有关的商业信息，也就面临着机密被泄露的风险，不过招标人可以通过与中介公司签订保密协议来降低风险。如何取舍，视项目本身的保密性和时效性而定。

网上招标一般分为这样几个阶段，如图 4-5 所示。首先要进行项目规划，根据项目本身的特点选择是自己独立做还是与专业公司合作；确定了招标方式后，紧接着就要进行市场信息的收集整理与分析，并根据项目的要求和市场数据分析的结果确定招标的总体战略；接下来就是标书的拟定和发出，竞标人提交标书、参加招标方组织的网络操作培训和在线竞标；最后的工作就是对竞标结果进行分析和处理。在实际的竞标活动中，为了更充分了解竞标人的实际情况，通常会要求竞标人在竞标前根据标书的要求提交一份详细的情况说明并初步报价，在竞标活动完成后，一般还会对前几名进行实地考证，结合竞标情况做最后的取舍。

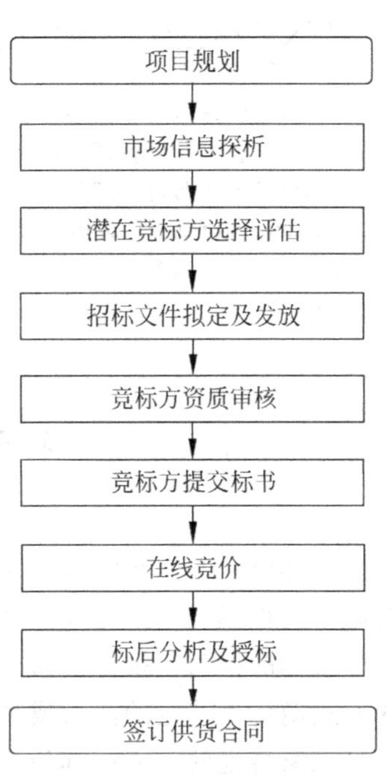

图 4-5　网上招标的过程

网上招标的过程中，通常会遇到三种价格：历史价格、保留价格和封顶价格。所谓历史价格是指招标人过去或现行的运营价格，用来衡量招标之后的成本降低幅度。保留价格是指项目从现有产品或服务的供应商转移到新供应商时的价格，是用来衡量是否更换供应商的指标。如果竞标的结果高于保留价格，招标人有权保留现有的供应商而不必改变。一般来说，保留价格的设定会考虑招标本身的成本和其他相关成本，并依据不同招标预期设定为比历史价格低 5%～10%，这一价格会以适当的方式向所有竞标人披露。至于封顶价格就是前面提到的竞标空间的上限，也就是竞标人开始竞标的上限价格，所有高于此价格的投标都将不被系统所接受。封顶价格的设定需要考虑项目本身可能的利润空间，空间大价格可以适当低一些；反之可以高一些。同时，封顶价格的设定同样要考虑竞标人的竞标心理，价格设得太低，可能会让竞标人觉得没有必要参与竞标，干脆放弃；设得太高，最后竞标的结果又可能与招标人的预期相去甚远而失掉招标的意义。一般而言，10%～15%的竞标上限空间能有效地兼顾竞标人的兴趣和招标人的初衷。

除了价格之外，网上招标还涉及一项重要内容，就是信息披露问题。披露什么信息、披露的方式以及披露到什么程度是需要招标人用心考虑的。前面提到，招标人须向竞标人提供保留价格和封顶价格，这里就需要考虑提供的信息是总价方式还是单价方式：以总价方式提供，竞标人获取的信息较少，竞标时可能比较盲目；以单价方式提供，又会导致过多地泄露招标人的商业机密，如果现有的供应商也同时参与竞标，会将其置于不利的地位。再如，竞标人在竞标时到底应当看到竞争者的哪些信息。这里就有一个招标人和竞标人利益博弈的问题。对竞标人而言，当然希望知道竞争对手尽可能多的竞标信息，这样他就可以根据竞争对手的实际竞标价格而适当地调整自己的出标价格，做到有的放矢，既保证竞标成功，又不至于盲目竞标丧失掉本可以获得的利润；而对招标人，则希望少一点披露竞争者的竞标信息，以便争取到竞标人的真正底线，从而获得最大的成本节省，但信息披露量太少会让投标人一种暗箱操作之嫌，不利于招标活动的进行。

标准的网上招标程序是向所有的竞标人披露全部竞争者的竞标信息，即竞标人可以匿名的方式看到所有竞争者的每一次出标的价格和排名，应当说这是一种真正的信息公开，是竞标人最希望的，但这种方式对招标人可能不利，而且有时会造成一种负面影响。当一个并不是很有实力的竞标人一开始就采取一种倾销的方式打出很低的报价后，其他的竞争者也许很快就会放弃竞标。而这名低价胜出者却没有真正的实力维系日后的项目运作，而有实力运作的竞标人又拿不到项目，这对他是不公平的，对招标人也是不利的。

再有一种方式就是让竞标人只看到自己的竞标价格和所处的名次或者再加上看到排名比他低的竞争者的竞标价格和名次。这种方式可以有效地避免上述的负面影响，但也存在不足，当排名较后的竞标人经过几次小幅的试探仍不见底的时候，他也许就会放弃，但这并不意味着他的综合实力比排在他前面的差。当然，实际运作过程中，还有很多披露信息的方式，但都各有优缺点，作为招标人应当全面考虑项目的特点和竞标人的竞标心理，综合权衡，选择最有效的方式。

协议采购就是采购组织（一般为某个采购中心）通过公开招标的方式，确定中标厂商及其所提供的产品以及相应的产品型号、具体配置、最高限价、订货方式、供货期限、售后服务条款等，并以协议的形式固定下来，采购组织内的用户在协议有效期内可以按此协议内容进行自主选择采购，在政府集中采购网站上较为常见，如上海政府采购网（www.zfcg.sh.gov.cn）。按照规定，每次采购都要下载打印由协议供货合同管理系统自动生成的电子验收单，作为实施政府采购的凭证和审计检查的依据。采购中心根据与中标厂商签订的协议供货框架协议进行履约管理和实时监控，中标厂商对其产品质量和售后服务承担保证责任。

4.6　在线洽谈与专场交易

在线洽谈是指交易商在洽谈模块中根据自己供货或需求的情况建立洽谈室，发出洽谈邀请信息，邀请或等待其他交易商进入洽谈室以互动方式进行信息沟通和合同内容洽谈，双方达成一致结果后，采用标准合同模板签订电子交易合同的一种交易模式。

在线洽谈需要使用专业的网上洽谈系统(如视通快讯洽谈通、tq等)或网上谈判系统来进行,也可借助于即时通信软件(如QQ、MSN等)进行。相比后者,前者可实现和交易网站的无缝结合,为交易网站提供和访客对话的平台。在线洽谈系统共有的一个特点是:销售网站的所有者想要使用专业的在线洽谈系统,必须先向在线洽谈系统申请一个账户,生成网页标签,就是一段代码,然后把这段代码嵌入网站网页当中。然后用申请的账户登录在线洽谈系统,就可以进行在线洽谈了。

专场交易是指在交收地点、交货日期确定的情况下,在电子交易市场规定的交易商品范围内,交易商选择具体的商品品种(例如钢材)及生产商进行买卖方向、数量、价格的竞价交易,签订电子合同的一种交易模式。

4.7 现货与期货交易

4.7.1 现货交易

商品交换有现货交易和期货交易两种形式。现货交易是指交易双方就某种商品的质量、数量、价格和交货日期等进行协商,制定相关的销售协议(合约),并达成在即刻或未来交付该种商品的一种交易方式。根据交货时间的不同,现货交易分为即期交货合约交易和中远期交货合约交易两种。

采用即期交货合约交易方式时,买卖双方直接进行协商,成交后立即按当时的市价进行货款和商品所有权的转移,供求关系和价格表现极不稳定。随着市场的需要,之后出现了现货的中远期交货合约的交易模式,在这种模式下,买卖双方在签订合约之初就商品的质量、价格等内容达成协议,进行实物交割时再根据质量和数量调整价格。

中远期交货合约交易也称大宗商品电子交易或现货仓单交易,是以现货仓单为交易的标的物,采用计算机网络进行集中竞价买卖、统一撮合成交、统一结算付款、价格行情实时显示的一种交易方式。在这种交易方式下,一般买卖双方互不见面,代之以电子交易市场为交易平台,以国家政府为裁判,结合网上和网下、现实与虚拟,实现现货商品交易的住处源、客户源、在线结算、物流配送等的有机融合。

中远期交货合约交易具备许多功能。首先是投资功能,传统的现货交易由于受到地域、货物质量、投资者的财力、专业水平的限制,对于普通的投资者来说,几乎没有什么投资的价值。现货中远期交易市场由于交易的是标准化的电子交易合同,货物质量有保证;电子交易,没有了地域的限制;保证金交易,投入资金少,普通投资者可方便介入,从而获取经济利益。其次是价格发现功能,在现货中远期交易市场通过公开、公正、高效、竞争的交易运行机制形成具有真实性、预期性、连续性和权威性的价格发现过程。三是规避风险,规避风险功能是指生产经营销售者通过在现货中远期交易市场上进行套期保值业务,有效地规避、转移或分散现货市场上波动的风险。

中远期交货合约交易具有若干特点。一是电子交易合同的标准化:电子交易合同的标准化指的是除价格外,合同的所有其他条款都是预先规定好的,具有标准化的特点。这种标准化的电子交易合同一经注册,便成为仓单。二是双向交易:指的是投资者可以通过对仓单的低价位买入,高价位卖出获利;也可以高价位卖出,低价位买入获利。交易方式更加灵活，增加交易机会。三是对冲机制：对冲机制指的是对电子化合同采取反方向的操作，达到解除履约责任的目的。四是每日、隔日或者一段时期无负债结算制度：每日、隔日或者一段时期对投资者账户进行核算，避免债务纠纷，达到控制风险的目的。五是保证金制度：保证金制度是指对交易双方冻结适当的保证金，以达到保证合同履行的目的，同时起到资金的杠杆作用，充分利用资金。目前中远期交易国家规定采用 20% 的保证金制度。六是 T+0 交易制度：当天就可对订立的合约进行转让处理，当日获利，当日就可对冲平仓，充分利用资金，同时减轻长期持仓带来风险，操作机动灵活。

南宁(中国—东盟)商品交易所(www.ncce.biz)

南宁(中国—东盟)商品交易所(中文简称东盟交易所，英文简称 NCCE)是由广西南宁市人民政府领导组建，并在国家商务部备案，于 2006 年 6 月在南宁市工商局登记注册成立的大宗商品现货电子交易市场，注册资本金 1 亿元人民币，2007 年 10 月 26 日正式开业。

NCCE 作为国内首创的新型现货电子交易市场，是一个专门为中国—东盟自由贸易区配套服务，从事各类工业品、农产品、能源产品、大型机械设备、技术产品、文化产品和进出口商品等大宗物资的现货即期、中远期电子交易，并集交易、结算、信息、融资、物流、商品展示和国际采购等全程式服务于一体的，现代化功能配套齐全的特大型交易场所。

NCCE 设立在中国—东盟博览会的永久举办地——南宁，现有 320 个场内交易台位，1 万个远程交易台位，可接纳海内外 1 万余家大中型企业同时交易。

NCCE 不仅运用最新交易技术——"集合竞价"方式来实现交易，而且还开创了"要约交易""回购交易""格式交易"等迄今为止业内最为先进的三大交易模式，为企业提供公平、公正、高效率、低成本、多种类的商品交易渠道和机会，充分满足市场参与者生产经营的不同需要。所谓"要约交易(Offer Trading)"，是指在 NCCE 认可的交易品种范围内，交易会员根据自己的买卖意愿，自主发布非统一条款内容的供求要约，该要约一旦被他方接受，即达成电子交易合约的交易模式。所谓"格式交易(Format Trading)"，是指在 NCCE 规定的交易品种范围内，除了价格不确定外，其他条款内容均被确定和格式化，交易会员依据统一的格式合约集合竞价而达成电子交易合约的交易模式。所谓"回购交易(Repurchase Trading)"，是指在 NCCE 认可的交易品种范围内，交易会员在 NCCE 电子交易系统中，卖出或者买进一批商品的同时即规定必须在约定期限内，以约定价格再向对方交易会员买回或卖出同批商品的交易模式。

为维护市场参与者的合法权益，保障商品交易的安全和便捷，NCCE 采用国际先进的市场运行理念，严格实行"会员制""履约担保金制""交易资金第三方监管制""统一结算制""货物交收地/库选择制"等，构筑起完善严谨的运行机制。

NCCE 先进的集合竞价交易模式，能够全面、真实地反映出商品的供求关系，进而形成具有权威性的商品价格。随着"南宁价格"的形成，NCCE 将在全国市场乃至"中国—东盟自由贸易区"等更大范围内产生极大影响力，从而实现"立足广西，辐射全国，走进东盟，面向世界"的宏伟目标。

表 4-5 是 NCCE 中的即期交货合约和中远期交货合约的具体格式。

表 4-5 NCCE 即期交货合约和中远期交货合约格式

一级白砂糖格式即期交易合约	
交易品种	一级白砂糖
交易代码	SR
交易数量	5 吨/张
交易币种	人民币
交易时间	每周一至周五上午 9:00～11:30,下午 13:30～15:00(国家法定节假日除外)
交易押金及仓单	买方合约市值 100%的资金 卖方成交合约的全额注册仓单
交收期	T+3
质量标准	符合国家标准(GB 317—2006 标准中一级白砂糖的规定)的指标
交收地点	NCCE 指定交收仓库
交收方式	NCCE 指定交收仓库实物交收
交易手续费	0.8 元/吨
交收手续费	5 元/吨
交易市场	南宁(中国—东盟)商品交易所(NCCE)
一级白砂糖格式交易中远期合约	
交易品种	一级白砂糖
交易代码	SR
交易数量	5 吨/张
交易币种	人民币
合约交收月份	除春节所在月的任何月份
交易时间	每周一至周五上午 9:00～11:30,下午 13:30～15:00(国家法定节假日除外)(8:50～8:55 为集合竞价挂单时间,8:55～9:00 为集合竞价撮合时间)
价格最小变动单位	1 元/吨
涨跌停板幅度	上一交易日结算价的±6%
交易押金	合约市值的 20%
每日结算价	每日该合约全部成交的加权平均价
最后交易日	每月 21 日,如该日为法定假日,则提前至上一交易日
最后交收日	每月 26 日,如该日为法定假日,则顺延至下一工作日
质量标准	符合国家标准(GB 317—2006 标准中一级白砂糖的规定)的指标
交收地点	NCCE 指定交收仓库
不履约申请	当结算价连续两个交易日同方向达到涨(跌)停板价格,不利方可向 NCCE 提出不履约申请
交收担保金	合约进入交收月后分期收取,详见市场公告
交收方式	NCCE 指定交收仓库实物交收
交易手续费	0.8 元/吨
交收手续费	5 元/吨
交易市场	南宁(中国—东盟)商品交易所(NCCE)

4.7.2 期货交易

期货交易(Future Exchange)是指买卖双方成交后,按契约中规定的价格延期交割,延期期限一般为 15～90 天。相对于现货交易，期货交易将订约与履行的时间分离开来。在期货交易中买卖双方签订合同，并就买卖股票的数量、成交的价格及交割期达成协议，买卖双方在规定的交割时期履行交割。比如，买卖双方今日签订股票买卖合约而于 30 日后履约交易就是期货交易。在期货交易中，买卖双方签订合约后不用付款也不用交付证券，只有到了规定的交割日买方才交付货款，卖方才交出证券。结算时是按照买卖契约签定时的股票价格计算的，而不是按照交割时的价格计算。在实际生活中，由于种种原因，股票的价格在契约签订时和交割时常常是不一致的。当股票价格上涨时，买者会以较小的本钱带来比较大利益；当股票价格下跌时，卖者将会取得较多的好处。所以，这种本小利大的可能性，对卖者和卖者都有强烈的吸引力。

期货交易根据合同清算方式的不同又可分为两种。第一，在合同到期时，买方须交付现款，卖方则须交出现货即合同规定的股票；第二，在合同到期时，双方都可以做相反方向的买卖，并准备冲抵清算，以收取差价而告终。上述第一种方法通常称为期货交割交易；第二种方法通常称为差价结算交易。这两种交易方法的总和称为清算交易。

投资者进行期货交易的目的可以分为两种；第一，以投机为目的，在这种条件下，买方与卖方都是以预期价格的变动为基础或买或卖，买方期望到期价格上升，准备到期以高价卖出，谋取价差利润；卖方期望证券价格下跌，以便到期以较低的价格买进，冲销原卖出的期货合同，并赚取价差利润；第二，以安全为目的，在这种情况下的期货交易就是买卖双方为避免股票价格变动的风险而进行的期货股票买卖。

总之，期货交易带有很强烈的投机性，采取这种交易方式的买卖双方往往怀有强烈的赌博心理。买者通常不是要购买股票，在交割期到来之前，若股票行市看涨，他还可以高价卖出与原交割期相同期限的远期股票，从中得到好处；卖者手中也不一定握有股票，在交割期未到来之前，若股票行市看跌，他还可以低价买进与原交割期相同期限的远期股票，从中得利。所以，在股票期货交易中，买卖双方可以靠“买空”和“卖空”牟取暴利。

表 4-6 列出了几种产品的现货与期货交易的不同特性。

表 4-6　中远期交易与股票、期货、黄金、外汇的不同特性

	农产品中远期交易	股票	期货	黄金现货	外汇
法律	《大宗商品交易市场管理办法》	《证券法》	《期货管理条例》	无	无
交易机制	T＋0，交易灵活便捷	T＋1，传统交易机制，交易迟缓	T＋0，交易灵活便捷	T＋0，交易灵活便捷	T＋0，交易灵活便捷
盈利模式	双向，上涨做多，下跌做空	单向，只有股票上涨才能获利	双向，上涨做多，下跌做空	双向，上涨做多，下跌做空	双向，上涨做多，下跌做空
交易保证金	20%，价格波动理性，风险适中	100%，资金使用率低，风险适中	5%～10%，风险较大	杠杆比例一般 1∶600，投资风险巨大	杠杆比较高，最高为 1∶400
资金安全性	银行进行第三方监管，资金安全透明	银行进行第三方监管，资金安全透明	银行进行第三方监管，资金安全透明	资金汇往国外、安全系数低，无保障	资金汇往国外、安全系数低，无保障

续表

	农产品中远期交易	股票	期货	黄金现货	外汇
影响价格因素	简单、主要受供求关系、天气气候影响	复杂，受政策面影响较大	品种多，受影响范围广	复杂，如美元强弱、全球通胀压力、全球经济表现	复杂，对经济数据异常敏感
适宜投资人群	门槛低，适合大众投资者投资；收益快，是较为适宜的理财产品	门槛低，收益慢，大势难以把握，缺乏普遍的赚钱效应	门槛高，价格波动空间大，投资者较难把握	高端人群，需要较强的技术分析能力和风险承受能力	高端人群，需要较强的技术分析能力和风险承受能力
收益率对比	投资机会大，有限资金获取较大利益	投资机会有限，熊市行情中鲜有获利	收益大，风险也大，不适合普通投资者	收益大，风险也大，不适合普通投资者	收益大，风险也大，不适合普通投资者
市场代表	上海黄金交易所 上海大宗农产品市场	上海证券交易所	上海期货交易所	地下市场	地下市场

4.7.3 期权交易

股票期权(Option Exchange)交易是西方股票市场中相当流行的一种交易策略。期权实际上是一种与专门交易商签订的契约，规定持有者有权在一定期限内按交易双方所商订的“协定价格”，购买或出售一定数量的股票。对购买期权者来说，契约赋予他的是买进或卖出股票的权利，他可以在期限以内任何时候行使这个权利，也可以到期不执行任其作废。但对出售期权的专门交易商来说，则有义务按契约规定出售或购进股票。股票的期权交易并不是以股票为标的物的交易，而是以期权为中介的投机技巧。

期权交易需要考虑的因素大体上有三方面：第一是期权的期限，即期权的有效期。它是期权交易的重要内容，一般为三个月左右。各交易所对此都定有上限。第二是交易股票的种类，数量和协定价格。第三是期权费，亦称保险费，是指期权的价格。

期权交易最显著的特点是：

(1) 交易的对象是一种权利，一种关于买进或卖出证券权利的交易，而不是任何实物。这种权利具有很强的时间性，它只能在契约规定的有效日期内行使，一旦超过契约规定的期限，就被视为自动弃权而失效。

(2) 交易双方享受的权利和承担的义务不一样。对期权的买入者，享有选择权，他有权在规定的时间内，根据市场情况，决定是否执行契约。

(3) 期权交易的风险较小。对于投资者来说，利用期权交易进行证券买卖其最大的风险不过是购买期权的费用。

期权交易可分买进期权交易和卖出期权交易两种。

(1) 买进期权。买进期权又称看涨期权或“敲进”，是指在协议规定的有效期内，协议持有人按规定的价格和数量购进股票的权利。期权购买者购进这种买进期权，是因为他对股票价格看涨，将来可获利。购进期权后，当股票市价高于协议价格加期权费用之和时(未含佣金)，期权购买者可按协议规定的价格和数量购买股票，然后按市价出售，或转让买进期权，获取利润；当股票市价在协议价格加期权费用之和之间波动时，期权购买者将受一定损失；当股票市价低于协议价格时，期权购买者的期权费用将全部消失，并将放弃买进期权。因此，期权购买者的最大损失不过是期权费用加佣金。

(2) 卖出期权。卖出期权是买进期权的对称，亦称看跌期权或“敲出”，是指交易者买入一个在一定时期内以协议价格卖出有价证券的权利。买主在购入卖出期权后，有权在规定的时间内按照协议价格向期权出售者卖出一定数量的某种有价证券。在证券市场上众多的交易方式中，一般说来，只有当证券行市有跌落的趋势时，人们才乐意购买卖出期权。因为在卖出期权有效期内，当证券价格下跌到一定程度后，买主行使期权才能获利。此外，如果因该股票行市看跌，造成卖出期权费上涨时，客户也可以直接卖掉期权，这样他不仅赚取了前后期权费的差价，而且还转移了该股票行市突然回升的风险。但如果该股票行市在这三个月内保持每股 100 元的水平，没有下降，甚至还逐步上升，这时，客户无论是行使期权，还是卖出股票或转让期权，非但无利可图，而且还要损失期权费。因此，卖出期权一般只是在证券行市看跌时使用。可见，买进期权和卖出期权都只能在其特定的范围内行使，客户无论选用哪种方式都有一定风险。

期权交易与期货交易的区别在于：其一，在签约或成交时，期权购买者须向期权出售者交付购买期权费，如每股 2 元或 3 元；而期货交易的双方在签约成交时，不发生任何经济关系。其二，期权交易协议本身属于现货交易，期权的买卖与期权费用的支付是同时进行的；(与现货交易稍有不同的是：现货交易在交割后交易仍未了结，股票的买进或卖出则在未来的协议规定的有效期内实现。)而期货交易的交割是在约定交割期进行的。其三，期权交易在交割之后，交易双方的法律关系并未立即解除，因为期权虽已转让，但期权的实现是未来的，须协议有效期满时，其双方法律关系才告结束；而期货交易在交割后，交易双方法律关系即告解除。其四，期权交易在交割期内，期权的购买者不承担任何义务，其根据股价变化情况，决定是否执行协议，如情况变化不利，则可放弃对期权的要求，对协议持有人的义务只由期权出售者承担；而期货交易的双方在协议有效期内，双方都为对方承担义务。其五，期权交易的协议持有人可将协议转让出售，无论转让多少次，在有效期内，协议的最后持有人都有权要求期权的出售者执行协议；而期货交易的协议双方都无权转让。其六，投资期权最大的风险与股价波动成正比，股价波动越大，风险亦越大。

期权交易对于买入者的主要作用是：能够获取较大利润；控制风险损失。任何人从事证券交易都希望获利，而获利的关键在于准确预测未来的行市，但在变化不定的证券市场上，谁也无法保证自己的预测绝对准确。一旦证券行市的走向与交易者预测的相反，那么损失将是惨重的。如果采用期权交易，一旦发生上述情况，交易者可以放弃执行期权，这样不管实际行市变动与交易者事先的预测差距有多大，期权买方损失最多的就是期权费，不会再多。从而把交易中的风险损失预先控制在一定的范围之内。期权交易对卖权方的作用产要是可以扩大业务，取得期权费收入。根据美国芝加哥期权交易所的统计资料表明，有高达 3/4 以上的期权交易没有执行，从而使卖方获得了相当的期权费收入。

期权分为现货期权和期货期权。现货期权的基础产品是现货，如股票期权、指数期权、利率期权与外汇期权；期货期权的基础产品是期货，如大宗商品期货。欧式看涨期权允许买方在期权到期时有权利按照事先约定的执行价格买进期货，欧式看跌期权允许买方在期权到期时有权利按照事先约定的执行价格卖出期货。设 c 为合理的看涨期权的成交价，p

为合理的看跌期权的成交价，下面看一下期权的定价模型。

(1) 期货期权的定价模型。合理的看涨期货期权的拍卖成交定价应当等于商品以无风险利率贴现的结果(等同于构造避险证券组合 Π：{−1：期货期权，$\frac{\partial f}{\partial S}$期货合约，避险证券组合 Π 持有者从组合中的期货期权与期货合约得到的收益应该等于该避险证券组合价值的无风险收益，而期货合约构建成本基本上可以视为零，即满足 Black-Scholes 微分方程 $\frac{\partial f}{\partial t}+\frac{1}{2}\frac{\partial^2 f}{\partial S^2}\sigma^2 S^2=rf$})，即标的物成交价 $c=\mathrm{e}^{-r(T-t)}E[\max(S_T-X,0)]$，其中 X 为标的物到期的执行价，S_T 为 T 时刻商品的市场价格。设商品的市场价格 S 遵循几何布朗运动，即 $d\ln s=rdt+\sigma dz$ 或 $d\ln s=rdt+\sigma\varepsilon\sqrt{dt}$，这里 r 为商品的无风险利率，ε 满足标准的正态分布，因而 $d\ln s\sim N[\mu_1,\sigma_1]$，其中，$\mu_1=\ln S_0+\left(r-\frac{\sigma^2}{2}\right)T$，$\sigma_1=\sigma\sqrt{T}$)。

由于

$$E(S_T-X)=\int(S_T-X)\frac{1}{\sqrt{2\pi}\sigma_1}\mathrm{e}^{-\frac{(x-\mu_1)^2}{2\sigma_1^2}}\mathrm{d}x=\int(y-X)\frac{1}{\sqrt{2\pi}\sigma_1 y}\mathrm{e}^{-\frac{(\ln y-\mu_1)^2}{2\sigma_1^2}}\mathrm{d}y,$$

因此

$$\begin{aligned}c&=\mathrm{e}^{-r(T-t)}E[\max(S_T-X,0)]=\mathrm{e}^{-r(T-t)}\int_X^{\infty}(y-X)\frac{1}{\sqrt{2\pi}\sigma_1 y}\mathrm{e}^{-\frac{(\ln y-\mu_1)^2}{2\sigma_1^2}}\mathrm{d}y\\&=SN(d_1)-X\mathrm{e}^{-rT}N(d_2)\end{aligned}$$

其中，$d_1=\dfrac{\ln\left(\frac{S}{X}\right)+(r+0.5\sigma^2)T}{\sigma\sqrt{T}}$，$d_2=\dfrac{\ln\left(\frac{S}{X}\right)+(r-0.5\sigma^2)T}{\sigma\sqrt{T}}=d_1-\sigma\sqrt{T}$。

同理，根据期权理论，合理的看涨期权的成交价 c 与合理的看跌期权的成交价 p 之间的关系应满足 $c+X\mathrm{e}^{-rT}=p+S$，因此，$p=c-X+X\mathrm{e}^{-rT}=X\mathrm{e}^{-rT}\cdot N(-d_2)-S\cdot N(-d_1)$。

很明显，这种拍卖方式卖方得到的预期收益为 c 或 p。

(2) 现货期权的定价模型。构造避险证券组合 Π：{−1：现货期权，$+\frac{\partial f}{\partial S}$期货合约，避险证券组合 Π 持有者从组合中的期货期权与期货合约得到的收益应该等于该避险证券组合价值的无风险收益，即满足 Black-Scholes 微分方程 $\frac{\partial f}{\partial t}+\frac{\partial f}{\partial S}(r-a)S+\frac{1}{2}\frac{\partial^2 f}{\partial S^2}\sigma^2 S^2=rf$}，其中，$\alpha$ 是单位时间每一元现货商品的存储费用减去便利收益。由此得到

$$c=SN(d_1)-X\mathrm{e}^{-rT}N(d_2),\quad p=X\mathrm{e}^{-rT}\cdot N(-d_2)-S\cdot N(-d_1)$$

其中，$d_1=\dfrac{\ln\left(\frac{S}{X}\right)+(r-a+0.5\sigma^2)T}{\sigma\sqrt{T}}$，$d_2=\dfrac{\ln\left(\frac{S}{X}\right)+(r-a-0.5\sigma^2)T}{\sigma\sqrt{T}}=d_1-\sigma\sqrt{T}$。

4.8 商品互换

互换(Swap)又称掉期，是场外交易的一种方式，双方商定在一段时间内彼此相互交换现金的金融交易。这种交易的渊源是背对背贷款，例如一家法国公司向一家美国公司贷出

一笔为期 5 年的法国法郎贷款，利率 10%，而这家美国公司反过来又向这家法国公司贷出一笔等值的同样为期 5 年的美元贷款，利率 8%，通过这一过程，这两家公司就交换了本金和利息支付，这就等于法国公司按固定汇率以一定量的法郎换取一定量美元。从本质上来说，这是一种远期外汇交易。这种背对背的贷款在 20 世纪 70 年代很盛行。1981 年，出现了货币互换，接着又出现了利率互换、商品互换、股权互换、信用互换、气候互换和期权互换等。

与其他衍生工具相比，互换有着许多自身的优势。首先，互换交易集外汇市场、证券市场、短期货币市场和长期资本市场业务于一身，既是融资的创新工具，又可运用于金融管理。其次，互换能满足交易者对非标准化交易的要求，运用面广。第三，用互换套期保值可以省却对其他金融衍生工具所需头寸的日常管理，使用简便且风险转移较快。第四，互换交易期限灵活，长短随意，最长可达几十年。尽管如此，和其他交易方式一样，互换也存在一些缺点，尤其是存在许多交易风险，如信用风险、政府风险、市场风险、收支不对应风险、结算风险。

商品互换是对商品的价格进行互换，故又称商品价格互换(Commodity Price Swap)，交易方为了规避一段时间内商品价格波动带来的风险，就某个商品的浮动价格与固定价格进行协商，达成交换合约。

商品价格互换有多种类型，最基本的有固定价格换浮动价格，以及在此基础上的变形，具体如参与分红的价格互换(Participation Price Swap)、价格与利息的互换(Price-for-Interest Swap)、基础互换(Basic Swap)、分解差价互换(Time Spread Swap)等。对于卖者和买者，分别使用卖出合约和买进合约。

例如(参数如表 4-7 所示)，终端小麦生产商为了规避远期小麦价格的走低而带来损失，采用商品价格互换最基本的形式，与交易商签订一份卖出合约。对于这份卖出合约，若到期小麦的参考价为 280 元，则交易商到期需支付给小麦生产商 300×(300－280)＝6000 元，小麦生产商到期出售小麦的实际收益为 300×280＋6000＝90 000 元，对应的价格为 90 000/300＝300 元/吨。若到期小麦的参考价为 320 元，则小麦生产商到期需支付给交易商 300×(320－300)＝6000 元，小麦生产商到期出售小麦的实际收益为 300×320－6000＝90000 元，对应的价格为 90 000/300＝300 元/吨。反过来，若终端小麦消费者为了规避远期小麦价格的走高而带来损失，也可以与交易商签订一份买进合约，以规避市场风险。

表 4-7　小麦商品价格基础互换

商　　品	芝加哥商品交易所小麦
交易数量	300 吨
1 年期固定价格(单位：澳大利亚元/吨)	300
定价日期	交易日后 1 年
结算日期	到期日后的 1 个营业日
支付日期	结算日后的 2 个营业日

采用参与分红的价格互换方式时设置了互换上限(或下限)，一旦超过此限价，交易商就要进行利益返还。因此，可有效防止远期价格的过分波动，进一步规避了风险(但也限制了收益)。

例如(参数如表 4-8 所示)，设定的互换固定价格为 285 元/吨，参与分红价格为 320 元/吨。若到期小麦的参考价为 265 元/吨，则交易商到期需支付给小麦生产商 300×(285－265)＝6000 元，到期小麦生产商出售小麦的实际收益为 300×265＋6000＝85 500 元，对应的价格为 85 500/300＝285 元/吨。若到期小麦的参考价涨为 310 元/吨(低于分红价格 320 元/吨)，则小麦生产商到期需支付给交易所 300×(310－285)＝7500 元，到期出售小麦的实际收益为 300×310－7500＝85 500 元，对应的价格为 85 500/300＝285 元/吨。若到期小麦的参考价涨为 330 元/吨，高于参与分红价格 320 元/吨，则小麦生产商到期需支付给交易所 300×(320－285)＝10 500 元，到期出售小麦的实际收益为 300×330－10 500＝88 500 元，对应的价格为 88 500/300＝295 元/吨。

表 4-8　小麦商品分红价格互换

商　　品	芝加哥商品交易所小麦
交易数量	300 吨
1 年期固定价格(单位：澳大利亚元/吨)	285
参与分红价格	320
参与量	300 吨
定价日期	交易日后 1 年
清算日期	到期日后的 1 个营业日
结算日期	清算日后的 2 个营业日

交易商在对商品价格互换进行定价时，在风险中性(在)和交易成本为零的情况下，可以通过债券价格法或远期价格法来确定固定价格。

(1) 债券价格法。债券价格法是将商品价格交换看成两个债券，在买入一个债券的同时卖出一个债券。商品价格互换看成价格流，如图 4-6 所示。

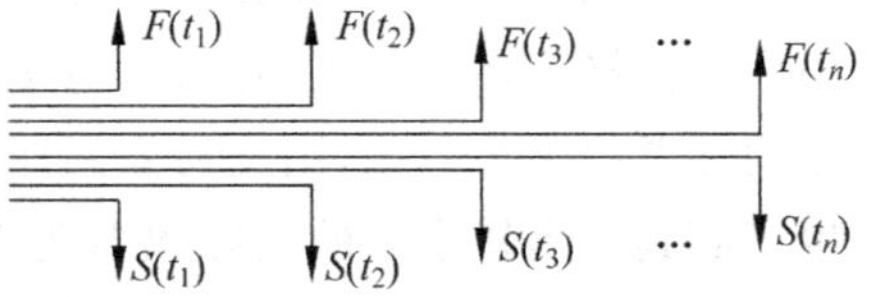

图 4-6　商品价格价格流

可以看出，基本的价格互换的现金流交换方式如下：某交易者在 $t_1,\cdots,t_i,\cdots,t_n$ 时刻为 q 个单位商品支付 $F(t_i)$元，同时在 $t_1,\cdots,t_i,\cdots,t_n$ 时刻按即期市场浮动价格(通常为 LIBOR 零息票利率)收回 $S(t_i)$元，则在 t_i 时刻的贴现收益为

$$V(t_i)=S(t_i)\mathrm{e}^{-r_it_i}-F(t_i)\mathrm{e}^{-r_it_i}=qP_{\text{float}}(t_i)\mathrm{e}^{-r_it_i}-qP_{\text{fix}}\mathrm{e}^{-r_it_i}$$

其中，r_i 为到期日是 t_i 的 LIBOR 零息票利率，P_{fix} 为商定的固定价格，$P_{\text{float}}(t_i)$为 t_i 时的浮动价格。将各个 $V(t_i)$加起来，得

$$\begin{aligned}V&=\sum_{i=1}^{n}V(t_i)\\&=\sum_{i=1}^{n}[qP_{\text{float}}(t_i)\mathrm{e}^{-r_it_i}-qP_{\text{fix}}\mathrm{e}^{-r_it_i}]=q\sum_{i=1}^{n}P_{\text{float}}(t_i)\mathrm{e}^{-r_it_i}-qP_{\text{fix}}\sum_{i=1}^{n}\mathrm{e}^{-r_it_i}]\end{aligned}$$

按照无套利原则有 $V=0$，所以有 $P_{\text{fix}}=\dfrac{\sum_{i=1}^{n}P_{\text{float}}(t_i)\mathrm{e}^{-r_it_i}}{\sum_{i=1}^{n}\mathrm{e}^{-r_it_i}}$。

由此可见，若要求出商品价格互换的定价，需要知道商品的即期市场浮动价格 $P_{\text{float}}(t_i)$ 和即期利率 r_i。一般讲，$P_{\text{float}}(t_i)$ 是一个服从随机微分方程的变量，r_i 也是一个随机变动的量，若再考虑到收益 V 的随机变动，则 P_{fix} 的确定就较为复杂，常见的算法有单因素定价模型、双因素定价模型和三因素的定价模型（周杰，商品互换及商品互换期权的定价）。

（2）远期价格法。商品价格交换也可以看成一系列 t_i 时刻远期合约的组合。同理，在 t_i 时刻的贴现收益为 $V(t_i)=S^*(t_i)\mathrm{e}^{-r_it_i}-F(t_i)\mathrm{e}^{-r_it_i}$，按照无套利原则最终也有 $P_{\text{fix}}=\dfrac{\sum_{i=1}^{n}P_{\text{float}}^*(t_i)\mathrm{e}^{-r_it_i}}{\sum_{i=1}^{n}\mathrm{e}^{-r_it_i}}$。其中，$P_{\text{float}}^*(t_i)$ 是指 t_i 时所协商的结算价格，可以是 t_{i-1} 时的即期市场浮动价格，也可以是 $[t_{i-1},t_i]$ 期间内的即期市场浮动价格的平均价等（于研，金融互换交易：定价、运用、衍生产品及风险管理，1999）。

4.9 信用交易与委托交易

4.9.1 信用交易

信用交易又称垫头交易，是指证券公司或金融机关供给信用，使投资人可以从事买空、卖空的一种交易制度。在这种方式下，股票的买卖者不使用自己的资金，而通过交付保证金得到证券公司或金融机关的信用，即由证券公司或金融机关垫付资金进行的买卖的交易。各国因法律不同，保证金数量也不同，大都在 30% 左右。一些股票交易所把这种交付保证金由证券公司或金融机关垫款进行股票买卖的方式称为保证金交易。

保证金交易分为保证金买长交易和保证金卖短交易两种。

（1）保证金买长交易，是指价格看涨的某种股票由股票的买卖者买进，但他只支付一部分保证金，其余的由经纪人垫付，并收取垫款利息，同时掌握这些股票的抵押权。由经纪人把这些股票抵押到银行所取的利息，高于他向银行支付的利息的差额，就是经纪人的收益。当买卖者不能偿还这些垫款时，经纪人有权出售这些股票。

（2）保证金卖短交易，是指看跌的某种股票，由股票的买卖者缴纳给经纪人一部分保证金，通过经纪人借入这种股票，并同时卖出。如果这种股票日后价格果然下跌，那么再按当时市价买入同额股票偿还给借出者，买卖者在交易过程中获取价差利益。

信用交易对客户来说最主要的好处是：

（1）客户能够超出自身所拥有的资金力量进行大宗的交易，甚至使得手头没有任何证券的客户从证券公司借入也可以从事证券买卖，这样就大大便利了客户。因为在进行证券交易时通常有这样的一种情况，当客户预测到某股票价格将要上涨，希望买进一定数量的该股票，但手头却无足够的资金；或者预测到某股票价格将下跌，希望抛售这种股票，可手中又恰好没有这类股票，很显然如采用一般的交易方式，这时无法进行任何交易。而信用交易，在证券公司和客户之间引进信用方式，即客户资金不足时，可以由证券公司垫款，补足保证金与客户想要购买全部证券所需要款的差额。这种垫款允许客户日后归还，并按规定支付利息。当客户需要抛出而缺乏证券时，证券公司就向客户贷券。通过这些方式满足了客户的需要，使之得以超出自身的资金力量进行大额的证券交易，市场亦更加活跃。

(2) 具有较大的杠杆作用。这是指信用交易能给客户以较少的资本，获取较大的利润的机会。例如，假定某客户有资本 10 万元，他预计 A 股票的价格将要上涨，于是他按照日前每股 100 元的市价用自有资本购入 1000 股。过了一段时间后，A 股票价格果然从 100 元上升到 200 元，1000 股 A 股票的价值就变成 20 万元(200 元×1000 股)，客户获利 10 万元，其盈利与自有资本比率为 100%。如果，该客户采用信用交易方式，将 10 万元资本作为保证金支付给证券公司，再假定保证金比率为 50%(即支付 50 元保证金，可以购买价值 100 元的证券)这样客户使能购买 A 股票 2000 股。当价格如上所述上涨后，2000 股 A 股票价值便达到 40 万元，扣除证券公司垫款 10 万元和资本金 10 万元后，可获得 20 万元(有关的利息、佣金和所得税暂且不计)，盈利与自有资本之比率为 200%。显然采用信用交易，可以给客户带来十分可观的利润。但是，如果股票行市未按客户预料的方向变动，那么采用信用交易给客户造成的损失同样也是巨大的。

当然，信用交易的弊端亦很多，主要是风险较大。仍以上面的例子为例：当客户用其自有资金 10 万元，作为保证金，假定保证金率仍为 50%时，该客户可用每股 100 元的价格购入 2000 股 A 股票。假如以后 A 股票的价格不是像该客户预计的那样上涨，而是一直下跌，假定它从每股 100 元跌到 50 元，这时 2000 股 A 股票的价值 20 万元(100 股×2000 股)，损失了 10 万元(证券公司垫款的利息及费用暂时不计)，其损失率为 100%。假如该客户没有使信用交易方式，那么 10 万元自有资本在 A 股票每股价格 100 元时只能购入 1000 股，以后当每股价格同样从 100 元下跌到 50 元之后，那么 10 万元自有资本在 A 股票每股价格 100 元时只能购入 1000 股，以后当每股价格同样从 100 元下跌到 50 元之后，该客户只损失了 5 万元(100 元×1000 股－50 元×1000 股)。其损失率为 50%，大大低于信用交易方式的损失率。因此，一般认为信用交易方式是有风险的，应该谨慎地运用。另外，从整个市场看，过多使用信用交易会造成市场虚假需求，人为地形成股价波动。为此，各国对信用交易都进行严格的管理。例如，美国从 1934 年开始，由联邦储备银行负责统一管理。该行的监理委员会，通过调整保证金比率的高低来控制证券市场的信用交易量。另外，各证券交易所也都订有追加保证金的规定。例如，当股票价格下跌到维持保证金比率之下时，经纪人有权要求客户增加保证金，使之达到规定的比率下，否则，经纪人就有权出售股票，其损失部分由客户负担。同时，证券公司为了防止意外，当客户采用信用交易时，除了要求他们支付保证金外，证券公司还要求他们提供相应的抵押品，通常被用作抵押品的就是交易中委托买入的股票，以确保安全。尽管如此，信用交易仍是当前西方国家金融市场上最受客户欢迎的，使用最广泛的交易方式之一。

4.9.2 委托交易

委托交易是指金融产品的经纪商接受投资者委托，代理投资者买卖金融产品(如股票、基金、债券等)，从中收取佣金的交易行为。投资者在办理委托买卖时，需要向经纪商下达委托指令，以反映投资者买卖金融产品的基本要求或具体内容。委托指令可以通过当面委托的方面下达，也可以通过网络、电话、电传、传真、信函等方式下达。当委托指令下达后，经过一定的交易流程，即可完成产品的最终交易。图 4-7 表示了证券委托买卖的流程。

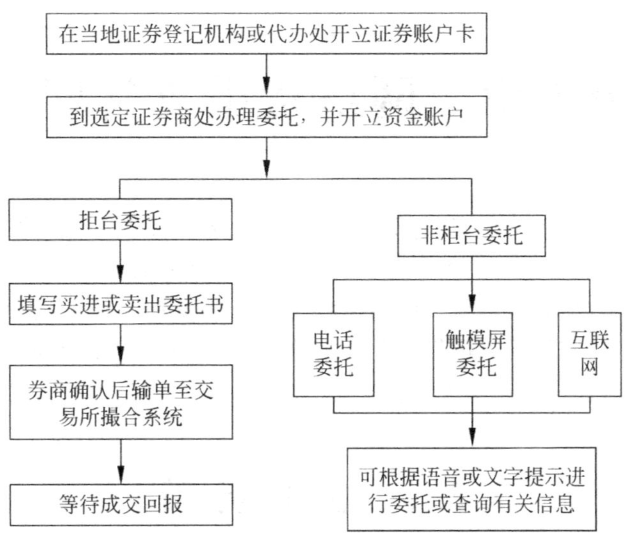

图 4-7　证券委托买卖的流程图

习题与思考

1. 何谓拍卖？拍卖有哪些类型？
2. 定价交易模型与网上英式拍卖模型有何不同？
3. 招标有什么特点？以某个网站为例，说明网站招标的全过程。
4. 上海证券交易所是如何进行集合竞价的？
5. 基金与债券委托买卖的流程和采用的规则是什么？
6. 政府采购一般采用哪种交易方式？有何特点？

第 5 章　网络货币及其理论

在互联网世界中，网民依据自己的兴趣和需要，成立或者参与了各种类型的社区或组织。在这些社区或组织中，大部分成员具有共同的信用价值观；在此基础上，为了方便交易，吸引持续参与，形成积累价值，一些地位特殊的成员就在组织中发行了网络货币。网络货币的出现，打破了国家作为货币供给单一主体的格局，冲击了现有的货币体系，给中央银行货币策略以及金融监管带来很大考验。

5.1　电子货币

人类社会已有百万年的历史，而货币却只不过是几千年前才开始出现的。其发展形态主要经历了商品货币（包括实物货币和金属货币）、代用货币（Representative Money）、信用货币（Credit Money）、电子货币（Electronic Money）。

5.1.1　电子货币的出现

商品货币是指有实物支持的货币，是最早出现的货币，兼具商品与货币双重身份。其在执行货币职能时是货币，不执行货币职能时是商品。在人类历史上，商品货币主要有实物货币（如粮食、布、牲畜、烟草、贝壳等）和金属货币（如铜、银币和金币等）两种形态。

代用货币是在贵金属货币流通的制度下，代替金属货币流通的货币符号（如银行券、金融收据）。它本身价值低于货币面值，但可以和所代表的金属货币自由兑换。代用货币通常是纸制的，相当于一种实物收据，可由政府或银行发行，但要求有足量的金属保证，以满足代用币的随时兑换。

信用货币是一种信用凭证，完全依靠银行或政府的信用而流通。信用货币本身的价值低于货币价值，且不代表任何金属货币，分为广义信用货币和狭义信用货币。广义信用货币是指由借贷行为产生，具有一定流动性的信用凭证和信用符号，主要包括国家信用凭证（现金和政府短期债券）、银行信用凭证（活期、定期等各类存款）和高级别的商业信用凭证（商业票据、银行承兑汇票等）；狭义信用货币主要是指现金和银行活期存款，具有普遍接受性。

现金（Cash，包括纸币和硬币）是立即可以投入流通的交换媒介，具有普遍的可接受性，可以有效地立即用来购买商品、货物、劳务或偿还债务。在现金交易中，买卖双方不需要中介，一手交钱，一手交货，因而现金的最大特点是简单、方便。但是，现金交易受到时间、空间限制，对于不在同一时间、同一地点进行的交易，无法采用现金支付；再有，流通中的现金易遭损毁、大笔现金携带的不便性以及由此产生的不安全性，也会使现金使用受到限制；此外，现金交易的匿名性也给金融监管带来不便。

商业或银行票据主要是指汇票、本票和支票。在商业交易中，交易双方往往分在两地，如果使用现金交易，不仅麻烦，而且途中风险大，时延长。采用甲地将现金转化为票据，并在乙地将票据转化为现金的方法，以票据的转移代替实际的现金转移，无疑可大大减少风险和麻烦，提高商业运作的效率，有利于大宗交易，当然也相应加大了各银行和交易部门的开支。

伴随着迅速发展的电子商务而出现的电子货币，是继纸币取代铸币以来货币形式发生的第二次标志性变革。电子货币是指以电子化机具和各类交易卡为媒介、以计算机技术和通信技术为手段、以电子数据流形式存储在银行的计算机系统，并通过计算机网络以信息传递形式实现流通和支付功能的货币。其本质特征是使用者以一定的现金或存款从发行者处兑换并获得相同金额的数据，并通过某些电子化媒介或方法将该电子数据直接转移给支付对象。

电子货币主要包括卡基货币和网络数字化法币。20 世纪 70 年代以来，以现金和支票为主的支付方式逐渐让位于银行卡，在这一转换过程中伴随着银行计算机网络技术应用的不断深入和推广，银行在支付过程中已由“现金流动”“票据流动”转变为计算机应用系统中的“数据流动”。

与纸币相比，电子货币有许多不同特征。首先，纸币一般由中央银行或特定机构垄断发行，中央银行承担其发行的成本与收益；而电子货币的发行机制有所不同。从目前的情况看，电子货币的发行既有中央银行，也有一般金融机构，甚至非金融机构，而且更多的是后者。其次，传统通货是以中央银行和国家信誉为担保的法币，是标准产品，由各个货币当局设计、管理和更换，被强制接受和广泛使用；而目前的电子货币大部分是不同的机构自行开发设计的带有个性特征的产品，其担保主要依赖于各个发行者自身的信誉和资产，风险并不一致。其使用范围也受到设备条件、相关协议等的限制。如果缺乏必要的物理设备，即使是中央银行代表国家发行的电子货币，也不可能强制人们接受。第三，一般来说，通货具有匿名性，但不可能做到完全匿名，交易方或多或少地可以了解到使用者的一些个人情况，如性别、相貌等。电子货币则要么是非匿名的，可以详细记录交易、甚至交易者的情况；要么是匿名的，几乎不可能追踪到其使用者的个人信息。第四，在欧元区未出现以前，货币的使用具有严格的地域限定，一国货币一般都是在本国被强制使用的唯一货币。电子货币打破了境域的限制，只要商家愿意接受，消费者可以较容易地获得和使用多国货币。第五，传统货币的流通、防伪、更新等，可依赖于物理设置；而电子货币只能采取技术上的加密算法或认证系统的变更或认证来实现。

展望电子货币的发展，现金和支票的使用会逐渐减少，甚至可能消失，但货币不会消亡，它将以其他的新形式存在，执行货币的各项职能。

5.1.2 卡基货币

卡基货币典型的代表是银行卡，也称金融交易卡，包括信用卡、借记卡和 IC 卡(于 20 世纪 80 年代在法国推出，用集成电路芯片代替磁条)。它们是由商业银行或金融机构(包括邮政金融机构)向社会发行的具有消费、转账结算、存取现金等全部或部分功能的支付工具，也是客户用以启动 ATM 和 POS 系统等电子银行系统进行交易的必备工具。其支付方式建立于封闭的金融专有计算机网络基础之上，是一种较为成熟的并被广泛接受的电子货币形式。当然，以此为基础衍生出来的利用消费终端或电子设备进行支付的“储值”产品或预付机制，如电话卡、消费卡、等值 IC 卡和公交卡等，也是属于卡基货币的一种类型。

信用卡是由金融机构或其他专营公司向消费者发行的一种特制卡片。通常用特殊塑料制成，大小遵照国际标准：卡长85.72毫米，卡宽53.975毫米，卡厚0.762毫米。卡的正面印有发行信用卡银行的名称、防伪标志、图案和国际信用卡组织统一标记，除此之外还有信用卡卡号、发卡行行名、英文缩写、有效期限、持卡人姓名等信息；卡的背面记录有持卡人的有关资料和密码，并留有持卡人的亲笔签名位置。

早在20世纪20年代，英国与美国就开始使用类似于信用卡性质的凭证。最初是一些百货商店、饮食业为了招揽生意，在一定范围内发给顾客的信用筹码，顾客可以在发行筹码的商店及其分店赊购商品，约期付款，这便是信用卡的前身。银行作为商品交易中的第三方，由于自身的地位和优势，发行信用卡将会给银行带来大量的资金，有利于扩大贷款业务和其他金融业务，于是有条件的银行就非常乐于发行信用卡，从此信用卡的发行就从商业部门步入银行部门。1952年，美国加利福尼亚州的富兰克林银行发行了第一张银行经营的信用卡。

随着信用卡业务在世界各地不断发展，信用卡已经成为一种非常普遍的支付形式，使用范围越来越大，跨越国界，在全球通用。这时一家银行独立发行信用卡已经不可能，信用卡的联营成为一种趋势。1977年，美州银行卡公司发展成为VISA国际组织，成为全球性的信用卡联合公司，其会员机构、信用卡交易量占信用卡市场的50%。VISA分别于1993年和1996年在北京和上海成立代表处，拥有包括中国银联在内的17家中资会员金融机构和5家外资会员银行。1979年，美国加州四大银行组成的万事达卡联合公司正式改名为万事达卡国际组织(Master Card International)，为美国各银行提供发卡服务，其会员机构、信用卡交易量占美国信用卡市场的35%左右。目前，国际上通用的主要信用卡除了VISA卡和万事达卡外，还有美国运通国际股份有限公司(American Express)的运通卡、大莱信用卡公司(Diners Club)的大莱卡，其发行公司都是联合经营公司，JCB日本国际信用卡公司也是如此。这些国际信用卡公司具有多种功能和多种附加值，是可以在全世界使用的“世界性的电子货币”。

信用卡在使用的过程中，通常对应一个银行账户，实行“先消费、后付款”，即支付是通过银行提供的消费信贷来完成，其账户处理滞后于贷款支付，属于延迟付款的性质，资金的支付最终通过转账实现。全球性的信用卡通过支付与结算网络系统可以很方便地跨地区、跨国家使用。而这些是与信用卡后台业务处理系统密不可分，一般而言，信用卡业务处理系统包括建立档案资料、授权、清算和系统维护等内容。

(1) 建立资料档案。信用卡上的信息有两种：一种是机构印制在卡表面能看得见的字符，另一种是看不见的磁卡信息，包含了ATM所能识别和传递的所有信息。IC卡上还有集成电路存储器，包含了客户使用卡情况的全部记录。除了卡上的信息之外，还有输入到信用卡处理系统中的信息，如客户资料，包括卡号、行号、姓名、身份证号、有效期、单位、地址、邮政编码以及担保人情况等，还有商户资料，如店名、地址等信息。这些信息输入到客户资料文件或数据库中，作为一种档案保存和使用。

(2) 授权。发卡行接到授权请求后，检查该卡是否属于停止使用的卡、是否为伪造的卡、是否超过信贷额度，以及是否在一定时间内使用的交易总额或次数超过了发卡行预先规定的限定。通过检查后，请求授权者可以得到四种答案：批准、拒绝、没收卡、联系发卡行。

例如，万事达卡持有者在中国人民银行的特约商户购物，假设中国人民银行的总行为请求行，美国某银行为发卡行，其授权过程为：特约商户事先与中国人民银行约定不需要经过授权的限额表，如果交易金额超过限额表，那么需要授权。中国人民银行主机、万事达网络授权系统、美国某发卡行主机分别根据各自的要求进行判别。原则上发卡行的限额大于万事达网络授权系统的限额，它们又都大于特约商户的限额。如果发卡行判别处理的时间超过 10 秒，则万事达网络授权系统就必须代为授权，以保证在给定的时间内对商户的请求做出响应。为此，发卡行应预先将授权档案状态、交易类别及限额、累积限额和重要用户说明等四类参数资料设置于万事达网络授权系统。

(3) 清算。当持卡人与商户做完一笔交易后，持卡人得到一笔消费信贷，而商户作了一笔有银行担保的赊销买卖，商户垫付这笔资金后与签约行进行清算，而签约行再与发卡行清算，最后发卡行与持卡人进行清算。信用卡的运作机制如图 5-1 所示。

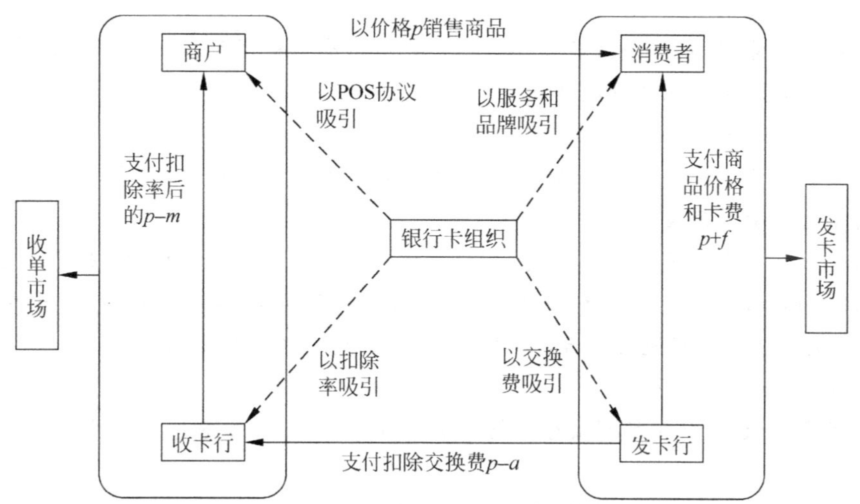

图 5-1　信用卡的运作机制

(f 卡费，商户扣除率 m＝交换费 a＋银行卡组织服务费＋收单行服务费)

借记卡是另外一种形式的卡基货币，与信用卡有许多类似之处，但风险和运行成本较低。使用时要求持卡人在银行有存款，支付时直接进行扣账处理，而信用卡是作挂账处理。随着 EFT 系统的发展，借记卡越来越成为一种主要的支付工具。

刷卡费率新规重塑利益格局：继续薅消费者羊毛？

——摘自《网易财经》

2016 年 3 月 14 日，国家发展改革委和中国人民银行联合下发了《关于完善银行卡刷卡手续费定价机制的通知》，并于 2016 年 9 月 6 日正式实施。

1. 新规有什么变化

与旧归相比，新规的主要变化体现在以下几个方面：

1) 不再区分商户类别，费率都一样

在 2013 年的刷卡手续费规定中，将收费标准按行业进行了分类，主要分成餐饮娱乐类、一般类、民生类以及公益类四大类。其中，餐饮娱乐类的刷卡手续费率最高，为 1.25%；百货等一般商户手续费率为 0.78%；超市、加油站等手续费率为 0.38%；医院、教育等公益类则为零费率。

新规实施后，不再区分商户类别，所有商户费率都一样，但实行借记卡和贷记卡差别收费，即刷信用卡的费率要高于刷储蓄卡。具体费率规定如表5-1所示。

表5-1 刷卡手续费项目及费率上限表

收费项目	收费方式	费率及封顶标准
发卡行服务费	发卡行向收单机构收取	借记卡：不高于0.35%（单笔收费金额不超过13元）； 贷记卡：不高于0.45%
网络服务费	银联向发卡行收取 银联向收单机构收取	不高于0.0325%（单笔收费金额不超过3.25元）； 不高于0.0325%（单笔收费金额不超过3.25元）
收单服务费	收单机构向商户收取	实行市场调节价

与旧规收单管理办法比较，不但与发改委规定的价格机制脱钩，发卡行、收单机构和银联7∶2∶1的分润比例也被彻底打破。

2）取消信用卡封顶优惠

从表5-1中可以看出，新规中储蓄卡消费单笔收费金额不超过13元，信用卡交易取消了此前的单笔收费封顶控制。

此前，若以1%的费率计算手续费，若信用卡持卡人刷100元，商户需支付1元手续费，若持卡人刷5000元，商户需支付50元手续费，若持卡人刷5000元以上，商户同样只需支付50元，享有封顶优惠。新规实施后，信用卡刷卡手续费将不再有上限。

2. 新规将如何重切蛋糕

刷卡费率调低，原有市场利益分配格局被打破，是皆大欢喜还是各有利弊？

1）对于消费者

（1）大额刷卡或遭拒。原本像买房、买车、批发行业等商户，信用卡手续费是有优惠的。例如，花20万购置一辆车，刷信用卡，封顶手续费50元，商户完全可以忽略成本。新规实施后，取消了信用卡手续费率封顶限制，同样用信用卡购置价值20万元的车，按照0.45%的费率计算，商户需承担900元的手续费，成本大涨。商户很有可能拒绝消费者使用信用卡，或将成本转嫁给消费者。

（2）"套现"将被杜绝。此前，部分投机者利用信用卡大量套现，进行投资理财赚取收益。其使用封顶机，刷几万或几十万出来，只需要给银行几十元的手续费，成本可以忽略不计。封顶优惠取消后，套现成本陡升几十倍。

（3）"套码"现象将改善。原本根据商户类别的不同，刷卡费率为0.38%～1.25%不等，于是很多商家为节省手续费，便私自变更POS机的商户类别。例如，明明是在餐厅消费，刷卡时却显示成超市购物，这样的商家并不少见，但最终都会由刷卡人来承担后果。在这种套码的POS机上刷卡，非但没有积分，而且消费记录餐饮娱乐类高费率项目占比较少，也不利于提升额度。新规实施后，不再区分商户类别，"套码"的怪相也自然会逐渐消失了。

2）对于商户

刷卡手续费新规出台后，有报道综合测算，商户们需要承担的刷卡手续费费率平均在0.6%左右，比之前有明显降低。

此前的刷卡费率最高的是餐饮业，而目前9成餐厅消费者都会使用信用卡，新规实施后刷卡费率由1.25%降至0.6%，就是每100元消费，用刷卡方式进行支付，原本会产生1.25

元的手续费，9 月 6 日起只需 0.6 元了。不少餐馆老板纷纷表示，利润无形中增加了。

3）对于发卡行

费率下调对发卡银行的收益影响尤甚，因为商户支付的刷卡手续费通常由发卡行、收单行、银联按照 7∶2∶1 的比例分成，收益影响最大的无疑是发卡银行；其次是银行经营成本的增加。刷卡手续费调整涉及发卡、受理等多个科技系统改造，以及银行内部多个关联系统的改造，而且还要和原有商户重新签订合作协议；再次费率调整后，各家银行，还有银联商务、第三方支付公司都为扩大刷卡量、争夺优质商户展开激烈竞争，有的甚至不惜打出价格战，银行卡业务将面临更为激烈的同业竞争。

不过，此次刷卡费率下调，虽然短期内对商业银行带来一些不利影响，但中长期来看，商业银行的银行卡业务也面临新的机遇。此次调整将有助于提高银行卡发卡量、普及率、活卡率以及银行卡渗透率，趁势提升银行卡业务发展。

4）对于收单机构

规定指出，收单环节服务费实行市场调节价。也就是说，收单机构收取的收单服务费由收单机构与商户协商确定具体费率。这意味本已白热化的第三方支付收单市场或将迎来更激烈的竞争。

根据央行数据表明，目前收单行业的成本价费率在千分之四，如果算上人力、折旧等成本，要保持千分之五的费率才能不亏损。而“96 费改”后，激烈的价格战或不可避免。不排除会有大量支付机构被淘汰。

5）对于银联

对以“小李在饭店消费 1000 元”为例，费改前，按照 1.25%的费率，商户需交 12.5 元的手续费，以 7∶2∶1 的比例分配，银联可获取 1.25 元。新规实施后，同样 1000 元，按照发卡行和收单机构各支付 0.0325%，银联最多可收取 0.65 元，较之前有所减少。

总体来看，此次费改既限制了商户套码和信用卡套现现象的野蛮发展，又规范了银行卡收单市场管理，让信用卡回归到了其本质的定位中。消费者在用卡过程中，应重新做好规划，避免成为大额手续费的买单者。

5.1.3　网络法币

网络法币主要包括信用卡型的网络货币、电子现金和电子支票。信用卡型的网络货币有 CyberCash、FirstVirtual 货币等，电子现金有 DigiCash、NetCash 和 Mondex 货币等，电子支票有 Net Cheque、Net Bill、E-Check 等。

1. 信用卡型的网络货币

信用卡型的网络货币是基于传统银行卡在开放式的互联网上的应用，也称电子信用卡。早在网络货币发展前，在美国等发达国家，信用卡就已经成为人们进行日常支付的重要手段和工具。随着电子商务的广泛发展，网上支付服务领域竞争的白热化，一些软件供应商和商业银行联合，开发出新的网上信用卡支付系统，通过采用各种安全规范（如 SSL 与 SET 协议）和加密技术，利用原有金融机构银行卡的市场份额，使客户通过原有信用卡进行网上支付，在方便客户进行网上购物的同时，迅速占领了新的市场。信用卡型的网络货币与传统信用卡的区别在于：它将传统的金融专用网络与开放的互联网络连接起来，扩大了信用卡的使用范围。

采用信用卡型的网络货币的优势在于：信用卡被广泛发行和接受，可收集消费者所有费用，在稍后时间可提供总数支付服务，使得客户有权在一定时间范围内退货并拒绝支付费用，从而为信用卡型的网络货币提供了良好的消费者保护；而且网络型的信用卡不一定是本国货币，无论在哪里购买产品，都会为顾客自动完成兑换；最后，在互联网上使用信用卡的机制与邮件和电话订单事务极为相似，操作简便易行。信用卡型的网络货币是目前网上交易应用中最为成熟、最为广泛的一种支付方式。

信用卡型的网络货币的具体使用方式早期通常是这样的：首先将信用卡卡号输入计算机（或手机），通过电子钱包或电子钱夹管理器将它装入电子钱包或电子钱夹内，成为电子信用卡。通过 SET 或 SSL 协议，采用单击式支付方式，电子信用卡可以在网络上使用，进行电子支付。目前，信用卡型的网络货币越来越多地应用于网上银行，通过直接输入信用卡卡号或其绑定的账号，安全输送给银行进行支付。

2. 电子现金

电子现金主要指适用于互联网支付和清算的以数字化形式存在的数字现金。它不像电子支票和银行卡只由银行发行，它还可以由非金融机构发行使用。按其载体来划分，电子现金又包括两类：一类是以币值存储在 IC 卡上，另一类则是以数据文件的形式存储在计算机的硬盘上。因此，电子现金包括电子现金卡和数字现金两种形式，两种形式有相互融合发展的势态。

1）电子现金卡

电子现金卡是一种存储性质的预付卡，目前主要是 IC 卡形式的支付卡。它具有多用途、灵活、匿名性、快速简便的特点，无须与银行连接便可使用。它的典型代表为 Mondex 卡。

2）数字现金

数字现金又称纯电子现金，它是数字方式的现金文件，也是一种纯电子系统形式的现金货币，用一种电子化的数字信息块代表货币价值。如以 110 008 011 代表价值为 80 美元的现金，以 110 010 011 代表价值为 100 美元的现金。荷兰求索公司的 Digi Cash 以及南加州大学信息科学研究所的 Net Cash 就是这样的电子现金。

3. 电子支票

电子支票是客户向收款人签发的数字化支付指令，它通过互联网或无线接入设备来完成传统纸质支票的所有功能。电子支票实质为数字化信息，从签发出票到最终清算完成的整个过程均为无纸化操作，其载体多数为智能卡，使用数字签名和自动验证技术来确定其合法性。在美国《21 世纪支票交换法案》颁布之前，电子支票与纸质支票的电子替代物—基于纸质支票的电子提示支票相比，有显著区别。

美国《21 世纪支票交换法案》

为提高支票清算效率，美国联邦储备委员会制定了《21 世纪支票交换法案》。该法案于 2003 年 10 月 28 日经美国总统签署通过，并于 2004 年 10 月 28 日正式生效。该法案自签署后，便引起世界各国银行界的广泛重视，被称为金融界的重大事件。

早在 20 世纪 80 年代，美国自动票据清算所（ACH）已经采用票据截留的方式实现支票清算的电子化。尽管电子提示支票的法律效力可通过协议加以约定，但由于电子提示缺乏统一格式、客户对传统纸质支票的依赖等因素，美国电子提示支票的发展并不尽如人意。2000 年美联储开始探讨如何促进支票截留及支票的电子表现形式的发展。在其后数年中，美联储与银行业及其他利益相关者通力合作，制定了《21 世纪支票交换法案》(*The Check Clearing for the 21st Century Act*，简称 21 世纪支票法)。其主要目的一是赋予替代支票与原始支票相同的法律效力，促进支票截留；二是在不强制银行及客户接受电子提示支票的前提下，扶植票据清算系统的创新；三是提高整个国家支付清算系统效率。

注：票据截留——在美国支票清算过程中，通过银行内部的 OnUs 系统，原始支票以电子提示的方式进行提示付款，即代收银行保存客户提交的纸质支票，并把它转换成电子影像通过 ACH 发送到付款银行；付款银行根据电子影像的信息借记出票人的存款账户。

电子提示支票——原始支票经截留后通过图像扫描技术生成并通过电子传输系统进行交换的电子影像支票，打印后，即成为替代支票。

电子支票的支付流程一般如下：

(1) 消费者和商家达成购销协议并选择用电子支票支付。

(2) 消费者通过网络向商家发出电子支票，同时向银行发出付款通知单。

(3) 商家通过验证中心对消费者提供的电子支票进行验证，验证无误后将电子支票送交银行索付。

(4) 银行在商家索付时，通过验证中心对消费者提供的电子支票进行验证，验证无误后即向商家兑付或转账。

当然，电子支票的支付流程也不是单一的，一般和所要应用的电子支票系统密切相关。在一些电子支票的应用系统中，电子支票在屏幕上显示出来的样子十分像纸质支票，填写方式也相同，支票上除了必需的收款人姓名、账号、金额和日期外，还隐含了加密信息，电子支票通过电子函件直接发送给收款方，收款人从电子邮箱中取出电子支票，并用电子签名签署收到的证实信息，再通过电子函件将电子支票送到银行，把款项存入自己的账户。而在一些特殊专用的电子支票系统中，例如由美国卡内基·梅隆大学开发出的 Netbill 系统中，其支付流程为：

(1) 客户向商户请求正式的报价单，启动 Netbill 交易。

(2) 在收到报价单请求后，商户定出价格，并返回报价单。

(3) 如果客户接受所报价格，则应指示其支票簿向商户收款机发送购买请求。

(4) 当收到购买请求后，收款机从商户应用中取出产品，并采用一个密钥来加密该产品。在计算出密码校验和后，将结果传送至客户支票簿。

(5) 在收到加密信息后，支票簿验证校验和，随后，支票簿向商户收款机送回一份签名的电子支付订单。

(6) 收款机对电子支付订单进行背书，然后将之发送至 Netbill 服务器。

(7) Netbill 服务器在验证价格、核验和等符合规定之后，借记客户账户恰当的数额。Netbill 服务器记录该笔交易并且保存一次性密钥的复制件，然后将包含有同意或拒绝信息的数字签名信息发送给商户。

(8) 商户对 Netbill 服务器做出回答，如果同意，即同时将解密密钥发送给客户支票簿。

利用电子支票进行支付，事务处理费用较低，而且银行也能为商户提供标准化的资金信息，故而可能是最有效率的支付手段。

5.2 网络虚拟货币

网络虚拟货币是电子货币发展的高级形式，与网络法币不同，网络虚拟货币由不同机构自行开发设计，其信用依赖于各个发行者自身的信誉和资产。目前国际金融机构和各国货币当局尚无法在法律上对网络虚拟货币做出严格的、统一的界定。在这里，将网络虚拟货币描述为：以公司信息网络为基础，以电子数据形式存储在计算机系统中，并通过开放的网络系统以及电子信息传递形式，实现流通和支付功能的货币。这种货币支付方式突破了原有金融专有封闭型网络体系，建立在开放的互联网和其他网络上，它是电子商务活动广泛发展的产物，还处于不很成熟的应用阶段。

网络虚拟货币包括特定组织内部专用的网络虚拟货币和互联网上通用的网络虚拟货币。特定组织内部专用的虚拟货币主要有Q币、亚马逊币等。互联网上通用的虚拟货币主要包括比特币、莱特币、无限币、泽塔币等。

5.2.1 专用的网络虚拟货币

与法定货币的网上流通形式网络数字化法币不同，专用的网络虚拟货币特指由网络社区发出的，不受监管或很少受到监管，特别是不受到中央银行监管的虚拟货币。它一般以纯数字形式存在，在网上交易时充当一般等价物，被网络社区的成员普遍接受并在网络社区的内部支付系统中使用。

例如，在国内，2002年5月腾讯公司发行了Q币，网民可以通过银行卡、电话银行、手机充值、实物QQ卡等多种方式购买这种货币或通过提供某些服务获得，并存入与QQ号相对应的个人账户中。腾讯公司规定与人民币兑换比例为1∶1。更进一步地，一些消费者可以在淘宝网(www.taobao.com)上与其他Q币持有者进行交易，这样可在一定程度上解决小额支付的麻烦和对银行账户泄密的担心，因此赢得了不少消费者的青睐，也给腾讯公司带来了盈利。

另外，一些网络公司为了推广自己的服务，也先后发行了自己的网络虚拟货币，出现了新浪U币、网易POPO币、百度币、魔兽币、天堂币以及盛大点券等各种各样的网络虚拟货币。

专用的网络虚拟货币的出现，不但方便了社区成员之间的交易，加强了新成员对网络社区的黏性，促进了社区网络的经济活动(比如应用程序的开发和广告投入)，而且也会产生货币税，与法定货币的差价以及对不活跃成员的互联网的残值。但是，也应看到，专用的网络虚拟货币的信用比不上中央银行，相关支付管理系统的安全性也远远比不上中央银行，有可能被用于非法洗钱，也有可能造成法律风险。同时，对商品(主要是数据商品)的价格和相关统计指标(如CPI)的影响也未可知。随着网络经济的进一步发展，专用的网络虚拟货币使用范围还会扩大，其所产生的效应值得进一步探讨。

5.2.2 比特币

比特币(Bit Coin)的概念最初由中本聪(Satoshi Nakamoto)在2009年提出。是一种由开源的P2P软件产生的电子货币，又称“比特金”，是一种通用的网络虚拟货币。与专用的网络虚拟货币不同，比特币不依靠特定的货币发行机构，它通过特定算法进行大量计算，使用遍布整个P2P网络节点的分布式数据库来确认、记录货币的交易，并使用密码学的设计来确保货币流通各个环节安全性。P2P的去中心化特性与算法本身可以确保无法通过大量制造比特币来人为操控币值，基于密码学的设计可以使比特币只能被真实的拥有者转移或支付。所有这些确保了货币所有权与流通交易的匿名性。

1. 比特币的特点

P2P的分布式特性与不存在中央管理机制的设计确保了任何机构都不可能操控比特币的价值，或者制造通货膨胀。其主要特点有：

(1) 去中心化。比特币是第一种分布式的虚拟货币，整个网络由用户构成，没有中央银行。

(2) 全世界流通。比特币可以在任意一台接入互联网的计算机上管理。不管身处何方，任何人都可以挖掘、购买、出售或收取比特币。

(3) 专属所有权。操控比特币需要私钥，它可以被隔离保存在任何存储介质，除了用户自己其他人无法获取。

(4) 低交易费用。可以免费汇出比特币，但最终对每笔交易将收取约1比特分的交易费以确保交易更快执行。

(5) 无隐藏成本。作为由A到B的支付手段，比特币没有烦琐的额度与手续限制。知道对方比特币地址就可以进行支付。

(6) 跨平台挖掘。用户可以在众多平台上发掘不同硬件的计算能力。

2. 对等网络

比特币系统(包括客户端软件、采矿软件、交易网站等)使用对等网络中众多节点构成的分布式数据库来确认并记录所有的交易行为。

对等网络(Peer to Peer Networking)是一种在对等者(Peer)之间分配任务和工作负载的分布式应用架构，是对等计算模型在应用层形成的一种组网或网络形式。在对等网络中，网络的参与者们通过网络既能提供部分资源、服务和内容(如处理能力、存储能力、网络连接能力、打印机等)，又能直接获取这些资源。也就是说，在P2P网络环境中，彼此连接的多台计算机之间处于对等的地位，各台计算机有相同的功能，无主从之分，一台计算机既可作为服务器，设定共享资源供网络中其他计算机所使用，又可作为工作站，整个网络不依赖专用的集中服务器。它将传统客户/服务器(Client/Server)方式下的服务器负担分配到网络中的每一节点上，每一节点都将承担有限的存储与计算任务，加入到网络中的节点越多，节点贡献的资源也就越多，其服务质量也就越高。

在对等网络中，某个对等体若要访问共享的资源(例如某个数据库文件或多媒体文件)，一般需要预先下载其对应的种子文件。种子文件是一个文本文件，保存了此文件的相关元数据，主要含有Tracker信息和索引信息。其中，Tracker信息主要是指使用BT协议[①]时所用到的Tracker服务器的地址和相应设置；索引信息是通过对文件内容进行计算，并根据

① BitTorrent，在对等网中下载大数据文件所遵循的一种协议。

BT 协议中的 BenCode 编码规则进行编码所得到的信息。

在计算索引信息时，需要将文件虚拟分成若干大小相等的数据块，每块的大小为 2K 的整数次方(由于是虚拟分块，节点硬盘上并不产生各个文件块)，然后将每个块的索引信息和对应的 Hash 验证码写入种子文件。

因此，种子文件实际上就是被共享访问的资源文件的"索引"。

3. 比特币的流通机制

比特币基于 P2P 网络、数字签名、交互式证明系统的零知识证明来发起和验证交易，并进行流通。流通时，付款方在客户端软件上输入支付数量和接收方的比特币地址，并用付款方的密码签名之后，这个比特币就付给了对方。

在比特币流通之初，中本聪初创了 50 个比特币，并将之存放到比特币钱包中。比特币钱包是客户端软件的一个功能程序，专门用于收发比特币，内含有若干"比特币地址"和"一对密钥(公钥、私钥)"。比特币地址是由公钥经过一系列的哈希及编码运算所得到的一个 33 位长度的字母、数字串，形如 1DwunA9otZZQyhkVvkLJ8DV1tuSwMF7r3v，总是由 1 或 3 开头。每个不同的比特币地址中可存放若干币值的比特币，在进行支付时需要使用相关的密钥进行验证或签名。

通过比特币钱包和对等网络进行比特币流通的机制如下：

(1) 付款方(甲)输入支付数量和接收方的比特币地址，通过比特币钱包生成此次需要的支付(此过程也称一次交易，Transaction，Tx)，内容包含付款人地址、收款人地址、交易 ID 号、资金来源 1(如挖矿所得 50BTC 及交易 ID 号)、资金来源 2(如张三给的 100BTC 及交易 ID 号)、资金去向(即付款金额，如付给乙 3BTC)等，如图 5-2 所示。

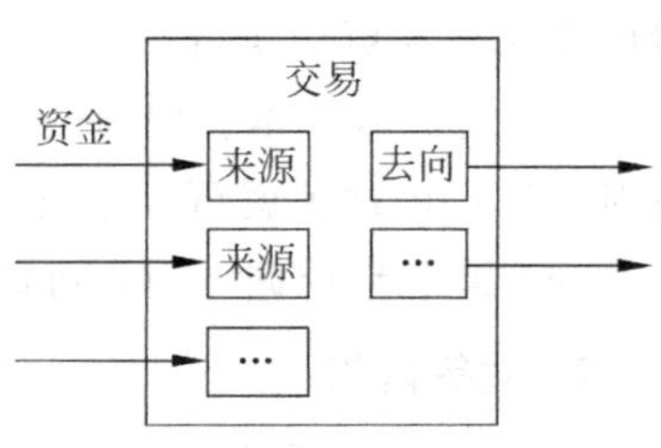

图 5-2　支付的表示

然后，甲对"(交易、乙的公钥)"的散列值进行签名，得到带有签名的交易：交易＋签名，通过对等网络传给接收方(乙)，如图 5-3 所示。

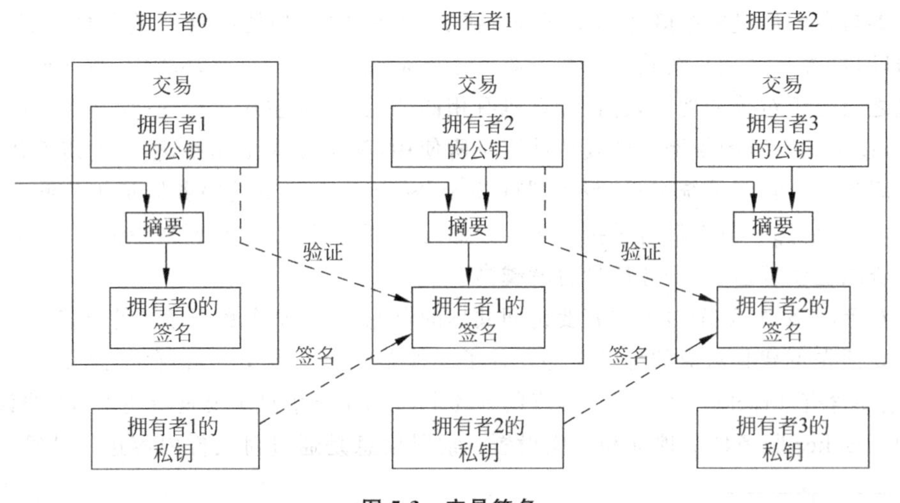

图 5-3　交易签名

从图 5-3 中可以看出，在比特币流通的过程中，如甲签名后付给乙，乙签名后再付给丙，……，最后形成了一个完成的交易链。交易链的形成，意味着对等网中的任何节点，随时都可以对交易链中的每个环节，使用付款方的公钥进行交易验证。同时，还意味着逆向交易变得不可能，由于交易链中各交易环环相扣，要想返还货币，就需要重新进行各个环节签名，这在现实中不仅不切实际，在计算量上也是不可能完成的。

实际上，在比特币的流通体系中，交易链数据是(通过区块链的形式)分散保存在对等网络的各个节点上，而不是集中在某一个节点上，这样大大方便了日常托管机制的实现，既有利于保护交易中的客户，也在某种程度上保护了商家。

(2) 乙收到后，首先验证比特币的真伪，以防止货币伪造；然后解决双重支付问题[①]。在无监管的 P2P 网络世界里，为了防止货币的重复使用，比特币流通机制采用了无中心节点的验证方式，需要将收到的交易信息广播到 P2P 网络上。

(3) 对等网络上的所有(或大部，包括乙)节点收到交易信息后，将它放入一个区块(Block)中(一般 10 分钟创建一个区块，通过区块来公开记录所有交易及次序)。

在比特币行业中，区块的创建过程称为“挖矿”。创建一个区块后，需要完成“工作量证明”，才能说明它是第一次收到的交易；此外，通过工作量证明，还能实现比特币的发行。

所谓“工作量证明”，是指在区块后面附加一个随机调整数，并计算其 SHA-256 哈希值。这通常由一个称为“矿工(Worker)”的软件来完成。矿工软件不断重复进行尝试，直到找到一个随机调整数使得产生的哈希值低于某个特定的目标数为止(此目标数在创建区块时自动产生，也可采用前后有若干 0 为止的办法)。由于哈希运算是不可逆的，寻找到符合要求的随机调整数非常困难，需要一个可以预计总次数的不断试错过程，每次试错需要耗费大约 10 分钟。

在比特币的交易机制中，为了鼓励挖矿，激励大家参与工作量证明，对完成工作量证明的机器，会发行一定数量的比特币进行奖励(有时还会从交易中扣除一定比例的比特币来作为奖赏)。换句话说，比特币的交易机制涵盖了比特币发行机制的功能。

这样，P2P 网络上的某个节点若率先完成了工作量证明，接着就会将带有工作量证明的区块内容广播到 P2P 网络上。

(4) P2P 网络上的节点(包括乙)收到此区块内容后，首先需要对此区块完成工作量证明的情况进行验证，验证通过后设置区块中的 Nonce 标志。然后可以进一步判断此块中是否存在双重支付，只需将区块中的交易与节点中保存的“区块链”中的数据进行比对，即可判断是否存在伪造或重复支付。若没有，则将此区块放入区块链的末端，形成一个增长的区块链，如图 5-4 所示，表示接受了此次交易；若是伪造/重复支付，则节点拒绝此次交易，并报告全网。

区块链是一个去中心化的分布式账本，一个冗余的交易数据块链，构成了比特币交易系统的核心。采用区块链的目的，一是为了在 P2P 网络上实现分布式时间戳服务(分布式账

① 为了防止货币的重复使用，可以考虑两种机制：一是引入 Mint 机构(类似于铸币局)。交易时所有货币一律先付给 Mint，由 Mint 进行货币回收后再发行新币给接受方，这样整个系统需要依赖 Mint，会产生瓶颈与安全管理问题；二是采用无中心节点模式，在这种模式下，为确保货币没有被重复使用，需要在系统中公开记录所有交易和次序，同时必要时需要让大多数节点认为它是第一次支付的货币。

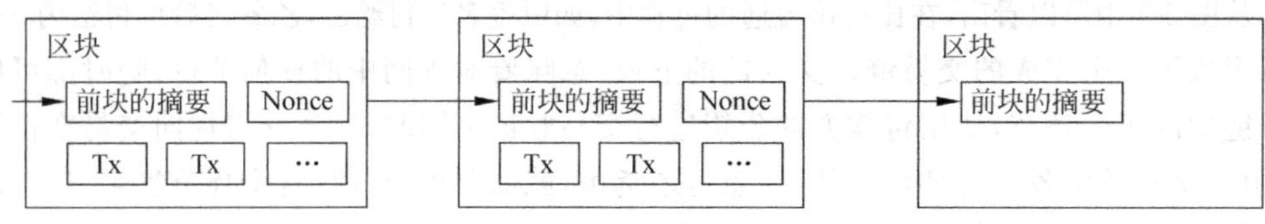

图 5-4　区块链的形成

本，表明交易内容及前后时间)；二是为了解决代表"大多数"的意见决定及数据表示问题。这里，"一人一票"采用的是"一个 CPU 一票"，而非传统"一 IP 地址一票"，这样，倘若某个黑客要想篡改区块中的交易内容，需要完成区块链中此块后面所有区块的工作量证明及其标识设置，可以想象，这非常耗费 CPU 时间。

在区块链中，Prev Hash 记录了所有交易及次序，Nonce 为工作量证明(Proof-of-Work)完成标记。对于诚实记录的节点，其区块链最长，也最能代表大多数。

另外，有时节点会先后收到同一交易的两个不同版本的工作量证明区块(例如 A 先后收到 B 和 C 用不同版本挖矿软件发送的工作量证明的同一区块)，在这样的情况下，节点一般是将后收到的区块放到区块链的分支链中，然后通过 P2P 机制判断哪一个属于网中最长的链；留下最长的链，丢掉另外一个分支链，这样可防止重复支付。

4. 比特币的获取

要想获得比特币，除了购买或请朋友赠送之外，还可以在节点计算机上使用挖矿软件，直接进行开采获得。

在节点区块中，每个区块都会允许发行一定数量的比特币(一般≤50 个)，用来激励成功完成工作量证明的机器(即矿工)。比特币系统运行机制是会在大约 10 分钟确认一个区块。为了使数据块产生(完成工作量证明)的速度大体均匀，产生数据块的难度会作定期调整。如果数据块产生速度加快，就提高挖矿难度(即工作量证明的难度)；如果数据块产生速度变慢，则降低挖矿难度。

在最初的四年里会有 10 500 000 个比特币被制造出来，这个数值每四年减半，所以在第四年到第八年中会有 5 250 000 个比特币被制造，而在第八年到第十二年中会有 2 625 000 个比特币被制造，依此类推。因此，比特币的数额会无限趋近于 2100 万个比特币，届时流通中比特币的总数将恒定维持在 20 999 999.9769。

5. 比特币风险

比特币具有没有集中发行方、总量有限、使用不受地域限制和匿名性等四个主要特点，存在一定的风险。

首先，在技术上，存在系统性风险。虽然加密和签名算法与金融机构相当，但金融机构有明确的责任主体，金融软件可随时升级，而比特币去中心化的系统特征，任意一个环节被攻破，整个系统就将崩溃。

此次，存在洗钱和诈骗风险。比特币具有匿名、跨境流通便利等特征，其资金流向难以监测，具有较高的洗钱风险和被犯罪分子利用的风险。事实上，2013 年出现的 Silk Road 网站，利用比特币购买毒品就是明证。

第三，存在投机风险。比特币交易市场容量较小，交易 24 小时连续开放，没有涨跌幅限制，价格容易被投机分子控制，产生剧烈波动，风险极大。普通投资者盲目跟风容易遭受重大损失。

第四，存在法律风险。虽然比特币被称为“货币”，但由于其不是由货币当局发行，不具有法偿性与强制性等货币属性，并不是真正意义的货币。从性质上看，比特币应当是一种特定的虚拟商品，不具有与货币等同的法律地位。

因此，为保护社会公众的财产权益，保障人民币的法定货币地位，防范洗钱风险，维护金融稳定，以中国人民银行、工业和信息化部等为首的部委，依据《中华人民共和国中国人民银行法》《中华人民共和国反洗钱法》《中华人民共和国商业银行法》《中华人民共和国电信条例》等有关法律法规，2013 年 12 月专门出台了《关于防范比特币风险的通知》，要求各金融机构和支付机构不得以比特币为产品或服务定价，不得买卖或作为中央对手买卖比特币，不得承保与比特币相关的保险业务或将比特币纳入保险责任范围，不得直接或间接为客户提供其他与比特币相关的服务等。

5.3　货币的需求与供给

电子货币是信息技术和网络经济发展的内在要求和必然结果。随着电子信息技术的发展，网络货币的使用已经越来越广泛。它以其便捷性、高效性受到人们的普遍欢迎，在经济生活中扮演着越来越重要的角色。作为金融理论研究基础对象的货币所出现的这种形态的演变——纸币正被虚拟的电子货币所取代，这必然会对传统的货币理论提出挑战。

5.3.1　传统的货币需求与供给

1. 凯恩斯货币需求理论

凯恩斯在《通论》中提出，在资本主义经济生活中，社会总需求绝不是经常必定与社会总供给相等的，总需求不足是资本主义经济时常存在的现象。因此，经济完全可能处于非充分就业(或低于充分就业)均衡的状态。凯恩斯的基本观点是：资本主义社会的就业量决定于有效需求的水平。根据他的看法，所谓有效需求是指预期可以给资本家带来最大利润量的社会总需求，它由消费需求和投资需求两个部分组成；而有效需求最终是由“消费倾向”“对资本资产未来收益的预期”和“流动性偏好”这三个“基本心理因素”与货币数量决定的。

由此，凯恩斯得出的政策结论是：放弃自由放任原则，实行国家对经济生活的干预和调节；政府应当担负起调节社会总需求的责任，运用财政政策和货币政策刺激消费，增加投资，以保证社会有足够的有效需求，实行充分就业。

凯恩斯货币需求理论是基于货币流动性偏好的基础之上，将人们持有货币的动机分为三种类型，即交易动机、预防动机、投机动机，并假设人们持有的财富分为货币和生息资产(债券)。货币用于满足人们的交易需求、预防性需求，其预期报酬率为零，其持有量 L_1 随着人们实际收入 Y 的增加而增加，即 $L_1=L_1(Y)$，$\mathrm{d}L_1/\mathrm{d}Y>0$。债券有两种报酬——利息和资本利得，都和利息 i 相关，其投机需求量 L_2 随利息增加而减少，即 $L_2=L_2(i)$，$\mathrm{d}L_2/\mathrm{d}i<0$。所以，实际货币需求 $M_d/P=L_1(Y)+L_2(i)$，这里 M_d 为名义货币需求，P 为商品价格。

凯恩斯货币需求理论的结果是：首先，货币需求是不稳定的，受市场利率的较大波动而大幅波动，与实际收入之间缺乏稳定的关系，因而难以预测；其次，根据 $M_dV=PY$，可得到货币流通速度 $V=Y/[L_1(Y)+L_2(i)]$，因而货币流通速度也是不稳定的；第三，在货币流通速度波动很大的情况下，名义货币量 M_d 与名义收入 PY 之间也不具有稳定关系，因而名义收入完全由货币量决定的货币数量论观点也就不能成立。

凯恩斯货币需求理论的一个显著特点是把货币的投机性需求列入了货币需求范围，因此，不仅商品交易规模与其价格水平影响货币需求，而且利率的变动也是影响货币需求的重要因素。根据以上思想，凯恩斯提出了一个重要的政策性理论，即政府可以在国内有效需求不足的情况下，通过降低利率，扩大货币供应，促进企业扩大投资，增加就业和产出，实现货币政策目标，这在许多情况下无疑是正确的。但是，总体上来说，凯恩斯理论存在固有的致命缺陷，本质上属于主观唯心主义的分析方法。他把一切重要的经济现象解释为纯粹的心理现象，回避了经济危机的真正原因，即资本主义制度及生产结构的矛盾、生产社会性与资本主义的生产资料私人占有的矛盾，因而不能解释和解决经济发展过程中出现的“滞胀”问题，这给许多其他经济学派（如货币主义学派、奥地利学派和供给学派等）提供了机会。

2. 货币主义理论

第二次世界大战后，美英等发达资本主义国家长期推行凯恩斯主义扩大有效需求的管理政策，虽然在刺激生产发展、延缓经济危机等方面起了一定作用，但同时却引起了持续的通货膨胀。弗里德曼从 20 世纪 50 年代起，以制止通货膨胀和反对国家干预经济相标榜，向凯恩斯主义的理论和政策主张提出挑战。他在 1956 年发表《货币数量论——重新表述》一文，对传统的货币数量说作了新的论述，为货币主义奠定了理论基础。

弗里德曼的货币主义具有以下的理论特点。一是坚持经济自由主义，反对国家过多干预，主张实行一种“单一规则”的货币政策。这就是把货币存量作为唯一的政策工具，由政府公开宣布一个在长期内固定不变的货币增长率，这个增长率应该是在保证物价水平稳定不变的条件下，与预计的实际国民收入在长期内会有的平均增长率相一致。二是重视货币理论的研究，承袭芝加哥学派“坚持货币至关重要这样一种理论研究方法”，认为“货币最重要”。

在货币主义理论中，实际货币需求为 $M_d/P=f\left(Y_p, w, r_m, r_b, r_e, \frac{1}{P}\frac{\mathrm{d}P}{\mathrm{d}t}, u\right)$，其中，$M_d/P$ 为实际货币需求；Y_p 为实际持久性收入，代表财富；w 为非人力财富占总财富的比率（人力财富占比越大，货币持有量就越大以加强流动性）；r_m 为货币的预期名义报酬率；r_b 为债券的预期名义报酬率，包括债券的资本利得；r_e 为股票的预期名义报酬率，包括股票的资本利得；$\frac{1}{P}\frac{\mathrm{d}P}{\mathrm{d}t}$为商品价格的预期变化率，也就是实物资产的预期名义报酬率；u 为其他影响货币需求的因素。

由此得出结论：首先，货币需求对利率不敏感。因为在利率升高时，货币预期报酬率也升高，它们同方向变化，对货币需求的影响相互抵消。其次，货币需求对其他资产的预期报酬率也是不敏感的。基于这样的结论，最终得到 $M_d/P=f(Y_p)$，因而货币需求是稳定的，从而货币流通速度也是稳定的、可预测的（因为 $M_dV=PY$，从而 $V=Y/f(Y_p)$）。

在考察整个社会的货币供给时，整个社会的货币(M)由公众所持通货(C)和商业银行存款(D)所组成，而公众所持通货和商业银行存款准备金(R)又构成了基础货币（或称之为高能货币，H）。由 $M=C+D$，$H=C+R$，得到 $\frac{M}{H}=\frac{\left(1+\frac{D}{C}\right)\cdot\frac{D}{R}}{\frac{D}{R}+\frac{D}{C}}$，这里 $\frac{\left(1+\frac{D}{C}\right)\cdot\frac{D}{R}}{\frac{D}{R}+\frac{D}{C}}=m$ 为货币乘数。从式子中可以看出，$\frac{D}{R}$ 和 $\frac{D}{C}$ 与 m、M 同方向变化，M、m 的大小涉及公众、银行、货币当局三个经济主体，一般 $\frac{D}{R}$、$\frac{D}{C}$ 是常量或者变化很小，因而中央银行完全可以通过控制高能货币 H 来控制货币供应量。当货币供给（M）超过实际的货币需求（M_d/P）时，必然引起物价的上涨，通货膨胀是引起物价长期普遍上涨的一种货币现象，名义国民收入（PY）只受货币供给的影响。

对比货币主义和凯恩斯货币需求主义，弗里德曼和凯恩斯在货币传导机制理论上的分歧主要在于：第一，凯恩斯认为货币供应量变化后对国民收入有实质性影响，增加货币的结果使利率降低从而增加投资，通过乘数效应引起总需求和总收入（Y）的变动，因此，货币供应量增加可以引起实际产出的增加，货币是非中性的。弗里德曼则认为货币供应量变动只能在短期内影响实际产出；从长期看，货币供应量的变动只能影响名义变量而不能影响实际变量，因此，货币从长期看是中性的。第二，凯恩斯注重狭义的市场资产和市场利率，他的传递渠道主要是货币市场上金融资产的调整，增加的货币量通过两条渠道被吸收：一是货币收入增加后所增加的货币交易需求量；二是随着利率下降后增加的货币投机需求量。弗里德曼认为应该考虑广义的资产和利息率，就是说，传导途径是多种多样的，可以在货币市场和商品市场同时进行，通过物价普遍上涨吸收过多的货币量。第三，凯恩斯非常重视利率的作用，认为利率是传导机制的中心环节，货币供需和总体经济的均衡是通过利率的变化来调节的。而弗里德曼则重视收入支出在传导中的作用，认为人们主要根据收入来确定现金持有量，反对把利率作为制定货币政策的向导。

5.3.2　电子货币的需求与供给

电子货币性质的变化，使电子货币的发行机制完全不同于中央银行的纸币体系。目前还没有一家中央银行垄断电子货币的发行权，各国电子货币的发行正在以一种类似于商品生产的方式进行。现有资料表明，银行、信用卡公司、*IT* 企业，甚至一些大型传统企业，都成了电子货币的发行主体，不同发行主体的发行行为正在形成一个电子货币特定的发行市场。

1. 电子货币对现有货币层次的划分和计量的冲击

货币层次的划分和计量是货币理论研究的基础。电子货币不仅直接模糊了不同货币层次之间的界限，而且由于网络银行的作用，货币的不同表现形式呈现出高度的不稳定性。同时，国与国之间货币的相互渗透与替代性正在不断加强，从而使现有的货币层次的划分有失严谨，货币计量遇到了困难。

传统上，根据流动性的不同，货币可以划分为多个层次，如 M_0、M_1、M_2 等。不同层次货币的划分，对于货币供求的研究、货币政策的制定与实施、金融市场的运行分析等，有着重要的意义。但是，对于网络金融客户，货币各层次之间的界限正在淡化，利用网络金融服务，客户通过电子指令，可以在瞬间实现现金与储蓄、定期与活期之间的相互转换。即使它们之间仍存在着一些流动性方面的差别，这种差别也正在日益缩小。同时，对于那些对账户余额提供利息的电子货币而言,当消费者使用它们进行消费时,已很难分辨这时的货币是现金还是储蓄存款。更有甚者,在综合性的网络银行上,客户同样可以瞬间完成储蓄与用于购买证券或基金的保证金之间的转换,而后者甚至不在原来的 M_2 统计范围之内。同样的问题也出现在卡式的电子货币中,例如,商业机构发行的预付卡,既可以作为特定的现金使用,又可以视为一种短期的回购债券。

网络金融交易的地域模糊性在另一方面给货币的计量造成了混乱。消费者在电子商务买卖(尤其是音乐、软件、数据等不需要以物质形态传输的商品)过程中,使用多国货币进行交易已成为现实。同样,客户来自国外的智力收入、服务收入(如在网上为国外站点管理目录)、销售收入等,可以直接以外币的形式存放在其网络银行的账户之中,供日后消费使用。因而,在统计一国经济中的货币量时,不得不考虑居民手中持有的、未存放于本国银行中的货币的影响。

2. 电子货币对货币需求的影响

电子货币的使用,使货币需求(无论是凯恩斯主义,还是货币主义学派的货币需求函数)都出现了缺陷。

凯恩斯认为,人们之所以需要货币,是由于交易动机、谨慎动机和投机动机的存在,他们构成了两类货币需求:消费性货币需求和投机性货币需求。前者是收入的函数,后者是利率的函数。由此得出了货币需求函数

$$\frac{M^d}{P} = f(i, y)$$

弗里德曼也认为,人们有持有一定数量真实货币的意愿,但他不是具体分析持币的原因,而是将资产需求理论引入到了货币需求中来,得出了货币主义的货币需求函数

$$M_d/P = f\left(Y_p, w, r_m, r_b, r_e, \frac{1}{P}\frac{\mathrm{d}P}{\mathrm{d}t}, u\right)$$

可以看出,上述两个货币需求函数都隐含了这样一种假设:货币的不同用途之间存在确定的界限,且这种界限是相当稳定的。在凯恩斯那里,表现为不同的动机;在弗里德曼,则表现为不同的财富结构和各种资产的预期收益和机会成本的组合。

网络金融的发展对这一隐含条件的成立已经构成了威胁。由于人们可以随时随地以几乎为零的交易费用进行货币用途之间的转换,各类交易动机之间的边界已不再明显,投资结构的可变性也大大增强。换言之,电子货币已使人们出于交易动机和谨慎动机的流动性偏好形成的货币持有量与出于投机动机的流动性偏好形成的货币持有量合而为一,它们都有可能既是利率的函数,又受收入的影响。同样,货币、债券和股票的预期回报率之间的差异在减弱。尽管这些影响在目前还并不十分明显,现有的货币理论仍是主流,但随着网络银行的进一步发展和电子货币的普及,其影响会日益增大。可以预见,未来的货币需求函数,对人们在网络经济时代利用电子货币进行的交易行为必须加以考虑。

除此之外,货币需求理论中的另一个重要问题,货币流通速度也受到了网络银行和电子货币发展的影响。在凯恩斯的货币需求理论中,货币流通速度并非常量,而是随着利率的变动而波动。弗里德曼则认为,货币流通速度对利率并不敏感,是可以准确预测的。传统的货币流通速度满足 $M_dV=PY$,在有电子货币参与的情况下,货币流通速度满足 $M_0V_0+M_EV_E=PY$,其中,M_E 为发行的电子货币量。无论是否承认货币流通速度稳定,现代化的网络支付

体系和电子货币必定使货币流动加快。据实证分析，在电子货币使用的初期阶段，由于电子货币的比重很小，货币流通速度主要由 V_0 来决定，在这一时期，货币流通速度呈现整体下降的趋势；但当电子货币的发行超过一定的临界点后，随着电子货币使用量的逐渐扩大，M_0 呈现快速向其他层次货币转化的趋势；同时，V_E 和 M_EV_E 都趋于增大，在以 M_EV_E 为主的货币流通速度时期，整体货币流通将呈现上升趋势。考虑到未来货币计量的困难性和货币在国际市场上的转移，国内利率不会是影响货币流通速度的唯一因素，货币流通速度的波动可能会加大。

3. 电子货币对货币供给的影响

在货币供给方面，基础货币和货币乘数都已受到了影响。

根据货币理论，货币供应量 M 等于基础货币 H 与货币乘数 m 之积，也等于通货 C 与存款 D 之和，即 $M=mH$，$M=C+D$。

基础货币包括储备(法定准备 RR 和超额准备 ER)和通货之和，即 $H=R+C=RR+ER+C$。

传统上，通货的发行总是由中央银行(或货币局)所垄断，电子货币的发展打破了这种垄断。虽然中央银行也可以强行垄断电子货币的发行权，但电子货币技术上的复杂性、涉及协议的多样性，以及防范伪币可能的高成本，都会使央行不得不三思而行。而且，中央银行对电子货币的垄断极有可能阻碍电子货币的创新和新技术的发展，从而使本国电子货币的发展落后于他国电子货币的发展，并成为易受攻击的货币。同时，由于电子货币使用境域的开放性，也很难防止外国电子货币的渗入。这些因素最终都可能会迫使中央银行改弦易辙。

对于电子货币余额是否要求一定比例的法定准备，目前还处于争议阶段。大多数国家对电子货币余额无准备要求，但也有一些国家(如日本)则要求发行者缴纳相当于其发行的电子货币余额的 50%的准备金。总的来看，电子货币有减少法定准备的趋势，尽管这种趋势还不明显。

超额准备是银行为应付流动性而自愿持有的，一般来说，可以将银行因对流动性变化的准备不足，而不得不借贷或变卖资产的费用，视为多持超额准备的收益(哈维尔・弗雷克斯等，1997)，即 $E=p(X-ER)$。其中，p 为银行变卖单位资产的损失，X 为流动性变动量，它是一个随机变量，密度函数为 $f(X)$。

银行多持有一单位的超额准备，就意味着减少了一单位投资的收益 r，r 也就是超额储备的边际成本。当超额准备的边际收益等于边际成本时，银行的超额准备达到最优，即 $r=\int_{ER}^{\infty}pf(X)\mathrm{d}X$。网络金融的发展使资产转换相对容易，客观上使 p 减小。当 r 不变或增加时，超额准备将减少；但 r 下降时，超额准备的变化依赖于 p、r 的变化幅度。

对于货币乘数，根据货币供应量的公式，可以表述为

$$m=\frac{M}{H}=\frac{C+D}{RR+ER+C}=\frac{\dfrac{C}{D}+1}{\dfrac{RR}{D}+\dfrac{ER}{D}+\dfrac{C}{D}}$$

其中，C/D 为通货比率，RR/D 为法定准备率，ER/D 为超额准备率。

当经济运行中存在电子货币，这些电子货币在一定程度上可以作为价值储藏手段时，作为货币存量的一部分，货币供应量发生变化(BIS，1996)，有 $M=C_e+E+D_e$，其中，C_e、D_e 表

示在电子货币存在下的通货与存款。

相应地，在电子货币引入后的货币乘数为

$$m_e = \frac{M}{H} = \frac{C_e + E + D_e}{RR_e + ER_e + C_e} = \frac{\frac{C_e}{D_e} + \frac{E}{D_e} + 1}{\frac{RR_e}{D_e} + \frac{ER_e}{D_e} + \frac{C_e}{D_e}}$$

(1) 如果电子货币替代的是现金，Ce/De 将小于 C/D，而$\frac{C_e}{D_e}+\frac{E}{D_e}$等于 C/D，这就意味着货币乘数变大。

(2) 如果电子货币替代的是存款，电子货币发行者减少储备要求，实际的准备率$\frac{RR_e}{D_e}+\frac{ER_e}{D_e}$下降，$C_e$ 等于 C，$E+D_e$ 等于 D，货币乘数变大。

进一步，电子货币存在的情况下，社会货币供应量可以表示为

$$M_e = \frac{1-g}{1-g-gw(1-g^n)}mH$$

其中，g 是电子货币发行后未被用于支付的比例，w 是电子货币初始发行的比例，n 是电子货币的流转次数。显然，如果没有强制性的法律限制和垄断，在电子货币市场化发行的情况下，中央银行对电子货币的初始发行量、支付比例及流转次数都无法控制，它们都是市场行为的结果。在这种情况下，中央银行要控制社会货币供给总量，只有被迫调整基础货币供应量，其对基础货币的实际控制能力受到市场支付行为的很大影响。

总之，在货币乘数方面，网络经济中的货币总量与中央银行发行的基础货币量之间的关系变为

$$M_e = v_e mH$$

$$v_e = \frac{1-g}{1-g-gw(1-g^n)}$$

$$m = \frac{\frac{C}{D}+1}{\frac{RR}{D}+\frac{ER}{D}+\frac{C}{D}}$$

$$m_e = v_e m = \frac{1-g}{1-g-gw(1-g^n)} \times \frac{\frac{C}{D}+1}{\frac{RR}{D}+\frac{ER}{D}+\frac{C}{D}}$$

可以看出，这一公式要比传统货币乘数的公式复杂得多，影响总货币乘数的因素也从四个扩展到七个，且这些因素大多已演变成经济运行中的内生变量。

4. 电子货币对货币政策操作与控制的影响

货币形态与货币供求的变化，相应地对货币政策产生了影响。简单地说，货币政策由货币政策目标、货币政策手段和工具构成。货币政策最终目标的实现依赖于适宜的政策中介目标和有效的政策工具与传导机制。网络银行和电子货币的成长对这些方面或多或少地都已形成了一定的影响。

(1) 货币政策的中介目标。传统的货币政策中介目标大体上可以分为两类：一是以

M_1、M_2 为代表的总量性目标；二是以利率为代表的价格信号性目标。任何一类都要求具有较好的可测性、可控性和与最终目标之间的相关性。

网络金融和电子货币的发展，正在使第一类中介目标的合理性和科学性日益下降。在可测性方面，如前所述，货币数量的计量与测算正受到电子货币的分散发行、各种层次货币之间迅捷转换、金融资产之间的替代性加大、货币流通速度加快等方面的影响。在可控性方面，来自货币供给方面的变化，加上货币流通速度的不稳定和货币乘数的影响，使货币量的可控性面临着挑战。一般认为，只有在货币流通速度和货币乘数基本稳定或有规律变化(可预测的)的情况下，才能确定一个与最终目标相一致的货币总量类中介目标，也才能加以控制。如果无法预测货币流通速度，即使中央银行掌握了足够的货币发行控制能力，也会导致货币政策最终目标出现较大的偏差。同样，货币乘数的不稳定也有可能加大货币政策的偏离，并加大中央银行货币操作的难度。

相反，由于价格信号是市场运行的结果，网络金融和电子货币增强了市场的效率和竞争水平，提高了价格信号的质量。价格信号类中介目标将会成为未来货币政策中介目标的主流选择。不过，它们与最终目标之间的关系会有一些变化，仍需要加以研究。

(2) 货币政策工具。一般来说，货币政策工具主要有法定准备金、公开市场操作、贴现率。存款准备金由于以下三个方面的影响，其作用力度、影响范围都将大大下降：一是网络银行中涉及存款准备金问题的资产负债业务的比重不断下降，在纯网络银行中这一比重已接近 50%，同时电子货币能代替一些有准备金要求的储蓄；二是各国出于鼓励创新、争取金融技术方面的先发优势的考虑，不断改革准备金制度，降低存款准备金率和其他形式的货币税已是大势所趋；三是由于网络银行的迁移并不会如传统银行那样造成原有客户的流失，转移经营场所的费用也相对较低，从而为网络银行规避一国或地区较苛刻的准备金要求提供了条件，形成了准备金率的国际竞争。

公开市场操作的作用将会变得更加复杂。网络经济加快了金融市场一体化的进程和信息的传播速度，金融机构面对的投资领域更广、投资机会更多，市场的微小变化都有可能形成逐级增强的投资结构的变化。这有利于中央银行货币总量和资产价格的调节。但是，电子货币发行的分散，又会使中央银行资产负债大量缩减，有可能使中央银行因缺乏足够的资产负债而不能适时地进行大规模的货币吞吐操作，减弱公开市场操作的时效性和灵活性(Moody，1996)。特别是在大量“电子热钱”涌入或外汇市场急剧变动的情况下，中央银行可能无法进行“对冲”操作，使本国汇率和利率受到较大的影响(Friedman，1999)。

贴现率作用幅度收窄，但更加敏感。在利率自由化的国家里，当商业银行能够自行发行电子货币时，发行电子货币所产生的发行收益将会使发行市场处于充分竞争的状态，商业银行即使其流动性不存在问题，也会扩大发行，最终形成电子货币发行净收益为零的均衡。同时，网络银行低廉的运营费用一般都导致了在利率方面更残酷的竞争。市场的长期均衡利率将会不断下降，维持在一个较低的水平上。不过，由于电子货币仍需依赖传统货币来保证其货币价值性，当发行者面临赎回压力而需要向中央银行借款时，贴现率仍能调整其借款成本(Goodhart，2000)。当贴现率用作政策信号时，网络银行的高效性将使反应速度加快。

(3) 货币政策传导机制。在货币供给方面，传统银行的作用如同一个“二极管”，将基础货币的变动加以放大，即所谓的“乘数”作用。网络银行却更像一个带有智能的“二极管”，在货币供给过程中有自己的“主张”。当网络银行可以自己发行电子货币时，它对基础货币变动的敏感性自然会下降,如果网络银行发行的电子货币或准电子货币的数量和吸引力,在足以同中央银行展开竞争时,基础货币的投放甚至可能变成一个"买方市场"。撇开这一点,假设网络银行的再贷款仍是中央银行投放基础货币的主要途径,由于交易费用大为降低,投资机会的增加、投资范围的扩大,网络银行仍有可能将其所获得的基础货币用于其他投资项目,而非贷放出去,同时用其他融资方式满足客户的需求。相对于公众而言,传统银行在货币政策动态不一致性方面的影响较少,而网络银行有可能加大这种影响。在货币政策的传导过程中,网络银行更容易捕捉到新的信息和变化,其先进的技术手段也可以使其做出迅捷的反应。当这种信息和变化,在中央银行制定政策时未预见到,就有可能使货币政策的最终目标的误差加大。

反之,网络银行也有可能使货币政策的传导更加有效,它可以缩短政策传导过程中的时滞,更快地导致经济总量指标的变化,但其前提条件是货币政策要有更好的适应性。

(4) 货币政策的独立性。网络经济中,货币政策的独立性问题已经引起人们的关注。由于电子货币的跨国使用远较传统货币方便。消费者既可以使用由本国机构发行的电子货币进行国外产品(如旅游、网络产品等)的购买支付,也可能接受国外电子货币发行机构以外币或本币发行的电子货币直接用于消费,还可能出现居民利用 Internet 为国外厂商提供智力服务,并将其所得或收益直接转成电子货币在国内外使用。随着网络技术的发展,这种情况很难限制。另外,许多国家的电子货币都是在国外已有的先进技术和软件基础上开发的。对这些技术与软件的标准、规范和应用情况的了解,将是未来中央银行的一项不可或缺的任务。

5. 电子货币发行的收益

发行电子货币可能从三个方面获得收益。

一是发行和出售电子货币可以吸收大量短期资金。一部分资金随着电子货币的使用用于支付,剩余部分资金在一定时期内滞留在发行者手中。当电子货币的发行持续滚动进行时,这部分剩余资金就成了一笔可用的长期"借款",而不需支付利息。这样,电子货币的发行者实际上获得了一笔"免费"资金。这笔资金产生的直接收益(E_d)等于电子货币未被用于支付部分的期望值(E_m)乘以一般资金收益率(R)。

假定电子货币的支付过程是一个连续的随机过程,也就是说未被用于支付部分的分布是均匀的,其密度分布函数为 $\varphi(t)$,那么 $E_m=\int M\varphi(t)\mathrm{d}t=M\varphi_e$,其中 $\varphi_e=\int\varphi(t)\mathrm{d}t$,则 $E_d=E_mR=M\varphi_eR$。

二是发行电子货币可以为消费者在消费企业库存的"产品"时提供支付便利,扩大原有产品的销售,获得间接收益(E_i)。假定原有产品销售增量对电子货币的弹性是单调递增函数,也就是说一家商业机构发行的电子货币越多,越有利于其原有产品的销售,那么发行电子货币的间接收益为 $E_i=\Delta QP=MQ_eP$,其中 $Q_e=\frac{\mathrm{d}Q}{\mathrm{d}M}>0$,$Q$ 为产品产量。

三是发行电子货币获得的意外得利(ε_t,包括消费者买后因丢失等原因造成无法使用而滞留的部分、电子货币发行的附加收益等),它是一个随机变量。

将三者结合起来,发行电子货币的收入函数为

$$E=E_d+E_i+\varepsilon_t=(\varphi_eR+Q_eP)M+\varepsilon_t=\alpha M+\varepsilon_t$$

由于 R、P 为外生变量,$\varphi_e>0$,$Q_e>0$,因此电子货币发行收入函数为单调递增函数。

再来看发行电子货币所要付出的成本。发行电子货币的费用主要表现在三个方面。一是电子货币的设计与“生产”成本。由于电子货币的设计费是一次性费用，电子货币的“生产”是电子数据的复印，其成本近似为零，因而“生产”成本相当于一笔固定费用。

二是电子货币的推广费用。这是电子货币发行者需要支付的主要费用。消费者是否愿意购买某种电子货币，取决于他们对这种电子货币的认知程度和使用的便利程度，发行者必须进行一定的广告宣传，提供必要的支持设备，才能使其电子货币被接受。电子货币的广告宣传费用具有递减的性质，发行之初，为使人们了解和认同电子货币，发行者需要支付大量宣传费；随着电子货币逐步推广，宣传费用快速下降，这种过程类似于计算机软件销售。

一般认为，电子货币使用设备的投入随着电子货币发行量的增加而增加，但事实上并非如此。研究表明：当商家和消费者之间使用纸币交易的总费用与使用电子货币交易的总费用之差大于电子货币设备价格时，商家会主动购置这种设备以便利交易。在实际中，电子货币发行者也可以选择支付一定的费用加入支付卡网络系统，利用现有设备为其电子货币的使用提供支持。因此，电子货币的设备投入使用，可以被看作固定费用，与电子货币的发行量无关。

三是发行电子货币产生的额外损失，比如黑客对电子货币的仿造、由技术故障造成的意外等，它是一个随机变量。由于电子货币的“生产”成本、设备费用与发行量不想关，推广费用随着“生产”规模的扩大而递减，因此电子货币的成本函数可以表述为 $C=C_0-bM+\gamma_t$，其中，C_0 为设计费用与设备费用之和，M 为发行量，γ_t 为额外损失费用。

将电子货币的发行收益函数与成本函数结合在一起，可以得到“生产”电子货币的利润函数 $U=E-C=\alpha M-C_0+bM+\xi_t=(\alpha+b)M-C_0+\xi_t=\beta M-C_0+\xi_t$，其中，$\xi_t=\varepsilon_t-\gamma_t$。

电子货币发行的利润函数具有以下几个特点：①与一般商品生产在“利润最大化”的均衡价格和均衡产量不同，发行电子货币的利润是发行量的单调递增函数。②当 $M<\dfrac{C_0}{\beta}$ 时，电子货币的发行者出现亏损；当 $M>\dfrac{C_0}{\beta}$，电子货币的发行可以获得超额利润，且利润的增长速度快于收入的增长速度，如图 5-5 所示。

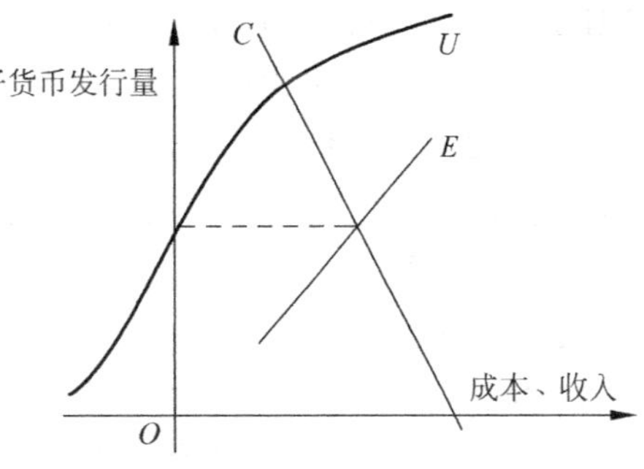

图 5-5　电子货币发行的收益

习题与思考

1. 何为电子货币？电子货币有哪些特征？
2. 试举例说明发行网络虚拟货币给发行方带来的好处。
3. 比特币有何特点？分析其发行机制和流通机制。
4. 结合我国实际，简要分析双边市场理论在电子货币业中的具体应用。
5. 电子货币的出现对现代货币理论带来了哪些挑战？
6. 电子货币的发行对货币乘数产生了哪些影响？

第6章 网络支付

随着电子商务的发展，出现了各类新型网络支付工具、支付方式，如微信支付、二维码支付、近端支付等概念，无卡支付方式不断替代传统的现金及持卡支付，形成了以柜面服务为基础，ATM、POS等机具为补充，移动互联网为主体，线上线下一体化的多元化支付渠道。

6.1 网络支付系统

6.1.1 中国现代化支付系统

中国现代化支付系统(China National Advanced Payment System，CNAPS)是由中国人民银行主导，建立在中国国家金融信息网(China National Financial Network，CNFN)之上的、由CNFN提供应用软件开发平台、标准接口及联机事务处理(OLTP)环境等的综合应用系统，能够高效、安全地处理各银行办理的异地、同城各种资金汇划业务及其资金清算和货币市场交易资金清算。为便于展开国际金融业务，CNAPS的信息格式基本上采用SWIFT(Society for Worldwide Inter-bank Financial Telecommunication，环球同业银行金融电信协会)的报文格式标准。

从2002年10月8日大额实时支付系统成功投产试运行以来，中国现代化支付系统已建成了包括第一代人民币跨行大额实时支付系统、小额批量支付系统、支票影像交换系统和境内外币支付系统、电子商业汇票系统以及中央银行会计集中核算系统，形成了比较完整的跨行支付清算服务体系，为各银行业金融机构及金融市场提供了安全、高效的支付清算平台，对经济金融和社会发展的促进作用日益显现。

为适应新兴电子支付业务的发展，降低商业银行清算账户管理风险，完善金融市场功能，2009年，中国人民银行启动了第二代支付系统的建设。第二代支付系统在继承了第一代各业务系统功能的同时，引入了先进的支付清算管理理念和技术标准，采用了金融业通用报文方案(ISO 20022标准)，提供全面的流动性管理及连接第三方支付组织的接口，能更好地支持新兴电子支付业务的发展，目前已成为国内各商业银行办理跨行支付业务的核心和主要渠道。

1. CNAPS应用系统构成

我国现行的支付结算系统CNAPS主要包括中央银行支付清算系统、第三方服务组织支付清算系统、银行业金融机构支付清算系统和金融市场支付清算系统，如图6-1所示。

2. 中央银行支付清算系统

中央银行支付清算系统包括大额实时支付系统、小额批量支付系统、全国支票影像交换系统、同城票据清算系统、境内外币支付系统、网上支付跨行清算系统(超级网银)。

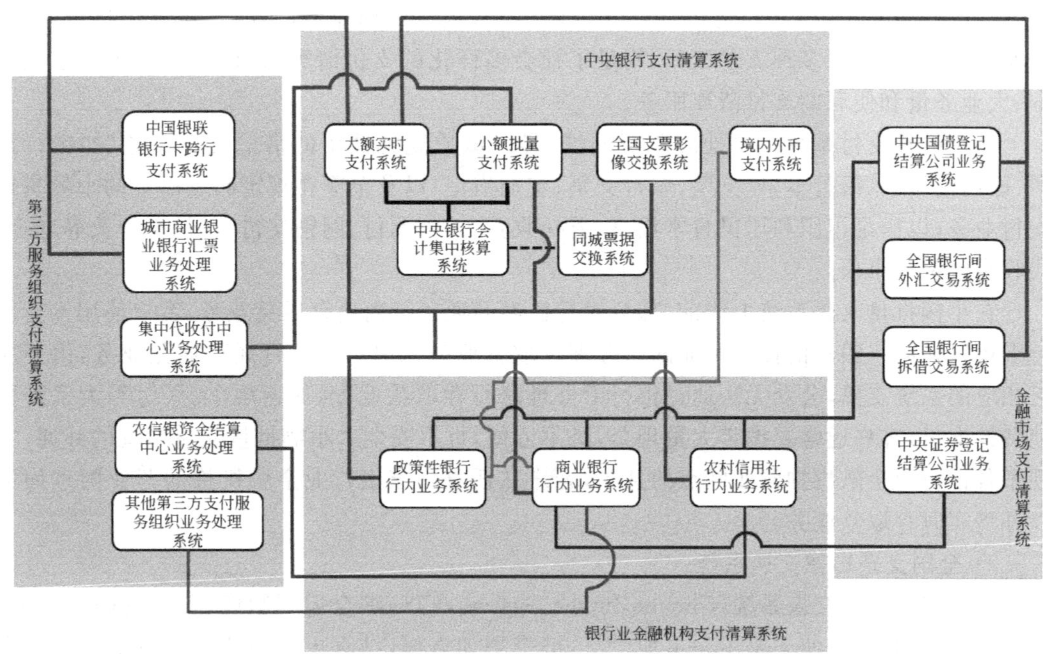

图 6-1 CNAPS 应用系统构成

1) 大额实时支付系统

大额实时支付系统(High-Value Payment System,HVPS)是中国现代化支付系统的主要业务应用系统之一,采取逐笔实时方式处理同城和异地,商业银行跨行之间和行内的各种金额在规定起点以上的大额资金汇划业务。2005年6月大额支付系统在全国推广使用后,成功取代了全国电子联行系统,解决了资金汇划速度较慢的窘境。

在现代支付体系中,大额实时支付系统是金融基础设施的核心系统,是连接社会经济活动及其资金运行的"大动脉""金融高速公路";在加速社会资金周转、畅通货币政策传导、密切各金融市场有机联系、促进金融市场发展、防范支付风险、维护金融稳定等方面发挥着重要作用,已成为"央行支付、中流砥柱"。其最大特点是支付指令逐笔实时发送,全额资金实时清算、零在途。

目前,大额实时支付系统处理的业务包括:

(1) 规定金额起点以上的跨行贷记支付业务,如汇兑、委托收款、托收承付、定期贷记等。

(2) 规定金额起点以下的紧急跨行贷记支付业务。

(3) 各银行行内需要通过大额支付系统处理的贷记支付业务。

(4) 特许参与者发起的即时转账业务。

(5) 城市商业银行银行汇票资金的移存和兑付资金的汇划业务。

(6) 中国人民银行会计营业部门和国库部门发起的贷记业务及内部转账业务。

(7) 中国人民银行规定的其他支付清算业务。

2) 小额批量支付系统

作为大额支付系统的补充,小额批量支付系统(Bulk Electronic Payment System,

BEPS)在功能上支持7×24小时连续不间断运行,批量处理业务,实时发送支付指令,轧差净额清算资金,支持多种支付工具,满足了社会多样化的支付清算需求,为社会提供了低成本、大业务量和便利的支付清算服务。

小额批量支付系统主要处理跨行同城、异地纸质凭证截留的借记支付业务(如银行汇票、国内信用证、银行本票、支票、旅行支票、定期借记)以及金额在规定起点以下的小额贷记支付业务,以满足组织和居民日常汇兑、委托收款、托收承付、网银支付、代付工资及养老金、代收水电费等事项。

在小额批量支付系统上线前,部分银行已经开通了行内通存通兑业务,客户使用本行银行卡可以在同一银行的任一营业网点办理存取款业务。但对于跨行通存通兑业务,由于缺乏相应的系统支撑,公众无法通过银行卡办理跨行存取款业务,如遇购车、买房等大宗跨行消费性支付,客户通常要携带大量现金,既不方便,也不安全。小额批量支付系统的开通,实现了各银行业金融机构营业网点的共享,客户在任意一家银行业金融机构的营业网点均可以办理实时存取款业务。

3) 全国支票影像交换系统

全国支票影像交换系统(Cheque Image System,CIS)综合运用影像、支付密码等技术,实现支票全国通用,使支票用途更加广泛,携带更加方便,结算更加便捷。该系统7×24小时连续不间断运行。全国支票影像交换系统对于促进信用支付工具使用和社会信用发展具有重要作用,是央行改善金融服务环境和承担社会责任的重要体现。

在全国支票影像交换系统上线之前,支票基本只限在同城范围内使用,即所签发的支票只能用于同一城市范围内的支付活动。为支持支票全国通用,进行异地使用支票的清算,中国人民银行在借鉴国际经验的基础上,建设了全国统一的支票影像交换系统,基于影像技术进行票据交换。持票人开户行收到异地支票后,对实物支票进行截留,将实物支票的影像信息通过支票影像交换系统传递到出票人开户行,出票人开户行经审查复核后,再通过中国人民银行小额支付系统将资金划拨至持票人开户行。

目前,异地使用支票的金额不能超过中国人民银行规定的金额上限,该上限目前暂定为50万元。当委托开户银行收款时,由于开户银行需要将支票的相关信息通过中国人民银行的支票影像交换系统提交给异地的出票人开户银行,相关信息传递过程所需的时间可能因银行采用的业务处理模式有所不同。最短可在2~3小时之内收到款项,一般最长在T+2日,即银行受理支票之日起三个工作日内可收到异地支票款项。

4) 境内外币支付系统

境内外币支付系统(China Foreign Exchange Payment System,CFXPS)于2008年4月28日投产。该系统由中国人民银行牵头建设,由清算总中心集中运营,由直接参与机构等单一法人集中接入,采用Y形信息流结构。其中,清算处理中心负责外币支付指令的接收、存储、清分、转发,并将参与者支付指令逐笔实时清算后,分币种、分场次将结算指令提交代理结算银行结算。

代理结算银行是中国人民银行指定或授权的商业银行,资格实行期限管理,三年一届,为直接参与机构开立外币结算账户,负责直接参与机构之间的外币资金结算。首届开通了港元、英镑、欧元、日元、加拿大元、澳大利亚元、瑞士法郎和美元八种货币支付业务,满足了国内对多种币种支付的需求,提高了结算效率和信息安全性,如表6-1所示。

表 6-1　首届代理结算银行及承担结算币种

结算银行	结算银行在 SWIFT 系统中的代码	结 算 币 种
工商银行	ICBKCNBJ	欧元(EUR)、日元(JPY)
中国人民银行	BKCHCNBJ	美元(USD)
建设银行	PCBCCNBJ	港元(HKD)
浦发银行	SPDBCNSH	澳元(AUD)、加元(CAD)、英镑(GBP)、瑞士法郎(GHF)

境内外币支付系统运行按时序划分为营业准备、日间运行、业务截止、清算窗口和日终处理五个阶段。日间运行开始时间为 9:00,业务截止时间为 17:00。

5) 网上支付跨行清算系统

网上支付跨行清算系统(Internet Banking Payment System,IBPS)作为第二代支付系统的核心业务子系统,于 2010 年 8 月 30 日先期投产运行,并于 2011 年 1 月 24 日推广至全国,主要支持网上支付等新兴电子支付业务的跨行(同行)资金汇划处理。网上支付跨行清算系统采取实时传输及回应机制,可处理跨行支付、跨行账户信息查询以及在线签约等业务。客户通过商业银行的网上银行可以足不出户办理多项跨行业务,并可及时了解业务的最终处理结果。

3. 第三方服务组织支付清算系统

第三方服务组织支付清算系统包括中国银联银行卡跨行支付系统(银行卡跨行支付系统)、集中代收付中心业务处理系统、城市商业银行银行汇票业务处理系统、农信银资金结算中心业务处理系统、其他第三方支付服务组织业务处理系统。

利用中国银联银行卡跨行支付系统,能实现银行卡的跨行支付。其支付流程如图 6-2 所示。

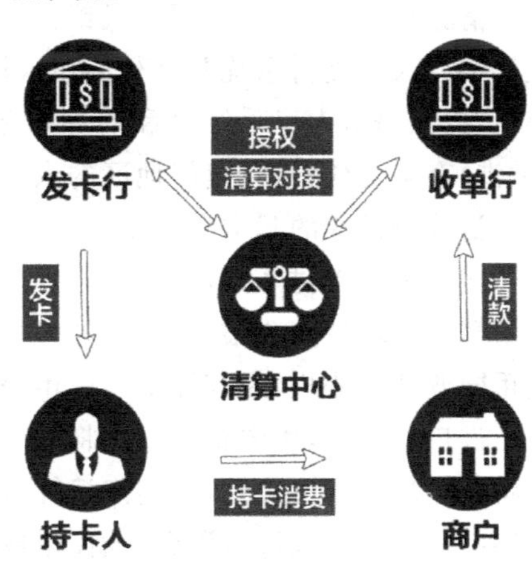

图 6-2　银行卡交易流程

其中,银联的清算包括清分和资金划拨两个重要环节。清分是在银联清算系统内部,对交易日志中记录的成功交易,逐笔计算交易本金及交易费用,然后按清算对象汇总轧差形成应收或应付金额。资金划拨是指通过央行的大额支付清算系统、小额支付清算系统或同城票据交换系统,完成应收应付资金的实际转移。

一般,中国银联在中国人民银行开立有境内业务清算账户,在代理清算银行(中行和汇丰)开立有跨境业务清算账户;境内成员机构(发卡行、收单行)在中国人民银行开立有准备金账户和备付金账户,境内商户和第三方机构在商业银行开立有结算账户。因此,在中国银联银行卡跨行支付系统中,收单行和发卡行的资金划拨(跨行清算)最终需要通过央行大额支付清算系统来完成,而商户和收单专业化服务机构的清算(收单清算)仅需通过央行小额支付清算系统或同城票据交换系统就可完成。

需要说明的是:一直以来,中国银联是我国唯一一家运营银行卡人民币交易处理和资金清算系统的专营性机构。其在促进银行卡服务的标准化、居间协调各方利益、实现银行卡的规模发行与广泛受理、提高银行卡交易处理和资金清算效率等方面发挥了很大作用。然而，随着我国银行卡市场的发展，市场对银行卡清算服务提出的要求也更加多样化和差异化。根据《中国支付清算行业运行报告(2016)》，目前我国已拥有各类银行卡 54.42 亿张，2015 年业务金额已达到 669.82 万亿元。若规则"刷卡一次，商家需要支付 0.5%～2%的手续费，然后按 7∶2∶1 的比例进行分配"的机制，中国银联每年的利益相当可观。为了鼓励竞争，提高效率，分散风险，降低交易成本，规范银行卡支付清算业务，满足 WTO 组织要求，国务院已于 2015 年 4 月颁发了《关于实施银行卡清算机构准入管理的决定》，开放了银行卡清算相关业务；2016 年 6 月 7 日，中国人民银行又正式发布了《银行卡清算机构管理办法》，进一步公布了相关的实施细则。

6.1.2 跨境人民币清算模式

中国现代化支付系统(CNAPS)下人民币跨境清算可以自由选择三种模式：

(1) 通过我国香港、澳门地区人民币清算业务进行人民币资金的跨境清算和结算，即清算行模式。

(2) 通过境内商业银行代理境外商业银行进行人民币资金的跨境清算和结算，即代理行模式。

(3) 通过境内银行清算系统或中国人民银行跨行支付系统进行人民币资金的跨境清算和结算，即非居民人民币账户模式。

1. 清算行模式

清算行模式下，经中国人民银行和香港金融管理局、澳门金融管理局认可，已加入中国人民银行大额支付系统并进行港澳人民币清算业务的商业银行，可以作为港澳人民币清算银行，提供跨境人民币结算和清算服务。目前，香港地区的人民币清算行为中国人民银行(香港)有限责任公司，澳门地区的人民币清算行为中国人民银行澳门分行。

清算行模式的基本做法是：港澳清算行在中国人民银行开立清算账户，以直接参与者身份接入大额支付系统，具备与内地银行机构办理人民币资金汇划业务的能力。港澳人民币清算行与境外商业银行(即境外参加银行)签订清算及结算协议，为境外参加银行开立人民币同业往来账户，为其提供人民币服务。

进口贸易下，境内企业首先将资金汇入境内结算银行，由境内结算银行通过大额支付系统将资金划至港澳清算行，港澳清算行贷记境外参加银行的同业往来账户并发出入账通知，最终由境外参加银行将资金(人民币或兑付为其他货币)解付给境外企业，如图 6-3 所示。

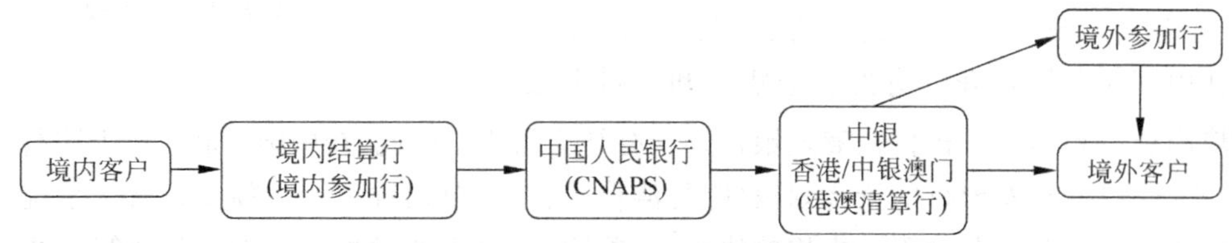

图 6-3 清算行模式下进口贸易汇出资金

出口贸易下，人民币资金汇划按上述流程反向处理，如图 6-4 所示。

人民币跨境流动信息由银行报送人民币跨境支付信息管理系统。

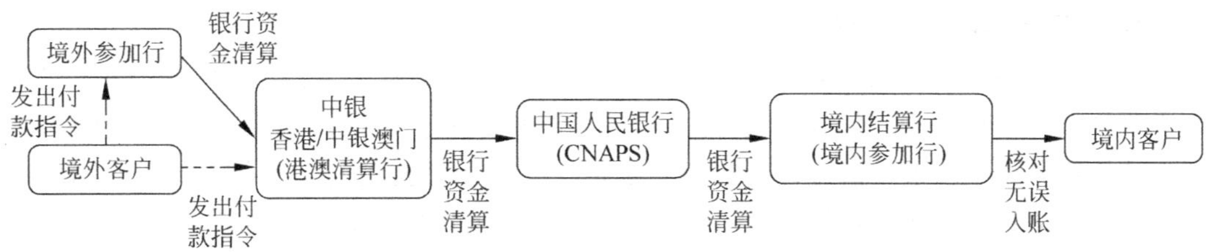

图 6-4　清算行模式下出口贸易汇入资金

2. 代理行模式

代理行模式的基本做法是：试点地区具备国际结算业务能力的商业银行(即境内代理银行)与境外参加银行签订人民币代理结算协议，为其开立人民币同业往来账户，并可提供人民币购售、账户融资等服务。境内代理银行可以同时作为境内结算银行，为境内企业开立结算账户。

进口贸易下，境内企业首先将资金汇入境内代理银行，境内代理银行将支付指令通过 SWIFT 系统发送至境外参加银行，然后由境外参加银行将资金(人民币或兑换为其他货币)解付给境外企业，如图 6-5 所示。

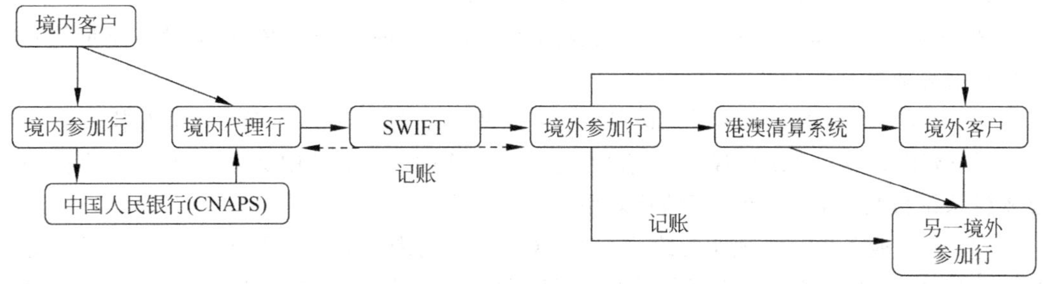

图 6-5　代理行模式下进口贸易汇出资金

出口贸易下，人民币资金汇划按上述流程反向处理，如图 6-6 所示。

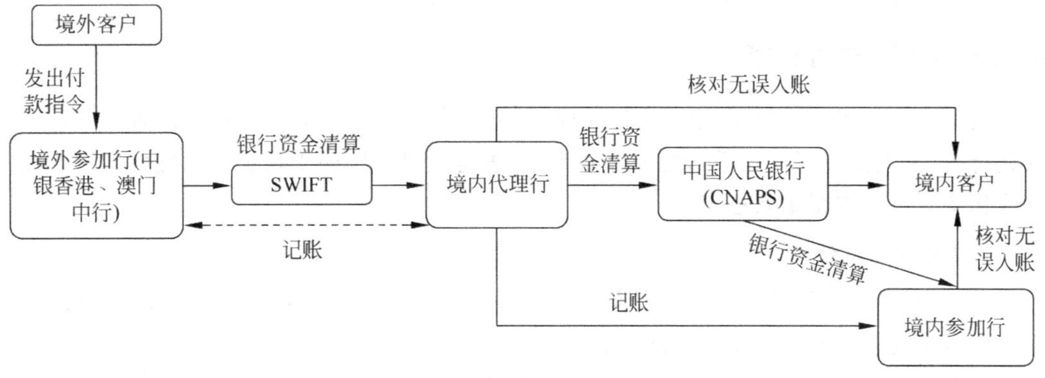

图 6-6　代理行模式出口贸易汇入资金

人民币跨境流动信息由代理银行或境内结算银行报送人民币跨境收付信息管理系统。

3. 非居民人民币账户模式

境内非居民账户(Non-Resident Account,NRA)的基本做法是:经中国人民银行当地分支机构核准,境外企业可申请在境内银行开立非居民银行人民币结算账户,直接通过境内银行清算系统或中国人民银行跨行支付系统进行人民币资金的跨境清算和结算,如图6-7所示。这一清算模式的主要特点是:境外客户跨境在境内银行开立人民币账户,而整个银行间清算链条完全处于境内,清算环节少,手续简便,如境内客户与境外客户在同一家境内结算银行开户,在该行系统内转账即可完成清算。

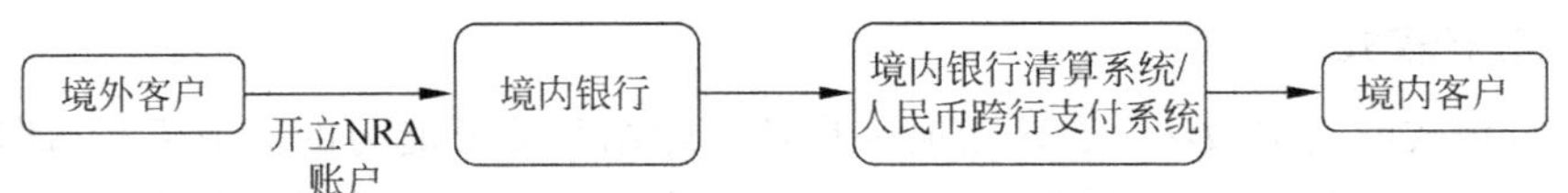

图6-7 NRA模式下的人民币跨境清算

4. CNAPS的局限性

CNAPS系统建立的初衷主要是为了满足国内银行间人民币支付清算的需求,并未考虑日后跨境人民币清算量日渐增加的情况。用CNAPS进行跨境人民币清算主要有以下局限性:

(1) 运行时间过短,不适合跨时区清算。CNAPS系统的运行时间为早上8:30开启,下午4:30关闭,一天运行8个小时。相对我国六七个小时时差的地区,根本没有充足的时间来处理清算业务。

(2) CNAPS与国际清算系统接口无法完全匹配。在代理行和境外清算行模式下都必须通过SWIFT报文系统传递跨境清算信息。但SWFIT不支持中文报文,且一些字段与大额支付系统报文不兼容,影响了清算效率。

(3) 部分业务无法实现实时跨境结算。CNAPS尚未与境内外币支付系统、证券清算系统互联互通,难以实现跨境清算所需的人民币和外币同步支付结算和人民币证券券款兑付结算。

鉴于以上CNAPS的局限性,同时考虑到随着人民币国际化的不断推进和资本项目的不断开放,未来跨境支付结算量将稳步增加,现有的清算体系将不具备可持续性。

6.1.3 CIPS支付结算

我国跨境人民币支付系统(CIPS)一期于2015年10月8日上午正式启动。该系统上线运行后,大大提高了人民币跨境清算效率,标志着人民币国内支付和国际支付统筹兼顾的现代化支付体系取得重要进展。

1. CIPS总体架构

CIPS所涉及的关系人包括直接参与者、间接参与者、境外直接参与者资金托管银行(以下简称资金托管行),具体流程如图6-8所示。

直接参与者是指在CIPS开立资金账户,拥有CIPS行号,通过CIPS办理人民币跨境支付业务的境内外银行机构、清算机构和结算机构。直接参与者的行内业务系统或专用前置系统与CIPS连接,通过CIPS发送和接收指令,指令通过专用网络或通用网络传输(境内直接参与者采用专用网络,境外直接参与者可采用专用网络线或SWIFT等通用网络接入)。

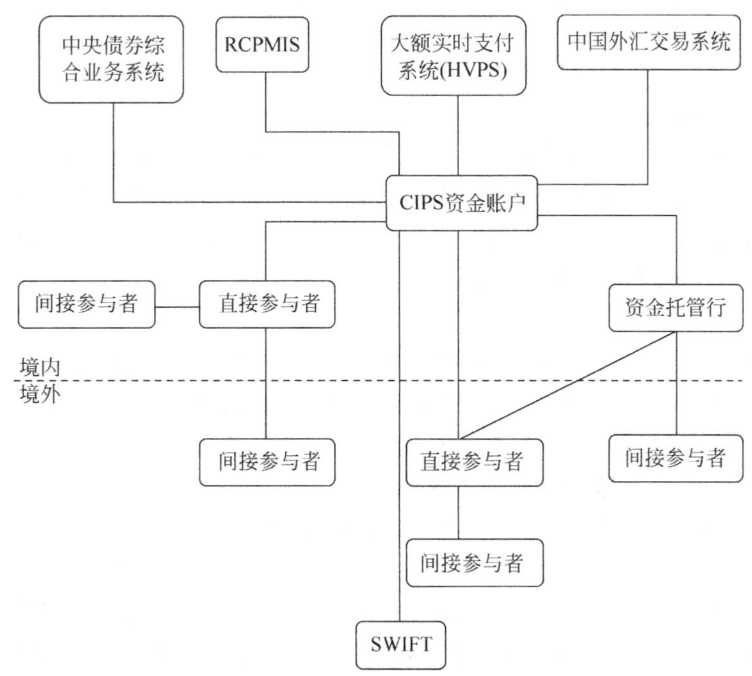

图 6-8　CIPS 具体流程

其中，境外直接参与者接入 CIPS 的功能在 2015 年 9 月份投产的一期中暂未实现。

间接参与者是指未在 CIPS 开立资金账户，拥有 CIPS 行号，必须委托直接参与者办理人民币跨境支付业务的境内外银行机构等。间接参与者通过直接参与者向 CIPS 发送和接收指令。

资金托管行是指与 CIPS 境外直接参与者签订结算服务协议，负责为 CIPS 境外直接参与者开立资金存管账户并提供相关服务的境内商业银行。

大额实时支付系统(HVPS)与 CIPS 相连，支持境内直接参与者的资金调拨等业务。

债券结算系统(包括中央债券综合业务系统、银行间市场清算股份有限公司业务系统)与 CIPS 相连，支持质押融资、质押担保等业务。

中国外汇交易系统与 CIPS 相连，支持银行间外汇市场的人民币资金结算业务。

中国人民银行建立的人民币跨境收付信息系统(RCPMIS)与 CIPS 相连，接收 CIPS 每日处理的业务信息。

SWIFT 网络为采用 SWIFT 方式接入 CIPS 的境外机构提供通信业务。

CIPS 的系统结构和互相通信的系统涵盖了目前主流的人民币跨境支付的业务渠道，提供了一条便捷安全的资金清算高速公路。

1) CIPS 业务类型

CIPS 支持的业务有两类：一类为支付业务，主要包括客户汇款和头寸调拨等进行资金结算的业务；另一类为信息业务，主要包括保函、托收、信用证等不进行资金结算的业务。随着人民币国际化的深入，业务处理种类也会随之增多。

2) CIPS 主要功能

为满足客户汇款、头寸调拨、信息传递等业务需要，CIPS 应提供的主要功能包括支付结算、流动性管理、信息业务处理、运行维护和参与者管理。

2. CIPS(一期)的优势与不足

1) CIPS(一期)的优势

采用实时全额结算方式,报文标准采用ISO 20022报文标准,使用规范的中国四角码,支持中英文传输,充分考虑了与现行SWIFT MT报文的转换要求。CIPS(一期)按照北京时间和中国法定工作日运行,每天运行时序分为营业准备、日间处理、业务截至和日终处理四个阶段,日间处理支付业务的时间为9:00—20:00。

2) CIPS(一期)的不足

(1) 覆盖面不足。首批直接参与者只包括境内的中外资银行机构19家,间接参与者一共176家,覆盖了47个国家和地区。截至目前,间接参与者发展到253家。两百多家的间接参与者覆盖面还远不够,业务种类也较为单一,还没有起到主渠道的作用,代理行和清算行的模式在相当长一段时间还会与CIPS并行。

(2) 存在系统运行时间限制。CIPS(一期)的日间处理业务时间为9:00—20:00共11个小时,大额支付系统业务处理时间为8:30—17:00共8.5个小时。相比美国Fedwire长达21.5小时和CHIPS长达20小时的工作时间,未来为了更好地满足其他时区的人民币清算需求,CIPS和大额支付系统的业务处理时间都必须进一步延长,为人民币跨境支付提供更便捷、更高效的服务。

(3) 资金使用效率低。CIPS(一期)上线仍采用实时全额结算方式,在净额结算方面仍然有待完善。CIPS系统应尽快推出净额结算方式,开发高效的轧差算法,提高系统对业务队列的处理能力和对资金头寸的利用效率,降低参与者的流动性成本。在净额结算方式下,虽然对直接参与者的业务队列进行轧差能够降低清算业务占用的资金量,但要进一步减少清算业务所占用的资金,必须为直接参与者提供双边、多边的信用透支额度,使直接参与者提供的头寸能够支撑更多的清算业务。

(4) 业务种类单一。CIPS(一期)主要进行客户汇款、资金调拨等清算业务,种类单一。CIPS应该增加其他业务种类,将保函、托收、信用证等信息业务纳入系统内。另外,CIPS还可以与债券结算系统相连,支持质押融资、质押担保等业务。

6.2 网上银行

6.2.1 网上银行概述

网上银行(也称网络银行、在线银行)指的是采用网络通信技术,以互联网、无线网等作为基础的交易平台和服务渠道,在线为公众提供办理结算、信贷服务等创新业务。

欧洲银行标准委员会认为:网上银行是指那些利用网络为通过使用计算机、网络电视、机顶盒及其他一些个人数字设备连接上网的消费者和中小企业提供银行服务的银行。这里,网上银行被认为是利用Internet、Intranet及相关技术处理传统的银行业务及支持电子商务网上支付的新型商业银行或金融机构。它实现了银行与客户之间安全、方便、友好、实时的连接,可向客户提供开户、销户、查询、对账、行内转账、跨行转账、信贷、网上证券、投资理财以及其他贸易或非贸易的全方位银行业务服务。可以说,网上银行是在Internet上的虚拟银行柜台。

2014 年中国网上银行交易规模达到 1304.4 万亿元，增长率为 40.2%，增速较 2013 年的 24.6%有一定幅度提升；截至 2014 年底，个人网银用户达 3.82 亿人，占整体网民规模比例的 58.9%；企业网银用户达到 1729.5 万户，同比增长 27.7%。

目前，网上银行发展的模式分为两种。

一是完全依赖于互联网的无形的电子银行，也叫“虚拟银行”。所谓虚拟银行，就是指没有实际的物理柜台作为支持的网上银行，这种网上银行一般只有一个办公地址，没有分支机构，也没有营业网点，采用国际互联网等高科技服务手段与客户建立密切的联系，提供全方位的金融服务。以美国安全第一网络银行(Security First Network Bank，SFNB)为例，它诞生于 1995 年 10 月，是在美国成立的第一家无营业网点的虚拟网上银行，它的营业厅就是网页画面，当时银行的员工只有 19 人，主要的工作就是对网络的维护和管理。

二是在现有的传统银行的基础上，利用互联网开展传统的银行业务交易服务，即传统银行利用互联网作为新的服务手段为客户提供在线服务，这种方式实际上是传统银行服务在互联网上的延伸，也是目前网上银行存在的主要形式，绝大多数商业银行都采取了这种发展模式。事实上，我国还没有真正意义上的网上银行，也就是“虚拟银行”，国内现有的网上银行基本都属于第二种模式。据艾瑞网发布的《2009—2010 年中国网上银行行业发展报告》，截至 2008 年底，在国内建立网站的商业银行达到 41 家，开展交易型网上银行业务的商业银行达 31 家。2008 年中国网上银行交易规模 320.9 万亿元，同比 2007 年增长 30.6%；2010 年达到 662 万亿元，同比 2009 年增长 48.8%。

网上银行在中国的发展经过了四个阶段：萌芽阶段、起步阶段、发展阶段和成熟阶段，如表 6-2 所示。

表 6-2　网上银行的发展阶段

时　　间	特　　征	主 要 事 件
萌芽阶段：1996—1997 年	网上银行服务开发和探索之中	1996 年，中国人民银行(BOC)投入网上银行的开发； 1997 年，中国人民银行建立网页，“网上银行服务系统”搭建，招商银行开通招商银行网站
起步阶段：1998—2002 年	各大银行纷纷推出网上银行服务	1998 年 4 月，招商银行在深圳地区推出网上银行服务，“一网通”品牌正式推出； 1999 年 4 月，招商银行在北京推出网上银行服务； 1999 年 8 月，中国人民银行推出网上银行，提供网上信息服务、账务查询、银证转账、网上支付、代收代付服务； 1999 年 8 月，建设银行推出网上银行服务，首批开通城市为北京和广州； 2000 年，工商银行在北京、上海、天津、广州等四个城市正式开通网上银行； 2001 年，农业银行推出 95 599 在线银行；2002 年 4 月推出网上银行； 2002 年底，国有银行和股份制银行全部建立了网上银行，开展交易型网上银行业务的商业银行达 21 家

续表

时　间	特　征	主要事件
发展阶段：2003—2010年	网上银行品牌建设加强，产品和服务改善成为重点；重点业务发展带动各大网上银行业务快速发展	2003年，工行推出"金融@家"个人网上银行； 2005年，交行创立"金融快线"品牌； 2006年，农行推出"金e顺"电子银行品牌； 2007年，个人理财市场火热带动网上基金业务猛增，直接拉动个人网上银行业务的大幅增长； 2008年，网银产品、服务持续升级，各银行在客户管理、网银收费等方面积极探索
成熟阶段：2010年以后	网上银行相关法律逐步完善，网上银行业务稳步发展，网上银行进入到"超级网银"和银行业互联网化状态	

1）萌芽阶段

此阶段开始于1996年，以中国人民银行投入网上银行的开发、建立自己的网站作为标志，实现了银行上网。在此阶段，银行上网不从事实际的银行业务服务，只是利用自己的企业网站进行形象宣传和信息发布。

2）起步阶段

1998—2002年，各大银行纷纷建立起自己的网上银行业务服务，网上银行进入起步发展阶段，标志着网上银行的形成。

3）发展阶段

2003—2010年，网上银行进入发展阶段，各大银行重视并加强自己的网上银行品牌建设，将改善产品和服务作为建设的重点，为此，工商银行推出了"金融@家"，交通银行创立了"金融快线"，农行推出了"金e顺"等电子银行品牌，标志着网上银行的真正形成。

4）成熟阶段

从2010年开始，网上银行进入成熟发展阶段。有关网上银行的相关法律逐步完善，"第二代支付系统"也已建成，网上银行的相关业务步入稳定发展阶段，网上银行进入"超级网银"和银行业互联网化状态。在"超级网银"下，用户登录一家网上银行，可以管理多家银行开立的结算账户，进行跨行查询、跨行支付和跨行转账等操作；在银行业互联网化的状态下，银行业信息化程度和流动性风险管理手段得到全面提升，在基于银行内核业务的基础上，利用互联网技术为客户提供新型差异化银行业服务得到了普遍认同。

表6-3列出了平安银行的互联网演进过程。

与传统银行业务相比，网上银行有许多优势，网上银行对银行的服务支撑、业务分流与结构改善等方面起着决定作用。网上银行拓宽了银行传统业务与客户的接触面，为各项业务快速发展提供了一条便捷的"高速公路"，客户能以最简便的方式，7×24小时在线安全办理银行业务；网上银行将银行从"加网点，加人"的传统业务发展模式，转变成高科技与高效益的发展模式，极大地降低了银行日常营运成本，使人工柜面能更多地服务于高端客户，从事理财等高附加值服务；另外，网上银行的分流能力、创新能力、新兴市场渗透能力、客户体验持续改善能力，大大提升了银行的核心竞争能力，拓宽了银行的中间业务收益来源与负债渠道，降低了经营成本。网上银行通过服务创新，可以较为容易地向客户提供多种类型的个性化服务；通过低成本的信息咨询服务，也可以较容易地将银行业务渗透到营业网点难以销售的保险、证券和基金等金融产品领域，满足部分客户咨询、购买和交易多种金融产品的需求。网上银行所具有的 3A 特色，即能在任何时候(Anytime)、任何地方(Anywhere)、以任何方式(Anyhow)为客户提供金融服务，成为银行吸引和保留优质客户，扩大客户群体，开辟新的利润来源的动力源泉。

表 6-3　平安银行的互联网演进过程

——官僚式—— >			——主动式—— >		——互动式—— >	
			个人银行 企业银行 银行网站	个人银行 企业银行 银行网站 网上证券	个人银行 企业银行 银行网站 网上证券 网上外汇 房贷直通车 网上商城	直销网银 个/企网银 银行网站 网上证券 托管银行 网上黄金 网上外汇 房贷直通车 网上商城
						电子客票
				电子客票	电子客票	在线供应链
			电子客票	手机银行	在线供应链	手机银行
		个人网银 企业网银 银行网站	手机银行	掌上银行	手机银行	私人银行
	客户终端		网点银行	网点银行	网点银行	网点银行
网点银行	网点银行	网点银行	核心银行	核心银行	核心银行	核心银行
1987—1995 年	1995 年	2000 年	2001 年	2002 年	2005 年	2009 年至今

网上银行业务的快速发展主要与四个方面的因素有关。首先，网络技术水平突飞猛进。包括计算机、网络、手机在内的信息技术发展迅速，高速网络已全面取代拨号为主的上网模式。其次，客户群体发生了很大变化，网上银行发展的客户基础逐渐成熟。受过高等教育的人数大幅度上升，成为社会创造财富的主流群体，他们接受网上银行的能力非常强。再次，从银行来说，提供信息服务的能力今非昔比。银行是我国信息化水平最高的行业，所有的全国性银行现在都已经实现了系统的升级换代和改造，实现了全国性的大集中，能够一点接入完成所有的业务。第四，从整个社会来说，各种各样的安全技术手段逐渐成熟，为客户创造安全条件的技术手段也已经具备。

6.2.2　网上银行功能与经营管理

1. 网上银行功能

网上银行功能分为基础服务和衍生服务。基础服务既包括传统的零售业务，也包括传统的批发业务；而衍生服务包括网上支付、网上信用卡业务、网上投资理财服务、网上消费贷款服务等。总体上也可分为个人网上银行业务和企业网上银行业务。

1) 个人网上银行业务

以中国建设银行为例，主要功能有：

(1) 账户管理，包括我的网银、账户查询、追加新账户、账户注销、账户挂失、个性化设置、E家亲账户、其他账户服务等。

(2) 转账汇款,包括活期转账汇款、向企业转账、跨行转账、预约转账、批量转账、外汇汇款、结果查询等。缴费支付,包括缴费支付、批量缴费、预约缴费、缴费支付记录查询、E付通、银行卡网上小额支付等。

(3) 信用卡,包括信用卡开卡、信用卡查询、信用卡还款、购汇还款、信用卡管理等。

(4) 个人贷款,包括我的贷款、归还贷款、贷款维护、贷款试算等。

(5) 投资理财,包括基金业务、外汇买卖、黄金业务、债券业务、银证业务、银行存管、理财产品、证券管理、保险业务等。

(6) 其他,如客户服务、安全中心等。

2) 企业网上银行业务

以中国工商银行为例,主要有:

(1) 账户查询。可以查询本企业在银行开立的所有账户的余额、历史明细、当日明细,还可以把它们下载打印出来,账户的发生情况一目了然,外面来款是否进账一查便知。

(2) 网上结算。企业可以通过网上银行把资金从其账户中转出,实现与其他单位或者个人之间的同城或异地资金结算。企业可以选择向任意账户付款,也可以约定向几个固定的账户付款。企业发生的一切网上交易在银行的计算机中都有详尽的记录,并且每一笔网上交易都会触发银行的打印机自动打印出交易凭证。

(3) 集团理财。集团总公司可随时查看各分公司账户的详细信息,还可主动向分公司下拨或上收资金,实现资金的双向调拨,达到监控各分公司资金运作情况、整个集团资金统一调度管理的目的。

(4) 网上收费站。企业可以通过网上银行主动收取其授权的企业或个人各类应缴的费用,即收费单位可以主动扣收企业或个人应缴的费用。

(5) 贵宾室服务。可以为集团企业管理本部及下属分支机构账户提供方便,对设定的账户进行单笔余额超限提醒;可提供现金预约、收款预约、付款预约、票据查询预约等服务;可根据客户设置的参数,每日按照客户选择的时间、收付账户、额度选择自动发起转账指令;可以实现网上代报销、代发工资等业务。

(6) 贷款查询。企业可对注册的所有总公司和分公司的贷款账户进行贷款主账户查询以及利随本清贷款、贷款表内欠息、贷款表外欠息和贷款借据账的查询。

(7) 基金业务。企业可在网上进行基金认购、申购以及基金基本信息查询。

(8) 国债业务。客户可利用网上银行进行国债账户查询,进行网上即时交易,对债券价格及债市信息也可查询。

(9) 代理行业务。这是为其他政策性银行、股份制银行、商业银行等银行机构提供的一项服务,包括代签汇票和代理汇兑。代签汇票指代理银行用本银行汇票为其客户签发汇票后,登录本银行的网上银行系统,录入签发汇票的信息进行记账(汇票资金移存)。代理汇兑指代理银行通过本银行的网上银行系统为其客户办理汇兑的业务。

(10) 特约商城服务。可以为在 Internet 上销售商品或提供服务的商城提供网上资金结算服务,这为网上商城及企业提供了一条安全、快捷、方便的资金结算途径。

2. 网上银行的经营与管理

网上银行的经营与管理的任务,主要是对网上银行的产品和服务进行设计、开发、测试和营销。不同类型的网上银行，有着不同的经营理念，经营不同的产品和服务。对于美国印第安纳州第一网络银行(First Internet Bank of Indiana，FIBI)和Wingspan Bank之类的虚拟银行而言，它们不认为虚拟银行具有局限性，认为随着科技的发展和网络的进一步完善，纯网络银行完全可以取代传统银行，故其秉承全方位的发展模式，业务类型遍及传统银行的一切服务，如FIBI通过推出所谓的"中小企业贷款服务"，从而改变了虚拟银行没有企业贷款服务的历史。

Wingspan Bank是美国第一银行创建的纯互联网的金融服务信息媒介，它发现一些客户必须通过单独的网站进行各种交易活动，这些客户希望在线处理一系列金融交易，例如证券抵押、贷款、投资、申请信用卡、支付账单等，从而意识到在线银行不仅能够而且应该给个人提供他们能使用的所有金融服务。因此，它提出自己作为虚拟银行的定位是"第一个大型的、包含广泛、充实且有大量不同产品的纯网络银行及金融服务网站"。Wingspan Bank为了实现它的全方位发展模式，首先建立了四个即期目标：开发新客户、交叉销售产品、维护网站一致性、提供美妙的客户体验。另外，公司通过广泛的和微软、美国在线、IBM等公司合作，培养并建立关系网，获得有关互联网的经验，因此它能提供一个方便、集中的地点，让客户获得所有的金融服务。

大多数的虚拟银行意识到网上银行存在局限性，由于没有分支机构，它们无法为中小企业提供现金管理服务，也不能为客户提供在线存款服务，与传统型银行相比，虚拟银行提供现金服务要少得多。因此，它们秉承特色化发展模式的经营理念，专注于具有核心竞争力的业务。例如，在Compu Bank的高级管理人员看来，纯网络银行若想在竞争中获取生存，必须提供特色化的服务，其他业务则可以让客户在别的银行获得。对于耐特银行(即Net.B@nk)来说，它曾经是仅次于SFNB的虚拟银行，在1999年一季度末，它的存款已经达到3.327亿美元，在SFNB被收购以后，它成为虚拟银行的领头羊，其服务特色在于以较高的利息吸引更多的客户。

在我国，由于受到金融监管的限制，目前还没有一家纯虚拟银行，所有网络银行都属于混合型网络银行。其经营理念是在原有银行的基础上，建立网上业务渠道，以巩固客户基础，降低服务成本，提供经营效益，延伸银行原有的品牌优势。通过网络渠道来优化自身形象，改善客户关系，扩大产品的市场占有率，最终实现传统业务与网上银行的协调发展。

网上银行作为现代技术应用产物，其产品技术开发战略十分重要，就目前网上银行系统的开发建设形式而言，无论是混合型网络银行还是新兴的虚拟银行，都大致分为外包型、独立开发和合作开发三种开发模式。

1) 外包型

外包型即选购现成的软件包，这种方式直接选用IT厂商推出的各种现成的网络银行解决方案。美国的许多网络银行系统采用的就是这种方式。如Wells Fargo的一部分个人银行业务，选用的就是Microsoft的Money和Intuit的Quicken等个人银行系统。这种模式的优势是开发周期短、速度快、经济和方便；其缺点是受IT厂商的制约太大，这种捆绑对于网上银行业务的长远发展是不利的。由于这种捆绑效果，银行无法迅速和灵活地适应变化了的客户需求，无法显示自己的服务特色，无法完全按照自己的意图开发新产品，更无法在网上建立自己的品牌。它的另一个缺点是：这些商用软件公司(如Intuit和Microsoft)会成为供应链上的控制者，制约银行自主选择商户，也就是说，软件公司将决定银行对于供应链上的合作伙伴的选择。根据1994年美国莱斯利·威尔科克斯等的《信息技术外包指南》报告,他们在对76个组织的223个信息技术外包合同的成本中,发现陷落的成本构成了信息技术外包业务中最大的问题。在每一个供应商撰写的合同中都存在隐蔽成本,这些隐蔽成本加起来有的甚至高达100多万美元。这是网络银行推行外包战略时应充分考虑的问题,要加强对合同细节的审查和修改,通过合同附件或参考条款等形式明确细节内容。

美国大陆银行采取的是完全的技术外包战略。它一反商业银行恪守的保持对信息技术完全控制的传统,与美国IBM的系统集成公司(ISSC)签订了为期10年、金融达数百亿美元的信息技术外包合同。它将银行资源集中起来营造其核心业务——掌握客户的需求并与客户建立良好的关系。美国大陆银行认为:执行这种几乎完全放弃对信息技术控制的战略,是它服务于客户的经营理念和宗旨的自然体现。信息技术外包后,商业银行面临的两个关键问题同样出现在美国大陆银行面前,即维护现有系统的软件和开发新应用程序。网上银行项目外包失败通常出现在这两个问题上,但美国大陆银行与ISSC的合作每年能节省1000万美元的开支。

美国大陆银行的成功经验可以概括为:一是商业银行应关注核心业务,而不是信息技术;二是商业银行要适当控制信息,当外包计划还不成熟时,为了保持职员的效率和士气,应适当控制这种计划信息;三是尽早确定与外包供应商的关系;四是保证实现对业务单元的控制权,外包不是将包袱外抛,业务单元的决策权还在银行方面;五是选择外包供应商不是单纯选择一个卖主的问题,也不能仅仅听卖主的推销意见,银行方面应尽量获得各种管理咨询的意见,以确定从多角度客观评价外包供应商长期合作的能力和意愿,并从法律规则角度确定双方的权利和义务。

2) 独立开发

独立开发即银行自己组织技术力量,完全自主地开发建设网上银行项目。这种模式的优势是由于了解业务,开发出来的系统有较强的灵活性,且可以依据业务的变化随时调整系统;不足之处在于信息技术更迭较快,银行一般并不擅长软件开发,而且像软件公司那样拥有持续的资源来支持以后的开发和升级服务。

我国的招商银行采取的就是这种完全独立的开发战略,它的开发经验是"四个统一",即统一开发、统一硬件、统一软件和统一使用。招商银行在国内金融软件公司没有成长起来时,在深圳总部成立了计算机中心统一进行技术开发,然后再将产品向各分行推广。到2000年,招商银行计算机中心有200多人。可以说,在网上银行的纯技术上,招商银行并不比国有大银行有很大的优势;招商银行处于领先地位的基础,一是具有先行者优势,二是在相当程度上依靠其全国统一的系统装备基础,如统一的柜台联网、ATM联网和POS联网等。

3) 合作开发

合作开发即混合型开发,它一方面依靠自己的技术力量和决策主动权,同时在IT厂商的帮助下合作开发。为了克服第一种开发模式造成的捆绑效率,又充分考虑技术的发展,许多银行在网上银行系统的开发上采取了与IT厂商合作的开发模式。具体做法:一是投入前所未有的大额资金建设信息构架、技术基础架构和在线银行产品服务,以对付来自非银行界的威胁,并且彻底改变银行对零售客户的服务。二是将不是自己核心能力的相关技术方案与软件开发商合作,自己的业务人员积极配合。由于软件开发商始终关注信息技术的快速变动,且它不局限于本项目的应用,从而能以规模经济的低成本提供更好的软件产品。三是寻找可以直接连接客户、中间人、银行和第三方服务的在线金融供应商。这些金融供应商的目标就是提供终端客户最佳的服务品质和最便宜的售价。通过这种通力合作的模式，产生规模效益和正反馈效益，即这样做的目标就是借提供越来越便利的服务以获取客户的忠诚度。

中外网络银行多采用这种与 IT 厂商合作开发的混合战略。国外如 1990 年美国第一诚信银行集团就将部分信息技术业务外包。我国目前的网上银行系统基本上采用的就是合作开发模式，如中国建设银行总行网上银行项目与惠普公司合作，中国建设银行广东分行网上银行项目与信雅达公司合作等。这种模式的优势是开发出的系统具有较强的灵活性，且可以随时应付技术环境和用户需求的变化。

3. 网上银行业务互联网化创新

网上银行的优势主要表现为：一是成本优势，二是模式创新。网上银行业务互联网化创新主要表现于以下几个方面。

一是传统模式创新。该模式是将由银行业务转化而来的服务或产品进行网络推广或销售。该创新思路简单直接，能够快速将服务或产品推向互联网领域。传统创新模式对业务或服务本身并未利用互联网技术进行替换或优化，也并未降低成本，但该模式使用简单，营销推广效果明显，因而使用频率较多。具有代表性的应用为平安银行理财产品的线上销售。

二是技术模式创新。该模式是将由银行业务转化而来的服务或产品采用互联网技术替换、优化或创新出互联网化的新产品或新服务。目前，此模式在银行业内应用广泛。银行业务通过互联网技术转化后，不仅能有效降低产品或服务的成本，而且能提供差异化的产品，提升客户体验，增加客户黏性。具有代表性的应用有平安银行网上银行、电子银行等创新服务渠道。

三是产业模式创新。该模式的出现主要集中于银行业与产业发生业务关联时，是将银行业务与产业链中的相应业务相融合，利用互联网技术进行优化、替代或创新，产生出新产品、新服务连带新商业模式。具有代表性的应用有平安银行与电子商务网站联手搭建支付体系、与航空公司共同推出电子客票等。

四是客户模式创新。该模式是将银行业自身业务与多年累积的数据和经验相结合，利用商务智能技术，对客户行为形成预判断，为客户提供相应建议乃至自动操作，并对客户反馈进行处理。该创新模式的价值在于最大限度地为客户提供差异化服务、满足客户需求，从而提高单个客户的利润率、深入发掘客户资源。目前，银行业由于技术等问题的限制，对该创新模式的使用均处于萌芽期，有待发掘。平安银行网上银行提供基于客户行为的分析报告具有客户创新模式意识，但仍过于简单，尚待提高。

6.2.3 网上银行的安全

1. 安全的系统架构

网上银行系统采用多层的安全架构，整个系统分成了四个安全区域：外部区域、安全区域一、安全区域二和银行内部区域，如图 6-9 所示。外部区域包含了网上银行的用户，在安装网上银行客户端硬件和软件之后，通过外部区域中的互联网就能访问网上银行业务系统；

安全区域一由网上银行访问子网组成，主要供客户进行 Web 访问；安全区域二由网上银行业务系统组成，主要进行网上银行的业务处理；银行内部系统包含银行处理系统，主要对银行内部的数据进行处理。

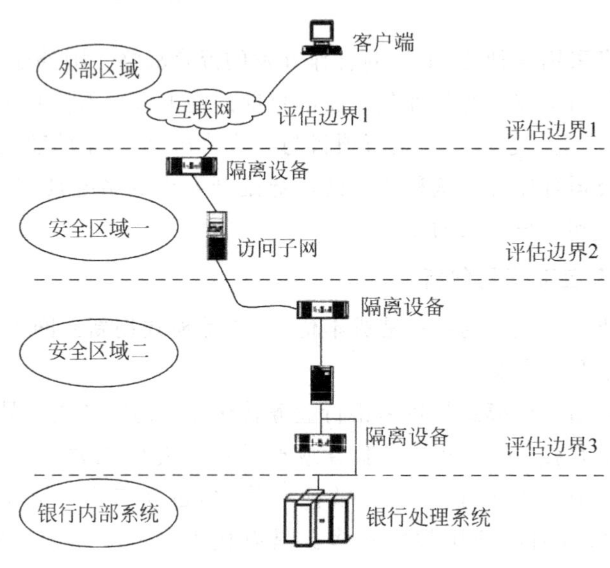

图 6-9　网上银行系统架构

2. 身份识别和 CA 认证

网上交易不是面对面的，客户可以在任何时间、任何地点发出请求，传统的身份识别方法通常是靠用户名和登录密码对用户的身份进行认证。但是，用户的密码在登录时以明文的方式在网络上传输，很容易被攻击者截获，进而可以假冒用户的身份，身份认证机制就会被攻破。

在网上银行系统中，用户的身份认证依靠基于"RSA 公钥密码体制"的加密机制、数字签名机制和用户登录密码的多重保证。银行对用户的数字签名和登录密码进行检验，全部通过后才能确认该用户的身份。用户的唯一身份标识就是银行签发的"数字证书"。用户的登录密码以密文的方式进行传输，确保了身份认证的安全可靠性。数字证书的引入，同时实现了用户对银行交易网站的身份认证，以保证访问的是真实的银行网站，另外还确保了客户提交的交易指令的不可否认性。由于数字证书的唯一性和重要性，各家银行为开展网上业务都成立了 CA 认证机构，专门负责签发和管理数字证书，并进行网上身份审核。2000 年 6 月，由中国人民银行牵头，12 家商业银行联合共建的中国金融认证中心(CFCA)正式挂牌运营。这标志着中国电子商务进入了银行安全支付的新阶段。中国金融认证中心作为一个权威的、可信赖的、公正的第三方信任机构，为今后实现跨行交易提供了身份认证基础。

3. 网上银行个人身份认证介质

目前，网上银行个人身份认证介质常用的有密码、动态口令卡、动态手机口令、移动口令牌、移动数字证书等。

密码是每一个网上银行必备的认证介质，使用密码进行身份认证，尽管方便，但密码在输入、传输、保存的过程中容易被木马病毒盗取或被他人偷窥，安全性较低。

动态口令卡是一种类似游戏的密保卡之类的卡。卡面上有一个表格，表格内有几十个数字。当进行网上交易时，银行会随机询问某行某列的数字，如果能正确地输入对应格内的数字便可以成功交易；反之不能。动态口令卡可以随身携带，轻便，不需驱动，使用方便，但是如果木马长期停留在计算机中，可以渐渐地获取口令卡上的很多数字，当获知的数字达到一定数量时，交易资金便不再安全，而且如果在外使用，也容易被人拍照。目前，中国工商银行和中国农业银行等提供这种认证介质。

动态手机口令是指在进行网上交易时，银行会向交易者的手机发送短信，如果能正确地输入收到的短信则可以成功付款，反之不能。动态手机口令的特点是在进行身份认证时，不需要安装任何驱动程序，只需要随身携带手机即可，不怕偷窥，不怕木马，相对安全。但是必须随身携带手机，手机不能停机，不能丢失，有时会因通信运营商服务质量的低下而导致短信迟迟未到，影响效率。目前，招商银行、中国工商银行、光大银行和邮政储蓄银行等提供这种认证介质。

移动口令牌类似将军令，一定时间换一次号码。付款时只需按移动口令牌上的键，就会出现当前的代码。一分钟内在网上银行支付时可以输入这个编码，如果无法获得该编码，则无法进行支付。移动口令牌的使用特点是不需要驱动，不需要安装，只要随身携带就行，不怕偷窥，不怕木马。口令牌的编码一旦使用过就立即失效，不用担心支付时编码被他人偷窥，安全系数较高。目前中国人民银行使用这种认证方式。

移动数字证书，不同银行有不同的称呼。中国工商银行称为U盾，农业银行称为K宝，中国建设银行称为网银盾，光大银行称为阳光网盾，在支付宝中的叫支付盾。它存放着用户个人的数字证书，并不可读取，另外在银行中也有一份相同的数字证书。当进行网上支付时，银行会向支付者发送由时间字串、地址字串、交易信息字串、防重放攻击字符串组合在一起并进行加密后的字符串A，支付者的移动数字证书将根据个人证书对字符串A进行不可逆运算，从而得到字符串B，并将字符串B发送给银行，银行端也同时进行着相同的不可逆运算。如果银行运算结果和支付者的运算结果一致便认为合法，支付便可以完成，如果不一致便认为不合法，支付便会失败。目前中国工商银行、中国农业银行、中国建设银行、招商银行、光大银行和民生银行等都提供这种认证介质。

总之，具体使用时，可基于安全性和便捷性的原则选择不同的工具。

6.3　第三方支付

随着电商的发展，网上支付需求日益强烈，第三方支付的出现大大提升了购物时的交易效率和资金流动效率，有效降低了资金流动成本，已成为当今中国网民使用比例最高的一种支付方式。

6.3.1　第三方支付的含义

作为央行电子支付体系的重要组成部分，第三方支付是指基于各种网络，提供线上和线下的支付渠道，完成从用户到商户(或客户)的网络支付、预付卡的发行与受理、银行卡收单以及经中国人民银行确定的其他支付业务等系列服务。从事第三方支付的非金融机构称为第三方支付厂商，其业务系统称为第三方支付平台。

第三方支付实际上就是买卖双方交易过程中的“中间件”，也可以说是一种“技术插件”，是在银行的监管下保障交易双方利益的一种新的支付模式。它的主要目的就是通过一定手段对交易双方的信用提供担保，化解网上交易风险的不确定性，增加网上交易成交的可能性，并为后续可能出现的问题提供相应的其他服务。

第三方支付是电子支付产业链中重要的纽带，一方面连接银行，处理资金结算、客户服务、差错处理等一系列工作；另一方面又连接着非常多的商户和客户，使客户的支付交易能顺利接入，如图6-10所示。由于拥有款项收付的便利性、功能的可拓展性、信用中介的信誉保证等优势，第三方支付较好地解决了长期困扰电子商务的诚信、物流、现金流问题，在电子商务中发挥着重要作用，成为金融支付体系中重要的组成部分。

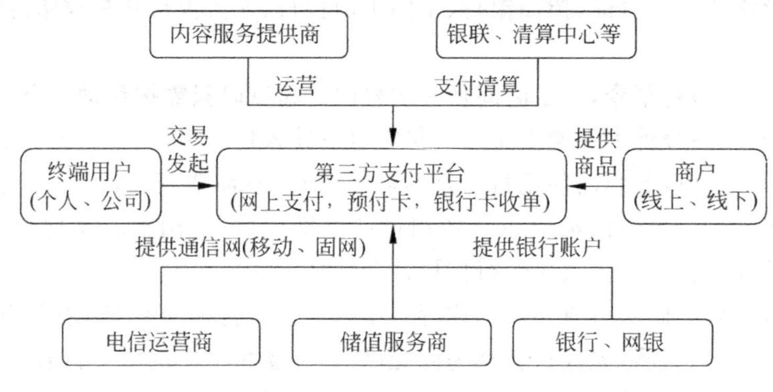

图6-10 第三方支付产业链

第三方支付在支付领域中具有特殊的地位，表现出许多优点。第一，不参与买卖双方的具体业务，具有公信度，不会因触及客户商业利益而失去服务机会；第二，把众多的银行和银行卡整合到一个页面，方便于网上客户，也降低了网民的交易成本；第三，可进行“多业务、多银行、多渠道”的服务创新；第四，对商家和消费者有双向财产保护能力，有效地限制了电子交易中的欺诈行为。

第三方支付为现代交易带来了许多方便，但也存在一些需要关注的问题。首先，第三方支付作为电子商务与电子金融产业链融合的环节，地位特殊，提供营销和信用两个价值，一旦失去这两个价值，也就无存在的必要；第二，部分支付厂商之间的恶性竞争、整体产业链的不完善以及存在的网络钓鱼、网银欺诈、非法套现等问题，需要更多合作方甚至相关主管部门的无隙合作；第三，随着支付用户数的日益增加，交易额的日益提高，如何为庞大的用户群提供最佳的用户体验，如何进一步推动第三方支付的扩展，成为第三方支付面临的又一问题。

6.3.2 第三方支付的发展

中国第三方支付从2004年开始进入加速发展阶段，在2008年和2009年呈现爆发增长，特别是随着2010年中国人民银行《非金融机构支付服务管理办法》及《非金融机构支付服务管理办法实施细则（征求意见稿）》的出台（见表6-4），第三方支付行业结束了原始成长期，被正式纳入国家监管体系，拥有合法的身份。

表 6-4　中国第三方支付相关法律法规

时间	部　　门	名　　称
2012.9	中国人民银行	《支付机构预付卡业务管理办法》
2012.1	中国人民银行	《支付机构互联网支付业务管理办法(征求意见稿)》
2011.6	中国人民银行	《支付机构反洗钱和反恐怖融资管理办法》(征求意见稿)
2011.5	中国人民银行、监察部、财政部等	《关于规范商业预付款管理的意见》
2011.12	中国人民银行	《银行卡收单业务管理办法》
2011.11	中国人民银行	《支付机构客户备付金存管暂行办法(征求意见稿)》
2011.1	中国人民银行	《支付机构预付卡业务管理办法(征求意见稿)》

2009 年以来，第三方支付市场的交易规模保持 50%以上的年均增速迅速扩大，并在 2013 年成功突破 17 万亿元，达到 17.2 万亿元，同比增长 38.71%；2014 年交易规模达 23.3 万亿元；2015 年交易规模达 31.2 万亿元。

2014 年中国第三方互联网支付(指通过桌面计算机、便携计算机，依托互联网发起支付指令，实现货币资金转移的行为)交易规模达 8 万亿元，同比增速 50.3%。整个市场份额中，支付宝占比 49.6%，财付通占比 19.5%，银商占比 11.4%，快钱占比 6.8%，汇付天下占比 5.2%，易宝支付占比 3.2%，环迅支付占比 2.7%，其他占比 1.6%。2015 年中国第三方互联网支付交易规模达 11.8 万亿元，同比增速 46.9%。整个市场份额中，支付宝占比略有下降，占 47.5%，财付通占比略有上升，占 20.0%，如图 6-11 所示。预计，到 2019 年，中国第三方互联网支付交易规模将会达到 27 万亿元左右，如图 6-12 所示。

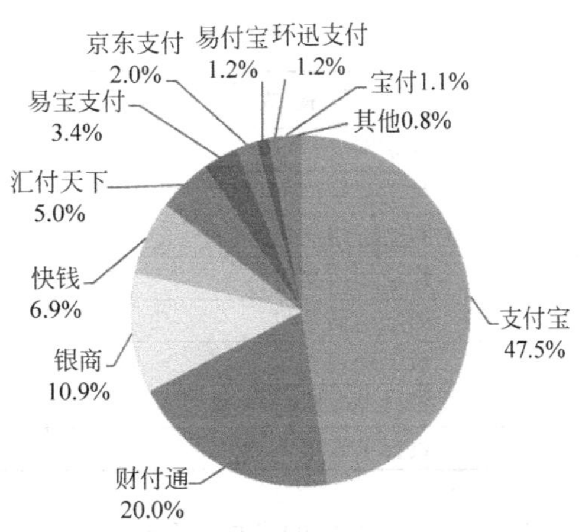

图 6-11　2015 年中国第三方互联网支付市场份额

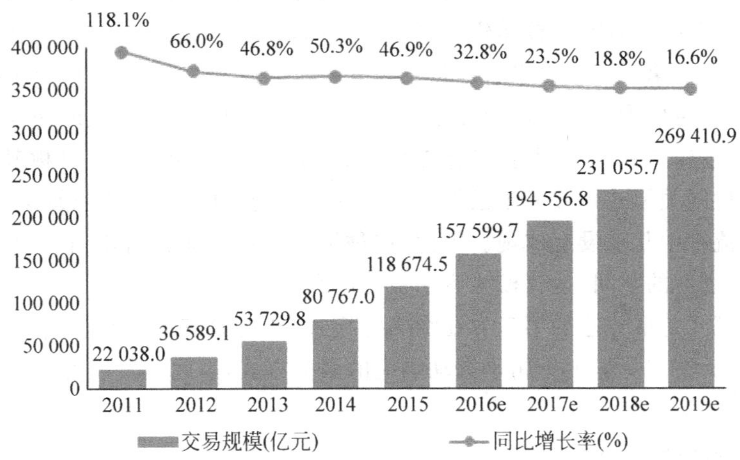

图 6-12　2011—2019 年中国第三方互联网支付交易规模

同时，随着移动网购的快速发展，用户习惯逐渐向移动端转移，PC 端网购支付的增速逐渐放缓，占比将会逐渐下降，交易结构也将会发生改变。2015 年 PC 端（不含银行、银联，只包含规模以上的非金融机构支付企业）网络购物和基金支付的比重在不断下降，其他种类的支付比重在不断上升。

6.3.3 第三方支付的业务模式

央行于 2010 年颁布《非金融机构支付服务管理办法》标志着央行认可了第三方支付机构的行业地位，并于次年开始发放第三方支付牌照，第三方支付行业正式纳入央行金融监管体系。根据央行于 2010 年颁布的《非金融机构支付服务管理办法》规定，第三方支付业务分为三大类，分别是网络支付、预付卡的发行与受理和银行卡收单。依据所获牌照不同（截至 2015 年 5 月 30 日，央行共发放了九批 270 家第三方支付牌照），第三方支付公司主要涵盖以上业务中的一项或多项，如表 6-5 所示。

表 6-5 第三方支付的业务模式

业务模式	企业
互联网支付	支付宝、PayPal、财富通、快钱
移动互联网支付	支付宝、财富通、联动优势 UMP
移动近端支付	Pay、Square、Google Play
移动短信支付	中国移动、中国联通、中国电信
固定电话支付	环迅支付、网银在线、汇付天下
数字电视支付	银视通、丰付 SumaPay
预付卡发行与受理	城市一卡通
银行卡收单	银联商务、杉德、通联支付

纵观第三方支付的发展，经历了三个重要的历史阶段，每个阶段均出现了新的支付模式，推动了市场的发展，而原有模式也继续存留在市场中发挥着重要的作用。

1. 服务于交易的支付网关模式

从 1999 年开始，出现了支付网关的模式。支付网关的模式是最基本的第三方在线支付模式，它没有内部交易功能，纯粹是银行网关的代理，如首信易支付，只是为客户提供支付通道。在这种模式中，第三方支付平台连接了多家银行的内部支付网关，形成了统一的支付接口，第三方支付平台成为了各家商户和银行之间连接的“中转站”，有效地提升了电子支付连接的效率，并从逻辑架构上降低了搭建支付系统的成本。这里，之所以称其为“服务于交易”，是因为支付网关模式是服务于已经达成交易的资金支付，即交易是前提，一般第三方支付厂商在交易流程中几乎没有体现。因此，这种模式的价值非常有限，而且门槛低，技术含量少，缺少业务创新的空间，运营模式容易被复制和取代。

支付网关模式是最普遍的第三方在线支付模式，所有第三方在线支付厂商都提供该模式，至今仍在广泛使用。但由于属于被动响应的服务方式，因此其发展速度受限于应用市场的发展程度。

2. 促成交易的信用中介模式

真正推动中国第三方支付市场发展的模式是 2004 年开始出现的信用中介模式，该模式由支付宝首创，支付宝也由此快速成为第三方支付市场的绝对领先者。信用中介模式的价值在于促成交易，中国互联网交易信用体系一直不健全，而信用中介的模式能够通过第三方介入的模式有效地解决在线交易中的信任问题，真正实现促成交易。随着这一瓶颈的突破，中国网上零售市场得以飞速发展，而信用中介模式的第三方在线支付方式也迅速成为主流，培养了最广泛的使用人群。

信用中介模式又称账户模式，使用之前用户需要注册一个虚拟账户。虚拟账户的出现大大提升了用户在线支付操作的便捷性，成为了中国第三方支付市场用户认知度最高的支付方式。除了创立该模式的支付宝外，腾讯旗下的财付通也在 2005 年底以信用中介模式进入第三方支付市场。在中国第三方支付市场，除支付宝和财付通外，其他的厂商由于没有理想的商户平台，因而也没有成熟的信用中介应用模式。

3. 创造交易的便捷支付工具模式

2009 年出现的便捷支付工具模式的重点在于工具，即支付账户或者电子钱包成为用户经常使用的具有工具属性的应用之一，具有方便、快捷、安全的特性和跨终端、跨系统平台、跨浏览器的使用兼容性优势。便捷支付工具模式有两个方面的体现：一是基于互联网的支付工具，支付宝在 2008 年注册账户达到 1 亿、2009 年中达到 2 亿之后，已经具备了中国互联网基本应用的属性，即与 QQ 等 IM 软件、电子邮箱一样成为中国网民上网必用的应用之一，而支付宝面向个人用户集成的公共事业缴费、信用卡还款、转账收款、电信缴费等功能则是用户主动使用支付宝的重要动因，也由此具有创造交易的价值；便捷支付工具的另一个体现则是基于手机客户端的移动支付业务，随着中国 3G/4G 时代的逐步深入，手机支付业务将会日趋成熟，支付应用与终端用户绑定得更加紧密，工具属性也将更加明确。支付宝在 2009 年下半年相继推出了面向主流智能手机操作系统的手机支付客户端，将是未来手机支付市场的重要参与者。

目前，在中国的便捷支付工具模式市场，竞争主要在于支付宝和中国银联两家企业之间。中国银联便捷支付要求注册用户在银联的支付页面使用“银联账户信息＋手机号码”的组合信息进行支付，而支付宝便捷支付则要求注册用户在支付宝支付页面使用“支付宝账户＋密码”进行支付，两家的支付模式基本相同。对于中国银联与支付宝的竞争，两者各具优势，支付宝目前已经上线的合作银行更多，支付额度也更高；而银联则胜在担保的方式，支付宝的担保方式为企业级担保，而中国银联的便捷支付，则由银行完成预授权担保(金融级预授权担保)，能够避免用户利息的损失和资金挪用的风险。

支付宝简介

支付宝(Alipay)最初是淘宝网公司为了解决网络交易安全所设的一个功能，该功能为首先使用的“第三方担保交易模式”，由买家将货款打到支付宝账户，由支付宝向卖家通知发货，买家收到商品确认后指令支付宝将货款放于卖家，至此完成一笔网络交易，其支付流程如图 6-13 所示。支付宝于 2004 年 12 月独立为浙江支付宝网络技术有限公司，是阿里巴巴集团的关联公司。

支付宝创新的产品技术、独特的理念及庞大的用户群吸引了越来越多的互联网商家主动选择支付宝作为其在线支付体系。目前除淘宝和阿里巴巴外，支持使用支付宝交易服务的商家已经超过 46 万家，涵盖了虚拟游戏、数码通信、商业服务、机票等行业。

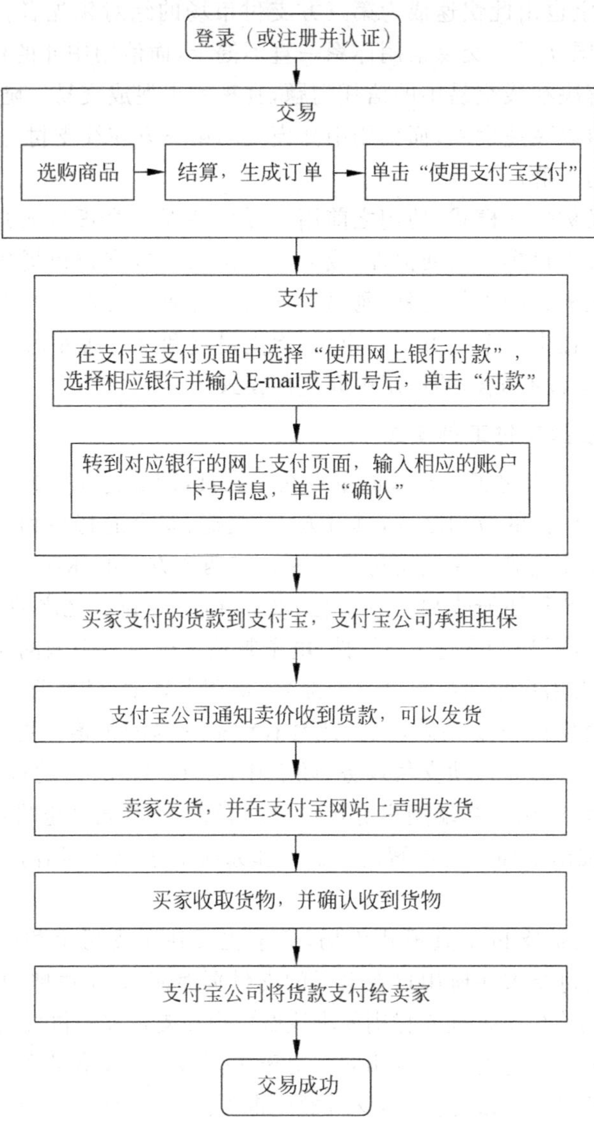

图 6-13 支付宝支付流程

支付宝以稳健的作风、先进的技术、敏锐的市场预见能力及极大的社会责任感，赢得了银行等合作伙伴的认同。目前国内工商银行、农业银行、建设银行、招商银行、上海浦发银行等各大商业银行以及中国邮政、VISA 国际组织等各大机构均与支付宝建立了深入的战略合作，通过支付宝用户可以使用银行卡进行网上银行转账，也可使用支付宝卡通等方式进行便捷支付。支付宝卡通让银行卡与支付宝账户合二为一，在付款时无须登录网银，只需输入支付密码，即可轻松完成支付，同时避免网银密码外泄风险，就像刷卡一样安全、方便。

2011 年 3 月支付宝首个社区营销工具微客正式上线，该工具定位于为商家提供基于 SNS 的支付与营销方式，即商家通过微客发布优惠券，用户可使用支付宝完成购买，款项归属于公益项目，形成社区＋支付＋营销＋公益的融合。

表 6-6 列出了中国银联和支付宝便捷支付的不同之处。随着支付清算协会的成立以及

第三方支付牌照的发放，中国支付行业的监管体系日趋成熟，第三方支付企业推陈出新，便捷支付的发展动力更加强劲，便捷支付将成未来主流的支付方式之一。

表 6-6　中国银联和支付宝便捷支付比较(www.iresearch.com.cn，2011)

<table>
<tr><th></th><th>支付方式</th><th>用户限制</th><th>银行卡限制</th><th>交易限额</th><th>签约银行</th><th>上线银行</th><th>支付模式</th><th>担保方式</th></tr>
<tr><td rowspan="4">银联在线支付</td><td>认证支付</td><td>无限制</td><td>无限制</td><td>单笔 2000 元 *</td><td rowspan="4">157</td><td>—</td><td>银行卡信息＋手机号码</td><td>直接消费</td></tr>
<tr><td>快捷支付</td><td>仅注册用户</td><td>仅关联一张银行卡</td><td>单笔 2000 元 *</td><td>60＋</td><td>银联账户信息＋手机号码</td><td>金融级担保</td></tr>
<tr><td>储值卡支付</td><td>无限制</td><td>仅中银通卡</td><td>储值卡金额</td><td>—</td><td>储值卡号＋密码</td><td>直接消费</td></tr>
<tr><td>网银支付</td><td>银行卡用户</td><td>无限制</td><td>银行额度</td><td>—</td><td>银行要求的信息</td><td>直接消费</td></tr>
<tr><td rowspan="2">支付宝支付</td><td>普通支付</td><td>仅注册用户</td><td>无限制</td><td>银行额度</td><td rowspan="2">108</td><td>—</td><td>银行要求的信息</td><td>企业级担保</td></tr>
<tr><td>快捷支付</td><td>仅注册用户</td><td>关联多张银行卡</td><td>单笔 5000 元 *</td><td>83</td><td>支付宝账户密码</td><td>企业级担保</td></tr>
</table>

注：* 为企业(银联、支付宝)限额，实际支付额度＝min(企业限额，银行限额)　www.iresearch.com.cn

6.3.4　第三方支付的清算方式

商业银行为其客户提供同一银行不同账户之间和不同银行间的资金转移服务，如果付款方和收款方都在同一银行开户，则资金转移可以简单地通过银行记账方式实现。但如果两者在不同银行开户，资金转移就要涉及多个金融机构，引起商业银行之间债务关系的变化，计算并清偿这种债务关系形成了银行同业之间的资金清算。

银行同业之间的资金清算，需要以中央银行为对手，分为两种形式：全额实时清算和差额批量清算。全额实时清算与每一笔跨行支付同时进行，一般用于大额支付；差额批量清算与支付不同步，这样可提高工作效率，节约处理成本。因为任何银行的跨行支付都是有来有往，银行之间的债务关系可以通过日终(或一日几次)将多笔支付交易实行借贷轧差，算出差额，最后统一划拨资金偿还。无论是哪种形式，都要通过中国人民银行现代化支付系统进行。各银行在现代化支付系统国家处理中心(NPC)开设有清算账户，中国人民银行自己也开设一个清算账户，跨行清算通过中国人民银行账户转发。

对于第三方支付来说，其支付清算方式采用了“二次结算”，今后还可采用“网联结算”。

1. 二次结算

尽管“支付宝”、PayPal、“易支付”等一批第三方支付平台也具有跨行支付的功能，但采用“二次结算”的方式可以回避跨行支付时引起付款行和收款行债务关系发生变化而需要清算的问题。具体做法是：支付平台在 A 行和 B 行均开设中间账户，并存入一定的结算备付金。当购货人向商家付款时，平台通知 A 行将购货人账户上的货款扣除(借记)并在平台的中间账户上增加(贷记)同样金额；然后通知 B 行将平台中间账户扣除(借记)同样金额并在商家账户上增加(贷记)同样金额。这样，平台就分别通过与付款方和收款方的两次结算实现了一笔跨行支付。这种模式的优点是避免了去央行清算的麻烦,另外,平台可以借以监控买卖双方的履约情况。"二次结算"方式的缺点:平台要在各家参与行都开设中间账户,并存入备付金,如果参与的银行很多,备付金总量会很大,使平台不堪重负。平台还需要时时监视和调拨资金,以维持中间账户的足够头寸。

2. 网联结算

在"二次结算"模式中,客户可以使用快捷支付方式将银行卡内的资金转到第三方支付系统中,前提是第三方支付机构需要预先接入银行接口,为此需要向银行缴纳一定的接口费用。目前,每家银行的接口费用千差万别,银行会根据第三方支付公司规模等多项因素定价,因此对于小规模的公司要么对接价格高昂,要么根本接不上。同时,第三方支付机构除了需要在备付金存管银行开立账户之外,还需要在多家备付金合作银行开立账户。这些都对第三方支付公司的运营成本和竞争力产生了很大影响。

此外,在支付交易的过程中,支付与资金流转信息隐藏在此第三方支付机构内部,监管机构只能看到支付机构内部轧差之后银行账户金额的变动情况,看不到资金流转的详细信息。这为违法违规留下了隐患。

为此,2016 年 8 月,由央行牵头成立了线上支付统一清算平台(简称网联),提出了相应方案。目的是将原先由第三方支付机构与银行多头连接开展的业务迁移到网联平台上处理,实现第三方支付机构内部的跨行资金流动必须经由网联平台清算(见图 6-14),以改变"二次清算"的状况。这样,网联可以准确地掌握第三方支付机构资金流向的详细信息,这对规范第三方支付业务,防范和处理诈骗、洗钱、钓鱼以及违规等风险,降低支付机构成本,提高支付效率,具有很大作用。

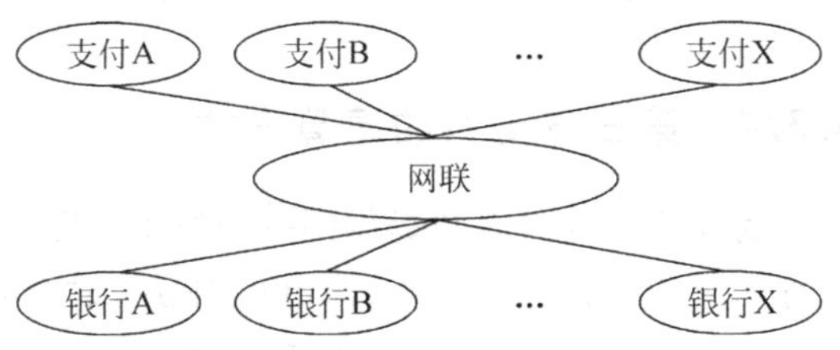

图 6-14 第三方支付网联清算模式

6.4 跨境电商网络支付

2014 年 2 月中国人民银行上海总部宣布,在中国(上海)自由贸易试验区启动支付机构跨境人民币支付业务,上海银联、通联、东方电子、快钱、盛付通、汇付天下等第三方支付机构取得了首批跨境人民币支付业务资格。中国人民银行上海分行与快钱公司、工商银行上海分行与盛付通、建设银行上海分行与银联电子支付、招商银行上海分行与通联、民生银行上海分行与东方电子在现场签订相关合作协议,正式启动自贸区内的跨境人民币结算业务。然而,直至今日,第三方支付机构的跨境人民币支付仍建立在 CNAPS 系统上,并没有在 CIPS 系统一期中实现对接。

从 2007 年国家外汇总局首次批准第三方支付机构试点跨境支付业务以来,第三方支付机构在跨境支付业务方面经历了两大模式:一种是获得外管局跨境外汇支付牌照后进行的跨境支付业务;另外一种是获得跨境人民币支付牌照模式下的跨境人民币支付业务。

6.4.1　跨境外汇支付业务试点

2013 年 2 月，国家外汇管理局制定了《支付机构跨境电子商务外汇支付业务试点指导意见》，在上海、北京、重庆、浙江、深圳等地区开展试点，允许参加试点的支付机构集中为电子商务客户办理跨境收付汇和结售汇业务。

国家外汇管理局在 2013 年 9 月底发布第一批支付宝、财付通、快钱、汇付天下等 17 家支付机构获得跨境支付牌照，2014 年下发第二批 5 家支付机构获得跨境支付牌照，2015 年国家外汇管理局正式发布《国家外汇管理局关于开展支付机构跨境外汇支付业务试点的通知》和《支付机构跨境外汇支付业务试点指导意见》，开始在全国范围内开展部分支付机构跨境外汇支付业务试点，允许支付机构为跨境电商交易双方提供外汇资金收付及结售汇服务，拥有支付牌照的互联网支付企业都可以申请。截至 2016 年 3 月，共发放 28 张跨境支付许可，区域主要集中在北京、上海、深圳和杭州等，如表 6-7 所示。

表 6-6　跨境支付机构名单

	公司名称	业务范围	地区
第一批 17 家	汇付天下	货物贸易、留学教育、航空机票及酒店住宿	上海
	通联	货物贸易、留学教育、航空机票及酒店住宿	上海
	银联电子支付	货物贸易、留学教育、航空机票及酒店住宿	上海
	东方电子支付	货物贸易	上海
	快钱	货物贸易、留学教育、航空机票及酒店住宿	上海
	盛付通	货物贸易、留学教育、航空机票及酒店住宿	上海
	环迅支付	货物贸易、留学教育、航空机票及酒店住宿	上海
	富友支付	货物贸易、留学教育、航空机票及酒店住宿	上海
	财付通	货物贸易、留学教育、航空机票及酒店住宿	深圳
	钱包科技	货物贸易	深圳
	易极付	货物贸易、服务贸易、软件服务、旅游服务	重庆
	支付宝	货物贸易、留学教育、航空机票及酒店住宿	杭州
	贝付科技	货物贸易及留学教育	杭州
	通融通(易宝支付)	货物贸易、留学教育、航空机票、酒店住宿、国际运输、旅游服务、国际展览	北京
	钱袋宝	货物贸易、留学教育、航空机票及酒店住宿	北京
	银盈通	货物贸易、航空机票及酒店住宿	北京
	爱农驿站	货物贸易、留学教育、航空机票、酒店住宿、国际运输、旅游服务、国际会议、国际展览、软件服务	北京
第二批 5 家	首信易支付	货物贸易、留学教育、航空机票、酒店住宿、旅游服务、国际展览	北京
	北京银联商务	货物贸易、留学教育和酒店住宿	北京
	网银在线	货物贸易、留学教育、航空机票及酒店住宿	北京
	拉卡拉	货物贸易、留学教育、航空机票、酒店住宿、旅游服务、国际展览	北京
	资和信	货物贸易、留学教育、航空机票及酒店住宿	北京

续表

	公司名称	业务范围	地区
第三批6家	联动优势	货物贸易、留学教育、航空机票、酒店住宿、国际运输、旅游服务、国际展览、软件服务及通信服务	北京
	连连支付	货物贸易、留学教育、航空机票、酒店住宿及旅游服务	浙江
	网易宝	货物贸易、留学教育、航空机票及酒店住宿	浙江
	易付宝	货物贸易、留学教育、航空机票及酒店住宿	江苏
	海南新生	货物贸易、留学教育、航空机票、酒店住宿、国际贸易物流、旅游服务、国际会议会展	海南
	魔宝支付	货物贸易	四川
备注：货物贸易及服务贸易单笔交易金额不得超过等值5万美元；留学教育、航空机票和酒店项下单笔交易金额不得超过等值5万美元			

不过，首批试点公司在跨境支付业务方面仍有着支付业务领域和单笔支付限额方面的限制。外管局批准的业务领域目前还仅限于货物贸易、留国教育、航空机票及酒店住宿等方面，有的第三方支付公司获得的是首批试点领域的“全牌照”，而有的第三方支付机构则只获批了一两个业务领域。比如，汇付天下、银联电子支付等公司获得的是“全牌照”资格，可以开展货物贸易、出国教育、航空机票及酒店住宿各方面的跨境支付业务，而东方电子支付和总部设在重庆的易极付公司等第三方支付机构的业务范围仅限于货物贸易。

在第三方支付机构获得跨境外汇支付牌照下，其支付结算仍然存在弊端。

(1) 跨境外汇交易资金监管难。首先，跨境网络交易均通过第三方支付平台完成资金划转，难以获取真实交易性质、交易对方等方面的资料，成为外汇收支非现场监测的难点。其次，部分第三方支付平台目前提供即时支付服务，不仅限于网上交易平台，还适用于买卖双方达成的其他线下交易。从某种意义上讲，这种实际未发生交易的线下交易模式，无法详细记录该笔跨境资金的交易背景、资金来源与用途以及收付款人之间的资金往来关系，会造成国际收支数据统计缺口以及外汇监管漏洞。再者，第三方支付平台也有可能成为异常资金跨境流入的渠道从而增加外汇监管风险。

(2) 第三方支付机构风险控制难。在跨境网络交易中，第三方支付平台为交易双方提供了“代收代付的中介服务”或“第三方担保”，交易前后暂存在第三方支付平台的外汇资金大量沉淀，成为其主要利润来源。第三方支付平台可直接支配交易款项，有可能出现越权调用交易资金的情况。同时，针对第三方支付平台资金监管方面的法律法规尚未建立，第三方支付平台在电子支付方面存在监管真空，对跨境网络交易中大量沉淀外汇资金可能引发的流动性风险、信用风险、操作风险等都未能明确监管主体。

因此，为促进支付机构跨境人民币支付业务的开展，2014年2月中国人民银行上海总部宣布，在中国(上海)自由贸易试验区启动支付机构跨境人民币支付业务，这是金融支持上海自贸区实体经济发展、便利跨境贸易、扩大人民币跨境使用的又一项重要举措。遵循上海自贸区简政放权的改革思路，人民银行上海总部将对支付机构开展跨境人民币支付业务实行事后备案和负面清单管理。

中国人民银行上海总部制定了《关于上海市支付机构开展跨境人民币支付业务的实施意见》。同时，要求支付机构在开展跨境人民币支付业务中严格遵守现行规章制度中有关客户备付金监管与风险管理的要求，严格建立并落实客户实名制、客户风险评级管理、风险准备金与交易赔付、交易和信息安全管理等制度。

6.4.2 跨境电商第三方支付流程

第三方支付机构只有获得外管局有关跨境电商支付业务试点许可，才能从事小额跨境电商网络支付业务，主要涉及外汇"购付汇"和"收结汇"服务，业务模式如图 6-15 所示。购付汇主要是当消费者通过电商平台购买货品时，由第三方支付机构为消费者提供购汇及跨境付汇业务；收结汇是第三方支付机构帮助境内卖家收取外汇并兑换人民币、结算人民币。

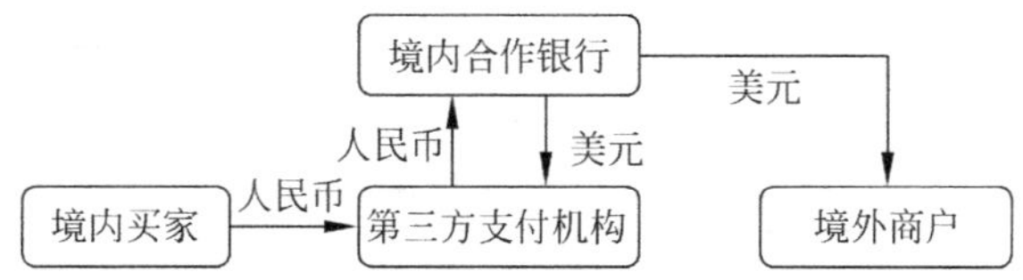

图 6-15　跨境外汇第三方支付业务模式

1. 第三方支付机构购付汇业务流程

第三方支付机构获得支付牌照后，利用上线的人民币跨境支付系统，即可为跨境电商进口用户提供"购付汇"业务。在跨境电商进口业务中，购物流程与境内购物流程基本一致，仅在资金方面增加了换汇的步骤，在此情况下，第三方支付机构"购付汇"业务流程①如图 6-16 所示。

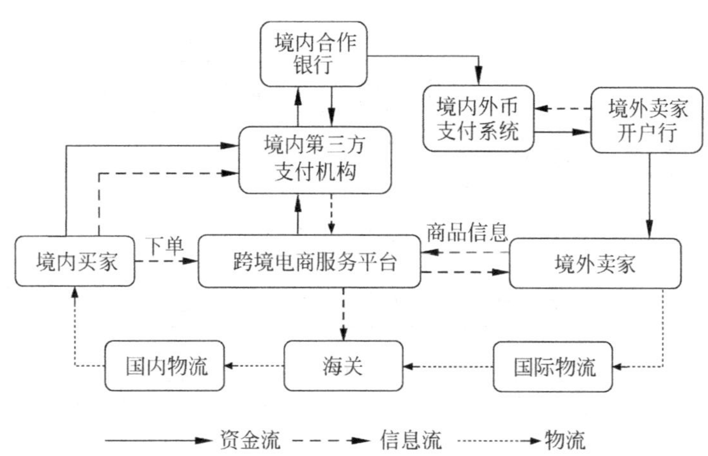

图 6-16　跨境电商进口第三方支付机构"购付汇"业务流程

由图 6-16 可以看出，境内第三方支付机构与境外卖家需要依靠签约的合作银行，通过境内外汇支付系统进行资金清算。

① 境内外币支付系统由中国人民银行牵头建设，由清算总中心集中运营，由直接参与机构等单一法人集中接入，采用 Y 形信息流结构，由外币清算处理中心负责对支付指令进行接收、清算和转发，由代理结算银行负责对支付指令进行结算。日间运行开始时间为 9:00，业务截止时间为 17:00，对支付指令逐笔实时全额结算，从发起清算行发出到接收清算行收到通常在一分钟以内。

在境外也存在第三方支付机构的情况下，其业务流程与一般跨境电商进口业务流程无实质性的差异，境外卖家仅需通过境外第三方支付机构来与银行进行合作，如图 6-17 所示。

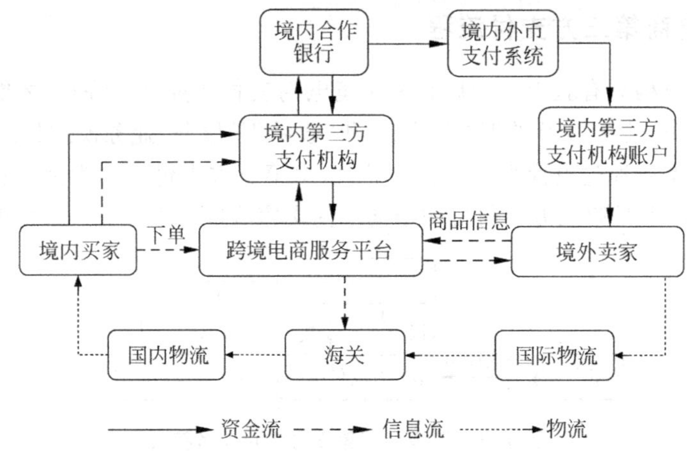

图 6-17 通过境外第三方支付机构进行“购付汇”业务流程

2. 第三方支付机构收结汇业务流程

在跨境电商出口业务中，第三方支付机构主要负责“收结汇”业务。也就是当外汇资金抵达境内时，由境内第三方支付机构通过合作银行为客户进行汇兑，并在约定时间及时为客户进行人民币结算。当然，也有部分机构还可为跨境电商平台提供支付通道业务，具体流程如图 6-18 所示。

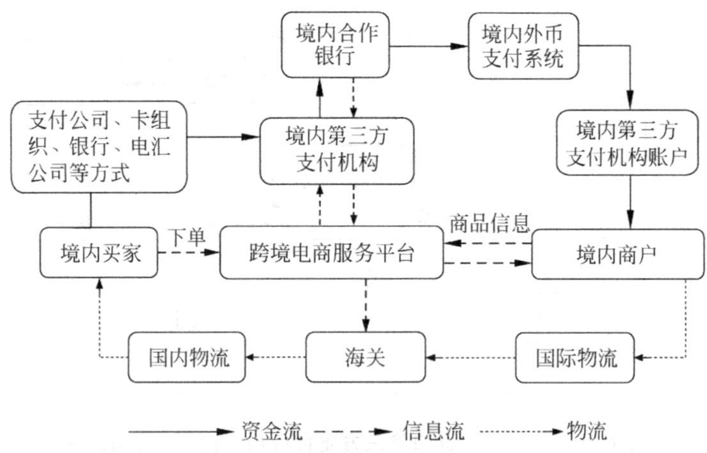

图 6-18 跨境电商出口第三方支付机构收结汇业务流程

6.5 移动网络支付

伴随移动互联网技术的逐步成熟和移动电子商务市场的迅速成长，移动支付正逐步摆脱技术层面的束缚，进入高速成长期。如果几年前我们还在谈移动支付是什么，那么，今天移动支付已经深入到我们的生活中。从 2016 年 4 月 1 日开始，通过网点柜台提供账户开户服务的银行可以支持二三类账户的远程开户，这样，Apple Pay、Samsung Pay、Huawei Pay 等支付服务也就接踵而来。

目前，移动支付领域主要包括 NFC 支付、扫码支付和卡机支付（即直接在 POS 机上刷卡）三种模式。以支付宝、微信支付为代表的第三方支付，通过手机扫码技术，迅速抢占了大批移动端用户，被称为“扫码派”或软派；NFC 支付属于“硬”派支付，消费者在购买商品或服务时，需要即时近场 NCF(Near Field Commmunication)射频通信技术来与 Pos 收款机或自动售货机等设备进行通信并完成支付，如图 6-19 所示。“硬”派支付移动设备上需要安装一块名为 SE(Secure Element，安全模块)的芯片，以保证移动支付的安全，同时需要在集成芯片中圈存一定数额的资金以用于支付。目前，“扫码派”占优势地位。

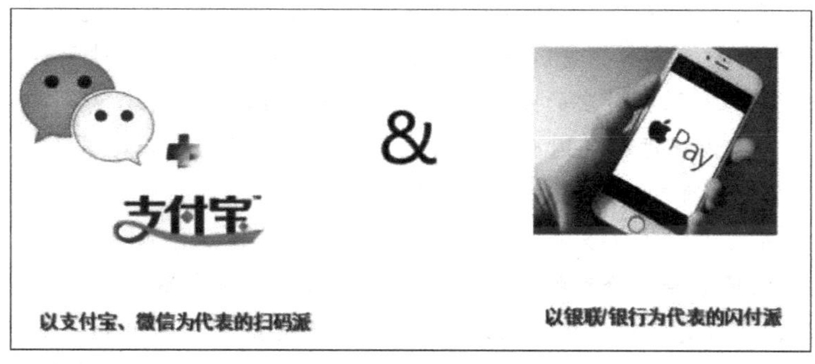

图 6-19　两种网络支付模式

6.5.1　扫码支付

扫码支付通过扫描二维码来进行支付，属于远程支付，需要借助无线移动网络和线下条码技术才能实现。扫码支付不受硬件的局限，所以普及率非常高，目前在杭州、深圳这些城市，二维码支付的普及率已经远远超过了银行卡。2016 年 4 月底，中钞智能卡研究院为腾讯开发了一款新产品——Qkey，这款产品通过可穿戴设备可以直接显示二维码，这样带着手环，不需通过手机，就可以实现二维码支付，如图 6-20 所示。Qkey 不只是实现了二维码支付，它还有支付鉴权，比如 QQ 登录，不再需要口令和密码。

图 6-20　Qkey 二维码支付

如今，先支付、后场景的模式，对于传统支付公司是一个非常致命的挑战。如果支付仅仅是躲在后面的一个手段、渠道，那么会越来越末端化，在整个生态圈里面会失去主导权。要做的是，由支付串联起整个场景，而不是说由场景带来支付。

微 信 支 付

微信支付是由腾讯微信(微信 5.0 版)及财付通联合推出的移动支付产品，2013 年 8 月 5 日正式上线，由财付通负责实现其中的支付和安全系统，可实现公众号支付、扫描二维码支付和 App 支付等快捷支付功能。

微信支付通过绑定银行卡,实现了扫描二维码、App和公众账号的一键支付,可支持来自建设银行、中国人民银行、招商银行、中信银行等国内11家银行发行的借记卡和信用卡交易,也可支持微团购、麦当劳、QQ充值等微信公众号支付方式。首批商户包括机票预订、网购、电影票团购、交通卡充值等,业务暂未覆盖海外地区。微信支付目前可以用于手机充值、网上订餐、微信团购等。用户只需关注特定的企业账号,就能从中获取自己想要的商品和服务,并完成付款;其强大的扫一扫功能,可以将微信线上与线下联通起来,用户通过扫描商品二维码或条形码,就能实现对商品的线上比价和购买。

微信支付表现出的特点是:

(1) 财付通为微信支付提供技术支持和安全保障,避免了在交易过程中接入支付宝等第三方工具。

(2) 资金都在银行账号中,最终接口也还是通过银行获取,财付通会支付相应银行成本,用户为银行和财付通共同拥有。这一模式或将赢得银行的支持,对于银行来说,用户是最重要的资源,相比之下,支付宝的快捷支付则试图绕开银行,让银行感到威胁。

(3) 微信用户可以通过绑定财付通账号或银行卡,在微信公众账号内进行购买并完成支付环节,进行支付时可在财付通和银行卡二者之中选一。

(4) 微信上可用于销售更多金融产品,可与基金公司和银行推出类似支付宝"余额宝"的产品,以及货币、债券等风险可控的固定收益类的银行理财产品。

在安全性上,微信支付实行实名认证,严格审核开通微信支付的商户账号,只对经过认证的企业开放支付功能;用户在对商户进行付款时,经过认证的商户的支付页面上会显示"微信安全支付"字样,这样能一定程度上避免有风险和不健康的交易。同时,微信支付设计了整套的安全机制和手段,包括硬件锁、支付密码验证、终端异常判断、交易异常实时监控、交易紧急冻结等。当用户忘记密码时,需要同时验证卡号、有效期、姓名、身份证并使用银行预留手机号、验证码,才能找回密码;为防止微信支付泄露用户隐私,还对其所有用户信息做了加密;微信支付以后还将加入保险,为微信支付用户提供赔付支持。

尽管如此,微信支付毕竟是新出现的产品,安全性上并不能保证万无一失。虽然微信好友大多是通过手机和QQ导入的熟人,但微信支付未来将推出C2C交易,如何防范层出不穷的网络诈骗和好友账号被冒用的情况,依然是个难题。

6.5.2 闪付支付

闪付支付又称近端支付。2016年2月18日,包括广发银行、兴业银行、中国人民银行、工商银行等在内的19家银行宣布成为Apple Pay支持银行,全线上线Apple Pay移动支付。通过iPhone、iPad及Apple Watch绑定上述银行的银行卡(使用Wallet应用下的Apple Pay),都可使用Apple Pay。借助Apple Pay推出,以"云闪付"为代表的银行系统移动支付将引来新的发展阶段。

相较于远程支付,近端支付顺畅度要高得多。"闪付派"不需要"解锁、亮屏、打开App"等步骤,直接亮屏输密码即可"刷手机"付款;而扫码支付则需要打开App,启用摄像头和对应的扫码功能,联网确认后才能完成交易。例如,支付宝和微信钱包的支付顺畅度容易受到网络环境影响,而Apple Pay则没有这方面的限制,只要商家有支持NFC的POS终端机就行。Apple Pay支付时无须解锁或进入任何应用,在锁屏状态下碰触POS机然后按一下

Touch ID 就可以直接支付，整个过程一秒搞定。在 iPad 上的支付操作与 iPhone 类似，即使在 Apple Watch 上操作也很简单，只需轻按两下侧边按钮即可完成支付。

同时，从安全性上来说，"闪付"凭借创新技术带来了动态密钥、云端验证等多重安全保障，支付时不显示真实卡号，可有效保护持卡人隐私及支付敏感信息，加上 300 元以下的小额免密支付，相对近年频发安全问题的二维码付款具有一定的优势。例如，对于 Apply Pay，从添加卡片开始，就不会使用客户的实际信用卡及借记卡卡号，而是分配一个唯一的"设备账号号码"，该号码经过加密后安全存储在 iPhone、iPad 和 Apple Watch 的专用安全芯片 Secure Element 中。在支付交易过程中，商家不会获取到使用者的卡号，而是用该项交易对应的特定动态安全码来处理付款。同时，由于每次支付都必须使用 Touch ID 或密码，可有效确保是本人才能完成 Apply Pay 支付。此外，即使发生丢失 iPhone、iPad 或者 Apple Watch 的情况，用户可使用"查找我的 iPhone"迅速将它们设置为"丢失模式"，便可停止这些设备上的 Apple Pay 功能，或者完全删除这些设备上的信息。

不过，从开通来说，"闪付"要麻烦一些。对于安卓手机，若要支持此功能，需要使用银行借记卡或者信用卡自助签约手机银行，并在线注册和激活云闪付卡。并且，它要求同时具备带有 NFC 近场支付功能的手机和具有"闪付"功能的 POS 机，而支付宝、微信支付对硬件要求就没有这么多。

总体上，移动近端支付技术打破了移动运营商对手机支付渠道的垄断，第三方支付公司、商业银行、银联、移动运营商、终端设备制造商将各显神通，纷纷加入到对手机支付产业链的争夺之中。面对庞大的市场前景，产业链上各参与者各自选择阵营，争相推出自己的产品，不可避免会带来更激烈的竞争。

未来，移动支付可能会往场景化、O2O、便捷结合安全这三个方面发展。

习题与思考

1. 现行支付方式有哪些？举例说明。
2. 中国现代化支付系统具有哪些业务功能？
3. 中国银联银行卡跨行支付系统具有哪些功能？
4. 试分析银行卡清算机构存在的意义。
5. 何谓网络银行？其具有哪些作用？
6. 网络银行有何优势？如何对其进行业务创新？
7. 何为第三方支付？其具有哪些类型？
8. 第三方支付的特点是什么？发展过程中遇到了哪些挑战？
9. 试分析跨境电商第三方支付流程。
10. 移动支付有哪些类型？今后发展趋势如何？

第7章　网络金融业务

互联网金融的出现提供了一种新的融通资金的媒介。在互联网金融下，搜索引擎、大数据、社交网络和云计算的广泛运用大大降低了市场信息不对称程度，减少了交易双方在资金期限匹配、风险分担的成本；同时，贷款、股票、债券等的发行和交易以及券款支付直接在网上进行，减少了银行、券商和交易所等所起的中介作用，进一步降低了交易与流通成本。当前，互联网金融业务除了第三方支付外，还有网络借贷、网络投融资、网络理财、供应链金融、大数据金融、信息化金融机构、互联网金融门户等。

7.1　网络借贷

金融的本质是资金融通，重点在于对融资金额、期限和风险收益等相关要素进行匹配。可借助两类中介进行：一是商业银行，对应着间接融资模式；二是股票和债券市场，对应着资本市场直接融资模式。然而，这两类融资模式往往交易成本巨大，一般人群也很难得到服务。

网络借贷，作为民间个体借贷行为的阳光化，部分满足了经营消费个贷需求和大众理财需求，在"被遗忘的金融市场"做了普惠金融意义的事情，在完善金融体系、弥补小微企业融资缺口、满足民间资本投资需求、促进普惠金融发展等方面发挥了积极的作用。其形成的市场化机制、信用机制、技术机制也对金融改革有着实验和借鉴意义。

7.1.1　网络借贷及其发展

网络借贷是指独立于正规金融机构体系之外、通过互联网平台实现个体借贷行为，包括网络小额贷款和P2P网络借贷(即个体网络借贷，Peer-to-Peer Loan或Person-to-Person Loan)，目前由银监会负责监管。

网络小额贷款是指互联网企业通过其控制的小额贷款公司，利用互联网向客户提供小额贷款，在承担风险的过程中获得收益。因此，网络小额贷款理应遵守现行小额贷款公司监管规定，在此前提下，充分发挥网络贷款优势，降低客户融资成本，以提升自身的收益。

P2P网络借贷是指个体和个体之间通过互联网平台实现直接借贷。平台为投资方和融资方提供信息交互、撮合、资信评估等中介服务并收取相应的费用，但不提供增信服务，也不得非法集资。依据中国人民银行2015年7月18日出台的《关于促进互联网金融健康发展的指导意见》(银发[2015]221号)，在P2P网络借贷平台上发生的直接借贷行为，属于民间借贷范畴，受合同法、民法通则等法律法规以及最高人民法院相关司法解释规范，由银监会负责监管。

P2P网络借贷2005年11月由美国Prosper首创。它一般通过电子商务网络平台，帮助借贷双方确立借贷关系并完成相关交易手续。借款者可在平台上自行发布借款信息，包括金额、利息、还款方式和时间，实现自助式借款；借出者也可根据借款人发布的信息，自行决定借出金额，实现自助式借贷。在此过程中，P2P 网贷平台作为中介，只收取相应的服务费，并不承担相应风险。尽管如此，P2P 网络借贷并非只是一种技术手段，而是理念与方式的革新，展现了金融脱媒和互联网的结合在个人端的巨大能量。

2009 年，P2P 网络借贷传入我国。在短短几年间，P2P 网络借贷在我国得到了快速发展。据“网贷之家”发布的《2015 年中国网络借贷行业年报》显示，2014 年末，P2P 网贷服务平台已超过 1575 家，可统计的 P2P 平台线上业务借贷余额超过 1000 亿元，投资人超过 50 万，若是加上尚未统计的 P2P 平台线下业务，其借贷余额和投资人数还将于此倍增。

2015 年 12 月底，P2P 运营平台达到了 2595 家，相比 2014 年，增长了 1020 家，如图 7-1 所示。其中，广东、山东、北京三省分别以 476 家、329 家、302 家排名全国前三位。

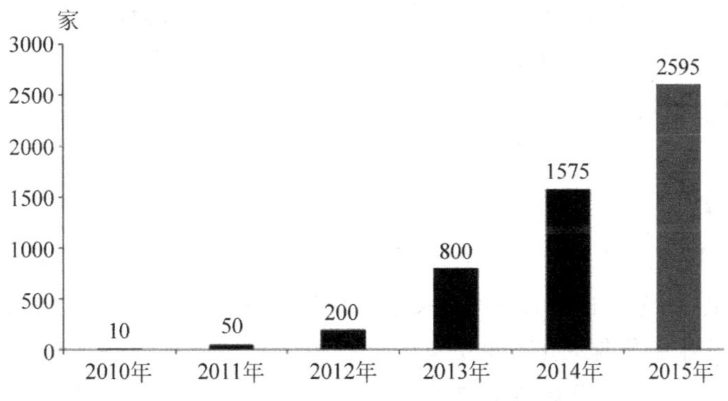

图 7-1　P2P 运营平台数量

此外，2015 年，银行、国资、上市公司、风投资本也在不断涌入网贷行业。据不完全统计，网贷行业获得风投青睐的平台已经达到了 68 家，上市公司、国资国企入股的平台分别为 48 家、68 家，银行背景平台数量为 14 家。2015 年全年网贷成交量达到 9823.04 亿元，相比 2014 年全年网贷成交量(2528 亿元)增长了 288.57%，贷款余额达到 4394.61 亿元，行业总体综合收益率达到 13.29%，行业平均借款期限为 6.81 个月。所有这些，加速了网贷行业重新布局。

7.1.2　P2P 网络借贷业务模式

目前，中国网络借贷平台已经超过 2000 家，平台的模式各有不同，归纳起来主要有以下四类：

1. 担保机构担保交易模式

这是相对安全的 P2P 模式。这种模式下，网络借贷平台作为中介，平台不吸储，不放贷，只提供金融信息服务，由合作的小贷公司和担保机构提供双重担保。此模式首先在人人贷平台创立，由人人贷与中安信业共同推出产品“机构担保标”。此类平台的交易模式多为“一对多”，即一笔借款需求由多个投资人投资。此种模式的优势是可以保证投资人的资金安全，目前中安信业、证大速贷、金融联等国内大型担保机构均介入到此模式中。

2. 债权合同转让模式

此模式又称“多对多”模式，借款需求和投资都是打散组合的。例如，宜信贷，债权人将资金出借给借款人，然后获取债权对其分割，通过债权转让形式将债权转移给其他投资人，获得借贷资金，如图 7-2 所示。

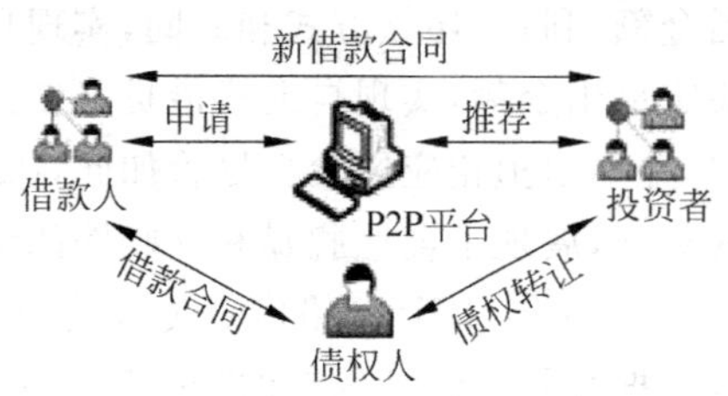

图 7-2 债权合同转让模式

宜信贷因其特殊的借贷模式，制定了“双向散打”风险控制，通过个人发放贷款的形式，获得一年期的债权，宜信将这笔债权进行金额及期限的同时拆分，这样一来，宜信利用资金和期限的交错配比，不断吸引资金，一边发放贷款获取债权，一边不断将金额与期限错配，不断进行拆分转让。宜信模式的特点是可复制性强，发展快。其构架体系可以看作左边对接资产，右边对接债权。宜信的平衡系数是对外放贷金额必须大于或等于转让债权，如果放贷金额实际小于转让债权，等于转让不存在的债权，根据《关于进一步打击非法集资等活动的通知》，属于非法集资范畴。

3. 互联网服务平台模式

此类平台有大集团的背景，且是由传统金融行业向互联网布局，因此在业务模式上金融色彩更浓，更“科班”。

例如，与其他平台仅仅几百万元的注册资金相比，陆金所 4 亿元的注册资本显得尤其亮眼。在风险控制上，陆金所的 P2P 业务依然采用线下的借款人审核，并与平安集团旗下的担保公司合作进行业务担保，还从境外聘请专业团队来做风控。线下审核、全额担保虽然是最靠谱的手段，但成本并非所有的网贷平台都能负担，无法作为行业标配进行推广。值得一提的是：陆金所采用的是“一对一”模式，一笔借款只有一个投资人，需要投资人自行在网上操作投资，而且投资期限为 1～3 年，所以在刚推出时天天被抱怨买不到，而且流动性不高。但由于一对一模式债权清晰，因此陆金所在 2012 年底推出了债权转让服务，缓解了供应不足和流动性差的问题。

4. 综合交易模式

此类模式以交易参数为基点，结合 O2O，将线下商务的机会与互联网结合所产生的综合交易模式。例如，阿里小额贷款就属于此类，其业务主要是协助电商加入授信审核体系，对贷款信息进行整合处理。

这种小贷模式创建的 P2P 小额贷款业务凭借其客户资源、电商交易数据及产品结构占得优势，其线下成立的两家小额贷款公司对其平台客户进行服务。线下商务的机会与互联网结合在了一起，让互联网成为线下交易的前台。

7.1.3 P2P 网络借贷平台评级

P2P 网贷平台评级一般是依据公开可查的信息、数据，依据一套公开透明的模型，进行量化计算，来对网贷平台发展进行指数评级。例如，“网贷之家”在其评级模型中，选取了反映平台综合实力和发展潜力的 9 个维度——成交、营收、人气、技术、杠杆、流动性、分散度、透明度、品牌，对 9 个维度超 100 项指标进行线性和分组评分计算，并利用层次分析法给予 9 个维度不同的权重，进行加权平均，得到其发展指数。发展指数表征的是平台的综合影响力、综合实力以及发展潜力。

依据以上模型,2015 年 P2P 网贷平台发展评级结果如表 7-1 所示。

表 7-1 2015 年 P2P 网贷平台发展评级

排名	平台名	成交积分(7%)	营收积分(9%)	人气积分(15%)	技术积分(4%)	杠杆积分(14%)	流动性(5%)	分散度(15%)	透明度(13%)	品牌(18%)	发展指数
1	陆金所	98.39	97.60	93.56	84.50	25.81	63.85	88.13	38.09	84.20	73.22
2	人人贷	88.88	84.69	80.46	72.83	25.94	64.45	93.86	46.71	70.87	68.59
3	宜人贷	88.35	83.46	79.08	82.81	24.14	59.40	91.83	51.89	70.97	68.52
4	拍拍贷	71.53	60.68	73.65	75.86	27.44	91.76	89.93	54.26	70.17	66.15
5	点融网	85.52	83.21	66.65	85.29	13.55	77.31	68.55	51.53	83.16	64.60
6	微贷网	73.68	61.75	74.51	74.15	31.02	72.77	93.75	49.03	52.56	62.74
7	积木盒子	69.29	57.07	70.59	82.10	24.80	82.24	75.55	58.08	55.83	60.37
8	有利网	83.60	64.85	86.54	77.16	7.96	62.37	85.30	46.58	52.96	60.37
9	投哪网	74.45	68.13	75.76	77.87	10.10	84.54	76.45	55.13	50.90	59.26
10	开鑫贷	78.29	62.71	37.66	71.00	76.62	37.12	56.47	44.62	69.35	58.96
11	易贷网	55.75	65.29	57.96	81.40	36.30	64.51	68.98	63.91	55.40	58.66
12	翼龙贷	89.78	61.41	70.09	65.48	5.00	61.20	89.18	29.63	69.58	58.46
13	京东金融	77.75	80.20	61.38	70.23	40.74	34.00	58.56	26.57	74.04	57.65
14	爱钱进	78.63	70.07	74.23	79.94	15.20	59.37	93.29	35.86	39.74	57.05
15	红岭创投	54.09	77.55	80.88	73.52	5.00	100.0	68.30	34.29	54.74	56.09
16	PPmoney	81.99	61.24	78.89	77.56	5.00	84.94	50.33	38.85	54.56	53.56
17	你我贷	83.03	79.43	65.27	74.15	5.00	71.33	86.70	30.13	36.46	53.47
18	团贷网	63.39	59.47	62.21	82.27	11.67	69.87	69.15	45.95	48.17	52.56
19	鑫合汇	72.38	49.22	62.58	70.98	38.92	85.53	56.34	48.63	33.96	52.33
20	和信贷	54.72	49.91	52.42	63.59	25.36	81.10	68.92	52.16	49.08	52.29
21	信融财富	54.83	51.33	56.29	66.24	29.72	84.30	40.84	51.31	52.02	50.09
22	银客网	65.43	51.35	58.76	72.04	28.79	78.03	45.91	44.61	47.51	50.07
23	银湖网	52.11	43.41	45.18	70.13	59.75	60.78	47.86	41.60	48.38	49.81
24	温商贷	62.26	57.95	57.88	61.61	38.05	61.62	56.01	33.18	44.10	49.78
25	银豆网	50.55	39.31	34.84	63.16	53.97	85.73	61.40	42.55	45.03	49.52
26	生菜金融	43.38	49.79	45.67	67.26	65.76	75.93	43.15	40.01	42.09	49.31
27	金开贷	45.29	44.00	24.03	68.20	90.33	36.87	55.42	30.69	49.13	49.10
28	链家理财	63.53	63.24	48.84	65.36	28.19	71.95	76.70	32.96	31.11	49.01
29	珠宝贷	52.97	39.41	43.77	67.53	72.79	54.59	44.66	25.63	50.61	48.58
30	金宝保	59.10	53.44	27.26	63.54	63.42	66.47	72.60	28.64	33.91	48.50
31	麻袋理财	71.84	59.32	60.30	65.14	5.00	32.35	85.47	36.87	35.02	48.25
32	E路同心	43.14	34.71	36.71	63.84	84.35	90.55	52.90	25.04	35.77	48.17
33	诺诺镑客	59.23	61.15	51.52	68.93	9.50	66.60	79.10	31.44	40.79	48.09
34	人人聚财	70.97	50.39	64.58	74.51	5.00	67.54	85.79	31.75	26.63	48.04
35	小牛在线	56.98	57.54	61.21	71.57	5.00	73.83	86.25	28.48	31.57	47.93
36	金信网	60.64	61.90	55.52	70.84	13.96	55.15	90.87	24.73	29.48	47.84
37	鹏金所	53.22	59.58	24.70	65.19	71.63	88.65	41.73	27.95	44.09	47.69
38	前海理想	53.96	41.86	48.41	45.20	50.95	86.53	40.67	38.18	46.54	47.52

续表

排名	平台名	成交积分（7%）	营收积分（9%）	人气积分（15%）	技术积分（4%）	杠杆积分（14%）	流动性（5%）	分散度（15%）	透明度（13%）	品牌（18%）	发展指数
39	爱投资	71.58	55.75	68.48	75.16	5.00	70.79	56.89	35.60	36.11	47.21
40	抱财网	42.23	39.16	42.86	67.63	54.09	93.15	39.40	48.06	39.63	47.13
41	91旺财	52.02	51.93	45.57	53.80	33.33	97.85	49.12	27.50	51.57	47.09
42	财加	44.19	46.07	34.20	65.47	44.70	46.69	74.50	34.41	43.57	47.07
43	友金所	63.79	67.97	38.37	60.25	15.98	48.56	82.62	33.19	38.23	47.00
44	合拍在线	44.41	33.63	53.88	67.39	39.35	100.0	47.64	39.07	40.03	46.85
45	网利宝	56.32	43.93	59.36	67.78	40.75	60.03	36.10	34.35	47.56	46.66
46	易九金融	51.52	44.35	26.22	54.97	68.67	80.20	47.08	36.81	40.37	46.47
47	国城金融	42.49	40.31	44.57	62.16	39.23	100.0	48.76	50.97	33.25	46.19
48	民贷天下	50.22	52.94	41.67	73.57	50.82	83.68	25.99	44.87	38.69	45.47
49	口袋网	47.64	42.31	30.64	61.89	38.40	64.40	43.96	58.52	45.31	45.17
50	理财范	52.27	43.76	42.20	52.57	54.62	74.52	30.09	44.50	38.67	44.66
51	水利宝	49.38	44.07	42.99	53.56	45.46	82.53	49.62	26.78	38.96	44.44
52	银票网	43.59	47.23	37.58	54.73	45.02	100.0	43.07	35.66	37.55	44.29

7.1.4 P2P网络借贷问题分析

近年来，P2P网络借贷发展迅速，规模不断扩大，出现了众多业态和模式，有力地促进了中国经济的发展。然而，在这过程中也出现了不少问题。由于缺少必要的行业准入标准和相关的监管细则，加上恶性的市场竞争，致使投资人的收益和风险严重不对等，严重影响了P2P的声誉。一些网贷平台失去了P2P原有初衷，搞变相非法集资，甚至诈骗，致使P2P网络借贷产生了前所未有的信任危机。与之相比，P2P网络借贷在其出生地英国和美国的发展尽管速度较为缓慢，但过程却很顺利，很少出现相关的问题。

在美国，P2P网贷行业受到美国证券交易委员会（SEC）的严厉监管，其复杂的透明化披露手续、高额的保障金、巨额的注册成本、烦琐的流程……都是P2P行业难以逾越的屏障。

1）高准入让人望而却步

美国证券交易委员会的注册要求设立了很高的市场准入门槛，新参与者必须符合这些标准才能合法地进入P2P市场。在接受SEC监管之后，P2P网贷平台每天需向SEC至少提交一次报告。

2）法律架构无可乘之机

美国关于P2P监管架构的复杂程度超乎想象。根据Chapman and Cutler LLP 2014年4月的《白皮书》的不完全统计，这一监管架构涵盖了美国的几十项法律、法案和法规。

3）持续的信息披露机制

首先，SEC要求P2P网贷平台对所发行的收益权凭证和对应的借款信息做全面的披露，并且信息变更需要进行动态披露，从而形成一种“持续的信息公开披露机制”。

其次，美国证券交易委员会对P2P网络平台的发行说明书及相关材料进行审核，以保障投资者能够获得决策的信息。如果网络借贷平台发行说明书的遗漏、错误、误导等引致的损失，投资者可以对其进行追责。

最后，监管部门要求借款人的信息真实性要高，同时，要求交易必须公平。

4）社会信用体系是核心

美国的社会信用体系是以个人信用制度为基础，具有完善的个人信用档案登记制度、规范的个人信用评分机制、严密的个人信用风险预警系统和管理办法，以及健全的信用法律体系。

在美国，P2P 网贷平台在整个交易流程中仅作为一个信息中介而存在，投资者主要依据借款方的 FICO 信用评级分数对投资者进行信用评估，平台对投资活动不进行担保。

5）良好的金融环境

美国 P2P 的商业模式是 B2C 或 B2B，出资的主体（Peer）是机构。机构意味着具备两个优势：第一，可以容错，也就是说可以承担亏损，亏了以后也无所谓，机构可以把钱放在不同的资产上进行有效的配置，允许有些地方有损失，保障整体收益就可以了；第二，机构专业且经济，机构的调研能力和对风险的把控能力要比单个个体强，看准之后投资量也要比单个个体多。相比之下，中国 P2P 借贷主体往往是个人，存在不容错、不专业、不经济的弊端，因而也更易监管。

为规范网络借贷信息中介机构业务活动，促进网络借贷行业健康发展，更好地满足小微企业和个人投融资需求，银监会会同工业和信息化部、公安部、国家互联网信息办公室等部门于 2016 年 8 月 17 日颁布了《网络借贷信息中介机构业务活动管理暂行办法》，采取负面清单的方式划定了 P2P 行业的边界红线，一共分为 13 条，包括禁止自融，禁止平台归集用户资金，禁止提供担保，禁止对项目进行期限拆分，禁止向非实名制用户宣传或推介融资项目，禁止发放贷款，禁止发售银行理财、券商资管、基金、保险或信托产品，禁止为投资股票市场的融资，禁止从事股权和实物众筹。同时，为有效防范信贷风险，还明确规定：同一自然人在同一网络借贷信息中介机构平台的借款余额上限不超过人民币 20 万元；同一法人或其他组织在同一网络借贷信息中介机构平台的借款余额上限不超过人民币 100 万元；同一自然人在不同网络借贷信息中介机构平台借款总余额不超过人民币 100 万元；同一法人或其他组织在不同网络借贷信息中介机构平台借款总余额不超过人民币 500 万元。

7.2　网络众筹融资

网络众筹（Crowd Funding），顾名思义，就是大众筹资或群众筹资，用团购预购的形式，向网友募集项目资金的模式。科技、农业、动漫、电影、设计、出版、公益，娱乐，这些都能成为众筹项目。

从商业和资金流动的角度来看，众筹模式其实是一种团购的形式，和非法集资有本质上的差别。所有的项目不能够以股权或是资金作为回报，项目发起人更不能向支持者许诺任何资金上的收益，必须是以实物、服务或者媒体内容等作为回报，对一个项目的支持属于购买行为，而不是投资行为。

7.2.1 众筹的发展

众筹起源于17世纪，通过众筹来筹集资金，出版书籍；而现代网络众筹源于美国网站Kickstarter，该网站通过搭建网络平台面对公众筹资，让有创造力的人可能获得他们所需要的资金，以便使他们的梦想有可能实现。这种模式的兴起打破了传统的融资模式，每一位普通人都可以通过该种众筹模式获得从事某项创作或活动的资金，使得融资的来源者不再局限于风投等机构，而可以来源于大众。在欧美逐渐成熟并推广至亚洲、中南美洲、非洲等开发中地区。其发展过程如图7-3所示。

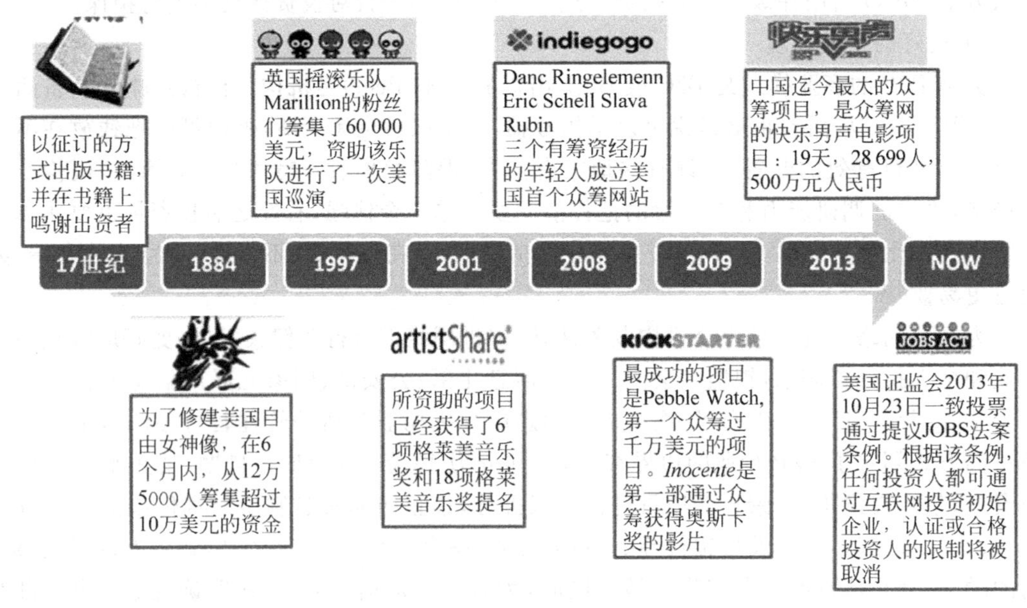

图7-3 众筹的发展过程

2011年众筹开始进入中国，2013年国内正式诞生第一例股权众筹案例"美微淘宝卖股权"，通过众筹，获得1194个众筹的股东。2014年又出现第一个有担保的股权众筹项目"贷帮网袋鼠物流项目"，项目上线16天，79位投资者完成了60万元的投资额度。2014年5月，明确了证监会对于众筹的监管，并出台监管意见稿。

截至2015年6月底，全国共有235家众筹平台，正常运营的众筹平台达211家。其中，股权类众筹平台数量最多，达98家，占全国总运营平台数量的46.45%。

网络众筹具有排他性、预售性、有下限的特点。排他性，即处于众筹期限内的产品仅在单一渠道发售，在其他渠道享受不到相同的产品回报和服务回报；预售性，即出资人先付款，筹资人经过一段时间的生产制造或进行服务前期准备工作后，再给予出资人产品回报或服务回报；有下限，即众筹项目的成立需要募集的资金到达一定的规模下限，否则项目不能成功启动。网络众筹的本质就是利用互联网和SNS传播的特性，依靠大众力量、注重创意特征，让创业企业、艺术家或个人对公众展示他们的创意及项目，争得大家的关注和支持，进而获得所需要的资金援助。其与传统众筹的区别如表7-2所示。

表 7-2　网络众筹与传统众筹的区别

投资类型 因素	互联网众筹	传统筹资（银行、天使投资、风投）
资金来源	多样化	单一化
筹资者	有想法、规划的任何人或团队	比较成熟的中型、大型企业
投资者	普通网民及专业投资人、团队，范围广	有实力的团体或个人
投资回报率重视度	回报相对多样化，投资人并不太看重	投资必有回报，回报率相对较高
投资者所承担风险	风险共担，可以分散风险所带来的损失	风险较大，一般投资者承担全部损失
项目类型	项目形式多样，便于选择	项目类型较为单一，好项目比较少
对于创业的帮助	可以支持较多人的梦想帮助他们创业	由于项目属于已有企业，对创业帮助较小
对于产品宣传	筹资的过程中就可以完成部分宣传	需要在项目成功后再投入资金进行宣传

7.2.2　网络众筹业务运作

在众筹业务中，存在三种角色：一是发起人（筹资者），他有创造能力但缺乏资金；二是支持者（投资人），他对筹资者的故事和回报感兴趣，并有能力支持；三是平台，它将发起人和支持者连接起来。

1. 众筹业务模式

国内众筹主要有两种模式：购买模式和投资模式。前者主要是指产品众筹，后者主要是指股权众筹。

产品众筹是指投资者将资金投给筹资者用以开发某种产品（或服务），待该产品（或服务）开始对外销售或已经具备对外销售的条件的情况下，筹款人按照约定将开发的产品（或服务）无偿或低于成本的方式提供给投资人的一种融资方式。

Kickstarter 众筹

Kickstarter 于 2009 年 4 月在美国纽约成立，是一个专为具有创意方案的企业筹资的众筹网站平台。Kickstarter 网站致力于支持和激励创新性、创造性、创意性的活动。通过网络平台面对公众募集小额资金，让有创造力的人获得他们所需要的资金，实现他们的梦想。Kickstarter 提供了“有创意、有想法，但缺乏资金”与“有资金也愿意捐款支持好创意”的平台，如图 7-4 所示。

Kickstarter 相信，一个好的创意，通过适当的沟通，是可以快速地广为流传的；同时，集结众人的力量来集结资金与精神上的鼓励，可以让人更实际也更有勇气实践自己的好点子。

Kickstarter 平台的运作方式相对来说比较简单而有效：该平台的用户一方是有创新意愿、渴望进行创作和创造的人，另一方则是愿意为他们提供资金的人。诸如“捐 5 美元可以得到一册带有作者签名的漫画书，捐 100 美元可以得到一个带有以漫画故事中主人公为饰物的包，前提是捐款超过 1500 美元才会兑现”，此类事件经常在平台上出现。Kickstarter 平台的创意活动包含电影、音乐、美术、摄影、戏剧、设计、技术、食品和其他几类。

例如，2014 年 9 月，一家少女文胸公司 Yellowberry 的创始人——美国 19 岁女生梅根·

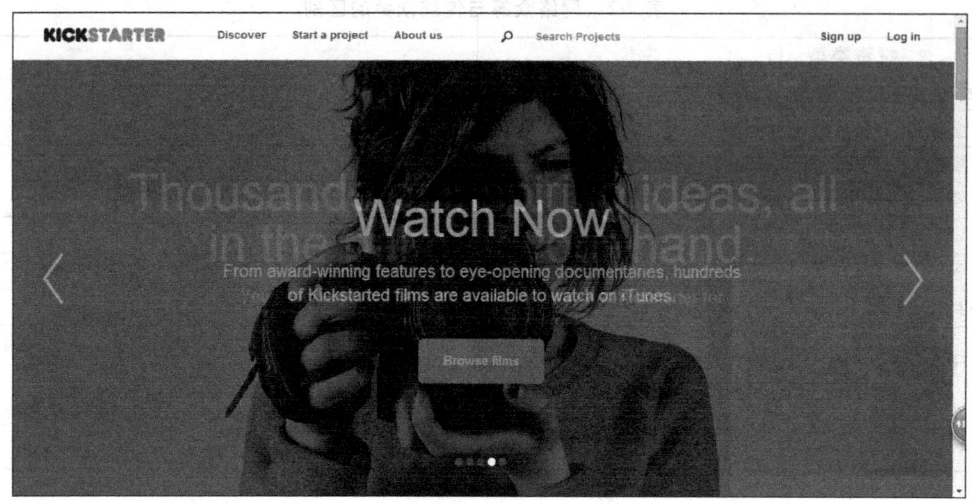

图 7-4 Kickstarter 网站(https://www.kickstarter.com)

格拉塞尔(Megan Grassell)在与零售商店多次接触与洽谈受挫后,决定通过互联网进行销售。为了将自己的生意推到一个新高度,她选择使用 Kickstarter 众筹平台,目标是筹集 25 000 美元。到 2014 年春天,她已经筹得 42 000 美元,成为 Kickstarter 网站最为成功的项目之一。

与团购和产品预售相比,产品众筹提供的产品起初往往是未成型,甚至只是个创意想法,在开发的过程中,需要投资人加入并听取他们的意见;销售策略上也不是简单地利用规模效应,而是需要利用互联网的长尾效应,将特殊需求的人群集中起来,达到可经营规模。

股权众筹是指在互联网上以兜售股份的方式来募集资金。依据中国人民银行《关于促进互联网金融健康发展的指导意见》,股权众筹主要是指通过互联网形式进行公开小额股权融资的活动[①]。其中,股权众筹融资中介机构可以在符合法律法规规定前提下,对业务模式进行创新探索,发挥股权众筹融资作为多层次资本市场有机组成部分的作用,更好地服务创新创业企业。股权众筹融资方应为小微企业,应通过股权众筹融资中介机构向投资人如实披露企业的商业模式、经营管理、财务、资金使用等关键信息,不得误导或欺诈投资者。投资者应当充分了解股权众筹融资活动风险,具备相应风险承受能力,进行小额投资。

依据中国证券业协会 2015 年 8 月 3 日公布的《关于对通过互联网开展股权融资活动的机构进行专项检查的通知》,股权众筹模式分为面向合格投资者的互联网非公开股权融资(私募股权众筹)和面向普通大众投资者的公募股权众筹。按照 2014 年 8 月发布的《私募投资基金监督管理暂行办法》的规定,互联网非公开股权融资必须非公开发行,人数限定在 200 人以内,且门槛较高,合格投资者金融资产不低于 300 万元或最近 3 年个人年均收入不低于 50 万元。

公募股权众筹由于具有"公开、小额、大众"的特征,涉及社会公众利益和国家金融安全,

① 通常情况下,选择股权众筹进行融资的中小微企业或发起人不符合现行证券市场公开发行核准的条件,因此在之前的《众筹管理办法》中,曾将股权众筹融资定义为非公开的发行方式。另外,其与私募股权投资基金不同,后者募集具有非公开、大额、小众特性。

未经国务院证券监督管理机构批准，任何单位和个人不得开展股权众筹融资活动。因此，目前除了已经取得公募股权众筹试点资格的阿里巴巴、京东和平安之外，市面上其他股权众筹平台都属于互联网私募股权众筹，其从事的股权众筹业务也应按照私募股权管理办法的规定运营。

京东众筹

京东众筹(http://z.jd.com/sceneIndex.html)作为京东金融第五大业务板块于 2014 年 7 月 1 日正式诞生，旨在打造出门槛极低、新奇好玩、全民都有真实参与感的众筹平台，如图 7-5 所示。

图 7-5　京东众筹

目前，众筹按产品类型可细分为四种：产品众筹、公益众筹、股权众筹、债权众筹。京东众筹主打产品众筹。产品众筹是出资人对众筹项目进行投资，获得产品或服务，通俗说就是你支持我，我用实物或者虚拟权益作为回报。

截至 2015 年 7 月 1 日，京东众筹总筹资额已超 7 亿元，项目筹资成功率已超 90%，其中筹资百万级项目超 100 个，千万级项目已有 12 个。据零壹财经统计，2015 年上半年，商品众筹整体交易规模达到 8 亿元，其中京东众筹达到 4.5 亿元，占整个行业的 56.3%。根据京东方面表示，在过去一年时间里，通过京东众筹总筹资额最多的为小牛电动车，其以 7200 万元创造了国内最高权益类众筹纪录。而人气最高的众筹项目则为三星 S6 钢铁侠限量版手机，其众筹总参与人数达到了 35.9 万人。

从是否具备担保功能来看，股权众筹模式又可分为两类：无担保的股权众筹和有担保的股权众筹。无担保的股权众筹是指投资人在进行众筹投资的过程中没有第三方公司提供相关权益问题的担保责任，目前国内基本上都是无担保股权众筹。有担保的股权众筹是指股权众筹项目在进行众筹的同时有第三方公司提供相关权益的担保，这种担保是固定期限的担保责任。但这种模式国内目前只有贷帮的众筹项目提供担保服务，尚未被多数平台接受。

2. 众筹业务流程

股权众筹的流程一般为：发布项目—项目匹配—筹集资金—项目实施与监督—权益分配与善后处理。以股权众筹为例，其流程为：创业者在众筹平台上发布项目—投资人通过平台投资项目获得股权—项目实施—回报发放，如图 7-6 所示。

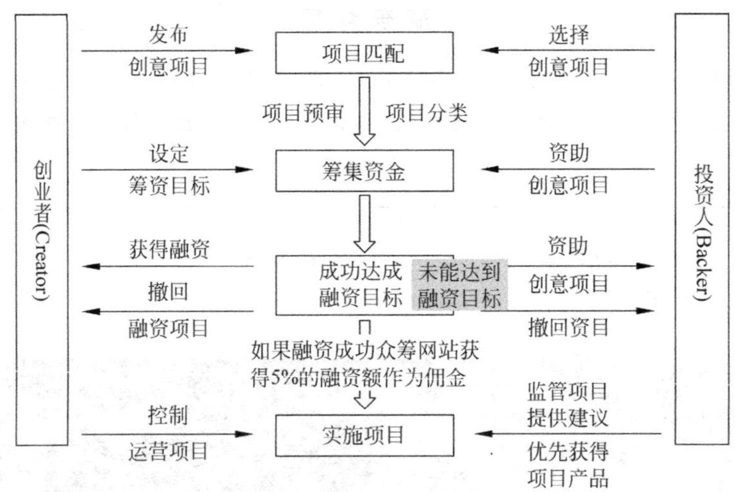

图 7-6 股权众筹的流程

1）创业者在众筹平台上发布项目

需要资金的发起人(个人或团队)将项目策划交给众筹平台，经过相关审核后，便可以在平台的网站上建立属于自己的页面，发布自己的项目，并向公众介绍项目情况。发起人在撰写项目策划时，需要依据相关规则，设定筹资目标。在设定时间内，达到或者超过目标金额，项目才算成功，发起人才可获得资金；同时，还需设定相应的回报。在筹资项目完成后，支持者将得到发起人预先承诺的回报，回报方式可以是实物，也可以是服务，如果项目筹资失败，那么已获资金全部退还支持者。

2）投资人通过平台投资项目获得股权

为了确保投资人有相应的风险承受能力，平台一般会对投资人设置一些门槛。由于众筹的模式中会由多个小额分散的投资人投资一个项目，要创业者一一接受所有投资者的咨询和调查，将会耗费大量的精力，所以众筹网站往往会实行“领投＋跟投”的制度。这种制度最早是由国外著名的股权众筹平台 AngelList 采用的，其实质就是选出一位具备资金实力、投资经验或者某方面专业技能的人做领投人，负责协调投资人与项目之间的关系。对于跟投者，网站一般会确认其风险承受能力，并有一定的最低投资额限制。

融资成功后，平台提取一定比例的融资额作为相应的佣金。

3）项目实施

在此阶段，投资人负责运营项目，支持者有权对项目进行监管，并提出自己的建议。

4）回报发放

项目投资成功以后，发起人发放相应回报，投资人优先取得回报。

7.2.3　网络众筹风险控制与监管

网络众筹项目属于高风险的金融投资项目，在运作的过程中，平台需要做好风险控制和监管。

1. 风险控制

1）准入控制

在进行网络众筹前，发起人需要在项目平台上进行注册，输入个人基本信息和项目信息。平台需要对发起人的个人信息进行认证，对项目资料进行核实，确保信息完整，资料真实。

2）项目交接

平台指定相应的项目经理，联系发起方，确认融资意愿，初步了解项目基本情况。随后进行实地考察，收集所有必需的材料，接入中国人民银行征信系统筛查，以了解项目的财务状况、经营状况和企业的信用状况。在此之后，对项目进行可行性分析，通过之后才能立项。

3）风控初审

必要时，对有关项目需要进行两重征信，两重核查。

两重征信，指的是分别接入中国人民银行征信系统和中国人民银行网络金融征信系统（NFCS，即上海资信有限公司征信平台），以掌握融资主体的负债水平和历史交易表现，了解投资对象的真实信用水平。

中国人民银行征信系统包括企业信用信息基础数据库和个人信用信息基础数据库。企业信用信息基础数据库始于 1997 年，在 2006 年 7 月实现全国联网查询。个人信用信息基础数据库建设始于 1999 年，2005 年 8 月底完成与全国所有商业银行和部分有条件的农信社的联网运行，2006 年 1 月，个人信用信息基础数据库正式运行。

网络金融征信系统作为中国人民银行征信中心金融信用信息基础数据库的个人征信子系统，于 2013 年 6 月正式上线。系统中收集并整理了网络信贷企业的个人基本信息、贷款申请信息、贷款开立信息、贷款还款信息和特殊交易信息，通过此系统，有助于平台机构全面了解授信对象，防范借款人恶意欺诈、过度负债等信用风险。

两重核查，指的是网络核查和电话核查。通过多方面、多源头核验，信息比对，进一步明确发起人的资产负债情况、资金流情况和相应的经营能力，确保信息准确性和真实性。

4）二次实地考察

在风险初审的基础上，有时还需再次上门实地考核，以进一步核实项目的数据真实性，同时评估项目经营团队素质、管理情况。在此基础上，提供完整的调查报告。

5）风控复审

风控复核团队结合实地调查报告等资料，对初审进行核查，以进一步评估项目的可行性，依据平台机构制定的风控制度，给出最终的审批意见，供评审组评审。

6）评审组评审

财务、法务、风控部、项目部、第三方独立评估机构综合分析评估项目风险，评审项目可操作性。

7）落实担保措施

资产抵押、质押或提供认可的第三方信用担保作担保，落实法律手续。

8）放款审批

第三方支付公司托管资金，项目方提交划款申请书，第三方支付公司根据项目部、财务部审批后的支付指令书进行划款。

9）项目跟进

有时需要安装收银软件、财务监控。

项目经理需要按月度和季度编写项目月度报告和项目季度报告，风控部门也需对报告进行审核。

10）经营监控

相关的IT团队全程监控经营状况，保障经营数据信息真实、安全。

2. 监管

随着股权众筹平台数量的持续增加，行业的各种问题逐渐暴露。缺乏资金实力、商业模式不清晰、融资前一味宣传高收益导致平台频遭投资者诟病；法律地位不明确、风控把关不严谨也成为横挡在众筹行业面前的一道道障碍。因此，政府和行业协会适时出台了相关的监管政策和措施，以帮助企业更好地实现"正规化""规范化"。

例如，2015年7月，中国人民银行等十部委联合发布了《关于促进互联网金融健康发展的指导意见》，明确了证监会作为网络众筹的监管主体的身份。2014年12月，中国证券业协会发布了《私募股权众筹融资管理办法（试行）》，并于2015年3月对《私募股权众筹融资管理办法（试行）》进行了修改。根据《私募股权众筹融资管理办法》第九条的规定，股权众筹平台不得通过本机构互联网平台为自身或关联方融资，以确保众筹平台中立性及中介服务定位，避免众筹平台因自筹滑向"非法集资"深渊；如果是因为平台对项目信息披露不准确或是审核不严格，导致投资者根据"虚假信息"错误投资，平台就必须要承担相应的责任。另外，根据第十三条规定，融资者不得同一时间通过两个或两个以上的股权众筹平台就同一融资项目进行融资。

2012年4月，美国国会批准了《创业企业融资法案》(*Jumpstart Our Business Startups Act*，简称JOBS法案)，允许小企业通过众筹平台融资，但对融资业务进行了严格限定，如表7-3所示（美国部分）。

表7-3 国外对众筹融资的限定

国家	股权平台的法律性	股权众筹平台自身的监管	股权众筹平台对发行人的限制	募集金额限制	对投资者限制
美国	股权众筹平台为经纪交易商（受SEC监管）	在SEC注册为经纪交易商或"融资门户"	美国设立的发行人（不包括投资基金公司）	12个月内募集资金金额不能超过100万美元	年收入或净资产低于10万美元，年度总投资额不超过2000美元或净资产或年收入的5%。年收入或净资产高于10万美元，则为10%，最高为10万美元
法国	平台投资咨询机构（受金融市场监管局监管）			12月内总金融不能超过100万欧元	

续表

国家	股权平台的法律性	股权众筹平台自身的监管	股权众筹平台对发行人的限制	募集金额限制	对投资者限制
加拿大	豁免性市场交易商(受 SEC 监管)	注册为受限交易商的在线终结结构	发行人必须在加拿大设立(排除基金享有股权众筹说明书的豁免)	12 月内“发行人集团”筹集金额限制为 150 万加元	投资者投资每一个发行人的每一次不超过 2500 加元,一年内对所有股权众筹发行人的总投资不超过 1 万加元
澳大利亚	金融服务投资服务提供者(需有市场许可)	获得澳大利亚证券和投资委员会的许可作为前提条件	在本国成立的发行人,必须是公开公司	一年发行人募集的总额不超过 200 万澳元	公众投资人 12 月内只能对每一个发行人投资 2500 澳元,对所有发行人的投资不得超过 1 万澳元
新西兰	对公司股票邀约提供设施	需向金融市场局申请获得许可		一年发行人募集的总额不超过 200 万新元	
意大利	经营机构	在 CONSOB 注册为创新性初创企业	必须得到商业部的认可	一年内不超过 500 欧元	

7.2.4　网络众筹平台功能

网络众筹平台功能一般分为前端和后端。前台功能一般包括价格套餐、产品介绍、成功案例等,如图 7-7 所示。

图 7-7　今融网(http://www.p2psoft.org/zhongchou/)

后端功能一般包括会员管理、项目管理、支付管理、财务管理、前端设置、短信邮件等功能。

1) 会员管理

管理会员的所有信息,会员身份认证审核、会员邀请统计、会员邀请返利记录、会员整合等。

2）项目管理

包括项目分类管理、股权项目管理（佣金设置等）、回报项目管理、会员提交项目审核、项目支持记录查询与导出、项目点评。

3）支付管理

包括接口管理，如支付宝、双乾支付、网银在线（京东支付）、易宝支付、微信支付、资金托管和付款记录、提现记录等。

4）财务管理

包括充值管理、提现管理、保障金账户、财务统计、银行卡管理、服务费管理等。

5）前端设置

包括导航菜单设置、广告设置、友情链接设置、文章设置、问卷调查。

6）短信邮件

包括短信邮件账户配置、短信邮件模板管理，可用于发送验证码、付款通知等消息；邮件短信队列记录。

7）其他服务

包括首页界面定制、整体界面定制、广告设计等。

7.3 互联网基金销售

互联网基金销售是指利用网络渠道进行基金销售。2013年以来，本来不温不火的基金业在互联网基金与网售基金的带领下迅猛发展，以星火燎原之势在市场取得了骄人战绩。市场上，互联网＋基金概念成为投资理财市场的新宠，各类型产品受到众多普通投资者的追捧。

7.3.1 运营模式

互联网的确给基金销售提供了一种方便快捷的通道，特别是对货币基金这种相对活期存款有明显优势的简单基金来说，网络销售的传播速度是非常快的。在基金销售利益链条上，按照利益分成先后顺序大致分为三个层次：首先是IT系统服务商费用；其次是基金销售平台和支付平台费用；最后是基金公司销售基金的管理费用。互联网平台和基金公司的合作大致可以归纳为三类形态。

1. IT系统服务商费用

传统的基金理财平台（如数米、和讯、好买等都属于这一范畴）以网站作为媒介，通过整合基金产品资源，搭建在线基金超市。而该领域的新进者（如淘宝、苏宁一类实力雄厚的知名电商平台）则手持海量客户信息，深入挖掘原有客户的投资需求，配合平台现有资源提供配套的增值服务。在上述三层次利益分成所得中，IT系统将率先获益，这部分费用包括软件系统初始建设费用和持续支持服务费用。不管基金是否实现销售，也不管基金公司是否盈利，均要支付该部分费用。通过手机终端实现随时随地理财是目前最新也是空间巨大的一个方向。如今不少基金公司都开始试水手机App，用户可以使用手机客户端通过银行账户进行购买基金。

2. 平台服务费用

平台服务费用分为基金销售平台费用和支付平台费用。销售平台包括银行、券商和基金第三方销售机构，以及提供基金购买端口的淘宝网、微信等，费用包括基金前端申购费用、后端赎回费用和尾随佣金。支付平台费用包括给予第三方支付平台、信用卡网络服务机构和银行的费用。

3. 基金公司所得

由于基金公司主要依靠基金管理费收入，对于基金公司来说，只有达到一定销售额，才能获取足够多的管理费用，管理费用减去基金销售支持费用、系统运行费用、销售平台尾随佣金所得或支付结算费用，才是基金公司最后的利润。

7.3.2　风险特征

互联网基金的快速发展以及基金销售互联网化进程的加速，帮助中国基金业创造了世界基金销售史上的多个第一，但正是这些高速度的增长掩盖了互联网＋基金发展过程中的诸多矛盾与问题，让隐患在暗中积累，从而为互联网＋基金的发展带来了诸多的不确定性，风险正在叠加。

1. 互联网基金催动利率市场化

与其他网售基金的高门槛、高起点不同，互联网基金以最低 0 申购手续费，1 元起存(甚至有产品将投资门槛降低至了 1 分钱)的优势，快速更新换代、叠加增长，让原先大量属于银行的资产负债业务逐渐流失，商业银行的吸储难度不断增加，商业银行传统的低成本吸储、高利率借贷的传统利差盈利模式被打破，吸储成本不断高企。

互联网基金带来的“鲶鱼效应”带动了商业银行对于经营方式的变革，引发了银行服务模式的革命，迫使各大银行纷纷推出自己的“宝类”基金，加剧了零售银行市场的自我变革，倒逼商业银行转型升级，让利率更为接近市场利率水平，在某种意义上对利率市场化的发展起到了促进作用。

但与此同时，互联网基金的快速发展逐步抬高了市场利率水平，在给投资者带来收益的同时拉高了社会平均利率水平。在高利率的条件下，企业资金借贷成本进一步上升，从而使本就不景气的实体经济进一步承压，进而有可能导致基金的基础标的出现偿付危机，为基金行业的长久可持续发展带来隐患。

2. 逐步去中心化

以基金官网直销为代表的网售基金在 2013 年之前一直是基金互联网发展的主渠道，但互联网基金出现之后，原先的主渠道正在逐步消退，以支付宝、汇付天下为代表的第三方支付平台强势崛起，通过货币基金申购 0 手续费、非货币基金申购高折扣的形式，从基金官网、银行平台等传统销售渠道争取了大量的用户。特别是移动互联网的出现让基金的销售更为简便，只要通过手机 App 就可以实现随时随地进行基金的申购与赎回。

但是，与基金官网的高风险防控特征不同，第三方支付平台的基金销售往往会采取较为激进的市场拓展措施，在宣传中往往喜欢玩文字游戏，用年化高收益率来吸引客流，但在其内部条款中，多存在类似于“保本不保息”的隐藏猫腻，甚至对于产品退出设计了多重门槛，以及用过于复杂化的语言表述引诱投资者进入，却在纷繁的条款中设计一些投资者风险自担的把戏，从而让投资者防不胜防。

在互联网＋基金去中心化的浪潮之外，去中心化所导致的监管缺失、风控不足则更需要警惕。此外，互联网＋基金的渠道较为扁平化，投资者无法通过面对面沟通获取足够的信息，只能通过一些宣传介绍了解产品。同时，网络销售渠道层层外包，互联网经营规范不足，甚至不少基金销售网站成为黑客们的"攻击目标"，通过植入木马病毒等手段来窃取用户资料，对资金安全构成威胁。

3. 成本的"双刃剑"

无论是网售基金还是互联网基金，其最大的特点都是利用互联网成功实现了成本的降低，特别是营销成本的降低，可以说互联网给基金销售提供了一个低廉便捷的渠道。诚然，用互联网销售基金可以去掉多余的层级费用，在一定程度上有效降低销售成本。但互联网的风投模式让高投入成为一种常态，烧钱发展成为不少互联网企业的共识。

在众多互联网基金的销售平台上，很多基金产品都显著地标明其平均收益在8%以上，但是从其对接的货币基金产品来看，货币基金产品平均利润水平只为4%左右，这剩下的4%左右的收益依赖的就是互联网投资平台的补贴。

这种依靠风投砸钱的互联网方式，虽然可以在短期内聚集客户，但是纯粹的价格战补贴，极其容易让平台陷入资金链断裂的危机，引发承兑风险。与此同时，随着基金销售的火热，掌握优势资源的高流量电商平台和第三方支付平台成为了基金业中的"香饽饽"，手续费率水涨船高，以淘宝、京东为代表的主流电商平台的手续费已经达到2%左右，再加上各种促销支出，基金公司的成本逐渐攀升，一旦达到盈利分界点，势必会导致市场恶性循环，为发展带来隐忧。

4. 内部风险难防

对于传统的基金而言，行业的准入门槛较高，对于员工的道德风险、投资风险、技术风险、会计风险都有一系列的监控，一旦出现基金从业人员借助职务之便为自己谋取私利就会有严苛的惩罚，这也是传统基金最大的优势所在。但是互联网＋基金则不同。由于其准入门槛不高，并且基金公司多将其互联网产品外包给第三方机构操作，甚至有多层外包的情况出现。在这样的情况下，对于基金从业人员的风险监管往往难以到位，内幕信息处于完全没有监控的状态，内部的防火墙机制形同虚设，一旦有从业人员利用相关管理漏洞，通过"老鼠仓"等行为从中牟利，基金的内部风险就会陡然上升。

5. 竞争同质化趋势严重

随着新基金法的正式颁布实施，基金市场参与数量激增，截至2015年12月30日，市场上在存续期内的公募基金多达1244只，创造了基金市场史上之最，其销售渠道也普遍布局于网络，从而导致虽然基金产品竞争加剧，但是基金的同质化竞争明显，市场逐渐陷入恶性竞争状态。不少基金产品甚至以价格、收益等为手段，展开激烈的价格战，"红海"已经成为基金业的新常态。

另一方面，互联网的快速传播使得基金规模膨胀过快，基金变得更加臃肿，对于基金经理的管理能力提出了更高要求。但大部分基金经理都没有管理超大规模基金资产的经验，一旦出现市场波动，应对不及时的现象就会出现，极有可能引发风险性事件。

有鉴于此，中国人民银行2015年7月18日出台的《关于促进互联网金融健康发展的指导意见》要求：基金销售机构与其他机构通过互联网合作销售基金等理财产品的，要切实履行风险披露义务，不得通过违规承诺收益方式吸引客户；基金管理人应当采取有效措施防范资产配置中的期限错配和流动性风险；基金销售机构及其合作机构通过其他活动为投资人提供收益的，应当对收益构成、先决条件、适用情形等进行全面、真实、准确表述和列示，不得与基金产品收益混同。第三方支付机构在开展基金互联网销售支付服务过程中，应当遵守人民银行、证监会关于客户备付金及基金销售结算资金的相关监管要求。第三方支付机构的客户备付金只能用于办理客户委托的支付业务，不得用于垫付基金和其他理财产品的资金赎回。互联网基金销售业务由证监会负责监管。

7.4　互联网保险

有别于传统的保险代理人营销模式，互联网保险是保险公司或新型第三方保险平台以互联网和电子商务技术为工具来支持保险销售的经济行为，是一种新兴的以计算机互联网为媒介的保险营销模式。它的出现，使得保险服务更加便捷，保费更加透明，权益更加明晰，理赔更加轻松。

7.4.1　网上保险的发展

从2000年8月开始，太平洋保险和平安保险率先开通了网上保险。太平洋保险的网站成为我国保险业界第一个贯通全国、联接全球的保险网络系统；平安保险开通的全国性网站PA18，以网上开展保险、证券、银行、个人理财等业务被称为“品种齐全的金融超市”。2000年9月，泰康人寿保险公司也在北京宣布开通“泰康在线”，在该网上可以实现从保单设计、投保、核保、交费到后续服务全过程的网络化。自此之后，由网络公司、代理人和从业人员建立的保险网站也不断涌现，出现了诸如保险界等知名的保险网站。

根据蚂蚁金服保险与CBNData今日联合发布的《互联网保民都是谁？——2016互联网保险消费行为分析》报告，截至2016年3月，互联网保民已超3.3亿，同比增长42.5%。是股民数量的3倍，其中，80后互联网保民占比为47%，90后占比为33%。互联网保民购买较多的险种包括电商保险、意外险、健康险、旅游险、车险、账户保险。

依据中国人民银行2015年7月18日出台的《关于促进互联网金融健康发展的指导意见》，保险公司开展互联网保险业务，应遵循安全性、保密性和稳定性原则，加强风险管理，完善内控系统，确保交易安全、信息安全和资金安全。专业互联网保险公司应当坚持服务互联网经济活动的基本定位，提供有针对性的保险服务。保险公司应建立对所属电子商务公司等非保险类子公司的管理制度，建立必要的防火墙。保险公司通过互联网销售保险产品，不得进行不实陈述、片面或夸大宣传过往业绩、违规承诺收益或者承担损失等误导性描述。互联网保险业务由保监会负责监管。

7.4.2　网上保险营销的模式

互联网进入保险的最直接方式是参与销售，依托互联网场景和互动功效吸引客户。从渠道看，保险市场高度集中于如淘宝之类的大平台，未来可能向自建平台扩散。从市场空间看，互联网与保险在销售领域的合作大致分为三种模式：无牌照进行保险广告推广、兼业代理牌照借用场景代销保险产品和专业中介牌照从事保险销售。

1. 无牌照进行保险广告推广

无牌照进行保险广告推广是保险产品通过互联网销售非常初始的模式。广告推广商不需要保险经营相关牌照，直接从事保险产品的推广服务，但并不直接销售保险产品。其盈利方式是获取保险公司的业务宣传费或者广告服务费。2015 年，我国整个保险市场的年保费收入达到近 2 万亿元，其中互联网保险广告推广的服务费用年均可达 20 亿元(见表 7-4)，市场空间不小。

表 7-4　2015 年互联网保险广告推广费用

	保费收入	保险广告宣传	互联网保险广告推广
市场总量	2 万亿元	200 亿元	20 亿元
占比		1%(正常 0.5%～2.5%)	0.1%

尽管如此，互联网保险广告推广的市场空间却较为分散，具有影响力的推广者较少。同时，受到广告宣传总费用增速放缓以及劳动密集型的市场推广方式(依托于低门槛会员提供主动推销式服务，会员的流动性较强)的影响，未来市场竞争压力会逐渐加大，利润率会有所下滑。

2. 兼业代理牌照借用场景代销保险产品

保险兼业销售是通过获得兼业代理牌照，借助原有业务的场景，在经营原有业务的同时，代理销售一家或者多家保险公司的保险产品，并从中收取佣金。依据资格不同，可以代理销售的数量各有差异，2013 年底兼业代理市场上最大的主体是银邮机构，达 16 万家，另外汽车企业为 2.5 万家，其他机构占 2.8 万家。2015 年互联网兼业代理市场空间约为 50 亿元，如表 7-5 所示。

表 7-5　2015 年保险兼业销售市场状况

<table>
<tr><th></th><th colspan="2">兼业代理保费收入</th><th>互联网兼业代理</th></tr>
<tr><td rowspan="2">市场总量</td><td colspan="2">约 5900 亿元</td><td rowspan="2">50 亿元</td></tr>
<tr><td>产险 1800 亿元
(其中车险 1500 亿元，企财险 78 亿元，意外险 33 亿元)</td><td>寿险 4100 亿元
(其中银邮渠道约 4000 亿元)</td></tr>
</table>

相对而言，兼业代理资格比较容易获得，监管相对较为宽松，监管政策对业务发展的影响较大。

3. 专业中介牌照从事保险销售

保险中介销售是获得保险专业代理人或者经纪人牌照，专业进行保险销售，一般可以销售多家保险公司的保险产品，并从中收取佣金及手续费。相对而言，保险经纪人和保险代理人的市场要规范很多，从数量上看，专业代理机构数量明显少于兼业机构数量。截至 2014 年底，全国保险专业代理机构约 2525 家，其中全国性代理机构 143 家，区域代理机构

1624 家，经纪机构 438 家，公估公司 320 家，中介集团公司 5 家。2015 年整个互联网专业中介市场空间约为 200 亿元，如表 7-6 所示。

表 7-6　2015 年保险专业中介销售市场状况

	专业中介保费收入		互联网专业中介
市场总量	约 1300 亿元		200 亿元
	经纪人 500 亿元	代理人 800 亿元	

7.4.3　网上保险的流程

网上保险过程中涉及的若干业务，如保险信息咨询、保险计划书设计、投保、缴费、核保、承保、保单信息查询、保权变更、续期缴费、理赔和给付等，都可以直接在网络上进行。其中，网上投保的流程较为简单，一般分为选择产品、填写资料、获取报价、提交订单、支付保费等几个步骤，如图 7-8 所示。

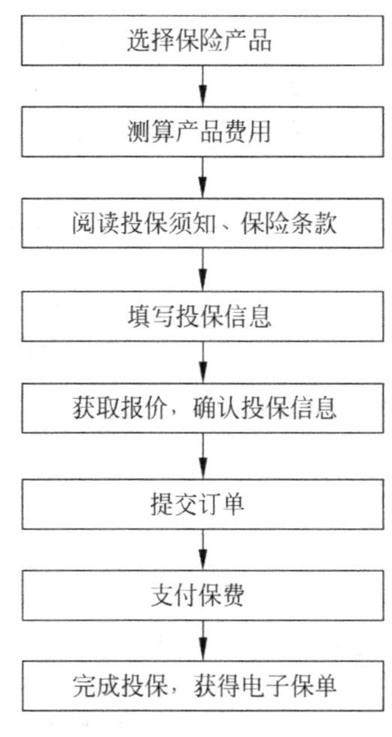

图 7-8　网上投保的流程

代理人本身如何运营互联网化进行展业以及移动展业完成后如何进行移动理赔也成为保险核保核赔流程中需要不断优化的两个环节。“移动展业”和“移动理赔”通过互联网技术优化展业核保和理赔流程，将线上和线下结合起来，能够极大提升效率。

7.5　网上证券交易

证券是指记载并附有一定权利的法律凭证，它表明证券持有者或者是第三者享有取得该证券所特有的权利。证券分为有价证券和无价证券。无价证券是指那些如存款单、借据、收据等不能取得收益但是能够证明证券持有者拥有某种特定权益的证券；有价证券是指在证券外表标有面值金额，而且持有者能够按期取得一定收入并可以自由买卖所有权的证券，包括商品证券(货运单、提单、仓库栈单等)、货币证券(汇票、支票、本票等)和资本证券(股票、债券、基金等其他金融衍生品)。其中，资本证券是有价证券的主要形式。

网上证券交易系统是进行网上证券交易的物质载体和交易场所。网上证券是以证明和设立权利为目的的数字化电子凭证，也就是说，网上证券是将纸质型证券转换成计算机记录的数据化符号凭证。网上证券和传统证券一样，也包括股票、债券、基金等类别，现已成为证券市场上交易的主流品类。网上证券的产生、转化和发展源于信息技术的应用与推动，其形式的变化大大加强了证券的流动性和安全性，但是从网上证券的内涵来看，它虚拟资本的本质属性并没有因为形式的改变而改变。

中国证券业经过几十年的发展，实现了从实物交易到无纸化交易、从手工竞价到计算机撮合，从有形席位到无形席位、从场外市场(如历史上的 STAQ 系统、NET 系统和天津、武汉和沈阳等 23 个证券交易中心)到场内市场(上海证券交易所和深圳证券交易所)的巨大转变。证券投资品种越来越丰富，交易越来越集中，同时交易系统也越来越先进。

目前，场内市场有上海证券交易所和深圳证券交易所，形成了 A 股、B 股、证券投资基金、国债、政策性金融债券、其他金融债券、企业债、国家投资债券、国家投资公司债券、可转换债券、认股权证等多种基础证券，另外还有在境外发行和上市的 H 股、N 股、L 股、S 股、存托凭证和国际债券等。场外市场历史上有 STAQ 系统，NET 系统，天津、武汉和沈阳等 23 个证券交易中心；现有新三板[①]和四板市场[②]，其区别如表 7-7 所示。

表 7-7 新三板和四板市场的区别

项目	新三板（北京）	四板（上股交 Q 板、E 板）
开头代码	430、830 开头	1A、100 开头
名称	全国中小企业股份转让系统	非上市股份有限公司股份转让系统
运营管理机构	全国中小企业股份转让系统股份有限公司	上海股权托管交易中心
挂牌条件	(1) 存续满 2 年； (2) 业务明确，具有持续经营能力； (3) 股权明晰； (4) 治理规范，合法合规经营	(1) 业务基本独立，具有持续经营能力； (2) 不存在显著的同业竞争、显失公允的关联交易、额度较大的股东侵占资产等损害投资者利益的行为； (3) 在经营和管理上具备风险控制能力； (4) 治理结构健全，运作规范； (5) 股份的发行、转让合法合规； (6) 注册资本中存在非货币出资的，应设立满一个会计年度
股东人数	可超过 200 人	不超过 200 人
审核备案机构	全国股份转让系统审核备案	上海股权托管交易中心审核，上海金融办备案
融资方式	定向增发、股权质押、信用贷款、私募债	定向增发、股权质押、信用贷款、发行私募债、中小企业债
投资群体	机构投资者、个人投资者（必须 500 万元的资产证明）	机构投资者、个人投资者（只需 50 万元的资产证明）
交易单位	最少 1000 股	最少 10 000 股
活跃度（融资成功）	低	高
灵活性	低	高

7.5.1 中国证券交易系统及其发展

上海、深圳证券交易所的交易系统由撮合主机、通信网络、柜台和网络终端三部分构成。上海证券交易所为证券商提供的交易席位有两种：有形席位与无形席位，但以无形席位为主。深圳证券交易所在 1998 年取消了有形席位，全部采用无形席位形式。无形席位采用的

① 新三板，即“全国中小企业股份转让系统”，原来只针对国家高新园区内的企业，现在已全国放开。

② 四板，即“四新板”，支持中小型科技创新创业企业挂牌，是四新企业（新技术、新业态、新模式、新经济）获得新的融资渠道和资产交易的平台。现由上海股权托管交易中心管理，目前有 Q 板及 E 板两大板块。其中，Q 板为中小企业股权报价系统，E 板为非上市股份有限公司股份转让系统。

主要通信方式是双向卫星，适应我国幅员辽阔、投资者分散的特点。1998 年，我国全部实现了投资者、券商、证券交易所、证券登记公司、银行、上市公司之间的认购、委托、报单、撮合、行情、成交回报、交割、清算、结算全联网自动交易。纵观这些年中国电子化的证券交易系统的发展，大体上可以分为五个阶段。

1. 场内报盘交易系统

早期的证券交易系统比较简单，只支持少量的股票品种进行交易，证券公司的计算机系统与交易所内的交易系统互不相连，各个证券营业部几乎没有计算机系统可言，有的话，也只是一台单独的 PC，运行 dBase 程序，主要用来进行记账。整个交易以“场内报盘”的形式出现，即各地证券营业部接受股民委托(股民预先填写一张“证券委托单”)，通过长途电话的形式，通知各营业部派驻到上海、深圳交易所内的交易员，由这些交易员通过计算机终端将交易信息输入到交易所的计算机主机，根据成交结果，长途电话通知各自营业部柜台，再由柜台将交易结果告知股民。

2. 自动化的卫星报盘系统

随着证券交易品种、数量和人数的扩大，场内报盘、电话通知的交易方式已不能满足实际需要，于是出现了自动化的卫星报盘系统。在这种系统中，证券公司通过一个卫星报盘系统，将证券营业部中交易的指令直接传送到交易所的交易主机中，由计算机自动完成数据交换并进行交易。自动化的卫星报盘系统的出现，极大地提高了报盘的速度和交易的效率，使之成为 1993 年前后交易系统的主流。

采用这种交易系统，每个证券营业部需要在营业大楼的顶部安装四个直径 1.2～1.5 米不等的锅形卫星天线，并对准东南方向的亚洲一号通信卫星；同时上海证券交易所和深圳证券交易所也需安装这些卫星天线，以连接全国 2000 多家的证券营业部。四个卫星天线分别承担了四种不同的任务：一是双向传递营业部与上海证券交易所之间的股票交易与信息反馈；二是接收上海证券交易所实时发送的行情数据；三是双向传递营业部与深圳证券交易所之间的股票交易与信息反馈；四是接收深圳证券交易所实时发送的行情数据。

3. 基于局域网的交易系统

自动化的卫星报盘系统的出现虽然提高了报盘的速度，解决了电话通知的问题，但证券营业部与股民之间的手工数据交换瓶颈问题尚未解决。如何让股民看到实时交易行情，并通过计算机自己下单？为此，1993 年之后，数以百套的基于局域网的交易系统如雨后春笋般地涌现出来。这些系统尽管功能各不相同，但有两个共同的特征：一是行情揭示，以钱龙行情系统为例，能把最新的股票行情数据转换为特定格式的数据并进行保留，再通过客户端程序，在客户面前展现各种图形，如 K 线图；二是基于局域网，在局域网中，无论是散户用的自助刷卡计算机终端程序还是大户用的计算机终端程序，都能负责收集客户数据的委托要素，并添加到委托流水表文件中，然后统一由后端的代理程序将此文件中的数据转换成一定的格式移交给报盘程序，如图 7-9 所示。

4. 基于互联网的网上证券交易系统

随着证券交易的进一步发展和竞争的加剧，各个证券公司纷纷对自己的交易系统进行了改造和升级，增加交易功能，提供个性化服务，以便提高交易效率，降低成本，吸引客户，于是开发出了许多基于互联网的证券交易系统。在这种系统中，券商可以通过数据专线将证

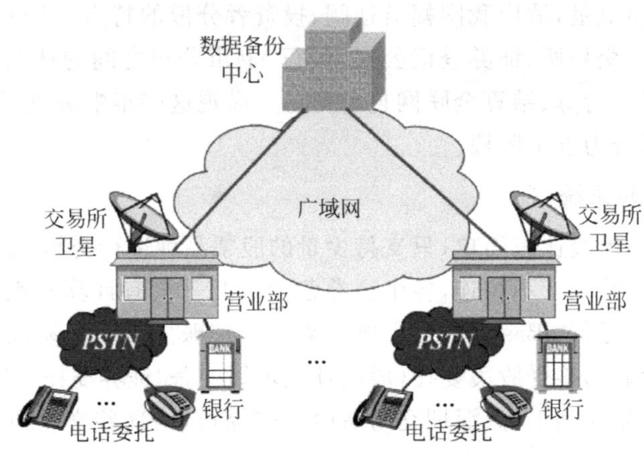

图 7-9　基于局域网的交易系统

券交易所的股市行情和信息资料适时发送到 Internet 上，投资者也可将自己的计算机连上 Internet，通过 Internet 观看股市实时行情，分析个股，查阅上市公司资料和其他信息，委托下单买卖股票。如果纯粹从交易过程来看，网上证券交易与传统证券交易方法的不同仅仅是交易信息在客户与营业部之间的传递方式上，对证券营业部到交易所的交易方式不会产生任何影响。传统的交易方法包括投资者通过营业部柜台下单或通过电话委托等方式进行交易，其特点是：投资者的交易指令或是直接传递给证券营业部的营业员，或是通过封闭的电话专线，因此信息传递的安全和可靠性都有所保证。而网上证券交易则是在投资者发出的交易指令在到达证券营业部之前，是通过公共网络即因特网传输的。所以说，无论是在以前的传统证券交易还是现在的电子化的证券交易，在交易过程上都必须经过这几个过程：开设证券账户或是股东账户、开设资金账户、委托买卖、场内集中竞价，撮合、清算与交割等。

在这样的系统中，先是关系型数据库管理系统完全取代了 dbf 数据文件，引入电话委托和银证转账系统，形成了十几家专业的信息公司，如深圳金证公司、杭州恒生公司等，从此这些公司的产品替代了证券公司自行开发的产品。2005 年之后，B/S 模式取代了 C/S 模式，互联网取代了局域网，成为证券交易系统的主流，UNIX、Oracle 也由此成为交易平台的主角。

就其业务模式来说，以上几种系统属于分散经营的模式。其带来的缺点是：证券公司各个营业部系统之间彼此互不相连，证券公司无法及时掌握公司的整体运营情况，要想进行风险监管，难度很大；同时，为了扩大市场规模，每增加一处营业网点，公司需要付出很高的成本代价，且系统安全漏洞层出不穷，总体上不利于行业扩张，不利于产品创新。

5. 集中经营的网上证券服务系统

为了克服分散交易带来的缺陷，出现了新的证券交易系统，业务上支持集中交易。在集中交易的模式下，公司以整体为运作单位，各营业部不再分别向交易所申请交易席位，各个营业部的日常股票的交易管理、成交报盘、日终清算、统计查询等各项功能全部由证券公司的主机集中进行统一处理，负责电话委托的交易系统也统一集中设置到交易中心。各营业部的股票交易委托单先上传到集中交易中心，再由集中交易中心转发到证券交易所；同理，来自证券交易所的成交回报也统一反馈到集中交易中心，再由集中交易中心下传到各营业部。在这样的情况下，各项交易数据统一交由集中交易中心进行统一集中存储，各营业部不需要再进行原先的交易处理，系统功能比较简单，如图 7-10 所示。

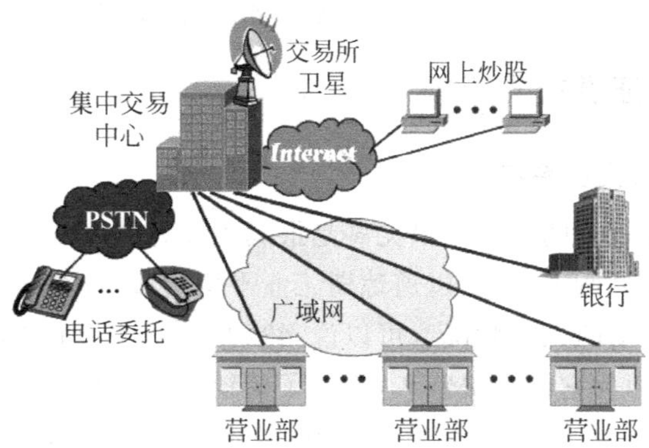

图 7-10　集中经营的网上证券服务系统

集中交易可以带来许多好处。最明显之处是可以降低管理风险和业务风险，提高业务创新、技术创新的时效性，并能有效利用公司现有资源，降低运营成本，提高竞争力；同时，有利于形成统一的竞争品牌，有利于更好地建立网上交易系统和证券客户管理系统等应用平台。目前以复旦金仕达和根网公司为代表的集中竞价交易、大宗交易和协议转让的集中交易系统已成为主流，一举突破恒生、金证的垄断，形成非对称优势。

当然了，任何事件都是一分为二的，集中交易也有它的缺点。首先原来的多点风险转化成了单点风险，一旦证券公司的集中交易系统出现故障，可能就导致所有营业部交易处理的瘫痪；同时，各营业部与集中交易中心的大量、频繁和实时的数据传送，对通信线路的质量、可靠性与带宽的要求非常高。为此需要采取一些措施，确保相关风险不会出现。常见的措施：一是设备冗余，即建立备份交易中心，一旦交易中心出现问题，备份交易中心可以及时承担起全部的业务，保证交易永不中断；二是数据同步，即主备交易中心通过专用的高速线路实时同步交换数据，保证在交易系统切换后交易数据的一致性与准确性；三是线路冗余，即各营业部到交易中心的通信线路、主备交易中心之间的通信线路、电话委托交易接入中继电路采用多种业务实现方法、不同线路的保护措施；四是路由冗余，在各营业部与备份交易中心之间建立通信线路连接，电话委托交易接入中继电路同时接入交易中心和备份交易中心的情况下，利用主备交易中心之间的连接线路建立迂回路由。总之，在网络系统的高、中、低不同的分层结构上，分别采取措施，如图 7-11 所示。

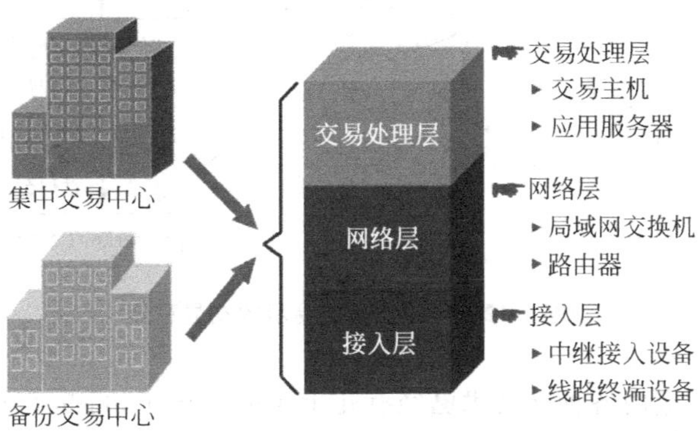

图 7-11　集中交易系统中采取的安全措施

在这样的系统上开展网上证券业务或网上证券经纪业务,如获取证券实时行情、获取市场资讯、投资咨询和网上委托下单、实时交易等服务,应该是安全顺畅的。

7.5.2　世界知名的证券交易系统

1. 纽约证券交易所交易系统

纽约证券交易所在过去的一百年里无疑是最具主导力的证券交易所。由于美国的大多数大公司在纽约证券交易所上市,所以道琼斯工业平均指数(DJIA)的日波动也就基本反映了全球金融市场交易活动的大体状况。可以说,纽约证券交易所在证券业上有着举足轻重的地位。但是,也正是因为它的历史悠久,继承了传统的交易网络,我们可以看到一个特别奇怪的现象:纽约证券交易所一直希望发展新的技术,以加强对纳斯达克市场的竞争力,但是又舍不得抛弃传统的人工密集型的大厅式交易系统,因而也就自然地出现了19世纪的传统技术和21世纪的现代高新技术在同一交易大厅运作的奇怪现象。

纽约证券市场不同于纳斯达克市场。纳斯达克市场是一个报价驱动的市场,而纽约证券市场是一个指令驱动的双向竞价市场。在报价驱动的交易商市场里,投资者在递交指令之前就已经可以从交易商那里获得有关的报价,纳斯达克市场就是属于这种类型;而在指令驱动的竞价市场里,投资者向市场递交交易指令,然后市场再根据供求状况来决定股票的价格,纽约证券交易所就属于这种类型。在纽约证券交易所里,投资者可以直接向交易所内发送指令进行交割,或者是通过他们的经纪商进行交割。场内的交易由那些场内的专家和交易商进行组织。其中,场内的经纪人主要作为大众客户的代理,负责将交易指令传递给交易商群(Trading Crowd)。场内的经纪人在交易大厅外围的摊位上进行操作。而场内的专家则负责管理交易所的竞价过程。作为经纪人的经纪人,他们不仅要处理分配给他们的限价指令,还需要执行场内的交易商的交易指令。除此之外,他们还要进行电子报价,并且记录自己掌管的股票的买卖价格。为了保持市场的流动性,有时在市场缺少买卖指令或者是其他交易意向的时候,他们必须得用自己的账户进行买卖。当然在组织交易的过程中,他们还会尽可能地使得最多的买盘和卖盘同时聚集起来,从而公平、有序地分配订单。在纽约证券交易所的每一种股票都有专门的场内专家进行负责,整个交易流程如图7-12所示。

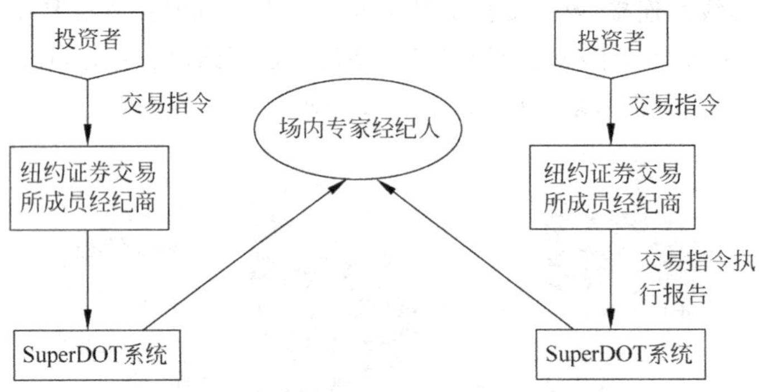

图7-12　纽约证券交易所的交易程序

纽约证券交易所应用各种新技术已经有几十年的历史了,可是实质上它并没有打算以计算机代替它引以为荣的交易大厅。虽然近年纽约证券交易所的经典运作已经开始向新型的交易技术靠拢(因为纳斯达克的电子化产生的巨大效用刺激了纽约证券交易所的传统交易系统,也对其发起了强有力的挑战),但是事实上纽约证券交易所并没有从实质上改变其原来的系统,而只是使得原来的系统自动化而已。可以说,纽约证券交易所对技术有着很强的抵制态度,特别是那些场内的专家,原因是现行的交易制度可以给他们带来巨大的收入。

纽约证券交易所主要的交易系统有下单和报告系统、订单簿、市场数据、市场交易系统、市场适时监控系统。它们的关系如图 7-13 所示。

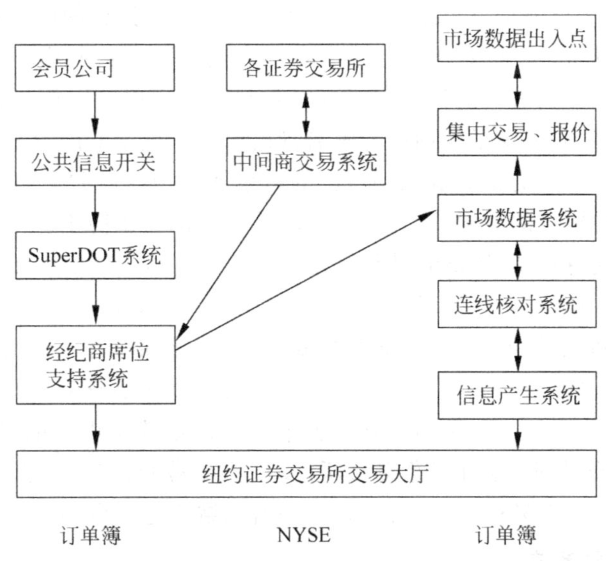

图 7-13　纽约证券交易所的交易系统构成

纽约证券交易所的 SuperDOT 系统是一个下单和报价系统。在 1970 年为了将小额指令从场外经纪人处传到场内而设立。1982 年,为适应交易的需要,纽约股票交易所改进了这一系统,使它能够及时传送大额交易指令。这个系统是纽约证券交易所内的交易大厅里的会员公司和场内专家进行委托指令的传送以及反馈执行报告的电子网络的一部分。SuperDOT 系统在 1996 年进行了一次大规模的改造,使得它的传输能力大大提高。直至今日,纽约证券交易所每天的交易都会有大约一半是通过这个系统来下达指令的。一些较大的订单则是由场内的经纪商代表客户进行谈判执行交易。因为投资者不大愿意将大单通过电子方式传送到交易大厅内,市价委托表达了想以最优的买卖价格进行交易的意愿,而投资者不会愿意在不对价格进行比较的情况下买卖一大笔数额的股票。通过 SuperDOT 系统进行交易的订单既可以是来自专家的订单簿,也可以是来自经济纪商席位支持系统。经济纪商可以有多种方式在交易大厅传递和执行订单,或直接写在纸上,或利用电话,或利用计算机等。通过交易所的自动下单控制,经济纪商可以在若干交易者中,直接从一家会员公司的交易席位接受订单,并且可以立即得到关于订单执行的反馈信息。SuperDOT 系统开市时,采用开市自动报告系统,用于处理会员公司开市前所有超过 30 099 股股票的市价订单。

从图 7-13 中可以看到,SuperDOT 系统为场内的专家提供了详细的实时指令系统。在这个系统中,除了为能够正确执行指令所必需的一些基本要素——证券代码、买或者卖、市价还是限价、规格等——之外还包括场内的专家可以在显示账簿上看到得到其他确认的信息。比如说,场内的专家可以看到登记公司的简称、分公司的数目以及其他的序号。交易所还要求会员公司详细说明其使用 SuperDOT 系统的委托指令的报送类型(程序交易、指数套利、本金、代理等)。虽然这种报送类型的信息不能实时地为场内的专家所用,不过它会在几个小时后记录在 SuperDOT 系统的委托指令里。由此,场内专家对显示其他交易商在特定股票上交易意愿的这些重要信息就有了独一无二的查看权。这些信息很有用,场内专家会充分利用这些信息来使其账户利润最大化。订单簿是一个跟踪所有限价订单和所输入的市价订单的电子工作站。进入 SuperDOT 系统的订单自动在订单簿上显示,并且按照价格优先、时间优先的原则对限价订单进行排序。但是,纽约证券交易所和纳斯达克市场一样并没有为每一只股票准备统一的订单簿。投资者可以直接发指令或者是通过雇佣经纪公司代为发送指令到纽约证券交易所的大厅。当专家收到一份订单的时候,他就会将指令列在限价的订单簿中,该订单簿记录了场内的专家管理的每一只股票的限价委托。当然,场内的经济纪商也会把发送给他们的指令输入到自己的订单簿中,只有当场内的经济纪商选择将其委托公开给市场其他成员的时候,委托才进入场内专家的订单簿中。

经济纪商席位支持系统(BBSS)是经济纪商和会员公司交易站点的订单管理系统。目前,在纽约证券交易所会员公司交易站点有 90 个交易终端,在交易大厅经济纪商席位处约有 800 个终端。订单管理包括订单公布的摘要、平均价格、订单更新和其他细节情况。BBSS 可以在线核对系统直接连接,向清算会员提供实时交易核对。而市场间交易系统是在 1978 年开始投入使用的。它是用于联系各个证券市场的做市商的电子通信网络。这些市场包括纽约证券交易所、美国证券交易所、波士顿交易所、芝加哥交易所、辛辛那提交易所、太平洋交易所、费城交易所、芝加哥期权交易所和纳斯达克市场。

2. 纳斯达克交易系统

纳斯达克隶属于纳斯达克股票市场有限公司(Nasdaq Stock Market,Inc),该公司曾经是美国证券交易商协会(NASD)的完全控股子公司。美国证券交易商协会是一个全国性的证券协会(不是证券交易所),它负责纳斯达克市场和注册经纪商的运作与监管。纳斯达克最初成立于 1971 年,当时作为美国证券交易商协会的自动报价系统(National Association of Securities Dealers Automated Quotation System)主要用来发布注册经纪人对未在证券交易所(如纽约证券交易所、美国证交所以及各方交易所等)上市的股票的报价信息。也就是说,当时的纳斯达克是为场外交易(OTC)的股票提供服务的。经过 40 多年的发展,纳斯达克市场已经由单纯的报价系统发展成为一个集指令传递和交割为一体的证券交易机构。

纳斯达克主要是一个“报价驱动(Quote-driven)”的市场。所谓报价驱动,就是说股票价格是由交易商报出的。纳斯达克通过发达的网络将成千上万的交易商互连,由做市商(Market Maker)对上市股票进行报价(即他们愿意在某一数量上交易某种股票的价格),然后把这个价格发送到各个经纪商的计算机终端上。下面举个例子说明纳斯达克市场交易的过程。如果有一个经纪商接到一份订单愿意在 45 美元甚至是更低的价位买入 10 000 股的英特尔公司的股票,那么他就会查找有关英特尔公司股票的最优的报价(通常是最低的报价),比如说市场中的最低报价是 44.2 美元,那么这个经济纪商就会通过电话或是电子连接,向做市商提出以 44.5 美元购入 10 000 股英特尔公司股票的请求,做市商收到这一个信息后通常会给一份确认的报价。在这个例子里,如果做市商愿意以 44.2 美元的价格卖出股票,那么双方就会进一步确认有关的信息,确保交易的成功。

从以上的例子我们可以大致了解到:作为一个报价驱动的市场,纳斯达克是围绕着那些做市商的相互竞争而建立起来的。但是，它却表现了许多“双重竞价(Double Auction)”的市场特征。所谓双重竞价，是指在证券市场上的买卖双方可以同时对任何一个股票叫买和叫卖。比如，一个做市商进行报价时，可以看作他同时发了两份现价的指令：一份是按出价买入某一数量的股票的指令；另一份是同时以报价卖出相同数量的股票的指令。投资者的买入和卖出订单分别发送给要价最低的做市商和出价最高的做市商。而做市商也正是利用买价和卖价的差价进行盈利的职业投资人。只要是纳斯达克的会员，在达到一定的净资本要求后就可以成为做市商。做市商对某种股票做市只需通过网络进行注册后就可以进行，而且注册申请收到的当天就可以开始做市的业务。做市商也可以自动退出，但是如果还想进入则必须在 20 天之后。纳斯达克是一个分散化的市场，交易指令就分布在许许多多的经纪商里。

纳斯达克被誉为“一个电子化的交易大厅”，本质上，纳斯达克是一个将分散的做市商连接在一起的电子通信网络。这种集中的报价制度使得经纪商可以方便地以最优的价格买卖所需的股票。目前的纳斯达克的交易系统有电话交易、纳斯达克电子交易系统与选择性电子交易系统、网上交易系统等几大类型。

1）电话交易

订单下达公司通过电话与做市商联系，执行客户订单。

2）纳斯达克电子交易系统

(1) SelectNet。它主要是一个下单系统。通过它可以使得经纪商和交易商之间传递交易指令。通过这个电子系统，经纪商不仅可以把订单直接发给与它有着优先安排的做市商，也可以传送到整个市场。它主要是一个经纪商与做市商之间传输和磋商交易意图的通信工具，它不具备自动撮合成交的功能。但是通过这个通信工具，经纪商之间可以交流交易的条件，这大大有利于交易的成功进行。这个功能在大额交易的过程中显得尤为重要，因为在大额交易过程中，数额的巨大使得交易双方都显得谨慎。

在以前，SelectNet 主要是给会员(如做市商、下单公司)使用的。1999 年初，纳斯达克宣布其会员可以允许机构客户直接把订单直接输入 SelectNet，条件是会员必须确保其客户遵守有关的规章制度。不过这个系统有一个主要的限制规定：所有的交易必须有一名做市商参与，而且它还有一个有限的协商定价功能，即做市商可以进行还价。经历一段时间的沉寂，SelectNet 逐渐成为纳斯达克系统中重要的组成部分。它现在已经占到了纳斯达克中所有“交易商对交易商”(Dealer-to-Dearler)的三分之二。而且它的主要用户大多是中型企业。那么，为什么 SelectNet 会日益受到宠爱呢？其中最重要的原因是这一系统“优先安排”的做法，经纪商利用这一系统给做市商发送指令的效率很高；除此以外，在以 SelectNet 为平台开发的一套应用程序也使得其使用率提高。值得一提的是：这一系统并不是由纳斯达克自己开发的，而是由做市商团体发起的。做市商们借鉴了 SelectNet 的基本功能，并将其融入他们自己的系统中去，这就实现了和客户之间通信的自动化。该系统的主要功能是允许客户同时上传交易多种股票的大额交易指令。更重要的是：这些系统可以根据发出来的指令做出快速的反应。SelectNet 越来越受到欢迎的另一个重要原因是它对非纳斯达克成员的开放，就是说允许 SelectNet 网络中的成员经纪商充当非成员的中介，按照新的规定，大型公共基金可以与它的经纪商(纳斯达克成员)达成某种特殊的安排，从而按照事先约定好的条件直接把指令发送到 SelectNet。还有一种情形是：在某些情况下，大型的投资商可以在发送指令的时候不向其经济纪商表明身份和交易的动机，面向外发送的时候，指令就像和经纪人自己发布的一样。通过这种方式发送指令，投资商不仅对整个市场，而且包括对其经济纪商进行身份保密。系统需要做的只是控制直接发往 SelectNet 的订单类型和数量。经纪商则负责确保客户有充足的资金支付交易可能产生的任何债务。

(2) 小订单交割系统(SOES)。这是纳斯达克专门为它的小型客户群提供服务的一个交易工具。这个系统是 1984 年在纳斯达克开始使用的，它为小型的投资者提供了一个新的交易工具。SOES 是将小订单从经纪商发送到做市商的电子系统。通过它，市场参与者还可以按做市商报出的最优价格自动执行小额订单。进入 SOES 的订单有三种规定：一是必须是客户的订单，不能输入自营订单。二是数量不能超过最高限制，通常是 1000 股；三是超过数量限制的订单不能拆分成多个小订单，同一个机构在 5 分钟之内下的订单视为同一投资决策的组成部分。所以做市商在起始报价执行时受到了约束。利用 SOES，经纪商可以把订单直接发给与它事先接受安排的交易商，也可以发给整个市场。在这种情况下，订单将被分配到报价最优的交易商，这与 SelectNet 是相同的。SelectNet 被运用于纳斯达克以后，经纪商与交易商之间就不必通过电话进行联系了，而且交易也可以在瞬间完成。SOES 承诺按已公布的价格执行订单，因而它越来越受到人们的欢迎，现在它已经占所有"交易商对交易商"订单的大约 20%。

(3) 超级 SOES。这是一套融合 SelectNet 和 SOES 两者的功能于一体的新系统。这个系统被称为超级 SOES(SuperSoes)或者是 NNMS(证券交易委员会的官方说法)。这个系统是在 2001 年 7 月在纳斯达克启动的。这个系统的启动是为了分离 SelectNet 日益拥挤的信息量，新系统具备自动交割的功能。新系统规定经纪人不可以撤销已经做出的报价，而且该系统采取了更为严格的时间优先原则，因而对订单的响应更为快速。新系统仍然是接入电子交易网络，如果它们响应的时间过长，连接就会被切断。SuperSoes 的投入使用，还解决了做市商的"双重义务"的问题。所谓双重义务，就是说交易商在交易的时候要履行两方面的义务：一方面来自 SelectNet，一方面来自 SOES。为了更好地了解这个问题，我们举个例子来说明。假如一个交易商使用 SelectNet 完成了一笔交易买进了一只股票，那么他对这只股票的头寸(持有量)就增加了，因而他就要相应的调整出价和要价。假如他想降低对这只股票的持有量，那么他就会同时降低出价和要价。可是还等不及他修改报价，另外的一个订单就通过 SOES 系统执行了交易，这笔交易是按照原来的报价进行的。虽然说这笔交易是合法的，但是这无形中增加了这个交易商对这只股票的头寸。换句话说，这个交易商同时履行了两个义务。在 SuperSoes 投入使用之后，就能够缓解这个问题，因为这个系统可以对已经显示的报价进行瞬时调整。

3) 网上交易

为了降低交易的成本，纳斯达克还积极利用互联网技术，创造一个便利、安全、可靠的国际互联网市场环境。

7.5.3 网上证券业务

1. 网上股票交易

网上股票交易通常有两种模式：一种是传统网上券商模式(Conventional Online 3rd Part Brokers)，另一种是电子化直接交易模式(Electronic Direct Access Trading，EDAT)。

这两种模式都可以实现网上股票交易，但因其对客户股票下单执行方式的不同，因而在效果上存在着极大的差异。

在传统模式中，以美国为例，网络交易商在拿到客户下单后，一般会将委托单转让给另一券商去执行。受转让券商通常是做市商，再由他们将客户的订单分别送入纽约证交所或纳斯达克交易盘中。由于经过一重或多重的转手，订单执行的时间会延长，具体结果的体现就是客户输入订单后，不可能立即看到成交结果，而要有数秒至数分钟的延迟。在分秒变化的股票市场上，尤其是股价急剧变动时，时间的延迟无疑是种损失。以市价单(Market Order)来说，如果客户下买单，那成交价很可能高于下单价；如果客户下卖单，那成交价很可能低于下单价。以限价单(Limit Order)而言，那客户时常就会拿不到所设定的价格。再者，做市商在取得买卖单后，会按照下单的数量给予网路交易商一定的回扣，当然这笔费用又会转嫁到客户的账上。对于网络交易商来说，哪个做市商给的回扣最高，就会将委托单转让给谁，其后果就是：交易商的回扣越高，客户的下单的隐形费用也越高。

直接下单交易系统的执行方式与传统网络券商完全不同。它首先需要下载券商提供的交易软件，客户利用此软件，通过网络可以直接和电子交易系统对接。在网络通畅的情况下，下单可以做到即点即执行，客户的委托单直接送入了电子撮合系统或小单执行系统中，客户可以立刻在显示幕上看到成交结果，股票交易瞬间执行，因而可以取得相当理想的股票交易价格。

2. 网上债券交易

债券交易分为债券的发行交易和债券的流通交易。发行交易属于一级市场交易，是债券发行人和初始投资者之间进行的交易。通过债券的发行交易，可以增加债券市场的容量，为融资者和投资者之间的资金流动提供了可能。债券的流通交易属于二级市场交易，是对已发债券进行买卖、流通、转让的行为。与债券发行交易相比，债券的流通交易只是代表了债券债权的转移，并不创造新的实际资产或金融资产，也就是说，交易的债券总金额并没有发生改变。

债券的流通交易主要在证券交易所和柜台交易市场中完成。证券交易所属于场内交易，而柜台交易属于场外交易。债券持有者在证券交易所进行交易就形成了债券的交易所市场，证券交易所是集中进行债券买卖的固定场所。一般来说，除了国债，其他种类的债券必须得到批准之后才能在证券交易所进行交易，即是债券的上市。各个不同的证券交易所都有其上市的标准，只有符合了该标准才能在证券交易所上市。这些标准主要包括公司的设立要达到一定年限、资产总额要达到一定的限度、公司业绩要符合一定标准、债券必须是公开发行且其信用等级在A以上。如果已经上市的公司不满足这些条件，证券交易所有权停止其上市交易。债券在证券交易所的交易主要也是通过证券经济纪商和交易商进行的。债券的交易也是遵循“时间优先，价格优先”的原则进行撮合的，它体现了交易的公平、公正、公开。这一点和股票交易相同。除了在证券交易所进行交易外，债券交易还存在场外交易模式。场外交易指的是在证券交易所以外进行的交易。根据上面分析，债券要在证券交易所挂牌交易需要严格的条件，所以许多的公司债券因为不能满足那些条件而不能在证券交易所进行上市交易。为了满足这类债券的流动性需求，就形成了场外交易。在西方的一些国家，大部分的公司债券都是在场外进行交易的。从整体上来看，债券交易在证券市场的交易已经达到了完全的电子化，场外交易也已经可以通过互联网进行交易。

在国外,常见的场外交易方式是电子通信网络(Electronic Communication Network,ECN)。电子通信网络是金融交易所、股票经纪商和他们的客户之间的一种电子化交易平台。电子通信网络是一种形式的场外交易市场,它以一家或多家交易所为依托,并通过对在证券交易所上市的证券进行交易获取相应的利益。电子通信网络是美国证券交易委员会1998年批准的"另类交易系统(ATS)",作为一种ATS,电子通信网络完全不同于经纪商或交易商自己的内部交易网络。经纪商或交易商的内部交易网络只是使用交易所的报价来在自己公司内部撮合多单和空单,实际上这些委托单从未进入过公开的交易市场,所以有时也将电子通信网络称为第三市场。ECN的特点在于:通过降低交易费用来提高市场交易商间的竞争程度,交易者可访问到系统内的委托单集合,在传统的交易所交易时间以外为交易者撮合交易等。

盈透公司ECN债券与外汇交易系统

盈透公司(Interactive Brokers)外汇交易系统是一种经纪商ECN平台,采用撮合竞价模式。作为专业的外汇商人及银行间使用的交易平台,该模式具备交易成本极其低廉且入金门槛较高的特点,所以通常不被广大普通投资者所接触,投资人可以在市场深度中清晰地看见买卖双方挂单情况及力量的对比。不同于传统的做市商靠收取固定点差来获取收益,ECN平台只收取佣金,价格落差完全取决于市场的活跃程度,在热门货币对及活跃时段有时也会出现价格缝合及倒挂现象,这在单一做市商平台(MM)平台是绝不可能看见的,投资者可以从中获取额外收益。作为银行间交易的一级平台,撮合竞价模式从技术上否定了经纪商对市场间的价格进行调整和修饰的可能性,从而让市场价格真实透明地体现在投资者的面前。

3. 网上基金交易

我国的投资基金业起步于1991年8月,标志性事件就是珠海国际信托投资公司发起设立"珠海基金"。同年10月,"南山风险投资基金"和"武汉证券投资基金"分别成立。从那时起的十多年里,中国的投资基金业得到了飞速地发展,到2003年4月7日,华安基金管理公司和民生银行合作,推出国内第一个基金网上交易系统,这标志着我国基金业新时期的到来。在2004年,招商基金网上交易获得巨大的成功。招商基金第四季度网上交易次数占总交易次数的80%,而交易额则达到50%以上,已经远远超过柜台交易的数量。统计数据表明,通过"银联通网上基金交易"系统申购基金金额每月均在千万元以上。从以上数据可以看到,越来越多的投资者选择了通过网络来完成投资活动。互联网作为基金营销的渠道和平台,已经获得国内大部分基金公司认可和重视。

目前,国内存在的三种网上基金交易模式:银联模式、"银基通"模式和网络链接模式。

(1) 银联模式。银联模式就是通常所说的第三方结算模式,它是涉及基金公司、银联、银行三个机构的网上基金交易模式。用户需要办理银联卡,基金公司的网络和银联的网络连接,通过银联和相关银行进行结算。目前,在我国有华安、招商、海富通和国联安等几十家基金公司已经采用银联模式。银联模式相对于其他模式来说,发展前景非常广阔,因而被称为真正意义上的基金网上交易。

(2) 银基通模式。这种模式是一对一的,即基金公司与代销行的合作,投资者用该银行的银行卡到该银行网站注册成为该行"银基通"用户,然后利用银行卡购买与银行合作的基金产品。目前，招商基金网上交易量最大的还是银基通模式，也就是说客户到招商银行开户后办理了银行卡，然后凭卡可以在招商银行上开基金账户，最后直接通过招商银行网上认购。

(3) 网络链接模式。这种模式是基于前两种基本技术平台和交易模式之上的一种网上交易模式，它在技术上并没有多少创新之处，其本质还是前两种基本模式。

7.6　供应链金融

当前，很多产业特别是传统产业，面临产能过剩、供需失衡等问题，需要去产能、去库存、降成本。"互联网+"与"供给侧改革"政策的推出，有力地促进了上下游产业融合、对接，推动了软件服务、电商服务和供应链金融服务的发展。这对化解产能过剩，降低流通成本，构建线上线下并覆盖产品生产、交易、流通和金融的各个环节，形成完整的 B2B 电子商务、产业生态圈和产业互联网，具有重要意义。

7.6.1　供应链金融的含义

在 B2B 电子商务产业生态圈中，产品从原材料开始，到中间产品、制成品以及最终产品，需要供应商、制造商、分销商、零售商和营销商等的分工协作，形成从供应商到用户间的物流链、信息链、资金链和价值增值链。在此过程中，供应链金融起了很大作用，发挥了加速器和放大器的功能。

供应链金融(Supply Chain Finance，SCF)是指在供应链运作过程中，金融企业以核心客户为依托，以真实贸易背景为前提，运用自偿性贸易融资的方式，通过应收账款质押、货权质押等手段封闭资金流或者控制物权，对供应链上下游企业提供综合性金融产品和服务。

供应链金融的本质是信用融资，在产业链条中发现信用。在传统方式下，金融机构通过第三方物流、仓储企业提供的数据印证核心企业的信用、监管融资群体的存货、应收账款信息。在云时代，大型互联网公司也可凭借其手中的大数据成为供应链融资新贵，蚂蚁金融、京东、苏宁等都是典型代表。

供应链金融是互联网金融的一个分支，业务量非常巨大。根据国家统计局统计，2015 年全国规模以上企业的收入为 110 万亿元左右，企业利润为 6.4 万亿元左右。为了实现这 6%的利润，产生了 11.5 万亿元的应收账款、3.9 万亿元的企业库存和难以统计的预付额款。因此，供应链金融的业务核心就是基于应收账款的信贷、存货融资和预付款代付。所以，供应链金融业务主要包括三个方面：一是金融企业(银行)向客户(核心企业)提供融资和其他结算、理财服务；二是向这些客户的供应商提供贷款及时收达的便利；三是向这些客户的分销商提供预付款代付及存货融资服务。

一般来讲，在产业链及供应链中，竞争力较强、规模较大的核心企业因其强势地位，往往在交货、价格、账期等贸易条件方面对上下游配套企业要求苛刻，从而给这些企业造成了巨大的压力。而上下游配套企业恰恰大多是中小企业，难以从银行融资，结果往往造成资金链十分紧张，整个供应链出现失衡。"供应链金融"最大的特点就是在供应链中寻找出一个大的核心企业，以核心企业为出发点，为供应链上下游企业提供金融支持。一方面，将资金有效注入处于相对弱势的上下游配套中小企业，解决中小企业融资难和供应链失衡的问题；另一方面，将银行信用融入上下游企业的购销行为，增强其商业信用，促进中小企业与核心企业建立长期战略协同关系，提升供应链的竞争能力。在“供应链金融”的融资模式下，处在供应链上的企业一旦获得银行的支持，资金这一“脐血”注入配套企业，也就等于进入了供应链，从而可以激活整个“链条”的运转；而且借助银行信用的支持，还能为中小企业赢得更多的商机。

显而易见，供应链金融的特色就在于“从产业链条中发现信用”，扎根企业、依托企业，最终做到产业金融结合，形成产金回路，实现高效运转。供应链金融与传统金融的保理业务及货押业务(动产及货权抵/质押授信)非常接近，但有明显区别，后者只是简单的贸易融资产品，而前者是核心企业与银行间达成的一种面向供应链所有成员企业的系统性融资安排。

7.6.2 供应链金融的发展

2001年下半年，平安银行在广州和佛山两家分行开始试点存活融资业务(全称为“动产及货权质押授信业务”)，2001年底授信余额即达到20亿元人民币。利用特定化质押下的分次赎货模式，并配合银行承兑汇票的运用，结算和保证金存款合计超过了20亿元。之后，从试点到全系统推广，从自偿性贸易融资、“1＋N”供应链融资到系统提炼供应链金融服务，该行于2006年在国内银行业率先推出“供应链金融”品牌，迄今累计授信出账超过8000亿元。

供应链金融巨大的市场潜力和良好的风险控制效果自然吸引了许多银行介入。深发展、招商银行最早开始这方面的信贷制度、风险管理及产品创新。随后，围绕供应链上中小企业迫切的融资需求，国内多家商业银行开始效仿发展“供应链融资”“贸易融资”“物流融资”等名异实同的类似服务。时至今日，包括四大行在内的大部分商业银行都推出了各自特色的供应链金融服务。

2008年下半年开始，因为严峻的经济形势带来企业经营环境及业绩的不断恶化，无论是西方国家还是我国，商业银行都在实行信贷紧缩，但供应链融资在这一背景下却呈现出逆势而上的态势。根据2009年一季报数据，六家上市银行(工行、交行、招行、兴业、浦发和民生)一季度新增贴现4558.25亿元，较2008年底增长66.4%，充分显示出中小企业对贸易融资的青睐及商业银行对供应链结算和融资问题的重视。同时，随着外资银行在华业务的开展，渣打、汇丰等传统贸易融资见长的商业银行也纷纷加入国内供应链金融市场的竞争行列。

目前，我国供应链金融市场规模已经超过10万亿元，但仍处于初步发展阶段。受益于应收账款、商业票据以及融资租赁市场、“互联网＋”和“供给侧改革”的不断发展。近年来，我国供应链金融发展较为迅速，供应链金融机制变得更加灵活，覆盖群体也更加广泛，在计算机通信、电力设备、汽车、化工、煤炭、钢铁、医药、有色金属、农副产品及家具制造业等行业都有很大的发展。竞争对象包含了商业银行、核心企业、物流企业、电商平台等各个参与方。预计到2020年，我国供应链金融市场规模有望达到14.98万亿元。

2016年2月，人民银行等八部委印发《关于金融支持工业稳增长调结构增效益的若干意见》，在此意见中，提到了两点与供应链金融有关的内容。一是大力发展应收账款融资，推动更多供应链加入应收账款质押融资服务平台，支持商业银行进一步扩大应收账款质押融资规模；二是探索推进产融对接融合，探索开展企业集团财务公司延伸产业链金融服务试点，支持大企业设立产业创投基金，为产业链上下游创业者提供资金支持。这些势必会对未来供应链金融多样化发展和创新服务带来巨大影响。

总之，供应链金融的出现不只迎合了"互联网＋"的风潮，更是在中国经济转型大背景下各个产业升级转型而不得不走的一步棋，符合国家利益，更符合企业自身发展需要；不仅拓展了企业盈利来源，还帮扶了中小微企业，带活一个个产业，为产业转型提供了充足的资金。

7.6.3　供应链金融的模式

供应链金融业务的核心在于利用行业数据和资源，更有效地向生态圈或产业链中的各类企业发放贷款，并有效控制风险。目前，供应链金融主要有以下八种业务模式。

1. 基于 B2B 电商平台的供应链金融

国内电商门户网站(如焦点科技、网盛生意宝、慧聪网、敦煌网等)、B2B 电商交易平台(如上海钢联、找钢网、西域等)都在瞄准供应链金融，往金融化方向挺进。

例如，找钢网在 2015 年上线胖猫物流及以"胖猫白条"打头的金融服务。"胖猫白条"针对优质采购商提供的"先提货，后付款"的合作模式，意味着找钢网在供应链金融方面迈出了实质性脚步。截至 2016 年 6 月，找钢网已经积累了接近四年的客户交易数据，垂直的数据风控能力是找钢网做供应链金融的优势。

2. 基于 B2C 电商平台的供应链金融

B2C 电商平台(如淘宝、天猫、京东、苏宁、唯品会、一号店等)都沉淀了商家的基本信息和历史信息等优质精准数据，它们依据大数据向信用良好的商家提供供应链金融服务。

以京东为例，近年来，京东频频加码互联网金融，供应链金融是其金融业务的根基。京东通过差异化定位及自建物流体系等战略，并通过多年积累和沉淀，已形成一套以大数据驱动的京东供应链体系，其中涉及从销量预测、产品预测、库存健康、供应商罗盘到智慧选品和智慧定价等各个环节。京东供应链金融利用大数据体系和供应链优势在交易各个环节为供应商提供贷款服务，具体可以分为六种类型：采购订单融资、入库环节的入库单融资、结算前的应收账款融资、委托贷款模式、京保贝模式、京小贷模式。京东有非常优质的上游的供应商、下游的个人消费者、精准的大数据，京东的供应链金融业务水到渠成。

3. 基于支付的供应链金融

只想做支付的支付公司不是好公司。支付宝、快钱、财付通、易宝支付、东方支付等均通过支付切入供应链金融领域。不同于支付宝和财付通 C 端的账户战略，快钱等支付公司深耕 B 端市场。以快钱为例，2009 年开始，快钱开始探索供应链融资；2011 年快钱正式将公司定位为"支付＋金融"的业务扩展模式，全面推广供应链金融服务。如快钱与联想签署的合作协议，帮助联想整合其上游上万家经销商的电子收付款、应收应付账款等相应信息，将供应链上下游真实的贸易背景作为融资的基本条件，形成一套流动资金管理解决方案，打包销售给银行，然后银行根据包括应收账款等信息批量为上下游的中小企业提供授信。

4. 基于 ERP 系统的供应链金融

传统的 ERP 管理软件等数据 IT 服务商(如用友、畅捷通平台、金蝶、鼎捷软件、久恒星资金管理平台、南北软件、富通天下、管家婆等)通过多年积累沉淀了商家信息、商品信息、会员信息、交易信息等数据，基于这些数据构建起一个供应链生态圈。

例如，老牌的财务管理ERP企业——用友网络科技股份有限公司，供应链金融已成为公司的三大战略之一（另外两个重点业务为企业ERP管理和互联网服务）。数千家使用其ERP系统的中小微企业，都是其供应链金融业务平台上参与的一员。汉得信息与用友的模式略有不同，汉得的客户均是大型企业，而其提供供应链金融服务的对象是其核心客户的上下游。

5. 基于一站式供应链管理平台的供应链金融

一些综合性第三方平台，集合了商务、物流、结算、资金的一站式供应链管理，如国内上市企业的怡亚通、苏州的一号链、南京的汇通达、阿里巴巴的外贸综合服务平台（一达通）等，这些平台对供应链全过程的信息有充分的掌握，包括物流掌握、存货控制等，已集成为一个强大的数据平台。

怡亚通创立于1997年，是一家一站式供应链管理服务平台，其推出两天两地一平台战略："两天网"是指两大互联网平台（宇商网＋和乐网），"两地网"即怡亚通打造的两大渠道下沉供应链平台（380深度分销平台与和乐生活连锁加盟超市），"一平台"即怡亚通打造的物流主干网（B2B＋B2C物流平台）。怡亚通纵向整合供应链管理各个环节，形成一站式供应链管理服务平台，并通过采购与分销职能，为物流客户提供类似于银行存货融资的资金代付服务，赚取"息差"收入；同时，针对需要外汇结算的业务开展金融衍生交易，在人民币升值背景下赚取了巨额收入。在一站式供应链管理服务的产业基础上开展金融业务的模式，是其盈利的重要来源之一。

6. 基于SaaS模式的行业解决方案的供应链金融

细分行业的信息管理系统服务提供商，通过SaaS平台的数据信息来开展供应链金融业务，如国内零售行业的富基标商、合力中税，进销存管理的金蝶智慧记、平安银行橙e网生意管家、物流行业的宁波大掌柜、深圳的易流e-TMS等。

以平安银行生意管家为例，生意国内首个免费的SaaS模式供应链协同云平台是平安橙e网的核心产品。橙e平台将平安银行供应链金融传统优势推向更纵深的全链条、在线融资服务。"更纵深的全链条"是指把主要服务于大型核心企业的上下游紧密合作层的供应链融资，纵深贯通到上游供应商的上游、下游分销商的下游。"在线融资"是指橙e平台为供应链融资的各相关方提供一个电子化作业平台，使客户的融资、保险、物流监管等作业全程在线。

7. 基于大型商贸交易园区与物流园区的供应链金融

大型商贸园区依托于其海量的商户，并以他们的交易数据、物流数据作为基础数据，这样的贸易园区有很多，如深圳华强北电子交易市场、义乌小商品交易城、临沂商贸物流城、海宁皮革城等。

以浙江的银货通为例，浙江的"块状经济"历来发达，"永康五金之都""海宁皮革城""绍兴纺织品市场""嘉善木材市场"等都是知名的块状产业聚集区。而这些产业集群的特征是：其上下游小微企业普遍缺乏抵押物，但却具有完整的上下游供应链。在这样的背景下，银货通在"存货"中发现了信用，首创存货质押金融是国内首家基于智能物流、供应链管理的存货金融网络服务平台。同时，其相继推出了"货易融""融易管""信义仓"三大服务系统。截至目前,银货通通过动产质押,实际实现融资超 10 亿元,管理仓储面积超 10 万平方米,监管质押动产价值 25 亿元。

8. 基于大型物流企业的供应链金融

物流占据了整个商品交易过程中重要的交付环节,连接了供应链的上下游。它们基于物流服务环节及物流生产环节在供应链上进行金融服务。国内大型快递公司及物流公司,快递公司如顺丰、申通、圆通、中通、百世汇通等,物流公司如德邦、华宇、安能等,均通过海量客户收发物流信息进行供应链金融服务。目前顺丰、德邦已经开始通过物流数据渗透了货主采购、仓储物流费用等方面进入供应链金融。

以顺丰为例,2015 年 3 月底,顺丰全面开放全国上百个仓库为电商商家提供分仓备货,同时推出顺丰仓储融资服务。优质电商商家如果提前备货至顺丰仓库,不仅可以实现就近发货,还可凭入库的货品拿到贷款。顺丰具备庞大的物流配送网络、密集的仓储服务网点及新兴的金融贷款业务,三点连接形成完整的物流服务闭环。除仓储融资外,顺丰金融供应链产品还有基于应收账款的保理融资,基于客户经营条件与合约的订单融资和基于客户信用的顺小贷等。

7.6.4　供应链金融的优点

"供应链金融"发展迅猛,原因在于其"既能有效解决中小企业融资难题,又能延伸银行的纵深服务"的双赢效果。其优点在于:

第一,企业融资新渠道。供应链金融为中小企业融资的理念和技术瓶颈提供了解决方案,中小企业信贷市场不再可望而不可即。

供应链金融开始进入很多大型企业财务执行官的视线。对他们而言,供应链金融作为融资的新渠道,不仅有助于弥补被银行压缩的传统流动资金贷款额度,而且通过上下游企业引入融资便利,自己的流动资金需求水平持续下降。

由于产业链竞争加剧及核心企业的强势,赊销在供应链结算中占有相当大的比重。企业通过赊账销售已经成为最广泛的支付付款条件。赊销导致的大量应收账款的存在,一方面让中小企业不得不直面流动性不足的风险,企业资金链明显紧张;另一方面,作为企业潜在资金流的应收账款,其信息管理、风险管理和利用问题,对于企业的重要性也日益凸显。在新形势下,盘活企业应收账款成为解决供应链上中小企业融资难题的重要路径。一些商业银行在这一领域进行了卓有成效的创新,招商银行最新上线的应收应付款管理系统、网上国内保理系统就是一个备受关注的创新。据招商银行总行现金管理部产品负责人介绍,该系统能够为供应链交易中的供应商和买家提供全面、透明、快捷的电子化应收账款管理服务及国内保理业务解决方案,大大简化传统保理业务操作时所面临的复杂操作流程,尤其有助于优化买卖双方分处两地时的债权转让确认问题,帮助企业快速获得急需资金。

第二,银行开源新通路。供应链金融提供了一个切入和稳定高端客户的新渠道,通过面向供应链系统成员的一揽子解决方案,核心企业被"绑定"在提供服务的银行。

供应链金融如此吸引国际性银行的主要原因在于:供应链金融比传统业务的利润更丰厚,而且提供了更多强化客户关系的宝贵机会。在金融危机的环境下,上述理由显得更加充分。供应链金融的潜在市场巨大,根据 UPS 的估计,全球市场中应收账款的存量约为 13 000 亿美元,应付账款贴现和资产支持性贷款(包括存活融资)的市场潜力则分别达到

1000 亿美元和 3400 亿美元。截至 2008 年，全球最大的 50 家银行中，有 46 家向企业提供供应链融资服务，剩下的 4 家也在积极筹划开办该项业务。

“通过供应链金融，银行不仅跟单一的企业打交道，还跟整个供应链打交道，掌握的信息比较完整、及时，银行信贷风险也小得多。”招商银行人士表示。在供应链金融这种服务及风险考量模式下，由于银行更关注整个供应链的贸易风险，对整体贸易往来的评估会将更多中小企业纳入银行的服务范围。即便单个企业达不到银行的某些风险控制标准，但只要这个企业与核心企业之间的业务往来稳定，银行就可以不只针对该企业的财务状况进行独立风险评估，还对这笔业务进行授信，并促成整个交易的实现。

第三，可为多方有效控制风险。供应链金融缘起于传统银行，然而在互联网技术的冲击下，金融的门槛也随之放低，互联网金融为市场提供了更多的选择空间。在供应链金融模式下，对于核心企业来说，供应链上的相关企业依然能为其分担资金风险；对于核心企业的上下游企业而言，则可以在核心企业的信用支持下，以较低的成本顺利地获取贷款额度；而对于 P2P 等资金供应方，通过与核心大企业的合作，可以掌握供应链条上的完整资金流、物流和信息流等核心数据，从而把单个企业不可控的风险转化为供应链整体可控的风险，从而更有效地控制风险。

第四，经济效益和社会效益显著。同样重要的是：供应链金融的经济效益和社会效益非常突出，借助“团购”式的开发模式和风险控制手段的创新，中小企业融资的收益—成本比得以改善，并表现出明显的规模经济。

据统计，通过供应链金融解决方案配合下收款方式的改进、库存盘活和延期支付，美国最大的 1000 家企业在 2005 年减少了 720 亿美元的流动资金需求。与此类似，2007 年欧洲最大的 1000 家上市公司从应收账款、应付账款和存活等三个账户中盘活了 460 亿欧元的资金。

7.7 互联网信托和互联网消费金融

7.7.1 互联网信托

互联网信托是指由委托人依照契约或网站条款的规定，为了自己的利益，将自己财产上的权利通过受托人(即互联网平台)转给收益人(即中小微企业)作为资金周转，受益人按规定条件和范围通过受托人转给委托人其原有财产以及过程中所产生的收益。

互联网信托服务的理念起源于传统信托服务，即委托人基于对受托人的信任，将其财产权委托给受托人进行管理或者处置，获取固定投资收益回报，最终达到资产增值的目的。

从互联网信托平台的操作原理上分析，其与传统信托非常相似，即投资人基于对互联网金融平台线下征信服务的信任，对通过了平台审核的借款项目进行出资，在一定期限内获取收益回报。在安全性方面，互联网信托平台也和传统的信托服务非常相似，也是需要采取类似于信托项目风控的方式，在线下严格把关借款项目的质量及风险程度，同时需要根据借款企业信用度，要求其提供质抵押或担保资料，最后才能将企业的资料和借款需求发布在网络平台上进行竞标。

不同于传统信托概念的是：互联网信托平台只针对中小微企业提供投融资服务。从目前中国企业融资金额需求来看，多数小微企业的资金缺口较小，并且小微企业接受高于法定基准贷款利率融资成本。因此，互联网信托平台可以面对比传统信托范围更广的大众闲置资金。传统信托的资金门槛较高，一般在百万元级以上，并且投资期限也在几年以上，而大众闲置资金则有投资门槛低、期限短的特点，大众闲置资金的分配和调整相对更灵活。同时，互联网信托的透明化程度也是传统信托所不具备的，在互联网信托平台上，对借款企业与投资个人要求实名认证，对借款企业基本资料公开，并且对每一个项目的进行过程完全透明。

企　易　贷

企易贷是由中国镭驰金融控股集团有限公司创立的大中华区首家基于 O2O(Offline to Online)的 P2B(Person to Business)互联网金融服务平台，为有资金需求的中小微企业和有稳健理财需求的广大中产阶层投资者搭建了一个安全、稳健、公平、高效、增值的资本与财富的网络对接平台，如图 7-14 所示。

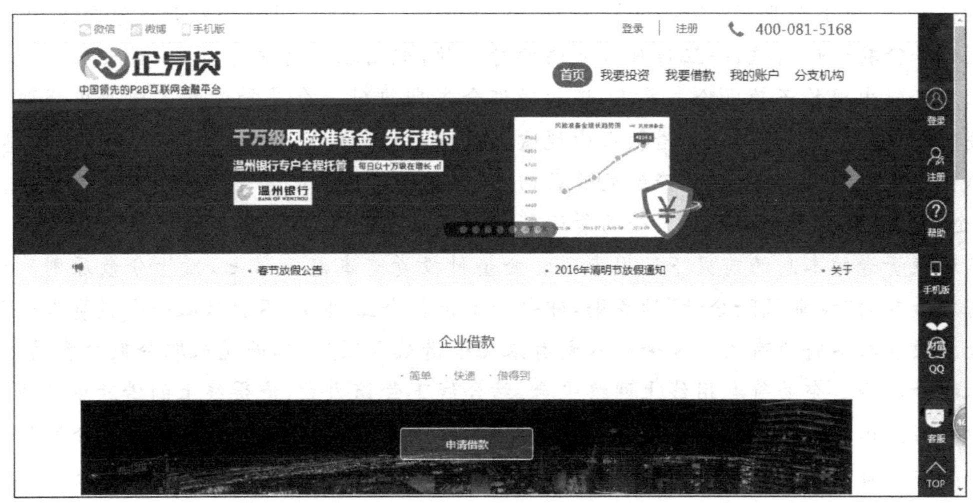

图 7-14　企易贷平台(http://www.71dai.com/v4/index.html)

目前在中国内地，企易贷由中国镭驰金融控股集团有限公司授权镭驰(上海)投资管理有限公司及上海镭驰金融信息服务股份有限公司负责运营及推广。总部位于上海杨浦区。

企易贷率先提出以线下服务支持线上信息专业化、以线上配对促进线下对接高效化的模式，两者相互协同，实现资金需求与供给间的完美交互，促进资金的合理利用和高效流通。另一个明显优势是实现了服务群体的全范围覆盖，并保证了体系的健全。

企易贷率先提出以个人理财对接企业借款的模式，根据国内现有金融体制制定优势金融风控体系，避免了互联网及金融行业长期存在的劣势，实现了风险控制效用最大化。企易贷本着绝不逾越第三方中介身份，严格遵守“绝不吸收社会存款”“绝不非法集资”“上限不高于央行同期同档次基准利率的 4 倍”“既不吸储，也不放贷”的法律底线和基本原则进行项目运作。

企易贷综合银行、信托、基金等金融同业风控体系优点，开创性地提出九重风险保障体系，将资金出借人的本金及利息风险降到最低。第一，借款人信用等级调查与审核。企易贷拥有一套独创的信用评估与风险管控体系(正在申请国家知识产权发明专利),该体系在借鉴商业银行动产/不动产质押融资业务项目风险审核模式的基础上,结合世界领先的标普、穆迪信用评级方法,创造性地实现了借贷安全性与融资效率的完美结合。该体系以银行的企业征信系统、借款企业法人及大股东的个人信用报告为初审基础,结合企易贷的信用评估与风险管控体系,最终从源头上降低借款人的信用欺诈风险。第二,借款人全资产抵/质押及处置。企易贷以经过风险评估审核的借款人的有效动产/不动产/金融资产(如保单、股权)等为抵/质押物,事先签订约定处置价格(一般为成本价的20%～70%)的提前处置协议,约定确保一旦出现逾期风险能够予以快速变现,归还借款。第三,借款企业法人、大股东无限连带担保。企易贷要求借款企业的法人及大股东对该企业借款承担无限连带担保责任,很好地化解了企业赖账、股东赚钱的传统银行信贷风险。第四,债权即时转让制度与第三方担保。对于那些急于在理财资金到期后拿到自己的投资本息的投资人,企易贷通过债权打包或分割转让的形式,将需要时间处理的借款人抵质押债权打包或分割转让给企易贷开发的第三方投资人,让原出借人完全不受借款人还款时间延迟耽搁。同时,企易贷将与专业担保公司、中小企业商/协会合作,针对可能具有一定风险的借款企业开展第三方担保、企业联保等贷款保证措施,一旦借款人无法按时还款,就由担保费先期代偿,最大程度地降低借款人可能出现的还款风险。第五,还款保证金先期垫付。企易贷设立了同业中提取比例最高的还款保证金账户,一旦借款人出现逾期风险,由保证金先行依次垫付投资者本息,并依据协议约定,负责抵质押资产的处置或回购,处置所得除去必要手续费外补充保证金。第六,企易贷专项资金先期垫付。企易贷运营方及风险管理方将在前述保障措施尚不足以及时偿还投资者的本息的前提下运用专项资金垫付投资者本息。第七,投资分散原则。企易贷将本着双向"投资风险分散"的原则,即每一个借款企业项目,不能只从一个投资人处借得资金。投资人不将所有投资资金投入到有限几个借款人项目中,而是采取分散投资的方式,降低投资风险。企易贷利用线上网络平台,结合线下营销力量,使得线上的借款申请项目能同时与线上出借资金及线下出借资金撮合配对,最大程度做到借款人资金来源分散化及投资人投资项目分散化,依靠统计学理论中的"大数法则"将可能出现的单个项目还款风险降到理论上的最低限度。第八,企易贷跟投原则。对于某些借款项目,为分散投资人风险,企易贷的投资方及股东关联企业将采取项目跟投的方式,与投资者一起分担借款人的投资风险。但是,企易贷的投资方只作为投资人,负责投资项目的全过程监管,绝不参与被投资企业的日常经营,保证第三方公正立场。第九,低出借利息确保借款企业成本可控。对于任何一个借款企业来说,只要资金成本可控,正常经营是很少会出现风险的。目前民间借贷一般月息2%～4%,而且很多是按月偿还本金,这种高成本资金直接导致借款企业最终出现主观拖延还款甚至恶意拖欠。企易贷秉承居间服务的原则,经营过程中不加任何利差,因此投资人拿到的出借收益就是借款企业需要支付的借款利息,借款企业能以同业最低的年息借到资金。

7.7.2 互联网消费金融

互联网消费金融是以互联网技术为手段向各阶层消费者提供消费贷款的金融服务,是传统消费金融活动各环节的电子化、网络化、信息化,其本质还是消费金融,但相较于传统消费金融,互联网消费金融大大提升了效率。

美利金融高级副总裁史志隽曾指出：互联网金融的本质还是金融，用互联网思维来创新金融其实就是效率的提升，比如消费金融，可能每个链条都可以做消费金融，但是和互联网金融的创新结合起来可能效率就提高很多。

1. 互联网消费金融的发展

中国消费金融最早出现于 2009 年。当时，银监会发布《消费金融公司试点管理办法》，此后第二年，北银、锦程、中银和捷信等四家消费金融试点公司获批成立，发起人分别为北京银行、成都银行、中国人民银行和外资 PPF 集团。

首批成立的四家消费金融公司业务快速扩张，但贷款规模仍然不足 100 亿元，只占一般性消费信贷中非常少的一部分。而且由于四家消费金融公司有三家是以银行为主导，所以在成立之初，消费金融遭遇了一个尴尬的现实：消费信贷业务基本被银行信用卡覆盖，那些无法申请信用卡的客户也比较难获得消费信贷。在行业发展最初的几年间，消费金融业务模式与业绩饱受争议，参与主体数量也没有进一步放开。

2013 年，消费金融公司试点进一步扩大，消费金融公司准入门槛放宽，银监会陆续批复招联、兴业和苏宁云商等消费公司筹建。2014 年初京东白条的上线和 2014 年 7 月天猫分期的推出标志着大型电商平台介入消费金融领域，另外，互联网金融平台大举发展消费金融业务，逐渐成为消费金融服务的新兴力量。

至 2015 年 6 月 10 日，国务院常务会议决定将消费金融公司试点扩至全国之后，消费金融政策限制破冰。2015 年 7 月，经党中央、国务院同意，由人民银行等十部委联合发布的《关于促进互联网金融健康发展的指导意见》，更加加速了消费金融产品的诞生。

2015 年 6 月之后的两个月内，超过 12 家消费金融公司获准开业，这一数量已接近过去五年消费金融公司的总和。在消费贷款规模上，6 月当月，消费贷款在短期贷款中的占比就上升到 43%，消费贷款投放余额占比与年初相比，提高了 1 个百分点。

受政府放开消费金融领域政策的鼓励，2015 年 9 月 21 日，国内首家专注二手车与 3C 消费分期服务的互联网消费金融公司——美利金融正式上线，采用一端对接线上有投资需求的投资人、一端对接线下有消费需求的借款人的商业模式。上线不久，迅速发展成为互联网金融业界异军突起的一匹黑马。

2015 年 11 月 5 日，美利金融获得由贝塔斯曼亚洲基金领投，晨兴创投、光信资本、挖财等六家基金及战略投资人跟投的 6500 万美元 A 轮融资，创下近一年以来互联网消费金融圈最大的 A 轮融资规模纪录。

2015 年的互联网消费金融市场处于一个异常涌动的节点，互联网金融专家张达志指出：消费金融一定是下一个比较重要的爆发点或者增长点，互联网消费金融会成为其中发展的重要力量，其利用互联网技术手段的创新，将会给消费金融行业带来新的商业模式和观念。

2. 互联网消费金融的分类

针对不同的人群和产品，互联网消费金融可以分为：一是综合性电商消费金融，以电商巨头天猫分期、京东白条等公司或产品为代表；二是 3C 产品消费金融，以深圳有用分期(美利金融旗下全资子公司)等公司或产品为代表；三是租房消费分期，以斑马王国、楼立方、房司令等公司或产品为代表；四是二手车消费分期市场，以上海力蕴二手车金融(美利金融旗下全资子公司)等公司或产品为代表；五是大学生消费分期市场，以分期乐、趣分期、优分期等公司或产品为代表；六是蓝领消费分期市场，以买单侠、51 酷卡等公司或产品为代表；七是装修消费分期市场，以小窝金服、家分期、土巴兔、绿豆家装等公司或产品为代表；八是旅游消费分期市场，以呼哧旅游、首付游、京东旅游等公司或产品为代表；九是教育消费分期市场，以蜡笔分期、学好贷等公司或产品为代表；十是农业消费分期市场，以可牛金融、农分期、领鲜理财等公司或产品为代表。

3. 互联网消费金融的产业链

完整的互联网消费金融产业链包括上游的资金供给方、消费金融核心圈及下游的催收方或坏账收购方，其中，消费金融核心圈又包括消费金融服务提供商、零售商、消费者和征信/评级机构四部分，如图 7-15 所示。

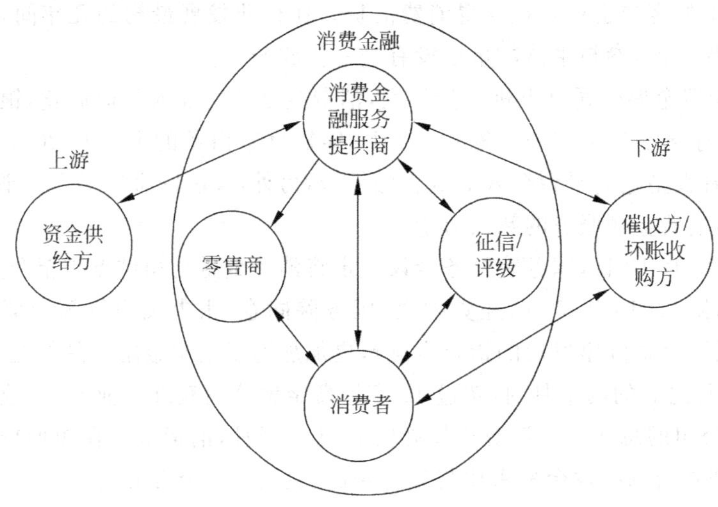

图 7-15 互联网消费金融的产业链

上游的资金供给方包括消费金融服务商的股东、消费金融服务商的资产受让方、P2P 网贷平台投资人等。消费金融服务提供商包括银行、互联网消费金融公司、大学生消费分期平台、提供消费分期服务的电商平台、P2P 网贷平台等。零售商是广义的零售商，包括各种消费品和服务的经销商。下游的催收方是专业的催收公司，坏账收购方是专门收购坏账的金融机构。

其中，消费金融核心圈分为消费者支付和消费金融服务提供商支付两大模式，第三方独立征信与评级在现阶段缺失，消费金融服务提供商风险控制成本较高。

消费者支付模式是消费金融服务提供商先给消费者发放贷款，消费者在消费时自行支付给零售商，这种模式的产品主要有信用卡和综合性消费贷款，对于综合性消费贷款消费金融服务提供商难以控制消费者的资金流向。

消费金融服务提供商支付模式是消费者在进行相应消费时消费金融服务提供商直接向零售商支付，这一模式可以保证专款专用，但需要消费金融服务提供商拓展更多合作商户。目前，互联网消费金融平台美利金融采用的就是消费金融服务提供商支付模式，其旗下的力蕴汽车金融和深圳有用分期，在消费者提出购买二手汽车和 3C 电子产品的借款申请后，直接将钱款支付给零售商,贷款目的更为明确且真实。

在消费金融核心圈中,第三方征信与评级是消费金融服务提供商风险控制的关键环节,但目前国内信用体系建设滞后,个人征信与信用评级体系在现阶段处于缺位状态。

总体上,对于互联网信托和互联网消费金融,依据中国银监会 2015 年 7 月 18 日出台的《关于促进互联网金融健康发展的指导意见》,信托公司、消费金融公司通过互联网开展业务的,要严格遵循监管规定,加强风险管理,确保交易合法合规,并保守客户信息。信托公司通过互联网进行产品销售及开展其他信托业务的,要遵守合格投资者等监管规定,审慎甄别客户身份和评估客户风险承受能力,不能将产品销售给与风险承受能力不相匹配的客户。信托公司与消费金融公司要制定完善产品文件签署制度,保证交易过程合法合规,安全规范。互联网信托业务、互联网消费金融业务由银监会负责监管。

7.8 其他互联网金融业务

其他互联网金融业务包括大数据金融、信息化金融机构和互联网金融门户所从事的网络金融服务业务。

7.8.1 大数据金融

大数据金融是指集合海量非结构化数据,通过对其进行实时分析,为互联网金融机构提供客户全方位信息;并通过分析和挖掘客户的交易和消费信息,掌握客户的消费习惯,准确预测客户行为,使金融机构和金融服务平台在营销和风险控制方面有的放矢。

由于信用评估和风险控制是金融活动的基石,利用大数据提高信用评估的效率和准确程度,降低风险控制的难度和不确定性,降低运营成本,已成为大数据金融的核心诉求。

大数据的关键是从大量数据中快速获取有用信息的能力,或者是从大数据资产中快速实现变现的能力。因此,大数据的信息处理往往以云计算为基础。其特点是:投资力度极大,数据使用难度高,以群体为研究对象,投资回报期长,人才技术要求极高,盈利水平高。

例如,阿里金融利用电子商务大数据,有效降低了借贷成本和借贷风险,成为国内数据金融的标杆性案例。ZestFinance 使用谷歌的高纬机器学习搜索算法和大数据分析方法,分析数千个潜在的信用变量(包括从财务信息到技术应用在内的所有数据),来更好地评估欺诈可能性、违约风险、消费者关系长期存活度等风险要素。

7.8.2 信息化金融机构

信息化金融机构是指通过采用信息技术,对传统运营流程进行改造或重构,实现经营、管理全面电子化的银行、证券和保险等金融机构。

金融信息化是金融业发展趋势之一,而信息化金融机构则是金融创新的产物。从金融整个行业来看,银行的信息化建设一直处于业内领先水平,不仅具有国际领先的金融信息技术平台,建成了由自助银行、电话银行、手机银行和网上银行构成的电子银行立体服务体系,而且以信息化的大手笔——数据集中工程在业内独领风骚,其除了基于互联网的创新金融服务之外,还形成了“门户”“网银、金融产品超市、电商”的一拖三的金融电商创新服务模式。

例如，平安口袋银行。其建设目标就是打造移动"贴身金融管家"。为此，平安开发团队按照客户心理模型重新划分功能，简化分类，让用户快速准确地找到常用功能，并根据后台使用数据定义功能优先级，支持自定义，个性化需求全部满足。众所周知，个性化与定制化几乎已成互联网产品开发的基本原则。

平安手机银行呈现出智能化、扁平化、注重体验的特点，令人耳目一新，在 UI 上给人的感觉就是它很"轻便"，所有的常用功能可自定义首页快捷方式。其全新的通知中心囊括信用卡还款、理财产品到期、个贷还款日、账户动态、优惠等信息，堪称强大。功能已基本覆盖消费者尤其是年轻一代消费者生活、支付的方方面面：手机钱包、资金管理、转账、购物支付、生活助手(手机充值、买彩票、电影票等)，达到了"贴身"的预期目标。

但在手机 APP 领域，成功关键往往并不在于多全或多强，而在于多准和多"好玩"。很多人使用手机银行等支付类 App 的标准是：(1)哪个工具够简单，我就用哪个；最好有些好玩的增值功能。平安银行手机银行在这块的一大亮点是"摇一摇"功能。类似于微信的"摇一摇"添加好友，用户只要打开平安口袋银行摇一摇，就可完成近距离内的转账收款，这招深受新新人类的欢迎。另外，平安口袋银行还支持手机号、二维码转账，这也是极具互联网产品精神的亮点。而后期将增加的手机无卡取现、24 小时在线客服无疑将大大增强其产品竞争力。

7.8.3 互联网金融门户

互联网金融门户是指利用互联网进行金融产品的销售以及为金融产品销售提供第三方服务的平台。它的核心就是"搜索比价"的模式。采用金融产品垂直比价的方式，将各家金融机构的产品放在平台上，用户通过对比挑选合适的金融产品。

互联网金融门户多元化创新发展，形成了提供高端理财投资服务和理财产品的第三方理财机构，提供保险产品咨询、比价、购买服务的保险门户网站等。这种模式不存在太多政策风险，因为其平台既不负责金融产品的实际销售，也不承担任何不良的风险，同时资金也完全不通过中间平台。

习题与思考

1. 何谓 P2P 网络借贷？目前存在哪些风险？
2. 何谓网络众筹？其与传统众筹有何区别？
3. 举例说明网络众筹业务的运作过程。
4. 举例说明互联网基金销售的风险特征。
5. 互联网保险营销模式有哪些？
6. 何谓供应链金融？其有哪些特点和优势？
7. 举例说明互联网信托和互联网消费金融的相关业务。
8. 举例说明大数据金融。

第8章　网络金融风险管理

金融是现代经济的核心，市场竞争最为激烈，风险程度也最高，监管也最难。稍有不慎，就会对金融机构、金融体系和整个社会经济秩序带来很大影响。网络金融的飞速发展，进一步突出了风险问题，提升了监管难度。网络金融的安全和风险管理问题成为人们关注的焦点。

8.1　金融风险概述

在网络金融的发展过程中，安全性和便捷性始终是一对矛盾，两者相互制约，使得网络金融面临着新的风险。

8.1.1　金融风险的含义

金融风险是指一定量金融资产在未来时期内预期收入遭受损失的可能性。其具有以下四个方面的基本特征：

(1) 不确定性。影响金融风险的因素难以事前完全把握。

(2) 相关性。金融机构所经营的商品(货币)的特殊性决定了金融机构同经济和社会是紧密相关的。

(3) 高杠杆性。创新的金融工具和衍生金融工具，采取高杠杆的投资策略，导致企业负债率偏高，负外部性加大。

(4) 传染性。金融机构承担着中介机构的职能，割裂了原始借贷的对应关系。处于这一中介网络的任何一方出现风险，都有可能对其他方面产生影响，甚至发生行业的、区域的金融风险，导致金融危机。

8.1.2　金融风险的类型

金融风险的种类主要分为战略风险、声誉风险、法律风险、信用风险、市场风险、操作风险和流动性风险等。

1. 战略风险

战略风险是指金融组织的董事会、管理层在制定发展的战略时，在策略规划上失误和对商业环境变化反应不及时造成决策失当，或在工作层面上的执行不利所面临的风险。它是金融市场各风险中最大的风险，涉及的是全局性的问题，影响着组织的竞争力、发展的方向、成本收益等一些最基本的问题，所以在制定市场战略时，要求综合考虑包括进入时机、建设成本、交易技术、目标客户、业务重点等诸多方面的因素。

2. 声誉风险

声誉风险是指负面的公众舆论对金融市场造成的风险。在很大程度上，如果过分依赖于技术的金融业务，一旦在产品、服务、传送渠道或处理过程出现了问题，产生负面的公众舆论，严重地影响组织的收益或损害组织的资本，就会发生声誉风险。

3. 法律风险

法律风险是指违反或不遵从法律、法规、规章、伦理标准，或没有完善的规定各方在法律上的权利和义务，而给金融组织带来损失。有时，在金融产品或客户行为的相关管理法律或法规不明确或未经检验的情况下，也会产生法律风险。法律风险会使金融组织面临民事罚款、赔偿损害和合同失效等风险，并导致组织声誉贬低、免赔限额降低、业务机会受限、拓展潜力降低和缺乏合同的可实施性等。

4. 信用风险

信用风险是借款人因各种原因未能及时、足额偿还债务或银行贷款而违约的可能性。发生违约时，债权人必将因为未能得到预期的收益而承担财务上的损失。

5. 市场风险

市场风险是指未来市场价格的不确定性对企业实现其既定目标所带来的不利影响。市场风险可以分为利率风险、汇率风险、股票价格风险和商品价格风险，这些市场因素可能直接对企业产生影响，也可能通过其竞争者、供应商或者消费者间接对企业产生影响。

6. 操作风险

目前，国际上关于操作风险的界定可归纳为三种观点，即广义概念、狭义概念和介于两者之间的概念（又称战略操作风险概念）。

广义的操作风险概念认为市场风险和信用风险以外的所有风险都为操作风险。狭义的操作风险概念认为只有金融机构中运营部门有关的风险才是操作风险，即由于控制、系统及运营过程中的错误或疏忽而可能引起的潜在损失的风险。第三种观点则首先区分可控事件和由于外部实体（如监管机构、竞争对手）的影响而难以控制的事件，然后将可控制事件的风险定义为操作风险，而另一类事件的风险则被称为战略性风险。

7. 流动性风险

流动性风险是指因市场成交量不足或缺乏愿意交易的对手，导致未能在理想的时间点完成买卖所产生的风险。

8.1.3 商业银行风险划分

依据《巴塞尔新资本协议》，金融组织面临的风险主要划分为信用风险、操作风险和市场风险，该三类风险也是目前商业银行风险管理的主要对象。

1. 信用风险

信用风险指由于债务人或交易对手违约而形成损失的可能性。信用风险又称交易对手风险，是指合同的一方不履行义务的可能性，包括贷款、拆借、贴现及结算等过程中交易对手违约所带来损失的风险。无论是在国际还是国内商业银行的资产负债表上，信贷资产都是占比最高的资产。因此，信用风险是给银行带来巨大损失的风险。

2. 操作风险

操作风险是指金融机构因信息系统或内部控制机制失灵而造成意外损失的风险。这种风险一般是由人为错误、系统失灵、操作程序错误或内控失效而引起。它几乎涵盖了因商业银行内部操作不规范而形成的各种风险，许多不能归入信用风险或市场风险的其他风险也多可归入此范畴，如信息技术风险、法律风险、道德风险等。由于操作风险涉及的点多面广，因此也是最容易发生的风险。

3. 市场风险

市场风险是金融体系中最常见的风险之一，通常是指市场价格的变化使头寸蒙受损失的风险，包括利率风险、汇率风险、金融产品价格风险、商品价格波动风险以及变量波动性风险等。在目前全球金融市场放开程度不断加大的情况下，潜在的巨大市场风险开始越来越多的显露出其超强的破坏性。例如，英国巴林银行这家曾在欧洲乃至世界首屈一指的老牌银行(一个有力的证据就是：它曾被人与英、法、普、奥四国并称为欧洲五霸)，因在 1995 年的一次失败的期货交易中损失 12 亿美元而随即宣布倒闭；美国最负盛名的长期资本基金在 1998 年的金融衍生工具投资中共损失 44 亿美元，造成北美金融危机，美联储被迫进行干预。

由此可见，随着现代金融工程的发展和金融衍生工具的不断创新，市场风险所可能造成的危害将越发可怕，从而对市场风险的管理也就显得更加刻不容缓。

8.1.4　互联网金融风险

作为互联网技术与金融全面结合的产物，互联网金融刚刚兴起，相关监管的法律法规还不完善，在某些领域存在野蛮生长的现象。与传统金融相比，互联网金融不但面临着传统金融活动中存在的信用风险、操作风险和市场风险，还面临由互联网信息技术引起的技术风险、由虚拟金融服务引起的信息泄露风险、监管风险以及由法律法规不完善引起的法律风险。

1. 信用风险

网络交易由于交易信息的传递、支付结算等业务活动在虚拟世界进行，交易双方互不见面，只通过互联网联系，交易者之间在身份确认、信用评价方面就存在严重的信息不对称问题，加上网上“刷信用”“刷评价”的行为仍然存在，网络数据的真实性、可靠性也有问题；另外，部分互联网平台缺乏长期的数据积累，风险计量模型的科学性也有待验证。所有这些，都给网络金融带来了极大的信用风险。近年来发生的一系列平台卷款跑路的事件就是明证。

2. 市场风险

由于便捷性和优惠性，互联网金融可以吸收更多的存款，发放更多的贷款，与更多的客户进行交易，面临着更大的利率风险。互联网金融领域一直在探索提高支付账户的活跃度，第三方支付投身到互联网金融领域，存在着资金期限错配的风险因素，一旦货币市场出现大的波动，可能会出现大规模的挤兑，造成资金链条断裂，进而引发流动性风险。

3. 操作风险

互联网金融对计算机和互联网具有较高的依赖度，数据安全和网络稳定是互联网金融企业不可或缺的关键因素。然而互联网随处可见的病毒或木马对网络信息安全造成了严重隐患。同时，大多数互联网金融从业人员是由传统金融行业跳槽而来，他们在短时间内无法完全适应新技术、新功能,因此很可能因没有遵守操作规范或由于操作失误而造成损失。

4. 技术风险

计算机病毒可通过互联网快速扩散与传染。此外,计算机操作系统本身就存在漏洞,且层出不穷,这就给利用互联网窃取别人隐私的黑客提供了温床。当人们通过互联网进行投资或融资业务时,也就将个人信息及资产暴露于互联网风险之前。

5. 信息泄露风险

互联网金融的一大基础是在大数据基础上进行数据挖掘和分析,在这个过程中,个人交易数据的敏感信息很容易被广泛收集,对客户账户安全和个人信息的保护提出了巨大的挑战。目前,客户的信息数据丢失出现了不少案例,交易平台并没有在传输、存储、使用、销毁等方面建立个人隐私保护的完整机制,加大了信息泄露的风险。

6. 监管风险

互联网金融技术环境中存在所谓"道高一尺,魔高一丈"现象,这对于互联网金融的风险防控和金融监管提出了更高的要求。互联网金融当中的网络银行、手机银行等的交易和支付过程均在互联网或者移动互联网上完成,交易的虚拟化使金融业务失去了时间和地理限制,交易对象变得模糊,交易过程更加不透明,金融风险形式更加多样化。由于被监管者和监管者之间信息不对称,金融监管机构难以准确了解金融机构资产负债实际情况,难以针对可能的金融风险采取切实有效的金融监管手段。

7. 法律风险

机构法律定位不明,可能"越界"触碰法律"底线":一个是不能非法吸收公众存款,另一个是不能非法集资。现有法律规则对互联网金融机构的属性、业务、创新等的规范还不够完善。谬误与真理只有一步之遥,互联网金融平台的产品设计和运作模式略有改变,就可能"越界"进入法律上的灰色地带,甚至触碰"底线"。大家支持互联网金融的创新发展,但是不允许碰触这两个底线。

互联网金融风险的存在是必然的,从计算机本身的漏洞到资金周转的滞留,从管理方面的不足到监管体制的不健全,每个互联网金融阶段都存在风险,识别风险、评估风险、控制和规避风险,应成为互联网金融的应有之意。

8.2 网络金融风险评定

包括网络金融在内的金融风险受到各种因素的影响,在确定各种影响因素后,就需要对各种风险因素进行度量,即对风险进行定量分析。

8.2.1 信用风险的评定

信用风险对于银行、债券发行者和投资者来说都是一种非常重要的影响决策的因素。若某公司违约,则银行和投资者都得不到预期的收益。现有多种定性和定量方法可以对信用风险进行度量。

1. 个人信用评定

个人信用评定是指将待评定的主体分为守信和不守信两类。通过评估，第一，可以降低交易风险，避免可能的交易失误甚至重大的经济损失，保证投资回收率；第二，可以筛选出信用好的主体，采取优惠政策，保持住以便继续交易，防止有价值的客户流失，从而提高投资回报率；第三，可以发现值得投资的新客户。

国外对个人信用评价研究已有 50 多年的历史，形成了统计评估和非统计评估两大类方法。统计评估主要包括判别分析、线性与非线性回归、Logit 回归等方法，非统计评估主要包括线性规划、整数规划、机器学习、数据挖掘、神经网络等方法。

例如，利用决策树的机器学习方法可以对网上银行的客户信用进行分类评定。网上银行客户信用评定一般涉及 21 个候选属性 A_i（见表 8-1）和 1 个类标号属性 C，其中类标号属性 C 的评语集为{守信，不守信}。使用决策树中的 ID3 算法，利用训练样本即可生成相应的分类决策树。

表 8-1　网上银行客户信用评估候选属性

属性名称	定 义 属 性	属性取值为 0	属性取值为 1
C	信用的可信度(Trustworthiness)	守信 P(Y=1)≤0.5	不守信 P(Y=1) >0.5
A_1	性别(Sex)	男	女
A_2	婚姻状况(Marital Status)	单身	已婚
A_3	年龄(Age)	20 岁≤age≤40 岁	40 岁<age<70 岁
A_4	在现有住所居住年数(Residence)	0<Residence≤1	Residence>1
A_5	还款历史(Previous Rep)	以前超期还款	以前按期还款
A_6	以前债务数量(Debts)	Debts<5000	Debts≥5000
A_7	职业类型(Employment)	收入不稳定的职业或无业	有稳定收入的职业
A_8	工作年限(Working Years)	Working Years<5	Working Years≥5
A_9	供养家庭人数(Family)	Family<3 人	Family≥3 人
$A_1$0	表示贷款数量(Loan)	Loan<10 000	Loan≥10 000
$A_1$1	贷款的用途(Purpose)	非商业用途	商业用途
$A_1$2	贷款的时限(Deadline)	Deadline<12 个月	Deadline≥12 个月
$A_1$3	是否拥有银行账户存款(Bad Account)	Account>0	账户为负余额
$A_1$4	是否拥有银行存折(Bank Book)	不拥有银行存折	拥有银行存折
$A_1$5	是否申请了其他资金(Concurrent)	未申请其他资金	申请了其他资金
$A_1$6	是否是外国职员(Foreign)	本国职员	外国职员
$A_1$7	月利率(Monthly Interest)	Monthlyinterests<5%	Monthly intrests≥5%
$A_1$8	是否有共同债务人(Others)	不拥有共同债务人	拥有共同债务人
$A_1$9	是否拥有房产(House)	不拥有房产或抵押物	拥有房产或抵押物
$A_2$0	是否拥有动产(Effects)	不拥有动产	拥有动产
$A_2$1	是否有可用电话(Telephone)	不拥有可用电话	拥有可用电话

2. 企业信用评定

国际上，评定企业信用最常用的指标是信用评级。利用企业财务指标和历史情况，对其进行信用等级划分。一般设定 AAA 为等级最高信用，表示最不可能违约；CCC 为最低等级信用，表示很有可能违约。

为此，在评级企业信用之前，需要收集企业基本数据，并力求做到真实、可靠。在此基础上，全面、客观、细致地分析判断企业的经营管理要素，并结合行业及同类企业特点，综合评价企业信用等级。例如，表 8-2 列出了需要收集的企业基本数据，包括经营者素质、企业经济实力、资金结构、企业资产管理及盈利能力、企业发展前景几个要素。通过对这些要素综合评分，可得到该企业的信用等级。

表 8-2 客户信用等级评定表

测评项目	参照分值	评分标准	
		生产企业	流通企业
1. 经营者素质	10		
(1) 商业经历	2		
(2) 经营业绩	2		
(3) 信用记录	3		
(4) 管理能力	3		
2. 企业经济实力	15		
(1) 净资产	7		
(2) 固定资产净值＋在建工程＋长期投资	8		
3. 资金结构	30		
(1) 资产负债率(%)(负债总额/资产总额)	8	≤50 得 8,≤60 得 7 ≤70 得 6,≤75 得 5 ≤80 得 4,≤85 得 3 ≤90 得 2,≤95 得 1 >90 得 0	≤60 得 8,≤70 得 7 ≤75 得 6,≤80 得 5 ≤85 得 4,≤90 得 3 ≤95 得 2,≤100 得 1 >100 得 0
(2) 流动比率(%)(流动资产/流动负债)	8	≥1.5 得 8,≥1.2 得 6 ≥1.1 得 5,≥1 得 3 <1 得 0	≥1.2 得 8,≥1.1 得 7 ≥1 得 6,≥0.95 得 5 ≥0.9 得 4,<0.9 得 3
(3) 速动比率(%)(速动资产/流动负债)	8	≥1 得 8,≥0.8 得 7 ≥0.5 得 6,<0.5 得 5	≥0.8 得 8,≥0.6 得 7 ≥0.4 得 6,<0.4 得 5
(4) 负债净值比率(%)(负债总额/资本净值)	6		
4. 客户资产管理及盈利能力	35		
(1) 应收账款周转次数(赊销净额/平均应收账款净额)	7	≥8 得 7,≥4 得 6 ≥1 得 5,<1 得 4	≥10 得 7,≥6 得 6 ≥4 得 5,≥3 得 4 <3 得 3
(2) 存货周转率(销货成本/平均存货)	8	≥6 得 8,≥1 得 7 <1 得 6	≥6 得 8,≥1 得 7 <1 得 6
(3) 销售利润率(%)(税后利润/销售收入净值)	10		
(4) 总资产利润率(%)(税后利润/年均资产总额)	10		
5. 企业发展前景	10		
(1) 主要产品生命周期	4		
(2) 市场预期	2		
(3) 企业营销环境	4		

续表

测 评 项 目	参照分值	评 分 标 准	
		生 产 企 业	流 通 企 业
企业信用等级	参照分值	实际得分	
AAA	90～100		
AA	80～89		
A	70～79		
BBB	60～69		
BB	50～59		
B	0～49		

3. 信用风险贴水

信用风险贴水也是一个度量信用风险的指标。信用风险的贴水为债权人(或投资的金融机构)对放出的贷款(或对投资的债券)可能发生的违约而要求的额外补偿。例如,某种级别债券,其风险贴水等于该类债券的平均利率减去十年期长期国债利率(无风险利率)。由此可见,对于同一信用级别的债券,在不同的时间段里筹资所要求的风险贴水也将不同。

信用评级与信用风险贴水有很强的关联。公司的信用评级越高,则投资者或金融机构所承担的信用风险越低,所要求公司付出的信用风险贴水越低；反之,信用风险贴水越高。

4. 大数据风险控制

为增强企业风险控制能力,有效控制和降低风险,在互联网金融风险管理的过程中,一般将风险管理分为前、中、后三个阶段,本着审慎原则,进行事前风险评估、事中风险监控、事后追偿及处置。在进行风险评估时,可将传统银行、保险业的金融属性数据与互联网大数据进行融合,形成 360°用户画像；同时,还可利用前沿机器学习技术,适配传统信用建模方法,打造新一代大数据信用模型方法论和信用评价体系。

大数据信用评价方法,颠覆了以往所有的风控及审计技术、模式和手段,成为风险控制的新模式。面对纷繁复杂的企业数据,以往需要通过抽样、检查、审计,现在只需通过大数据技术即可进行全面检查。

大数据风险控制以数据中心为基础,收集网络平台和企业信息系统中的数据,获得客户/企业在诸如水电、社交、法律、娱乐、旅游等方面的结构化和非结构化大数据,以及客户/企业在房产、教育、收入、婚姻等方面的传统数据,通过监督或半监督学习,获得客户/企业相应的还款能力、还款意愿以及获贷评价、信用评价、行为评价等方面的数据,形成风险数据库,进而发现客户/企业存在的缺陷、疑点、问题和风险,实现风险管控。除此之外,还可通过对客户/企业违规损失进行分析,识别风险事件,制定控制措施,控制措施的效果会以数据的形式反作用于企业业务中。

这样,通过大数据技术对业务及流程进行循环管控,实现业务可控可查,形成全面风险管控工作的闭环。完成的大数据风险控制模型如图 8-1 所示。

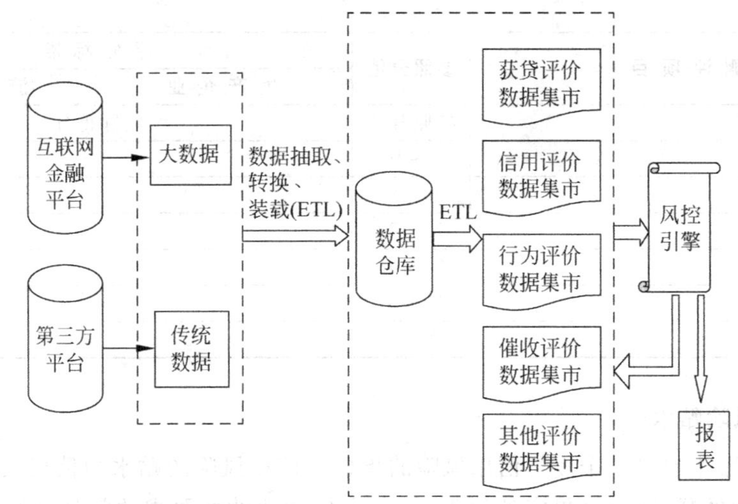

图 8-1 大数据风险控制模型

8.2.2 市场风险的评定

市场风险一般采用相对指标和绝对指标来进行评定。

1. 相对指标

相对指标主要是度量市场因素的变化与金融资产收益变化之间的关系，包括久期、凸性、DV01、Beta 系数、Delta、Gamma、Vega、Theta、Rho 等。

(1) 久期，是指债券价格对利率变化的敏感程度，用于衡量利率风险。

(2) 凸性，是指久期本身对利率变化的敏感程度，通常与久期配合使用，提高利率风险度量的精度。

(3) DV01，是指利率水平变化 0.01 个百分点而导致的债券价格的变化程度，用于衡量利率风险。

(4) Beta 系数，用来衡量个别股票受到包括股市价格变动在内的整个经济环境影响程度的指标，用于度量股票价格风险。

(5) Delta，是指衍生产品(包括期货、期权等)的价格相对于其标的资产(Underlying Asset)价格变化的敏感程度，用于度量商品价格风险或股票价格风险。

(6) Gamma，是指 Delta 本身相对于其标的资产价格变化的敏感程度，通常与 Delta 配合使用，提高商品价格风险或股票价格风险度量的精度。

(7) Vega，是指衍生产品的价格相对于其波动率(Volatility)变化的敏感程度，用于度量商品价格风险或股票价格风险。

(8) Theta，是指衍生产品的价格相对于距其到期日时间长度变化的敏感程度。

(9) Rho，是指衍生产品的价格对利率水平变化的敏感程度，用于衡量利率风险。
其中，(5)～(9)指标用于度量衍生产品市场(包括商品期货、金融期货)的风险。

2. 绝对指标

绝对指标包括方差/标准差、下行风险和在险价值等。

（1）方差/标准差。方差（Variance）或标准差（Standard Deviation）作为金融资产风险的度量指标被社会广泛接受。在 Harry Markowitz 于 1952 年发表的论文《证券组合选择》中，假定投资风险可以视为投资收益的不确定性，这种不确定性可以用统计学中的方差或标准差加以度量。例如，某一金融资产组合的价值为 100 万美元，标准差为 5%，则该组合的风险可能为 5 万美元。方差具有良好的统计特性，被广泛运用于度量金融资产组合的风险。

（2）下行风险。方差/标准差方法同时度量了风险的正面和负面影响，而人们通常认为风险仅有负面影响，因此用方差/标准差方法度量风险不能反映人们的真实心理感受。针对方差/标准差方法的这一缺陷，下行风险（Downside-Risk）方法不考虑风险的正面影响，仅刻画相对某一目标收益水平（通常取总体平均水平或零收益水平）之下的收益率分布状况。

下行风险是指由于市场环境变化，未来价格走势有可能低于分析师或投资者所预期的目标价位。不同投资的下行风险各异，有的很小，有的则可能无限大。例如，购买股票就需要承担有限的下行风险，最坏的结果是投资者损失全部的投资成本，即本金。但是，卖空操作的下行风险却是无限的，因为被卖空股票的价格的上升空间是无限的。

该类方法的理论基础是：对于各种收益率分布，投资者在考虑和管理风险时，以着重考察收益率分布的左边，以此为前提，产生了许多刻画相对某一目标收益水平之下的收益率分布特征的风险指标，其中最具代表性并形成较成熟理论体系的是哈洛的 LPM 方法。与方差/标准差相似，Downside-Risk 方法主要运用于度量金融资产组合的风险①。

（3）在险价值。在险价值（Value at Risk，VaR）是近年来发展起来的一种用于测量和控制金融风险的定量工具。该工具产生于 20 世纪 90 年代初，发展于 90 年代中后期，目前已经成为一种比较成熟的金融风险计量工具，被广泛应用于全球各主要银行、非银行金融机构、金融监管机构以及部分大型跨国企业的风险管理工作，其在全球风险管理中的重要作用也日益突出。

VaR 值所表示的是在一定置信水平上和一定持有期限内投资者可能损失的最大数量，因此应被称为“风险价值”或“受险价值”。

8.3　VaR 模型

VaR 模型可用于度量市场风险，与极值理论结合也可度量操作风险。

8.3.1　VaR 模型的含义

在 VaR 模型中，VaR 值是指市场处于正常波动时，在给定的置信水平 p（例如 95% 或 99%）下，某一项金融资产或组合可能遭受的最大损失值。可以表示为

$$\text{Prob}\,(\Delta P > -VaR) = 1 - p \quad \text{或} \quad \text{Prob}(r < \text{VaR}) = 1 - p$$

式中，ΔP 为资产组合在目标期限（即持有期限）Δt 内的损失值（或收益值）；r 为资产组合在

① 参见刘志东，Downside-Risk 风险度量方法研究，统计与决策，2006.12。

目标期限(即持有期限)Δt 内的收益率(或损失率)。

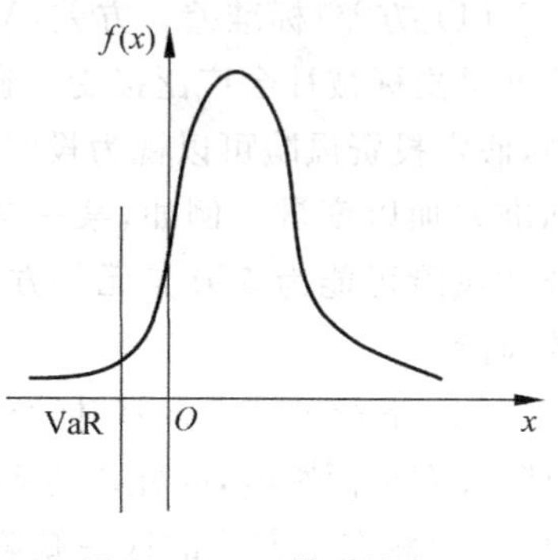

图 8-2 VaR 模型的含义

为了能更清晰地阐明 VaR 模型的含义,可使用某一资产组合收益的概率密度分布函数的简易模拟图(如为正态分布函数)来进行详细的说明(见图 8-2)。

图 8-2 中,横轴(x 轴)表示资产组合的可能收益(或收益率)值,纵轴[$f(x)$轴]表示相应的概率密度值(即出现该收益值的可能性),曲线 $f(x)$就是概率密度分布函数的几何图像。p 为置信水平,即较大损失所发生的可能性为 $1-p$,$E(x)$(即 μ)表示资产组合收益(或收益率)x 的数学期望值(平均收益或损失)。由

$$\int_{\mathrm{VaR}}^{\infty} f(x)dx = p$$

$$\mathrm{Prob}(x < \mathrm{VaR}) = \int_{-\infty}^{\mathrm{VaR}} f(x)\mathrm{d}x = 1 - p$$

$$E(s) = \int_{\mathrm{VaR}}^{+\infty} f(x)x\mathrm{d}x$$

可知,VaR 值实际上不过是资产组合收益(或收益率)概率密度分布函数的一个百分数所对应的收益(或收益率)的值。这样,在一定置信水平 p 下,资产组合的最低收益(或收益率)水平 $E(s)$(或 VaR 值)的几何意义就可以在图像中清晰地显示出来了:左右移动在横轴上的 VaR,以便使 x 的概率密度分布函数曲线 $f(x)$覆盖下的面积在 VaR 右边的部分刚好等于 p(置信水平);或者说,$E(s)$的位置刚好可以使得资产组合的收益(或收益率)水平高于 $E(s)$水平的概率为 p。

8.3.2 VaR 模型的基本要素

要为一个金融机构或资产组合确定 VaR 值或建立 VaR 模型,首先必须做的就是要确定以下三个基本参数。

1. 确定合适的"持有期限"

目标期限是衡量回报波动性和关联性的时间单位,也是取得观察数据的频率,如所观察的数据是日收益率、周收益率、月收益率抑或是年收益率等。对目标期限的选择主要是主观行为,与银行的业务种类和所分析的资产组合类型有关,一般根据资产组合调整的速度来具体确定。对于资产组合主要投资于高流动性货币资产的商业银行来说,最好选择一天作为目标期限;对于需按季度调整组合、报告业绩的证券公司(即投资银行)和基金经理们来说,90 天应该是较合适的目标期限。理想的情况是:目标期限与资产组合定期清算所需要的最长时间相一致。即如选取的目标期限短于资产组合定期清算所需的时间,则 VaR 模型将无法反映出资产组合的流动性风险,也就是人为地降低了 VaR 的值;如选取的目标期限大于资产组合定期清算所需的时间,则 VaR 模型中资产组合的市场波动可能被无故放大了,也就是人为地提高了 VaR 的值。

目标期限是一个基本参数,特别是在不同的资产组合间进行比较的时候,因为 10 天的 VaR 值和 1 天的 VaR 值之间相比是没有任何意义的。在其余方面都相同的情况下,前者一

定比后者大。举个例子：对于一个给定的资产组合，一般会预期 1 天的 VaR 值比 1 个月的 VaR 值小，即在 1 个月的时间范围内所要面临的可能的最大损失额会大于在 1 天中所可能要面临的最大损失额，这不过是一个常识。

2. 确定可行的观察期间(即数据采集期间)

观察期间是指对给定目标期限(持有期限)的资产组合的损益波动性和关联性进行考察的整体时间长度，是进行数据采集和选取的一个时间范围，有时也称数据窗口。数据采集主要是用来确定资产收益的概率密度分布函数，这是整个 VaR 模型建立过程中最为关键的环节之一，因为对不同数据的选取将直接影响最后的模型形状和位置。为克服经济周期等周期性变化的影响，历史数据一般是越多越好，但是，时间越长，发生收购兼并等市场结构性变化的可能性就越大，这样的历史数据也就难以反映出现实和未来的真实情况。因此，这种选择必须要在历史数据的可能性和市场发生结构性变化的危险间进行权衡。

此外，观察期间的选取也会受到目标期限的影响。在既定的观察期间内，选定的目标期限越长，则在观察期间内可选取的数据也就越少，VaR 模型的精确性也就得不到保证。

目前，巴塞尔银行监督管理委员会所要求的观察期间为一年。

3. 确定合适的置信水平(即 VaR 值的发生概率)

目前的金融学理论对置信水平的选取还没有提供任何的指导原则，它主要取决于风险管理者的选择。可是，如果置信水平过低，则损失超过 VaR 值的极端事件(小概率事件)发生的概率过高，也就使得 VaR 值失去了意义；反之，如果置信水平过低，虽然超过 VaR 值的极端事件发生的概率会降低，但在统计样本中可以用来反映极端事件的数据也会相应减少，使得 VaR 值估计的准确性也随之下降。

此外，置信水平的选取还决定了返回检验的频率(对于返回检验的含义与作用将在之后进行说明)。例如，对于以 1 天作为目标期限的 VaR 模型，95%的置信水平意味着每 20 天要作一次返回测试，而 99%的置信水平则作返回检验的频率只有 100 天一次。

目前，巴塞尔银行监管委员会所选择的置信水平是 99%。

8.3.3　VaR 模型的建立方法

在确定了 VaR 模型的三个关键参数之后，另一个关键问题即确定 VaR 值最大的难点，就是确定资产组合收益的概率密度分布函数。如果可以精准地确定出这一函数，就可以比较方便地依据 VaR 值的含义确定出所要求的 VaR 值。

迄今为止，形成了很多种计算 VaR 的模型，但是没有一个一致公认的最好方法。现在有三种普遍使用的方法：Risk-Metrics、历史模拟方法和蒙特卡罗模拟方法。三种方法各有特定的假设条件和适用范围，有许多优点，同时也存在不少缺点。其中一个较明显的缺点就是不能处理金融市场处于极端价格波动的情形，如股市崩盘(一个典型的例子就是 1997 年亚洲金融风暴对股市的冲击)等。因而，要计算资产组合的实际 VaR 值，就不能忽视极端价格波动情形，必须考虑分布的尾部形态。Longin 于 1996 年考察了美国股票市场的极端变动，用统计上的极值理论给极端变动建模，开辟了将极值理论应用于风险管理的先河。

下面分析计算 VaR 目前较为常用的几种方法。

1. 参数法

参数法是计算 VaR 值最常用的方法，该方法假设收益率服从正态分布（参数性质来源于它们依赖于特定分布假设这一事实）。由于该方法计算出的模型形状主要取决于对方差和协方差参数的估计，所以有时又称方差-协方差法。参数法主要有“组合-正态法”“资产-正态法”“δ-正态法”和“δ-γ 法”四种不同的方法。J. P. Morgon 所开发的 Risk-Metrics 模型所采用的就是参数法中的“资产-正态法”。

简单化的参数法 VaR 模型可表示为（以收益率服从正态分布为例）：

设某个投资组合期初的价值为 P_0，期末价值为 P，则收益率为 $r=\ln P-\ln P_0$ $\left(\text{即 } e^r=\dfrac{P}{P_0}\right)$服从正态分布，$r\sim N(\mu,\sigma)$。其中，$\mu$ 值为该组合收益率的均值［期望值 $E(x)$］，既可通过无风险收益率加一个风险升水计算出来，也可通过对样本平均收益率的计算而得出；σ 值为该组合收益率的方差，可依据不同单项资产的方差 σ_i 及它们之间的相关系数 ρ_{ij} 计算得出

$$\sigma=\sqrt{\sum_{i=1}^{n}\sigma_i^2+2\sum_{j<i}\sum\sigma_i\sigma_j\rho_{ij}}$$

以上便是最简单、最基本的“资产-正态法”VaR 模型，在此模型的基础上，只要确定一个合理的置信水平 p，就可以很容易地计算出 VaR 值

$$VaR=\alpha\sigma\mu\sqrt{t}$$

式中，μ 是资产的期望收益率，σ 是在给定时间范围内资产收益率的标准差，α 是与所选置信水平 p 相对应的标准差倍数的数值，即置信水平 p 对应的是几倍的标准差（举例来说，如果 $p=95\%$，则 $\alpha=1.645$；如果 $p=99\%$，则 $\alpha=2.33$）；t 表示目标期限（即持有期限），$\sqrt{t}$ 即为调整因素，用于测算资产收益率的变化情况（例如，如果要计算 1 个月的 VaR 值而且已经算出了 1 天的 σ，则调整因素就为 $\sqrt{30}$）。

当然，这里也可以用收益值而不是收益率来作为 VaR 值的计算基础。这时，只要将模型中的 $r\sim N(\mu,\sigma)$ 转化为 $\Delta P\sim N(\mu,\sigma)$ 即可。

2. 模拟法

模拟法可分为历史模拟法与蒙特卡罗模拟法。与参数法相比，用这种方法所得出模型显得更加直观且易于理解，特别是历史模拟法。

“历史模拟法”（Historical Simulation Method，HS 法）是通过计算过去一段时间内的资产组合风险收益率的频率分布，通过找到历史上的一段时间内的平均收益，以及既定置信水平下的最低收益水平，推断 VaR 值，其隐含的假定是历史变化在未来可以实现。历史模拟法是基于历史数据的经验分布，它不需要对资产组合价值变化的分布作特定假设。该方法简单、直观、易于操作。

蒙特卡罗模拟法（Monte Carlo Simulation Method）又称随机模拟法（Random Simulation Method），它与历史模拟法十分相似，主要区别在于：蒙特卡罗法是借助随机方法利用历史数据或既定分布假定条件下的参数特征模拟出大量的收益率（或收益）数值，求出 VaR 值。蒙特卡罗模拟法最主要的优点在于：该方法比历史模拟法更精确可靠，可以处理非线性、大幅度波动以及厚尾等问题。

3. 极值分析法

与其他资产收益多具有正态分布特征不同的是：金融资产收益率具有显著的厚尾特征[①]。厚尾意味着由极端事件(如证券市场的崩盘、金融危机的发生等)所引发的极端风险要比呈正态分布的事件所引发的风险大得多，而且更频繁。当这种极端情况发生时，常规的基于正态分布的 VaR 值就失去了作用。为了应对这种极端情况，准确测量这种极端情况下的金融风险，产生了极值分析(Extreme Analysis)和其他一些方法。

极值分析法弥补了原有 VaR 模型中固有的忽略资产组合收益(或收益率)概率密度分布函数损失边(即概率密度分布函数最左边的部分)信息的弊病，通过对资产组合收益(或收益率)概率密度分布函数尾部进行统计分析，估计出了极端情况下资产的损失情况。

极值分析法最早可见 Longin(1996 ，2000)和周开国(2002)等人的文献中，运用了极值理论(Extreme Value Theory，EVT，是研究次序统计量的极值分布特性的理论)来计算 VaR。在极值理论中，有两种选取极值的方式，包括分块样本极大值模型(Block Maximal Model，BMM)和超越阈值(Peaks Over Threshold，POT)模型。BMM 将数据分为若干块，并将每块区间内的最大或最小值取出后构建新的数据样本。BMM 方法取出的极值样本假设服从广义极值分布(Generalized Extreme Value，GEV)。而 POT 模型则根据一定条件设定阈值，将所有超过或低于阈值的数据作为所需要的极端值。根据 POT 模型的数据选取方法选出新的数据组，其分布近似服从广义帕累托分布(Generalized Pareto Distribution，GPD 分布)。

1) BMM 模型(分块样本极大值模型)

设 $X_i(i=1,\cdots,n)$是取自总体分布 F 的一组样本，将其按大小排序：$X(1)\leqslant X(2)\leqslant\cdots\leqslant X(n)$，则称 $X(1)$，$X(2)$，$\cdots$，$X(n)$为次序统计量，$X(1)=\min(X_1, X_2, \cdots, X_n)$，$X(n)=\max(X_1, X_2, \cdots, X_n)$分别称为样本极小值、样本极大值，统称样本极值统计量。它们的分布称为极值分布。

众所周知，极值分布有三种形式：Gumbel 分布，Frechet 分布和 Weibull 分布，可以用一个统一的形式来表达它们，即广义极值分布，其分布函数为

$$G(x)=1-\mathrm{e}^{-\left[1+\tau\left(\frac{x-\beta}{\alpha}\right)\right]^{1/\tau}}\begin{cases}x<\beta-\dfrac{\alpha}{\tau} & 当\ \tau<0\\ x>\beta-\dfrac{\alpha}{\tau} & 当\ \tau>0\end{cases}$$

这里，β，$\alpha(\alpha>0)$分别称为位置参数、刻度参数，τ 称为尾指数(Tail Index)，它的倒数的相反数 $k=-1/\tau$ 称为形状参数，k 的绝对值越大，说明分布的尾越重。$\tau=0$ 时，对应于 Gumbel 分布；$\tau<0$，对应于 Frechet 分布；$\tau>0$，对应于 Weibull 分布。注意此处的 x 值指的是极值。

在 GEV 中有三个参数，通常可运用极大似然法和矩估计法来进行参数估计。对 GEV 而言，在具体计算时，矩估计和极大似然估计一样没有显式解，都需解一个非线性方程组。然而极大似然估计却有很好的大样本性质，且具有无偏性、相合性和有效性，故一般采用极大似然法来估计以上三个参数，并在计算过程中利用 Newton-Raphson 算法对方程组进行求解。

Longin(2000)在用极值理论估计 VaR 值时，提取了 1985 年 1 月 1 日到 1999 年 12 月

---

① 参见花拥军，张宗益，沪深股市极端风险的实证研究与比较分析，系统工程，2009.2。

31日共3914个交易日的恒生指数(对数回报),并将样本覆盖的整个区间划分成若干不重叠的子区间,每个子区间有 n 个数据,分别提取这些子区间中的极大值和极小值。然后,用这些极值来估计3个参数 β,α,τ 的值。最后,用广义极值分布来计算VaR值。

用极大值序列得到的VaR对应于短期头寸(Short Position),记为 VaR_{short};用极小值得到的VaR对应于长期头寸(Long Position),记为 VaR_{long}。根据极值序列的广义极值分布,能得到短期头寸和长期头寸,分别为

$$VaR^{short}=\beta+\frac{\alpha}{\tau}[1-(\ln p)^{\tau}]$$

$$VaR^{long}=\beta-\frac{\alpha}{\tau}[1-(\ln p)^{\tau}]$$

其中,三个参数 β,α,τ 由极值序列中求得,p 是置信水平,可以取95 %,99 %等。这样,不同置信水平下的VaR值就可以计算出来。表8-3列出了恒生指数的广义极值分布下极大值、极小值序列所对应的VaR值(取 $n=10$ 和20)。

表8-3 恒生指数的广义极值分布的参数估计和由此得到的VaR值

极大值序列	位置参数 β	刻度参数 α	尾指数 τ	95%VaR	99%VaR
$n=10$	2.458	0.971 11	−0.162 31	6.16	9.09
$n=20$	2.5513	1.035 93	−0.261 18	7.20	11.77
极小值序列	位置参数 β	刻度参数 α	尾指数 τ	95%VaR	99%VaR
$n=10$	−1.5046	0.964 95	−0.113 24	−4.91	−7.32
$n=20$	−1.3978	1.1077	−0.211 14	−5.97	−10.00

2) POT模型

当POT模型(超越阈值模型)运用到操作风险度量时,除了要对损失强度分布进行研究外,还需考虑合适的损失频率分布。虽然Poisson分布是最常用的损失频率分布,但由于总损失数据的统计分布特征是损失强度分布和损失频率分布的卷积,一般情况下很难得到解析形式,对尾部风险的度量往往需要使用模拟仿真等技术。而使用POT模型能通过简单的方法和表达式将损失强度分布和损失频率合并起来,并能推导出总损失的尾部风险的表达式。这种处理方法大大降低了直接模拟需要的计算成本,也大大减少了由于对损失强度分布和损失频率分布的错误选择所导致的模拟误差。

使用POT模型的基本假设是:超过阈值 u 的独立同分布序列,其发生时间是一个Poisson过程,大于 u 的相应超额部分是独立的,并且存在一个GPD(Generalized Pareto Distribution,广义帕累托分布),超额和超额时间是相互独立的。

(1) POT模型的统计分布。和其他模型假设不同,POT模型忽略整个风险损失数据的分布,只针对风险损失数据的尾部数据分布进行风险计量,并且利用GPD分布。GPD分布的核心特点就是只描述风险损失数据中超过阈值 u 的部分[①],整个风险损失数据对于POT

① 参见

1) Fernando Ferraz do Nascimento. A semiparametric Bayesian approach to extreme value estimation. stat Comput (2012)22:661-675;

2) 欧阳资生,广义帕累托分布模型:风险管理的工具,财经理论与实践,2005.9

模型来说只是一个选择阈值的“基床”。

假设共有 n 次独立同分布的风险损失数据，其数据序列 $X_1, X_2, \cdots, X_n$ 的统计分布函数为 $F(X)$。当选择 u 为其损失数据的阈值，则 $Y_{1,u}, Y_{2,u}, \cdots, Y_{m,u}$ 为损失超过阈值 u 的风险损失序列。通过对 $Y_{1,u}, Y_{2,u}, \cdots, Y_{m,u}$ 进行拟合，超额分布 $F_u(y)$（这里，$0<y<x_{\text{endpass}}-u$，x_{endpass} 为端点）则为这些超过阈值的风险损失序列拟合的条件分布函数。其表达式如下：

$$\begin{aligned} F(y) &= P(X-u \leqslant y \mid X > u) \\ &= \frac{F(u+y)-F(u)}{1-F(u)} \\ &= \frac{F(X)-F(u)}{1-F(u)} \end{aligned}$$

根据 Pickands-Balkema-De Haan 定理，在阈值 u 足够高的情况下，具有厚尾特征的连续分布中超过阈值的样本分布将收敛于 GPD 分布，其表达式如下：

$$\lim_{u \to y_0} \sup_{0 \leqslant x \leqslant y_0 - u} \mid F(y) - G_{\alpha,\lambda}(x) \mid = 0$$

该定理可以简单阐述为：在阈值 u 取得足够高且事先没有确定分布时，风险的损失样本的超额分布 $F_u(y)$ 就可以近似服从 GPD 分布。超额分布的 GPD 分布的函数形式如下所示：

$$G_{\alpha,\lambda}(x) = \begin{cases} 1-\left(1+\dfrac{\alpha x}{\lambda}\right)^{\frac{-1}{\alpha}} & \text{当 } \alpha \neq 0 \\ 1-\mathrm{e}^{\frac{-x}{\lambda}} & \text{当 } \alpha = 0 \end{cases}$$

这里，$\lambda>0$，并且当 $\alpha>0$ 时 $x>0$，当 $\alpha\leqslant 0$ 时 $0\leqslant x\leqslant -x/\lambda$。

或者，

$$G_{\alpha',\lambda'}(x) = \left(\frac{\lambda'}{X+\lambda'}\right)^{\alpha'}$$

这里，$\alpha'=\dfrac{1}{\alpha}$，$\lambda'=\dfrac{\lambda}{\alpha}$ 。

GPD 分布的参数有两项，λ 为分布的尺度参数，α 为形状参数，用以描述分布尾部的消失速度。当 $\alpha>0$ 时，$G_{\alpha,\lambda}(x)$ 为厚尾分布，在操作风险计量的实证文献中，大部分的操作风险的损失数据分布都属于该类具有厚尾特征的分布；当 $\alpha<0$ 时，$G_{\alpha,\lambda}(x)$ 为短尾分布，如 Uniform 分布、Beta 分布等①。当 $\alpha=0$ 时，表示超过阈值的样本数据的尾部将以指数形式衰退，此时的 $G_{\alpha,\lambda}(x)$ 为指数分布。

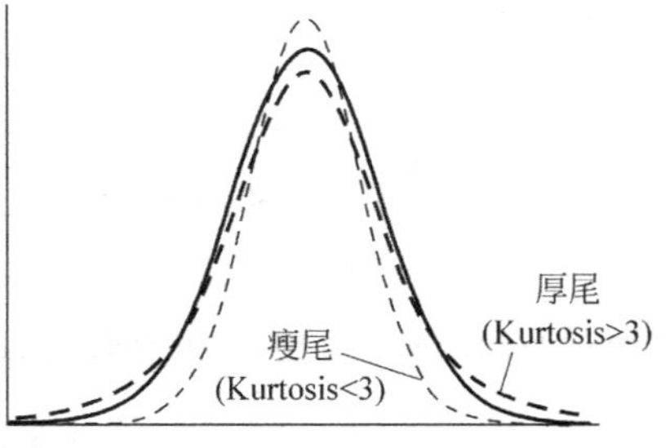

图 8-3　不同峰值的概率密度函数特征

（2）阈值的选取。

由上面对 GPD 分布的讨论可知，POT 模型主要是用 GPD 分布对超过特定阈值的损失数据进行拟合，因此阈值的确定成为应用 POT 模型最重要的问题之一。根据 Pickands-

① 相对正态分布而言，若峰度（$\text{Kurtosis}=\frac{1}{N-1}\sum_{i=1}^{N}(X_i-\bar{X})^4/SD^4$）$=3$ 为正态分布，峰度>3 为厚尾（顶部较平，均值附近的概率值比正态分布小，尾区的概率值比正态分布大），峰度<3 为瘦尾（顶部较尖），如图 8-3 所示。

Balkema-De Haan 定理,阈值过小将使得损失数据分布的收敛性不足,拟合效果变差;阈值选取过高则会影响超过阈值的样本数量,过小的样本数量会给拟合带来一定的偏差。因此,阈值的选择比较关键。

当前,还没有选择阈值的标准方法,相关文献中主要使用可视化方法来确定阈值,包括超额均值函数(Mean Excess Function,MEF)法和 Hill 图法。其中,超额均值函数表示所有大于阈值 u 的风险损失值与阈值 u 的差的条件期望。用式子表示为

$$e(u) = E[X - u \mid X > u]$$

那么,对于 POT 模型的广义帕累托分布来说,其超额均值函数具有如下表达式:

$$e(u) = \frac{\lambda}{1-\alpha} + \frac{\alpha}{1-\alpha}u$$

其中,$0<\alpha<1,\lambda+\alpha u>0$。从上述表达式可以看出,函数的斜率可以用来描述分布尾部的厚度,因为 $e(u)$的变化相对于阈值 u 是线性的。指数分布的 $e(u)$是一条斜率接近 0 的平缓直线;当分布是厚尾分布时 $e(u)$的斜率是正的,且 α 尾部越厚,即 α 越接近于 1 时,$e(u)$的图像越为陡峭;当分布是短尾分布时,$e(u)$的斜率为负。观察 $e(u)$的图像,当超过某个特定值时 $e(u)$呈明显的线性变化,意味着此时的特征值 u 可选取作为阈值。

另一种确定阈值的方法是 Hill 图。Hill 在 1975 年提出 Hill 统计量作为参数 α 的估计值,令 $X_1 \geqslant X_2 \geqslant \cdots \geqslant X_n$ 为一个次序统计量,并且是独立同分布的,固定一个阈值 u,且假设此时共有个 k 损失大于所固定的阈值,则 Hill 统计量 H_k 为

$$\frac{1}{\alpha_k} = H_k = \frac{1}{k}\sum_{i=1}^{k}(\ln X_i - \ln X_k)$$
$$= \frac{1}{k}\sum_{i=1}^{k}\ln\frac{X_i}{X_K}$$

阈值的选择原则是在 α 的估计值稳定时最小 k 所对应的损失值 X_k 作为阈值,此时 $u=X_k$。

(3) 操作风险 POT 模型参数估计。

首先,对于参数估计来说,POT 主要使用最大似然估计方法对广义帕累托分布函数进行参数估计。由广义帕累托分布 $G_{\alpha,\lambda}(x)$很容易得到其密度函数 $g_{\alpha,\lambda}(x)$为

$$g_{\alpha,\lambda}(y) = \begin{cases} \dfrac{1}{\lambda}\left(1+\dfrac{\alpha}{\lambda}y\right)^{-\left(1+\frac{1}{\alpha}\right)} & \text{当 } \alpha \neq 0 \\ \dfrac{1}{\lambda}e^{\frac{-y}{\lambda}} & \text{当 } \alpha = 0 \end{cases}$$

因而对 GPD 密度函数 $g_{\alpha,\lambda}(y)$取对数后,可以得到最大似然函数如下所示:

$$L(\alpha,\lambda \mid y) = \begin{cases} -n\ln\lambda - \left(1+\dfrac{1}{\alpha}\right)\displaystyle\sum_{i=1}^{n}\ln\left(1+\dfrac{\alpha}{\lambda}y_i\right) & \text{当 } \alpha \neq 0 \\ -n\ln\lambda - \dfrac{1}{\lambda}\displaystyle\sum_{i=1}^{n}y_i & \text{当 } \alpha = 0 \end{cases}$$

其次,另一种参数估计的方法是 *Hill* 统计量方法,其计算公式表达式为

$$\alpha = \frac{1}{k}\sum_{i=1}^{k}\ln\left(\frac{X_i}{u}\right)$$

其中,X_i 表示样本的第 i 个次序统计量,u 为阈值,k 为大于阈值的极端样本个数。可使用 MATLAB 编程来实现 Hill 统计量方法。

(4) VaR 值计算。

假设以 ΔP 表示银行的操作风险造成的可能损失，p 表示一定的置信水平，则操作风险需要分配的风险资本大小可以表示为

$$\text{Prob}(\Delta P > \text{VaR}_p) = 1 - p$$

若已知损失的分布函数为 $F(x)$，则上式可以变形为

$$\text{VaR}_p = \inf\{X: F(X) \geqslant p\}$$

则对于超过阈值的操作风险的 VaR_p 值可以表示为

$$\text{VaR}_p = F^{-1}(1-p) = u + \frac{\lambda}{\alpha}\left\{\left(\frac{1-p}{\alpha}\right)^{-\alpha} - 1\right\}$$

4. 其他方法

测量金融领域中极端情况下的金融风险，除了运用极值分析法，还可以采用返回检验(Back Testing)、压力试验(Stress Testing)、情景分析(Scenario Analysis)等方法。

统计学中的返回检验是指将实际的数据输入被检验的模型中，然后检验该模型的预测值与现实结果是否相同的过程。将这一统计检验方法运用到对 VaR 模型的具体检验中，是指将某一资产组合在一段时间内的实际盈亏数据与 VaR 模型的预测值相比较，以检验该 VaR 模型的有效性。对于 VaR 模型这种依赖于历史数据或假定统计参数和分布的模型来说，这样的检验是非常之必要的。

压力试验主要用来测量市场因素发生极端不利变化时资产的损失程度。该方法最大的优点是考虑了历史或模拟数据所无法涵盖的事件风险，主要缺陷则是缺乏科学的理论支撑，完全是依靠一些主观臆测出来的场景计量风险的大小，此外，该方法没有考虑各种风险因素之间的相关性，因此该方法更适合于单一因素风险的测量。

情景分析与压力测试有许多相似之处，两者都是对未来的情况(往往是不利情况)做出主观上的设想，然后就 VaR 模型在这一条件下的表现进行考察，以确定其适应性。但实际上，两者是存在差别的。正如上面所说，压力测试更多是用于单一因素改变时 VaR 模型的风险测量准确度检验，而情景分析则是先就一个假设情景所可能引致的市场主要变量的变动情况进行分析，之后再就这些变动因素对 VaR 模型适用性的影响进行检验。可以说，相对压力试验，情景分析对 VaR 模型的检验更加全面，也更加合理。

8.3.4　VaR 模型的局限性

VaR 模型的局限性主要表现为：

(1) VaR 模型主要适用于正常市场条件下对于市场风险的衡量。VaR 模型主要适用于正常市场条件下对于市场风险的衡量，而对于市场出现极端情况时有点力不从心。一般而言，统计模型预测值的准确性很大程度上取决于有效历史数据的充分性，因而对数据有较为严格的要求。正常市场条件下，资产的交易数据比较丰富，因而使用 VaR 模型较为有效，然而，当市场远离正常状态时，交易的历史数据变得稀少，尤其当市场出现时，资产价格的关联性被割断，流动性全部消失，甚至连价格数据也难以得到，这使得无法使用 VaR 模型来有效衡量此时的市场风险。在这种情况下，前一部分所介绍的压力测试就显得格外重要，成为弥补 VaR 模型不足的重要手段。

(2) VaR模型多用于流动性较强的资产。由于VaR模型对数据的严格要求,该风险衡量方法对于交易频繁、市场价格容易获得的金融工具的风险衡量效用比较显著,而对于缺乏流动性的资产(如银行的贷款等),由于缺乏每日市场交易价格数据,其衡量风险的能力受到很大的局限。有时,需要将流动性差的金融产品分解(Mapping)为流动性较强的金融产品的组合,然后再使用VaR模型来分析其风险。

(3) VaR模型对历史数据依赖性较大。首先,历史模拟法直接依赖于大量的历史数据;其次,在参数法中,尽管可以通过观测期权市场得到金融工具的所谓隐含波动性(Implied Volatility),但这种方法在很大程度上受到期权市场发展的制约,并不具有普遍的实用性,目前,巴塞尔银行监管委员会也还没有同意在衡量市场风险资本要求的内部模型使用这种参数估计方法,因此,参数法对方差和协方差的估计也对历史数据有很大的依赖。然而,依赖历史数据的根本缺陷在于历史不一定总能成为未来很好的指引,依据过去的收益数据来确定未来收益的风险存在固有的缺陷。

(4) VaR模型尚没有一个统一的标准。有一定会计学基础的风险经理将会意识到:一个标准的风险测度的计算方法是很重要的。如果不存在那样的一种方法,则有些银行可能会选用一些使VaR值最小的风险测度方法,从而可以使资本充足要求最小。然而,一种标准的方法又会使银行用同样的方法测度风险,用同样的方法实现风险的分散化,最后持有类似的资产组合。这也存在一个困难,那就是当市场发生危机时,所有的银行都会有类似的反应,这将导致市场极大的不稳定。这一问题就是经济学家所说的"古特哈法则(Goodharts Law)",它的意思是人们努力考察一种关系,并利用考察的结果采取行动,但是这种关系又不存在了。

(5) VaR模型中的正态分布假设。风险经理关注的一个问题是:资产组合收益(或收益率)变化的对数服从正态分布。在现实中,收益(或收益率)剧烈变化的情况比正态分布曲线所描述的情况要多。这说明正态分布曲线低估了收益(或收益率)剧烈变化的风险(这正是VaR模型所要测度的)。这一领域的研究表明:虽然正态分布曲线很好地刻画了资产组合收益(或收益率)的分布情况,但事实上,收益(或收益率)的实际值小于中间值附近的值的机会比正态分布曲线描绘的机会要少,而实际值大于中间值附近的值的机会比正态分布所描绘的要多。

(6) VaR多用于衡量市场风险,而对于流动性风险、信用风险、操作风险、法律风险等较难以反映。

以信用风险为例。商业银行需要一种度量和管理所有类型风险或至少其核心业务风险的一体化工具,而其核心业务既面临信用风险又面临市场风险。且商业银行既要管理市场因素、变动导致可交易资产组合产生的价格风险,又要管理尚未证券化的信贷额度的违约风险。此外,部分市场风险很可能也同时是信用风险因素。例如,利率就既是市场风险因素,又是信用风险因素,特别是对于循环信用额度或指数化贷款而言更是如此。

所以,现在迫切需要有一种特殊的风险度量方法,既能反映出可交易工具的潜在亏损,也能反映非交易贷款的潜在损失(不偿还本息)。这是通往真正的一体化风险管理体系过程中的一个非常吸引人的研究领域。

8.4　网络金融风险管理

网络金融风险管理的目标是通过将互联网金融风险控制在互联网金融企业可以(或愿意)承受的合理范围内,实现风险调整后的收益率(收益/风险)的最大化,内容涉及风险辨识、度量、监测和控制。

8.4.1　互联网金融风险管理原则和方法

互联网金融风险的管理,在总体原则上需要做到既打击互联网金融违法犯罪活动、规避金融风险,又要确保不阻碍互联网金融的正常运行和创新发展。促进互联网金融健康发展,需要改革不合时宜的监管体系、制度,构建与互联网金融相适应的风险管理体系,具体可以从以下六个方面着手:完善互联网金融立法、搭建统一的互联网金融监管平台、更新互联网金融监管方式和手段、支持和鼓励互联网金融行业自律、加强互联网金融监管的国际协作、宣传普及互联网金融安全知识。

1. 完善互联网金融立法

互联网金融起步较晚,但是发展极其迅速。在互联网金融监管的立法方面存在明显的滞后,亟待完善。为应对互联网金融风险,有必要对互联网金融企业的从业资格、准入门槛、权益,尤其是责任和义务(比如信息披露,客户的资金、信息安全保障)进一步规范和明确,为互联网金融行业的健康发展提供立法保障。

同时,必须认识到互联网金融的立法并不能一蹴而就。互联网金融本身还处在迅速发展变化过程之中,很多潜在特征(包括优势、缺陷或者漏洞)还没有充分显露,不宜过早地出台操作性细则,而是应当分阶段、有步骤地予以推进。对于当前的互联网金融立法工作,应当“大胆假设、缜密论证”,首先可以出台一些宏观性、原则性的指导文件,例如 2015 年 7 月 18 日中国人民银行、工业和信息化部、公安部和财政部等 10 个中央部门联合出台的《关于促进互联网金融健康发展的指导意见》就是一个良好的开端。

所谓“他山之石,可以攻玉”,完善互联网金融立法不仅应当重视科学性和前瞻性,还应当充分重视借鉴该领域的国际经验。欧美早在 20 世纪 70 年代就已经开始对互联网金融的发展进行立法研究和改革,它们的互联网金融立法工作已经相对成熟和完备。研究和借鉴这些国家和地区在互联网金融立法领域的经验乃是明智之举。

2. 搭建统一的互联网金融监管平台

实行互联网金融监管机构改革,搭建统一、协调的互联网金融监管平台,是规范互联网风险管理的重要举措。传统上,我国金融监管机构都是按照不同的行业类别进行分业监管的。例如,银监会对应商业银行的监管,证监会对应证券行业的监管,而保监会对应的则是保险行业的监管。然而,随着技术和成本控制因素的推动,以及金融市场商业模式的发展演变,互联网金融企业普遍存在信贷、投融资、保险等多种金融产品“跨界”经营的现象。传统分业监管模式下的互联网金融监管,同时存在着多重监管和监管空白两种对立状态。对于“有利可图”的领域,各大监管主体存在重复监管和处罚的激励,从而造成“政出多门”的乱局；而对于某些“无利可图”的领域，各监管部门又有可能相互推诿，从而造成事实上的监管空白状态。因此，为适应互联网金融发展的需要，有必要对传统分业监管模式进行改革。例如，可以成立一个专门的负责机构，或者在原有机构的基础上，以央行为主导，“三会”为骨干，公安部、工信部、工商总局、法制办和国家互联网信息办公室等机构的协同参与下，搭建统一的互联网金融监管平台。在这个平台之下，互联网金融监管主体可以做到统一部署、统一行动、统一安排和协调一致。

3. 更新互联网金融监管方式和手段

互联网金融是一种新型金融业态，它与现代信息技术高度融合，与传统金融模式相比，科技含量较高并具有匿名性和隐蔽性等特征，对信息技术的自主知识产权占有比重，尤其是真实身份验证、信用验证具有更高的依赖性，从而对互联网金融风险管理方式和手段提出了新的和更高的要求。

首先，应该加强确保互联网金融安全的技术研发和投入，提高安全密钥和身份验证的可靠性，降低对国外的信息技术依赖。其次，应当尽快建立和完善公民(尤其是网民)诚信档案和互联网金融企业的信用库，按照一定标准对互联网金融企业的信用程度进行评级和动态更新，对于涉嫌互联网金融诈骗的企业予以惩罚，对于互联网金融安全风险防范措施不到位的企业予以信用降级处理。

再次，公安部门应当加强打击互联网金融犯罪的建设和投入，聘用具备互联网金融犯罪侦查技术的科技人才，以及对相关领域现有在职人员进行互联网金融安全技术培训。

最后，在互联网金融的金融风险方面，主管部门应当对从事互联网金融企业的保障资金、利率上下限(可以比较宽松)以及资质等做出规定，防范互联网金融企业因杠杆率过高或操作不当而导致大规模资金链断裂的金融风险。

4. 支持和鼓励互联网金融行业自律

所谓“春江水暖鸭先知”，科学的互联网金融风险管理离不开行业自律组织的积极参与。尽管行业自律组织不能从根本上取代正式的官方互联网金融监管机构，但是与政府机构的监管相比，它们具有独特和不可替代的优势。作为“局外人”的政府监管机构在信息搜集的速度和对行业动态的敏感度方面通常会存在较大程度的滞后，而行业自律组织由于身在其中，在这些方面比较具备优势。

目前在互联网金融行业自律方面，我国已经取得了一定的进展。例如，2013 年 8 月，中国互联网大会之互联网金融中国峰会在北京召开，成立了“互联网金融千人会俱乐部”(简称 IFC1000)，并发布了纲领性的《互联网金融行业自律公约》。2014 年 3 月 26 日，一家互联网金融二级协会——“互联网金融专业委员会”在北京顺利诞生。同年 4 月，国务院批准由央行条法司牵头组建了互联网领域的一级协会——“互联网金融协会”。

应该在现有的基础上继续允许和鼓励新的、更加细分的互联网金融行业自律组织的建立，鼓励已有的互联网金融行业组织在更大范围和程度上发挥行业自律的功能。

5. 加强互联网金融监管的国际协作

进入现代社会，尤其是实行改革开放以来，我国的金融从来就不是完全独立于其他国家和地区的，对于新兴的互联网金融而言，其国际化程度更加深化。要想提高互联网金融风险管理效率，就必须加强互联网金融监管的国际协作。

早在 2001 年巴塞尔委员会就发表了《电子银行风险管理原则》；2003 年，该委员会发布了《跨境电子银行业务的管理和监管》；2007 年，该委员会又发布了《跨境电子银行业务活动的管理和监督》。欧美和日本等发达国家(地区)都是互联网金融国际协作的倡导者和受益者。我国也应当顺应时代潮流和现实需要，加强同世界其他国家在互联网金融风险管理领域的配合与协作。在有关互联网金融风险监管的国际规则和制度建设方面，争取主动权，提高发言权，确保本国的国家利益。

6. 宣传普及互联网金融安全知识

互联网金融风险管理需要广大民众，尤其是占全部人口半壁江山的网民们的积极参与和配合。许多网民尤其是互联网金融的参与者屡屡遭受网络诈骗和信息泄露、篡改，在一定程度上反映了我国网民的互联网金融风险防范意识不够，网络安全知识还比较欠缺。宣传普及互联网金融安全知识可以在一定程度上降低网络诈骗和其他互联网金融案件发生的频率。

8.4.2　互联网金融风险防范和监管

1. 第三方支付风险防范和监管

在互联网金融各业态中，第三方支付业态发展较早，目前已经受到比较规范的监管，既有监管主体，也有监管依据。其中，监管部门是中国人民银行，监管的主要依据是人民银行出台的“两办法、一细则”，即《非金融机构支付服务管理办法》《非金融机构支付服务管理办法的实施细则》和《支付机构客户备付金存管办法》。其风险相对较小，比较突出的风险主要有法律风险和操作风险。

1) 第三方支付法律风险

由于已纳入人民银行的监管范围，第三方支付业态不存在合规性风险问题，其法律风险主要涉及沉淀资金使用问题和反洗钱问题。

一是沉淀资金带来的法律问题。第三方支付主要在交易双方中起到支付中介或者信用担保的作用。由于交易双方都需要在第三方支付平台上设立虚拟账户，在支付过程中虚拟账户里会形成沉淀资金。如何监管第三方支付平台有可能在未经客户同意的情况下动用沉淀资金问题，如何确定账户资金的巨额利息归属问题，成为了不可回避的法律问题。

二是利用账户洗钱带来的法律问题。第三方支付注册简单，具有一定的匿名性、隐蔽性，难以确保客户身份的真实性。在第三方支付的虚拟账户支付和快捷支付模式下，资金可轻松实现无监管状态下的跨地区、跨银行甚至跨境流动，而且第三方支付机构在银行系统账户实行轧差清算，使得更难辨别交易资金的真实来源和去向，影响可疑交易分析调查和资金追踪调查。这就给犯罪分子的洗钱活动带来巨大便利，增加了反洗钱监管的难度。

三是市场退出带来的法律问题。由于经营不善或者合并重组，有些第三方支付平台可能遭遇关闭退市的风险。当发生第三方支付平台终止服务、退出市场的事件时，用户账户资金退偿、个人信息资料保护将成为非常现实的问题，若没有法律规定，无疑将引发法律风险。

2) 第三方支付操作风险

作为支付中介，第三方支付平台用户量非常巨大，用户操作也相当频繁。任何操作失误或者业务流程设计不当就会引发比较严重的操作风险。

一是新技术、新流程增加了操作难度。第三方支付平台比较多地运用了新技术和新流程。由于缺乏充分的投资者教育，用户很难全面掌握这些相关知识。在这种情况下，用户很容易出现操作失误，造成经济上的直接损失。

二是操作程序和内部控制不当。第三方支付平台在内控管理方面存在一些漏洞，对于用户身份信息、认证信息、资金信息以及交易信息等个人敏感数据和信息，没有建立严格的安全保护机制，容易被非法使用或者泄露，导致对用户造成不必要的困扰，甚至于引发巨大的经济损失。

针对以上风险，目前中国人民银行制定了若干针对第三方支付风险监管的规范性文件，其中，《非金融机构支付服务管理办法》《非金融机构支付服务管理办法实施细则》明确人民银行为第三方支付的监管部门，对第三方支付机构的市场准入和退出机制、业务开展、制度建设以及风险管理等方面进行监督管理，认可了第三方支付的合法性；《支付机构客户备付金存管办法》对第三方支付机构客户备付金的存放、归集、使用和划转等行为的监督管理要求进行了明确规定；《支付机构反洗钱和反恐怖融资管理办法》对第三方支付机构反洗钱与反恐怖融资职责和要求进行了明确规定。根据这些规定，人民银行在第三方支付风险监管中发挥了比较积极的管理作用，比如，全面叫停了支付宝、腾讯的虚拟信用卡产品，以及条形码、二维码支付等面对面支付服务。

此外，国家外汇管理局出台的《支付机构跨境电子商务外汇支付业务试点指导意见》对跨境电子商务支付问题进行了明确规范；银监会、中国人民银行联合下发的《关于加强商业银行与第三方支付机构合作业务管理的通知》对商业银行和第三方支付机构的合作业务进行了明确规范。

2. P2P 网络借贷风险防范和监管

相比于其他互联网金融业态，P2P 网络借贷的风险问题比较突出。目前，P2P 行业处于"无准入门槛、无行业标准、无监管机构"的"三无"状态，各 P2P 网络借贷平台管理水平良莠不齐。因此，P2P 网络借贷在规模急速扩张的同时也陆续暴露出比较多的风险和问题，主要有信用风险、流动性风险、法律风险、技术风险等。

1) P2P 网络借贷信用风险

P2P 网络借贷面临较高的信用风险。究其原因，主要有以下几点：一是对借款人的信用评级还不够完善。由于社会信用体系不健全，P2P 网络借贷平台难以获得比较全面的借款人信用信息，如身份信息、家庭信息、财务状况、还款能力、资金用途、经营能力、其他负债、个人品行等信用信息，因此 P2P 网络借贷平台难以甄别借款人的信用水平，难以比较准确地得出对借款人的信用评级。二是缺乏信用数据共享机制。目前，P2P 网络借贷平台还难以从人民银行征信系统查询借款人信用记录或者将借款人违约记录录入人民银行征信系统，平台之间的客户信用数据也没有实现共享，违约成本较低。有些借款人就会利用信用共享机制上的漏洞，在银行、多家 P2P 网络借贷平台进行借贷，导致由信用叠加引发的信用风险。三是发放净值标。为了满足投资人对放贷资金的流动性需求，不少 P2P 网络借贷平台发放净值标。净值标是一种以投资待收款、账户余额作为担保在一定净值额度内发放借款需求的网络借贷标的。投资者通过净值标这个杠杆反复借入借出，成为 P2P 网络借贷做市商，杠杆率达到 5～10 倍。例如，红岭创投网站净值标的净值系数为 0.9，给予投资者的借款额度为账户净值额度的 90%，最高杠杆率可以达到 10 倍。净值标实质上延长了信用链条，一旦链条上的某个环节断裂，就会引发整个链条的信用风险。四是平台信息披露不充分。这主要表现为对借款人信息披露不够详细、不够全面和平台自身信息和年度财务报告的披露不够透明，例如没有把坏账率反映在其财务报告的任何指标中。投资人很难从有限的信息披露中了解 P2P 网络借贷平台的运营情况、管理情况，一些卷款“跑路”的平台之所以能够得逞，就是因为信息披露不够充分，使得其有通过虚增信用和虚假债权大量筹资和隐瞒资金用途的违法空间。

2）P2P 网络借贷流动性风险

P2P 网络借贷的流动性风险主要源自于平台的拆标行为和保本保息承诺。一是拆标行为。P2P 网络借贷中，借贷双方偏好存在不一致，投资人喜欢投资期限短、收益更高的借款标的，借款人则喜欢获得期限长、成本更低的贷款。为了满足借贷双方的需求进而增加平台的业务量，一些 P2P 网络借贷平台采用拆标方式进行期限错配、金额错配，把期限长、金额大的借款拆成期限短、金额小的标的，这对还款资金链提出较高的要求。二是保本保息承诺。为了行业信用的不足和吸引更多投资人，绝大多数 P2P 网络借贷平台建立或者引入担保机制，推出本金保障计划，甚至有的平台还承诺保本保息，当借款人出现违约时，由平台以自有资金先行垫付到期的本金和利息。拆标行为和保本保息承诺让平台承担了资金垫付的巨大压力。P2P 网络借贷平台的自有资金往往不足以应对集中到期或大量提现的挤兑情况，结果引发流动性风险。目前已有许多网络借贷平台出现了这种风险情况。

3）P2P 网络借贷法律风险

我国 P2P 网络借贷平台违法违规经营情况时有发生，面临着多种法律风险。一是合规性风险。目前 P2P 网络借贷平台尚处于监管空白的状态、游走法律的边缘地界，国家没有专门针对 P2P 网络借贷的法律法规，也没有明确 P2P 网络借贷的业务性质、主体责任、经营范围等问题，以及具体监管部门和监管措施。按照在工商局和工信委注册的经营范围“金融咨询”和“信息服务”，P2P 网络借贷平台只能开展信用评级和信息撮合业务，担保以及债权转让和风险准备金等金融业务都没有获得业务许可而超出了经营范围，存在合规性风险。二是非法集资风险。有些 P2P 网络借贷平台建造了中间资金池，在自己的平台发布虚假标的，将所融资金用于自身生产经营或者其他用途，特别是提供本金保障或者保本保息承诺更具有非法集资的嫌疑。三是资金存管风险。有些 P2P 网络借贷平台实行了第三方资金存管，但是由平台设立第三方存管中间账户目前处于监管真空状态，平台实际上可以独立支配中间账户的资金。此外，有一大部分 P2P 网络借贷平台没有建立资金第三方存管机制，更容易发生资金被挪用甚至卷款跑路的风险。四是洗钱风险。P2P 网络借贷平台既难以识别投资人和借款人的身份信息，也难以掌握投资人的资金来源和借款人的资金使用情况，洗钱犯罪分子很容易通过平台借贷交易来达到洗钱目的。

4）P2P 网络借贷技术风险

信息安全是成为 P2P 网贷平台的技术短板。P2P 网络借贷业务对系统运行环境、病毒防护、数据备份等软硬件配置的安全性要求比较高，但是由于准入门槛低和资金要求低，不少 P2P 网络借贷平台进入该领域后并不具备自主开发信息系统的实力，其平台主要通过购买模板、简单定制而成的，模板系统的安全性和技术成熟度都不够高，容易出现技术漏洞或黑客入侵等技术风险。而且，P2P 网络借贷平台的技术管理人员多数没有金融从业经历，相对缺乏金融风险管理的专业知识，对网络借贷的重要风险点和风险防范技术不甚了解，难以比较有效地进行系统维护和管理。

针对以上风险，银监会、中国人民银行在自己的职权范围内对P2P网络借贷进行了风险提示。银监会于2011年8月下发的《关于人人贷有关风险提示的通知》，从防范银行业风险的角度提示了P2P网络借贷风险，指出P2P网络借贷中介服务主要存在影响宏观调控效果、容易演变为非法金融机构、业务风险难以控制等问题和风险，要求银行业金融机构务必采取有效措施，做好风险预警监测与防范工作，建立与人人贷中介公司之间的“防火墙”；中国人民银行于2013年6月下发的《支付机构风险提示》要求商业银行和支付机构，采用有效措施防范信用卡透支资金用于P2P网络借贷。

从法律依据来看，目前P2P的业务活动主要接受《民法通则》《合同法》《担保法》等法律以及最高人民法院相关司法解释的法律调整，比如，P2P网络借贷利率必须遵循最高人民法院《关于人民法院审理借贷案件的若干意见》规定，即民间借贷利率不能超过国家规定的同期银行贷款利率的四倍。

从行业自律来看，中国小额信贷联盟、中国支付清算协会互联网金融专业委员会、上海市网络信贷服务业企业联盟、广东互联网金融协会、中关村互联网金融会等一批行业自律组织先后成立，并出台了自律公约，如《个人对个人(P2P)小额信贷信息咨询服务机构行业自律公约》《网络借贷行业准入标准》《互联网自律公约》《P2P小额信贷信息咨询服务机构行业自律公约》等。行业自律组织成员依据自律公约进行业务规范，防范行业风险。

3. 众筹风险防范和监管

众筹模式起步较晚，但发展迅速。在快速发展的同时，众筹模式的各种风险日益显现。众筹业态的突出风险主要有法律风险和信用风险。

1) 众筹法律风险

众筹是一种崭新的融资模式，从现有法律体系和监管制度中很难找到适用于法律法规。由于众筹立法速度严重滞后于众筹的发展速度，众筹在发展过程中产生了诸多的法律风险。众筹的法律风险主要表现在门槛低、监管不足导致的洗钱诈骗问题、容易涉嫌非法集资和突破公开发行证券限制、众筹项目的知识产权保护不力等方面。

一是容易发生洗钱诈骗问题。目前，众筹平台明显存在准入门槛低、监管不足问题。在准入门槛上，成立众筹平台的门槛相当低，只要进行工商登记和网站备案，没有批准设立、业务经营范围许可等方面的要求；在监管上，目前没有专门针对众筹平台的监管部门和监管法律法规。在低准入门槛和监管缺失的情况下，众筹平台非常容易变成诈骗或者洗钱的工具。

二是容易涉嫌非法集资。目前，众筹与非法集资的界限还没有从法律上得到划清。根据《最高人民法院关于审理非法集资刑事案件具体应用法律若干问题的解释》第一条，向社会公众(包括单位和个人)吸收资金的行为同时满足“未经有关部门依法批准或者借用合法经营的形式吸收资金；通过媒体、推介会、传单、手机短信等途径向社会公开宣传；承诺在一定期限内以货币、实物、股权等方式还本付息或者给付回报；向社会公众即社会不特定对象吸收资金”等四个构成要件，应当认定为刑法第一百七十六条规定的“非法吸收公众存款或者变相吸收公众存款”。众筹平台通过互联网向社会公众推介，其运营的合法性还没有在法律上得到认可，而且股权类众筹和奖励类众筹都承诺在一定期限内给予股权和物品回馈。众筹平台的这种运营模式与非法集资犯罪的认定标准高度吻合，在利益驱使和监管缺位的共同作用下容易涉嫌非法集资。

三是容易突破公开发行证券限制。该问题主要表现在股权类众筹模式中。《证券法》第十条规定,“向不特定对象发行证券的”或者“向特定对象发行证券累计超过二百人的”都属于公开发行证券,必须依法报证监会核准,由证券公司承销;“未经依法核准,任何单位和个人不得公开发行证券”。毫无疑问,股权类众筹项目的资金募集是面向不特定对象的,会向投资人推介项目,而且往往人数超过 200 人。股权众筹发展会受到诸如法律限制。

四是容易产生众筹项目侵权问题。该问题主要发生在奖励类众筹模式中。奖励类众筹以创新性项目为主,有些项目还是没有申请专利的半成品创意,难以得到知识产权相关法律保护。在筹资过程中,如果将产品的外观图片、设计思路、使用详解等最重要的创新性内容充分在众筹平台上发布,这些众筹项目很容易被盗版商仿造和率先在市面上销售。

当然,不同模式的众筹平台受上述法律风险的影响程度也有差别,股权类众筹的法律风险相对更严重,奖励类众筹和捐赠类众筹的法律风险相对更小。

2) 众筹信用风险

信用风险是影响众筹模式发展的关键因素。每种类型的众筹模式都存在信用风险。众筹信用风险包括项目发起人的信用问题和众筹平台自身的信用问题。

项目发起人的信用问题主要表现为项目发起人使用虚假身份问题和项目资金募集成功后项目发起人不兑现承诺问题两方面。其原因,现行法律对于项目发起人的资格条件和信息披露没有专门的规定,众筹平台对于项目发起人的身份真实性没有严格的核查,对于募资成功的众筹项目也缺乏后续的监督尤其是对资金流向的监督管理。

众筹平台自身的信用问题主要表现在众筹平台的项目审核和资金管理上。目前情况下,众筹项目的资金流转过程既没有实行第三方存管,也没有监管机构监管,主要依靠自身信用来管理募集资金,投资人将资金划拨到平台账户,募集成功后再由平台转账给项目发起人或者募集不成功退还给投资人。此外,项目的风险评估、募集金额、信息披露基本上由众筹平台决定,项目上线与否存在较大弹性的操作空间。一旦众筹平台出现信用问题,投资人的合法权益将很难得到保障。

此外,众筹网站没有统一的技术标准,技术水平参差不齐,系统安全存在隐患,客户信息安全方面也存在风险问题。

当前,众筹在我国还处于起步阶段,除了众筹的社会认知度不高、平台内部管理不规范外,众筹还存在多方面的风险。其中,股权众筹是风险最突出的众筹类型,非法集资、金融欺诈、洗钱等风险问题以及知识产权保护问题比较突出。政府已经开始重视众筹风险监管,现阶段工作重点主要集中在股权众筹的风险监管上。

目前,股权众筹已经得到了国家层面的认可。2014 年 11 月 9 日召开的国务院常务会议要求“建立资本市场小额再融资快速机制,开展股权众筹融资试点”,2015 年全国两会上“开展股权众筹试点”被写入了政府工作报告。同时,明确了证监会为众筹监管部门,围绕如何监管众筹,证监会积极进行调研。

在证监会创新业务监管部支持下,中国证券业协会基于保护投资者合法权益、促进股权众筹行业健康发展的目的,根据《证券法》《公司法》《关于进一步促进资本市场健康发展的若干意见》等法律法规和部门规章,起草了《私募股权众筹融资管理办法(试行)(征求意见稿)》。该办法对众筹平台的备案登记、准入资质、职责义务、融资者和投资者的条件、信息报送、备案注销等方面做出了明确的规定，目前处在向社会公开征求意见的阶段。

4. 互联网理财风险防范和监管

准确有效识别和防范风险是互联网理财业态健康发展的重要保障。互联网理财存在多方面的风险，具体说来主要包括市场风险、流动性风险、法律风险、技术风险等四种类型的风险。

1）互联网理财市场风险

互联网理财的市场风险主要表现为利率风险，受利率波动性的影响。互联网理财的较高收益是得益于社会资金偏紧、整体利率水平偏高的金融大环境。随着利率市场化的加速推进，整体利率水平下降是一种长期必然趋势。利率波动较大将会引发市场风险，因为届时互联网理财将难以获得现有这种利差收益，收益优势将不断丧失。Paypal 旗下基金的最终关闭印证了这种由于利率下降导致的市场风险，未来我国互联网理财业态也可能遭遇类似的情况。

2）互联网理财流动性风险

流动性风险是宝宝类互联网理财的主要风险，其风险主要来自于用户大规模集中赎回。宝宝类互联网理财一般都与货币基金连接，实行 T+0 或者 T+1 赎回方式，承诺用户随时赎回理财产品。为了尽可能获得较高收益以增加用户黏性，所依托的货币基金往往会牺牲资产组合流动性，以期限错配的方式投资期限较长的协议存款或者债券。货币基金虽然风险较小，还不需要缴纳风险准备金，但是一旦出现比较严重的利空因素，如发生黑客攻击、大量用户账户被盗、发生重大投资损失等突发性事件，将会出现恐慌性的大量用户集中赎回情况。在这种情况下，基金管理机构难以短时间内变现已投资的资产，兑付用户的赎回要求，进而出现流动性风险。

3）互联网理财法律风险

与其他的互联网金融业态相比，互联网理财的法律风险并不是很高。互联网理财的法律风险主要表现在以下方面：一是销售误导行为易产生法律纠纷隐患。互联网理财对产品风险揭示不够，缺乏对客户风险承受能力的测试，销售宣传中过于片面强调安全性和收益率，甚至有违规承诺收益率之嫌，如百度“百发”声称“团结就有 8%”。二是涉嫌违规经营、超范围经营。目前，互联网理财还没有得到有效的监管。有些平台的互联网理财业务并没有获得证监会的基金销售相关资质，存在打政策“擦边球”行为，可能引致证监会的严格监管和查处。而且，随着规模的不断膨胀，互联网理财受到金融监管的政策风险会进一步加大。

4）互联网理财技术风险

技术风险是互联网理财不可忽视的且普遍存在的风险类型。互联网理财依赖于基于信息技术和 IT 系统的网络平台，并通过网络来完成业务交易，其安全性很大程度上由网络技术安全程度决定。技术上的漏洞很容易引发信息泄露、账户资金被盗等技术风险，比如目前已经发生多起余额宝被盗和支付宝客户信息泄露等问题。技术故障也会导致服务中断方面的技术风险，引发用户的心理恐慌，产生对账户里的资金的安全担忧，赎回自己账户上的理财投资。

针对以上风险现状，目前政府已将互联网理财纳入现有的监管框架内，并具有比较完善的互联网理财监管体系。互联网理财主要是支付平台连接货币基金模式，其业务范围属于证券投资业务。因此，互联网理财风险监管主要归口证监会，其法律依据主要有《证券法》《公司法》《证券公司监督管理条例》以及其他相关政策文件等。

对于通过第三方支付机构进行互联网理财非现场开户问题，中国证券业协会、中国证券登记结算公司分别做出了具体规范，中国证券业协会出台的《证券公司开立客户账户规范》和中国证券登记结算公司出台的《证券账户非现场开户实施暂行办法》都明确了可以通过互联网等非现场方式为客户开立证券账户并有具体操作要求。

对于第三方支付机构互联网理财业务开展问题，证监会颁布的《证券投资基金销售机构通过第三方电子商务平台开展业务管理暂行规定》和《证券投资基金法》均提出了明确要求，允许第三方支付机构为基金销售提供支付服务，但是必须到证监会登记备案。

对于连接货币基金的管理问题，则完全按照《证券法》《公司法》《证券公司监督管理条例》，以及证监会出台的《证券公司客户资产管理业务管理办法》、《证券公司集合资产管理业务实施细则》《基金管理公司特定客户资产管理业务试点办法》等规定对货币基金的运作和销售进行风险监管。

5. 互联网银行风险防范和监管

互联网银行本质上也是商业银行，因此互联网银行也具有商业银行所具有的风险类型，比较突出的风险类型有市场风险、流动性风险、信用风险、技术风险、声誉风险等。但是，两相比较，互联网银行风险在诱发原因、表现形式、危害程度等方面会有所不同。

1) 互联网银行风险种类

(1) 互联网银行市场风险。利率变化、外汇汇率变动、资本和期货市场的价格变化也同样会带来利率风险、汇率风险等市场风险。尤其是，像传统银行一样，存贷利差也将是互联网银行的主要利润来源。互联网银行没有物理网点，如果要吸引更多的资金来源，就得给客户尤其是网商客户提供更有吸引力的存款利息和贷款利率。因此，利率变动更容易让互联网银行蒙受损失。

(2) 互联网银行流动性风险。互联网银行不提供纸质支付结算工具和现金管理服务，存款增长的持续性难以保证，其面临的流动性风险比传统银行更突然、更严重。电子商务营销活动(如“双十一”活动)的集中支付、网络谣言或者互联网银行的经营情况变化都会引发互联网银行的挤兑问题，网络的便捷性会使得挤兑风险在短时间内同时爆发。互联网银行如果不能迅速变现已经投资的资产或者以合理的成本迅速增加负债来应对挤兑问题，便会产生流动性风险，而且一旦产生，便难以控制。

(3) 互联网银行信用风险。利用大数据分析客户信用信息是互联网银行的比较优势之一，在解决信息不对称、降低信用获取成本等方面具有积极作用。但是，由于我国信用环境不够健全和信用数据不完整，大数据分析所得的信用信息还不能全面客观反映和佐证借款人的还款意愿和行为品质，客户可能隐蔽对自己不利的信息，银行对客户的身份识别完全依赖电子技术，无法通过实地走访及与相关人员的访谈来加以鉴别，因而难以支撑互联网银行的网络信贷模式。这种纯网络信用容易埋下信用风险的隐患，出现借款人还款违约的信用风险问题。

(4) 互联网银行技术风险。互联网银行的一切业务交易都是通过互联网来进行，对网络具有高度依赖性。业务数据和 IT 系统极容易受到来自网络的病毒和黑客的攻击，通信、电力中断、服务器瘫痪等也会影响业务操作。此外，所使用的数字证书、数字签名等电子证据没有获得法律支持，也给客户操作带来较高风险。

(5) 互联网银行声誉风险。对传统银行来说，以国有为主要控股方的自身声誉有效保障了其经营稳定性。而互联网银行具有互联网和民营双重特征，产生声誉风险的可能性高于传统银行机构。其声誉风险主要来自于互联网的虚拟性、开放性和对民营投资方安全性的担忧。比如，浙江网商银行发起人是四家民营企业，每一家民营企业的声誉出现问题都会给网商银行造成声誉风险，负面效应会迅速蔓延。

2）互联网银行风险管理的原则

互联网银行业务是当代银行应对信息技术发展和市场需求的产物。互联网银行业务在技术上的复杂性，只是改变了一些传统银行风险的内容，银行风险管理的原则特别是全面风险管理的理念和原则仍然适用于互联网银行业务。结合国际银行业与我国管理机构对银行风险管理文件和电子银行业务管理文件的要求，互联网银行业务风险管理应该遵循统一性、系统性、全面性、持续性、审慎性的原则。

（1）统一性。首先对于银行董事会和高级管理层来说，应该将互联网银行业务风险管理纳入整个银行统一的风险管理的总体框架之中，并在此基础上根据互联网银行业务的特点和风险管理目标，统一进行风险管理的规划和部署。董事会和高级管理层应明确界定各级机构的互联网银行业务风险等管理职责，制定全行统一的风险管理政策、程序和控制制度等。其次对于银行的各级机构，其互联网银行业务风险管理活动应当在董事会和高级管理层的统一领导下进行，各级机构进行互联网银行业务风险识别、评估、控制和监测活动的标准、程序、方法等应总体保持一致，以确保风险管理过程的准确性以及管理结果的客观性和可比性。

（2）系统性。对互联网银行业务的风险要进行系统性的管理。互联网银行业务的风险管理应在分析银行整体风险和经营状况以及风险发展趋势的基础上进行，科学地评估互联网银行业务对整个银行总体风险的影响。换句话说，互联网银行业务的风险是银行业面临的一系列风险中的一部分，不仅要管理互联网银行业务等银行的各个业务单独的风险，同时也要掌握它们之间的相互影响，进而进行系统性的管理，达到全面控制风险的目的。

（3）全面性。指对互联网银行业务的风险管理要全面规划，整体部署。互联网银行管理应该在全面收集相关信息的基础上，涵盖所有的以及拟开展的互联网银行业务所涉及的内容，进行综合管理，不仅包括对内部人员、业务系统的管理，还应包括对外包商、第三方合作伙伴以及用户等方面的风险管理。

（4）持续性。对于互联网银行业务风险管理的过程应该是不间断的。一方面各种风险贯穿于互联网银行业务的整个生命周期中，业务的不间断决定了其风险管理是一个持续不间断的过程。另一方面，对互联网银行业务风险管理的持续性反映在两个方面：一是对互联网银行业务的风险要进行持续的监控、评估和综合分析，二是对互联网银行业务风险管理的能力和效果要进行持续的评价和改进。

（5）审慎性。对整个互联网银行风险管理都要贯彻审慎管理的要求。技术创新的快速发展改变着互联网银行业务中面临的风险特征和范围，同时加大了银行管理风险的难度。因此，对互联网银行业务操作风险进行管理时，银行董事会和高级管理层应当在本行的风险偏好内谨慎选择业务投向和发展范围，保证在潜在风险可以承受的前提下开展。

3）互联网银行风险管理流程

风险的管理程序一般可以被描述为风险识别、评估、控制与缓释、监测、报告等模块。

（1）风险识别。互联网银行风险的识别应该在充分考虑银行各项风险驱动因素的基础上，运用恰当的工具和技术对互联网银行业务产品线和业务流程中的主要风险点、产生原因和影响情况进行确认并文档化，识别结果用风险目录来表示。

识别互联网银行业务风险时，银行各级机构及职能部门首先应充分了解本行经营管理的战略目标，如核心业务的发展规划、风险偏好和容忍度等，以及互联网银行业务发展在战略实现过程中承担的职能和角色；其次是明确互联网银行业务的经营目标，以及影响这些目标实现的有利和不利因素；再次是明确与互联网银行业务经营相关的法律规章、重要政策制度、人力资源因素和业务系统等。在考察互联网银行业务发展的经营管理目标时，各级机构应了解决定目标实现的主要业务和管理活动，综合考虑贡献度、未来发展潜力等因素对其进行排序，区分主要业务和非主要业务，主要业务就是风险识别重点考虑的区域。同时对每一项具体业务，应明确操作流程，根据对业务目标实现的影响程度区分关键流程和非关键流程，将其中的关键流程作为风险识别的重点环节。对互联网银行业务来说，重点环节主要包括客户注册、登录互联网银行系统等身份识别环节，交易信息确认、交易记录修改等交易确认环节等。在识别重点业务流程和关键流程风险过程中，应考虑银行内外部的因素，包括监管和法律环境的调整、主要竞争者行为和特性的变化、执行人员能否正确理解管理人员的意图、人力资源素质、与互联网银行业务相关的银行其他业务资源、相关交易的复杂性和交易规模、所采用的系统和程序设计实施运行情况、互联网及其他网络技术发展趋势等。

(2) 风险评估。互联网银行业务的风险被识别出来后，就应该加以评估，主要是要对风险的发生概率、影响程度和控制能力进行分析，并确定对风险的应对策略和措施。风险评估的作用在于：它使管理层得以将风险与风险管理战略和政策进行比较，识别银行不能接受或超出风险偏好的那些风险暴露，选择合适的缓解机制并对需要缓解的风险进行优先排序。评估包括自我评估和第三方独立评估。

自我评估要求银行的各级机构及其各部门可依据风险识别结果，分析、评估和确认所管理的业务或产品中的风险暴露、相应监测和控制措施的健全性和有效性、存在的潜在缺陷等，并提出改进措施及具体行动方案。对互联网银行业务风险的自我评估应该重点关注容易引发风险的驱动因素，银行应该采用发放固定格式的问卷表或组建工作组等方法，就互联网银行业务处理部门的每个风险驱动因素的固有风险、跟踪机制的健全性和有效性、管理措施的充分性以及剩余风险给出意见，同时结合风险管理部门人员、内外部审计人员等方面的评价意见，对互联网银行产品或业务的风险状况得出初步结论，并提出改善风险管理的具体行动计划。

(3) 风险控制与缓释。对于识别和评估了影响程度的互联网银行业务风险，接下来就是采用适当的风险管理策略和措施加以管理。一般来说，管理风险的策略有四种，即避免、缓释、转移和承担。何时应用这些战略取决于银行的风险偏好和风险容忍度，以及银行对风险控制和缓释措施的成本收益分析。

互联网银行业务风险的控制与缓释应着眼于主要的风险事件、风险驱动因素和风险事件后果，重点关注主要业务及其关键流程，以及其他对实现企业的战略和互联网银行经营管理目标存在重要影响的内外部因素。尽管对每一家银行来说，适用的缓解措施的范围和性质可能有所不同，但适当的缓解措施都需要考虑以下领域：外部责任(如外部管理、法律或其他要求)、新的交易对手和客户、内部控制、信息系统管理、专业人员和人力资源、业务连续性规划等。

在互联网银行业务风险控制和缓释的过程中,重要的一点是要将实施措施的责任明确地分配下去,并确保责任人有实施措施的动力。对互联网银行业务规模大的银行,应该组建专门的互联网银行业务管理部门,负责建立互联网银行风险管理和内部控制程序,但银行的风险管理职能部门需要进行指导。

(4) 风险监测。互联网银行应该建立一套风险监测程序,以实现对所有类型风险的定性和定量评估进行监控,同时评估缓释活动是否有效和适当,确保风险的控制充分。就互联网银行业务来说,互联网银行业务规模大的银行应该为其建立风险衡量标准或“关键风险指标”,对其风险进行持续、动态监测,监测范围至少应覆盖内部欺诈、外部欺诈、客户产品及业务操作、执行交割及流程管理、业务中断和系统失败等类型的风险,以使重大风险事件的相关信息被传递至适当的管理层级,保证互联网银行业务风险控制或缓释效果。例如,为了避免内部员工盗用个人客户信息为其开通互联网银行盗用其账户资金,可以设置员工注册互联网银行用户数量监测指标,记录员工平均每天为多少用户办理互联网银行注册手续,当这个指标达到一定警戒值时就发出预警信号。当然,为更好地达到监测效果,减轻监测的人力开支,银行应该建立高标准的风险管理系统。

由于互联网银行业务风险“点多面广”的特点,风险监测指标涉及的管理层次比较多,有经营决策层关注的指标,也有操作层需要注意的问题。考虑到统计互联网银行业务风险监测指标给业务规模大的银行的各级机构可能带来的工作量,指标的统计与报告遵循“分级统计,逐层汇报”的原则。“分级统计”是指每个指标的监测和统计工作,银行的各级机构应严格按照各项指标的监测频率对指标进行监测和记录,如发现指标异常应及时分析原因,对可能发生的风险要及时向本级管理层、风险管理职能部门或互联网银行业务管理部门报告,并采取风险防控措施和应急预案,避免发生风险事件和损失。“逐层汇报”是指各级机构应按照一定频率(如按季)收集监测数据,汇总、记录并分析本级行风险管理情况,撰写风险管理报告,报本级行管理层、上级行管理部门总行管理部门、高级管理层、董事会等。

(5) 风险报告。对互联网银行业务风险进行报告和分析,目的在于使高级管理层和经营者得到能够判断风险管理职责的分配和委派是否有效、管理措施是否得当、管理要求是否达到、还可能发生的风险领域在哪里、可以如何去应对等重要信息,及时制定措施纠正不合理的管理行为,实现互联网银行业务风险管理要求的目的。

互联网银行业务风险报告内容应该涵盖互联网银行业务所面临的关键风险、潜在风险、风险事件情况、风险的主要驱动因素、已实施措施的有效性、拟采取补救措施、为管理风险而采取步骤的状态等方面的信息。结合风险报告的要求和互联网银行业务风险的特点,互联网银行业务风险应采取双线报告模式,除按风险责任线报告以外,还有一条与责任线分离的独立报告路线。银行应建立重大事项报告机制,即一旦互联网银行中某一业务发生风险事件以后,相关人员必须及时地同时向其同级机构所设置的风险管理部门和互联网银行业务的上级业务主管部门报告。

4) 互联网银行风险防范和监管现状

随着网上银行业务的快速发展,许多国家对网上银行的监管日益重视。一些国家和国际组织已就网上银行新颁布了一系列关于信息保密、计算机和系统安全、网上银行客户权益保护、监管标准等方面的法规和规则。例如,美国已发布了“网上银行安全性和合理性审查程序”“网上银行业务中的技术风险管理”和“网上银行审计员手册”;欧洲银行业标准委员会(ECBS)在 1999 年之后也先后制定了与网上银行相关的报告,如《网上银行业务安全》《电子银行业务》《欧洲网上银行标准框架》《网上银行安全指引：基于巴塞尔网上银行风险管理原则的应用》等；我国香港发布了“对虚拟银行授权的指导原则”“电子银行服务安全风险管理指引”；巴塞尔银行监管委员会先后于 2001 年和 2003 年出版了《网上银行风险管理原则》,提出了对网上银行包括董事会与管理层、安全控制、法律与声誉风险 3 个部分共 14 条管理原则。

我国对网上银行风险监控也很重视,先后出台了一系列的法律法规。如在 1997 年 12 月颁布了《计算机信息网络国际联网安全保护管理办法》,2001 年 7 月颁布了《网上银行业务监管暂行办法》,2005 年 4 月实施了《电子签名法》和《电子认证服务管理办法》,2005 年 10 月和 11 月颁布了《电子银行业务管理办法》和《电子银行安全评估指引》,2006 年 10 月出台了《银行业监督管理法》,2010 年 6 月出台了《非金融机构支付服务管理办法》等。总体来看,对网上银行的监管还处于探索阶段。

互联网银行监控范围主要涉及四个方面。一是互联网银行的市场准入。一般对现有银行机构开展互联网银行业务无须进行审批,但对设立独立的互联网银行法人机构则要严格审批,批准后单独发给其营业执照。批设互联网银行时,尤其重视对安全机制和风险控制的审查。申请者必须提交由独立专家提供的安全评估报告,提交详细的风险识别、判定、监控和处理计划和措施。二是互联网银行的业务范围。主要是审批互联网银行业务范围及竞争方式,即审批是否允许纯互联网银行建立分支或代理机构,是否允许互联网银行从事网络接入与数据处理服务和一般商业贸易服务等非金融业务等。三是对互联网银行的日常检查。对互联网银行,除实施传统银行业务所必需的检查外,还需进行交易系统安全性、客户资料保密与隐私权保护、电子记录准确性和完整性等方面的专门检查。四是银行客户权益保护、法律界定和国际协调。主要涉及网络银行通过电子手段向客户披露、传递业务信息的标准与合法性；电子信息保存标准与安全性；隐私权保护；纠纷处理程序；对洗钱、欺诈等非法活动实施电子跟踪、报告的合法性；对已加密金融信息的解密权限与范围；对跨国界的互联网银行业务和客户延伸所引发的监管规则冲突的协商与调整,等等。

目前,互联网银行监管主要纳入现行传统银行监管体系,与传统银行金融机构同样受银监会、人民银行监管,实行属地管理。其监管的法律依据主要有《银行业监督管理法》《商业银行法》《中国人民银行法》《电子银行业务管理办法》以及其他相关的政策文件,业务风险的监管指标方面也是以传统的银行业监管要求为主,包括资本充足率、存贷比、存款准备金、不良率、利率设计、业务门槛、风险管理等。

习题与思考

1. 互联网金融存在哪些风险？举例说明。
2. 互联网金融风险如何评估？举例说明。
3. 互联网金融监管涉及哪些方面的内容？
4. 互联网银行风险管理流程是什么？
5. 对互联网银行进行风险管理可采取哪些措施？

第9章　网络金融法律法规

自2010年至今时间内，国家出台了几十项与网络金融有关的法律法规和监管政策，逐渐形成了繁杂细密的监管政策和制度体系。这对网络金融的健康发展起到了很大作用。

9.1　我国互联网金融相关的法律法规汇总

20世纪90年代初，我国的金融机构经营比较混乱，银行除了自身业务之外还兼从事证券和保险业务，导致风险上升。为了控制风险，使金融行业能够稳健地发展，国务院要求金融业必须分业经营，随后，"分业经营，分业监管"的原则随之确立并延续至今。这一原则的确立恢复了金融秩序，有效地解决了当时的金融风险大、管理难度大的问题。

目前，我国互联网金融的监管仍然沿用了现有的分业监管模式。在监管的分工上，目前央行负责第三方支付的监管，银监会负责P2P网贷等贷款业务的监管，证监会负责互联网基金和众筹业务的监管，保监会负责互联网保险业务的监管。互联网银行与传统银行金融机构一样受中国银监会、人民银行监管，实行属地管理，其监管的法律依据主要有《银行业监督管理法》《商业银行法》《中国人民银行法》《电子银行业务管理办法》以及其他相关的政策文件，业务风险的监管指标方面也是以传统的银行业监管要求为主，包括资本充足率、存贷比、存款准备金、不良率、利率设计、业务门槛、风险管理等。

在互联网金融发展过程中，国家和地方政府先后出台了一系列的法律和法规，汇总如表9-1和表9-2所示。

表9-1 国家层面的相关法律法规

序号	发布日期	法律法规
1	20061212	国务院办公厅关于严厉打击非法发行股票和非法经营证券业务有关问题的通知(国办发(〔2006〕)99号)[061212](2013年9月16日，中国证监会通报了淘宝网上部分公司涉嫌擅自发行股票的行为并予以叫停，依据的就是本规定)
2	20090604	文化部、商务部关于加强网络游戏虚拟货币管理工作的通知(文市发〔2009〕20)[090604](本通知为虚拟货币的监管依据之一)
3	20100901	中国人民银行：《非金融机构支付服务管理办法》(〔2010〕第2号)[100901]
4	20101201	中国人民银行：《非金融机构支付服务管理办法实施细则》(中国人民银行公告〔2010〕第17号)[101201]
5	20110104	最高人民法院关于审理非法集资刑事案件具体应用法律若干问题的解释(法释〔2010〕18号)[110104]
6	20110321	国家认证认可监督管理委员会关于对《非金融机构支付服务业务系统检测认证管理规定》修改意见的函[110321]
7	20110616	中国人民银行：《非金融机构支付服务业务系统检测认证管理规定》[110616]

续表

序号	发布日期	法律法规
8	20110823	银监会办公厅：《关于人人贷有关风险提示的通知》(银监办发〔2011〕254 号)[110823]
9	20120105	中国人民银行：《支付机构互联网支付业务管理办法(征求意见稿)》[120105]
10	20120308	中国人民银行关于印发《支付机构反洗钱和反恐怖融资管理办法》的通知(银发〔2012〕54 号)[120308]
11	20121101	中国人民银行：《支付机构预付卡业务管理办法》[121101]
12	20130307	支付清算协会：关于印发《支付机构互联网支付业务风险防范指引》的通知[130307]
13	20130607	中国人民银行：《支付机构客户备付金存管办法》(中国人民银行公告〔2013〕第 6 号)[130607]
14	20130705	中国人民银行：《银行卡收单业务管理办法》[130705]
15	20131203	中国人民银行、工业和信息化部、中国人民银行业监督管理委员会、中国证券监督管理委员会、中国保险监督管理委员会关于防范比特币风险的通知(银发〔2013〕289 号)[131203](本通知为虚拟货币(如比特币)的监管依据之一)
16	20140314	中国人民银行支付结算司关于暂停支付宝公司线下条码(二维码)支付等业务意见的函[140313](附：推动创新规范服务——央行有关负责人回应当前互联网金融监管热点话题[140314])
17	20140318	中国人民银行：《关于手机支付业务发展的指导意见全文及起草说明》[140318]
18	20140318	中国人民银行：《支付机构网络支付业务管理办法(征求意见稿)》[140318]
19	20140325	最高人民法院、最高人民检察院、公安部关于办理非法集资刑事案件适用法律若干问题的意见(公通字〔2014〕16 号)[140325]
20	20140403	银监会、中国人民银行：《关于加强商业银行与第三方支付机构合作业务管理的通知》(银监发〔2014〕10 号)[140403]
21	20140415	中国保险监督管理委员会对《关于规范人身保险公司经营互联网保险有关问题的通知(征求意见稿)》公开征求意见[140415]
22	20141218	中国证券业协会：《私募股权众筹融资管理办法(试行)(征求意见稿)》及起草说明(中证协发〔2014〕236 号)[141218]
23	20150718	中国人民银行工业和信息化部公安部财政部工商总局法制办银监会证监会国家互联网信息办公室：《关于促进互联网金融健康发展的指导意见》(银发〔2015〕221 号)[150718]
24	20150731	中国人民银行：《非银行支付机构网络支付业务管理办法(征求意见稿)》[150731]
25	20150901	最高人民法院：《关于审理民间借贷案件适用法律若干问题的规定》(法释〔2015〕18 号)[150901]
26	20151001	保监会：《互联网保险业务监管暂行办法》(保监发〔2015〕69 号)[151001]
27	20151228	银监会：《网络借贷信息中介机构业务活动管理暂行办法(征求意见稿)》[151228]
28	20160701	中国人民银行：《非银行支付机构网络支付管理办法》(中国人民银行公告〔2015〕第 43 号)[160701]

表 9-2　地方层面的相关法律法规

序号	发布日期	法律法规
1	20131011	北京市海淀区人民政府关于促进互联网金融创新发展的意见(海行规发〔2013〕3 号)[131011]

续表

序号	发布日期	法律法规
2	20131225	中关村国家自主创新示范区领导小组：关于印发《关于支持中关村互联网金融产业发展的若干措施》的通知(中示区组发〔2013〕4 号)[131225]
3	20140227	天津开发区推进互联网金融产业发展行动方案(2014—2016)[140227]
4	20140315	深圳市人民政府《关于支持互联网金融创新发展的指导意见》(深府〔2014〕23 号)[140315]
5	20140717	南京市人民政府《关于加快互联网金融产业发展的实施办法》的通知(宁政发〔2014〕193 号)[140717]
6	20140804	上海市人民政府印发《关于促进互联网金融产业健康发展若干意见》的通知(沪府发〔2014〕47 号)[140804]
7	20141205	上海市黄浦区政府印发《黄浦区关于进一步促进互联网金融发展若干意见》的通知[141205]
8	20150817	上海市黄浦区政府印发《黄浦区关于进一步支持互联网金融健康发展的若干意见》的通知[150817]
9	20141214	杭州市人民政府《关于推进互联网金融创新发展的指导意见》(杭政函〔2014〕166 号)[141214]
10	20150129	广州市人民政府办公厅《关于推进互联网金融产业发展的实施意见》(穗函办〔2015〕3 号)[150129]
11	20150619	南宁市人民政府办公厅《关于印发促进互联网金融产业健康发展的若干意见》的通知(南府办〔2015〕44 号)[150619]
12	20151109	江苏省人民政府《关于促进互联网金融健康发展的意见》(苏政发〔2015〕142 号)[151109]

9.2 《关于促进互联网金融健康发展的指导意见》

为鼓励金融创新，促进互联网金融健康发展，明确监管责任，规范市场秩序，经党中央、国务院同意，中国人民银行、工业和信息化部、公安部、财政部、国家工商总局、国务院法制办、中国人民银行业监督管理委员会、中国证券监督管理委员会、中国保险监督管理委员会、国家互联网信息办公室联合印发了《关于促进互联网金融健康发展的指导意见》(银发〔2015〕221 号，以下简称《指导意见》)。具体内容如下：

近年来，互联网技术、信息通信技术不断取得突破，推动了互联网与金融快速融合，促进了金融创新，提高了金融资源配置效率，但也存在一些问题和风险隐患。为全面贯彻落实党的十八大和十八届二中、三中、四中全会精神，按照党中央、国务院决策部署，遵循"鼓励创新、防范风险、趋利避害、健康发展"的总体要求，从金融业健康发展全局出发，进一步推进金融改革创新和对外开放，促进互联网金融健康发展，经党中央、国务院同意，现提出以下意见。

一、鼓励创新，支持互联网金融稳步发展

互联网金融是传统金融机构与互联网企业(以下统称从业机构)利用互联网技术和信息通信技术实现资金融通、支付、投资和信息中介服务的新型金融业务模式。互联网与金融深度融合是大势所趋,将对金融产品、业务、组织和服务等方面产生更加深刻的影响。互联网金融对促进小微企业发展和扩大就业发挥了现有金融机构难以替代的积极作用,为大众创业、万众创新打开了大门。促进互联网金融健康发展,有利于提升金融服务质量和效率,深化金融改革,促进金融创新发展,扩大金融业对内对外开放,构建多层次金融体系。作为新生事物,互联网金融既需要市场驱动,鼓励创新,也需要政策助力,促进发展。

(一) 积极鼓励互联网金融平台、产品和服务创新,激发市场活力。鼓励银行、证券、保险、基金、信托和消费金融等金融机构依托互联网技术,实现传统金融业务与服务转型升级,积极开发基于互联网技术的新产品和新服务。支持有条件的金融机构建设创新型互联网平台开展网络银行、网络证券、网络保险、网络基金销售和网络消费金融等业务。支持互联网企业依法合规设立互联网支付机构、网络借贷平台、股权众筹融资平台、网络金融产品销售平台,建立服务实体经济的多层次金融服务体系,更好地满足中小微企业和个人投融资需求,进一步拓展普惠金融的广度和深度。鼓励电子商务企业在符合金融法律法规规定的条件下自建和完善线上金融服务体系,有效拓展电商供应链业务。鼓励从业机构积极开展产品、服务、技术和管理创新,提升从业机构核心竞争力。

(二) 鼓励从业机构相互合作,实现优势互补。支持各类金融机构与互联网企业开展合作,建立良好的互联网金融生态环境和产业链。鼓励银行业金融机构开展业务创新,为第三方支付机构和网络贷款平台等提供资金存管、支付清算等配套服务。支持小微金融服务机构与互联网企业开展业务合作,实现商业模式创新。支持证券、基金、信托、消费金融、期货机构与互联网企业开展合作,拓宽金融产品销售渠道,创新财富管理模式。鼓励保险公司与互联网企业合作,提升互联网金融企业风险抵御能力。

(三) 拓宽从业机构融资渠道,改善融资环境。支持社会资本发起设立互联网金融产业投资基金,推动从业机构与创业投资机构、产业投资基金深度合作。鼓励符合条件的优质从业机构在主板、创业板等境内资本市场上市融资。鼓励银行业金融机构按照支持小微企业发展的各项金融政策,对处于初创期的从业机构予以支持。针对互联网企业特点,创新金融产品和服务。

(四) 坚持简政放权,提供优质服务。各金融监管部门要积极支持金融机构开展互联网金融业务。按照法律法规规定,对符合条件的互联网企业开展相关金融业务实施高效管理。工商行政管理部门要支持互联网企业依法办理工商注册登记。电信主管部门、国家互联网信息管理部门要积极支持互联网金融业务,电信主管部门对互联网金融业务涉及的电信业务进行监管,国家互联网信息管理部门负责对金融信息服务、互联网信息内容等业务进行监管。积极开展互联网金融领域立法研究,适时出台相关管理规章,营造有利于互联网金融发展的良好制度环境。加大对从业机构专利、商标等知识产权的保护力度。鼓励省级人民政府加大对互联网金融的政策支持。支持设立专业化互联网金融研究机构,鼓励建设互联网金融信息交流平台,积极开展互联网金融研究。

(五) 落实和完善有关财税政策。按照税收公平原则,对于业务规模较小、处于初创期的从业机构,符合我国现行对中小企业特别是小微企业税收政策条件的,可按规定享受税收优惠政策。结合金融业营业税改征增值税改革,统筹完善互联网金融税收政策。落实从业机构新技术、新产品研发费用税前加计扣除政策。

(六) 推动信用基础设施建设,培育互联网金融配套服务体系。支持大数据存储、网络与信息安全维护等技术领域基础设施建设。鼓励从业机构依法建立信用信息共享平台。推动符合条件的相关从业机构接入金融信用信息基础数据库。允许有条件的从业机构依法申请征信业务许可。支持具备资质的信用中介组织开展互联网企业信用评级,增强市场信息透明度。鼓励会计、审计、法律、咨询等中介服务机构为互联网企业提供相关专业服务。

二、分类指导,明确互联网金融监管责任

互联网金融本质仍属于金融,没有改变金融风险隐蔽性、传染性、广泛性和突发性的特点。加强互联网金融监管,是促进互联网金融健康发展的内在要求。同时,互联网金融是新生事物和新兴业态,要制定适度宽松的监管政策,为互联网金融创新留有余地和空间。通过鼓励创新和加强监管相互支撑,促进互联网金融健康发展,更好地服务实体经济。互联网金融监管应遵循"依法监管、适度监管、分类监管、协同监管、创新监管"的原则,科学合理界定各业态的业务边界及准入条件,落实监管责任,明确风险底线,保护合法经营,坚决打击违法和违规行为。

(七)互联网支付。互联网支付是指通过计算机、手机等设备,依托互联网发起支付指令、转移货币资金的服务。互联网支付应始终坚持服务电子商务发展和为社会提供小额、快捷、便民小微支付服务的宗旨。银行业金融机构和第三方支付机构从事互联网支付,应遵守现行法律法规和监管规定。第三方支付机构与其他机构开展合作的,应清晰界定各方的权利义务关系,建立有效的风险隔离机制和客户权益保障机制。要向客户充分披露服务信息,清晰地提示业务风险,不得夸大支付服务中介的性质和职能。互联网支付业务由人民银行负责监管。

(八)网络借贷。网络借贷包括个体网络借贷(即P2P网络借贷)和网络小额贷款。个体网络借贷是指个体和个体之间通过互联网平台实现的直接借贷。在个体网络借贷平台上发生的直接借贷行为属于民间借贷范畴,受合同法、民法通则等法律法规以及最高人民法院相关司法解释规范。个体网络借贷要坚持平台功能,为投资方和融资方提供信息交互、撮合、资信评估等中介服务。个体网络借贷机构要明确信息中介性质,主要为借贷双方的直接借贷提供信息服务,不得提供增信服务,不得非法集资。网络小额贷款是指互联网企业通过其控制的小额贷款公司,利用互联网向客户提供的小额贷款。网络小额贷款应遵守现有小额贷款公司监管规定,发挥网络贷款优势,努力降低客户融资成本。网络借贷业务由银监会负责监管。

(九)股权众筹融资。股权众筹融资主要是指通过互联网形式进行公开小额股权融资的活动。股权众筹融资必须通过股权众筹融资中介机构平台(互联网网站或其他类似的电子媒介)进行。股权众筹融资中介机构可以在符合法律法规规定前提下,对业务模式进行创新探索,发挥股权众筹融资作为多层次资本市场有机组成部分的作用,更好地服务创新创业企业。股权众筹融资方应为小微企业,应通过股权众筹融资中介机构向投资人如实披露企业的商业模式、经营管理、财务、资金使用等关键信息,不得误导或欺诈投资者。投资者应当充分了解股权众筹融资活动风险,具备相应风险承受能力,进行小额投资。股权众筹融资业务由证监会负责监管。

(十)互联网基金销售。基金销售机构与其他机构通过互联网合作销售基金等理财产品的,要切实履行风险披露义务,不得通过违规承诺收益方式吸引客户;基金管理人应当采取有效措施防范资产配置中的期限错配和流动性风险;基金销售机构及其合作机构通过其他活动为投资人提供收益的，应当对收益构成、先决条件、适用情形等进行全面、真实、准确表述和列示，不得与基金产品收益混同。第三方支付机构在开展基金互联网销售支付服务过程中，应当遵守人民银行、证监会关于客户备付金及基金销售结算资金的相关监管要求。第三方支付机构的客户备付金只能用于办理客户委托的支付业务，不得用于垫付基金和其他理财产品的资金赎回。互联网基金销售业务由证监会负责监管。

（十一）互联网保险。保险公司开展互联网保险业务，应遵循安全性、保密性和稳定性原则，加强风险管理，完善内控系统，确保交易安全、信息安全和资金安全。专业互联网保险公司应当坚持服务互联网经济活动的基本定位，提供有针对性的保险服务。保险公司应建立对所属电子商务公司等非保险类子公司的管理制度，建立必要的防火墙。保险公司通过互联网销售保险产品，不得进行不实陈述、片面或夸大宣传过往业绩、违规承诺收益或者承担损失等误导性描述。互联网保险业务由保监会负责监管。

（十二）互联网信托和互联网消费金融。信托公司、消费金融公司通过互联网开展业务的，要严格遵循监管规定，加强风险管理，确保交易合法合规，并保守客户信息。信托公司通过互联网进行产品销售及开展其他信托业务的，要遵守合格投资者等监管规定，审慎甄别客户身份和评估客户风险承受能力，不能将产品销售给与风险承受能力不相匹配的客户。信托公司与消费金融公司要制定完善产品文件签署制度，保证交易过程合法合规，安全规范。互联网信托业务、互联网消费金融业务由银监会负责监管。

三、健全制度，规范互联网金融市场秩序

发展互联网金融要以市场为导向，遵循服务实体经济、服从宏观调控和维护金融稳定的总体目标，切实保障消费者合法权益，维护公平竞争的市场秩序。要细化管理制度，为互联网金融健康发展营造良好环境。

（十三）互联网行业管理。任何组织和个人开设网站从事互联网金融业务的，除应按规定履行相关金融监管程序外，还应依法向电信主管部门履行网站备案手续，否则不得开展互联网金融业务。工业和信息化部负责对互联网金融业务涉及的电信业务进行监管，国家互联网信息办公室负责对金融信息服务、互联网信息内容等业务进行监管，两部门按职责制定相关监管细则。

（十四）客户资金第三方存管制度。除另有规定外，从业机构应当选择符合条件的银行业金融机构作为资金存管机构，对客户资金进行管理和监督，实现客户资金与从业机构自身资金分账管理。客户资金存管账户应接受独立审计并向客户公开审计结果。人民银行会同金融监管部门按照职责分工实施监管，并制定相关监管细则。

（十五）信息披露、风险提示和合格投资者制度。从业机构应当对客户进行充分的信息披露，及时向投资者公布其经营活动和财务状况的相关信息，以便投资者充分了解从业机构运作状况，促使从业机构稳健经营和控制风险。从业机构应当向各参与方详细说明交易模式、参与方的权利和义务，并进行充分的风险提示。要研究建立互联网金融的合格投资者制度，提升投资者保护水平。有关部门按照职责分工负责监管。

（十六）消费者权益保护。研究制定互联网金融消费者教育规划，及时发布维权提示。加强互联网金融产品合同内容、免责条款规定等与消费者利益相关的信息披露工作，依法监督处理经营者利用合同格式条款侵害消费者合法权益的违法、违规行为。构建在线争议解决、现场接待受理、监管部门受理投诉、第三方调解以及仲裁、诉讼等多元化纠纷解决机制。

细化完善互联网金融个人信息保护的原则、标准和操作流程。严禁网络销售金融产品过程中的不实宣传、强制捆绑销售。人民银行、银监会、证监会、保监会会同有关行政执法部门，根据职责分工依法开展互联网金融领域消费者和投资者权益保护工作。

（十七）网络与信息安全。从业机构应当切实提升技术安全水平，妥善保管客户资料和交易信息，不得非法买卖、泄露客户个人信息。人民银行、银监会、证监会、保监会、工业和信息化部、公安部、国家互联网信息办公室分别负责对相关从业机构的网络与信息安全保障进行监管，并制定相关监管细则和技术安全标准。

（十八）反洗钱和防范金融犯罪。从业机构应当采取有效措施识别客户身份，主动监测并报告可疑交易，妥善保存客户资料和交易记录。从业机构有义务按照有关规定，建立健全有关协助查询、冻结的规章制度，协助公安机关和司法机关依法、及时查询、冻结涉案财产，配合公安机关和司法机关做好取证和执行工作。坚决打击涉及非法集资等互联网金融犯罪，防范金融风险，维护金融秩序。金融机构在和互联网企业开展合作、代理时应根据有关法律和规定签订包括反洗钱和防范金融犯罪要求的合作、代理协议，并确保不因合作、代理关系而降低反洗钱和金融犯罪执行标准。人民银行牵头负责对从业机构履行反洗钱义务进行监管，并制定相关监管细则。打击互联网金融犯罪工作由公安部牵头负责。

（十九）加强互联网金融行业自律。充分发挥行业自律机制在规范从业机构市场行为和保护行业合法权益等方面的积极作用。人民银行会同有关部门，组建中国互联网金融协会。协会要按业务类型，制订经营管理规则和行业标准，推动机构之间的业务交流和信息共享。协会要明确自律惩戒机制，提高行业规则和标准的约束力。强化守法、诚信、自律意识，树立从业机构服务经济社会发展的正面形象，营造诚信规范发展的良好氛围。

（二十）监管协调与数据统计监测。各监管部门要相互协作、形成合力，充分发挥金融监管协调部际联席会议制度的作用。人民银行、银监会、证监会、保监会应当密切关注互联网金融业务发展及相关风险，对监管政策进行跟踪评估，适时提出调整建议，不断总结监管经验。财政部负责互联网金融从业机构财务监管政策。人民银行会同有关部门，负责建立和完善互联网金融数据统计监测体系，相关部门按照监管职责分工负责相关互联网金融数据统计和监测工作，并实现统计数据和信息共享。

9.3 《非银行支付机构网络支付业务管理办法》

为规范非银行支付机构网络支付业务，防范支付风险，保护当事人合法权益，中国人民银行 2015 年 12 月 28 日下发了《非银行支付机构网络支付业务管理办法》（中国人民银行公告〔2015〕第 43 号），具体内容如下：

第一章 总 则

第一条 为规范非银行支付机构（以下简称支付机构）网络支付业务，防范支付风险，保护当事人合法权益，根据《中华人民共和国中国人民银行法》、《非金融机构支付服务管理办法》（中国人民银行令〔2010〕第 2 号发布）等规定，制定本办法。

第二条 支付机构从事网络支付业务，适用本办法。

本办法所称支付机构是指依法取得《支付业务许可证》，获准办理互联网支付、移动电话支付、固定电话支付、数字电视支付等网络支付业务的非银行机构。

本办法所称网络支付业务，是指收款人或付款人通过计算机、移动终端等电子设备，依托公共网络信息系统远程发起支付指令，且付款人电子设备不与收款人特定专属设备交互，由支付机构为收付款人提供货币资金转移服务的活动。

本办法所称收款人特定专属设备，是指专门用于交易收款，在交易过程中与支付机构业务系统交互并参与生成、传输、处理支付指令的电子设备。

第三条　支付机构应当遵循主要服务电子商务发展和为社会提供小额、快捷、便民小微支付服务的宗旨，基于客户的银行账户或者按照本办法规定为客户开立支付账户提供网络支付服务。

本办法所称支付账户，是指获得互联网支付业务许可的支付机构，根据客户的真实意愿为其开立的，用于记录预付交易资金余额、客户凭以发起支付指令、反映交易明细信息的电子簿记。

支付账户不得透支，不得出借、出租、出售，不得利用支付账户从事或者协助他人从事非法活动。

第四条　支付机构基于银行卡为客户提供网络支付服务的，应当执行银行卡业务相关监管规定和银行卡行业规范。

支付机构对特约商户的拓展与管理、业务与风险管理应当执行《银行卡收单业务管理办法》（中国人民银行公告〔2013〕第 9 号公布）等相关规定。

支付机构网络支付服务涉及跨境人民币结算和外汇支付的，应当执行中国人民银行、国家外汇管理局相关规定。

支付机构应当依法维护当事人合法权益，遵守反洗钱和反恐怖融资相关规定，履行反洗钱和反恐怖融资义务。

第五条　支付机构依照中国人民银行有关规定接受分类评价，并执行相应的分类监管措施。

第二章　客户管理

第六条　支付机构应当遵循“了解你的客户”原则，建立健全客户身份识别机制。支付机构为客户开立支付账户的，应当对客户实行实名制管理，登记并采取有效措施验证客户身份基本信息，按规定核对有效身份证件并留存有效身份证件复印件或者影印件，建立客户唯一识别编码，并在与客户业务关系存续期间采取持续的身份识别措施，确保有效核实客户身份及其真实意愿，不得开立匿名、假名支付账户。

第七条　支付机构应当与客户签订服务协议，约定双方责任、权利和义务，至少明确业务规则（包括但不限于业务功能和流程、身份识别和交易验证方式、资金结算方式等），收费项目和标准，查询、差错争议及投诉等服务流程和规则，业务风险和非法活动防范及处置措施，客户损失责任划分和赔付规则等内容。

支付机构为客户开立支付账户的，还应在服务协议中以显著方式告知客户，并采取有效方式确认客户充分知晓并清晰理解下列内容：“支付账户所记录的资金余额不同于客户本人的银行存款，不受《存款保险条例》保护，其实质为客户委托支付机构保管的、所有权归属于客户的预付价值。该预付价值对应的货币资金虽然属于客户，但不以客户本人名义存放在银行，而是以支付机构名义存放在银行，并且由支付机构向银行发起资金调拨指令。”

支付机构应当确保协议内容清晰、易懂，并以显著方式提示客户注意与其有重大利害关系的事项。

第八条 获得互联网支付业务许可的支付机构，经客户主动提出申请，可为其开立支付账户；仅获得移动电话支付、固定电话支付、数字电视支付业务许可的支付机构，不得为客户开立支付账户。

支付机构不得为金融机构，以及从事信贷、融资、理财、担保、信托、货币兑换等金融业务的其他机构开立支付账户。

第三章 业务管理

第九条 支付机构不得经营或者变相经营证券、保险、信贷、融资、理财、担保、信托、货币兑换、现金存取等业务。

第十条 支付机构向客户开户银行发送支付指令，扣划客户银行账户资金的，支付机构和银行应当执行下列要求：

（一）支付机构应当事先或在首笔交易时自主识别客户身份并分别取得客户和银行的协议授权，同意其向客户的银行账户发起支付指令扣划资金；

（二）银行应当事先或在首笔交易时自主识别客户身份并与客户直接签订授权协议，明确约定扣款适用范围和交易验证方式，设立与客户风险承受能力相匹配的单笔和单日累计交易限额，承诺无条件全额承担此类交易的风险损失先行赔付责任；

（三）除单笔金额不超过200元的小额支付业务，公共事业缴费、税费缴纳、信用卡还款等收款人固定并且定期发生的支付业务，以及符合第三十七条规定的情形以外，支付机构不得代替银行进行交易验证。

第十一条 支付机构应根据客户身份对同一客户在本机构开立的所有支付账户进行关联管理，并按照下列要求对个人支付账户进行分类管理：

（一）对于以非面对面方式通过至少一个合法安全的外部渠道进行身份基本信息验证，且为首次在本机构开立支付账户的个人客户，支付机构可以为其开立Ⅰ类支付账户，账户余额仅可用于消费和转账，余额付款交易自账户开立起累计不超过1000元（包括支付账户向客户本人同名银行账户转账）；

（二）对于支付机构自主或委托合作机构以面对面方式核实身份的个人客户，或以非面对面方式通过至少三个合法安全的外部渠道进行身份基本信息多重交叉验证的个人客户，支付机构可以为其开立Ⅱ类支付账户，账户余额仅可用于消费和转账，其所有支付账户的余额付款交易年累计不超过10万元（不包括支付账户向客户本人同名银行账户转账）；

（三）对于支付机构自主或委托合作机构以面对面方式核实身份的个人客户，或以非面对面方式通过至少五个合法安全的外部渠道进行身份基本信息多重交叉验证的个人客户，支付机构可以为其开立Ⅲ类支付账户，账户余额可以用于消费、转账以及购买投资理财等金融类产品，其所有支付账户的余额付款交易年累计不超过20万元（不包括支付账户向客户本人同名银行账户转账）。

客户身份基本信息外部验证渠道包括但不限于政府部门数据库、商业银行信息系统、商业化数据库等。其中，通过商业银行验证个人客户身份基本信息的，应为Ⅰ类银行账户或信用卡。

第十二条 支付机构办理银行账户与支付账户之间转账业务的，相关银行账户与支付账户应属于同一客户。

支付机构应按照与客户的约定及时办理支付账户向客户本人银行账户转账业务，不得对Ⅱ类、Ⅲ类支付账户向客户本人银行账户转账设置限额。

第十三条　支付机构为客户办理本机构发行的预付卡向支付账户转账的，应当按照《支付机构预付卡业务管理办法》(中国人民银行公告〔2012〕第 12 号公布)相关规定对预付卡转账至支付账户的余额单独管理，仅限其用于消费，不得通过转账、购买投资理财等金融类产品等形式进行套现或者变相套现。

第十四条　支付机构应当确保交易信息的真实性、完整性、可追溯性以及在支付全流程中的一致性，不得篡改或者隐匿交易信息。交易信息包括但不限于下列内容：

(一) 交易渠道、交易终端或接口类型、交易类型、交易金额、交易时间，以及直接向客户提供商品或者服务的特约商户名称、编码和按照国家与金融行业标准设置的商户类别码；

(二) 收付款客户名称，收付款支付账户账号或者银行账户的开户银行名称及账号；

(三) 付款客户的身份验证和交易授权信息；

(四) 有效追溯交易的标识；

(五) 单位客户单笔超过 5 万元的转账业务的付款用途和事由。

第十五条　因交易取消(撤销)、退货、交易不成功或者投资理财等金融类产品赎回等原因需划回资金的，相应款项应当划回原扣款账户。

第十六条　对于客户的网络支付业务操作行为，支付机构应当在确认客户身份及真实意愿后及时办理，并在操作生效之日起至少五年内，真实、完整保存操作记录。

客户操作行为包括但不限于登录和注销登录、身份识别和交易验证、变更身份信息和联系方式、调整业务功能、调整交易限额、变更资金收付方式，以及变更或挂失密码、数字证书、电子签名等。

第四章　风险管理与客户权益保护

第十七条　支付机构应当综合客户类型、身份核实方式、交易行为特征、资信状况等因素，建立客户风险评级管理制度和机制，并动态调整客户风险评级及相关风险控制措施。

支付机构应当根据客户风险评级、交易验证方式、交易渠道、交易终端或接口类型、交易类型、交易金额、交易时间、商户类别等因素，建立交易风险管理制度和交易监测系统，对疑似欺诈、套现、洗钱、非法融资、恐怖融资等交易，及时采取调查核实、延迟结算、终止服务等措施。

第十八条　支付机构应当向客户充分提示网络支付业务的潜在风险，及时揭示不法分子新型作案手段，对客户进行必要的安全教育，并对高风险业务在操作前、操作中进行风险警示。

支付机构为客户购买合作机构的金融类产品提供网络支付服务的，应当确保合作机构为取得相应经营资质并依法开展业务的机构，并在首次购买时向客户展示合作机构信息和产品信息，充分提示相关责任、权利、义务及潜在风险，协助客户与合作机构完成协议签订。

第十九条　支付机构应当建立健全风险准备金制度和交易赔付制度，并对不能有效证明因客户原因导致的资金损失及时先行全额赔付，保障客户合法权益。

支付机构应于每年 1 月 31 日前，将前一年度发生的风险事件、客户风险损失发生和赔付等情况在网站对外公告。

支付机构应在年度监管报告中如实反映上述内容和风险准备金计提、使用及结余等情况。

第二十条 支付机构应当依照中国人民银行有关客户信息保护的规定，制定有效的客户信息保护措施和风险控制机制，履行客户信息保护责任。

支付机构不得存储客户银行卡的磁道信息或芯片信息、验证码、密码等敏感信息，原则上不得存储银行卡有效期。因特殊业务需要，支付机构确需存储客户银行卡有效期的，应当取得客户和开户银行的授权，以加密形式存储。

支付机构应当以“最小化”原则采集、使用、存储和传输客户信息，并告知客户相关信息的使用目的和范围。支付机构不得向其他机构或个人提供客户信息，法律法规另有规定，以及经客户本人逐项确认并授权的除外。

第二十一条 支付机构应当通过协议约定禁止特约商户存储客户银行卡的磁道信息或芯片信息、验证码、有效期、密码等敏感信息，并采取定期检查、技术监测等必要监督措施。

特约商户违反协议约定存储上述敏感信息的，支付机构应当立即暂停或者终止为其提供网络支付服务，采取有效措施删除敏感信息、防止信息泄露，并依法承担因相关信息泄露造成的损失和责任。

第二十二条 支付机构可以组合选用下列三类要素，对客户使用支付账户余额付款的交易进行验证：

（一）仅客户本人知悉的要素，如静态密码等；

（二）仅客户本人持有并特有的，不可复制或者不可重复利用的要素，如经过安全认证的数字证书、电子签名，以及通过安全渠道生成和传输的一次性密码等；

（三）客户本人生理特征要素，如指纹等。

支付机构应当确保采用的要素相互独立，部分要素的损坏或者泄露不应导致其他要素损坏或者泄露。

第二十三条 支付机构采用数字证书、电子签名作为验证要素的，数字证书及生成电子签名的过程应符合《中华人民共和国电子签名法》、《金融电子认证规范》(JR/T 0118—2015)等有关规定，确保数字证书的唯一性、完整性及交易的不可抵赖性。

支付机构采用一次性密码作为验证要素的，应当切实防范一次性密码获取端与支付指令发起端为相同物理设备而带来的风险，并将一次性密码有效期严格限制在最短的必要时间内。

支付机构采用客户本人生理特征作为验证要素的，应当符合国家、金融行业标准和相关信息安全管理要求，防止被非法存储、复制或重放。

第二十四条 支付机构应根据交易验证方式的安全级别，按照下列要求对个人客户使用支付账户余额付款的交易进行限额管理：

（一）支付机构采用包括数字证书或电子签名在内的两类（含）以上有效要素进行验证的交易，单日累计限额由支付机构与客户通过协议自主约定；

（二）支付机构采用不包括数字证书、电子签名在内的两类（含）以上有效要素进行验证的交易，单个客户所有支付账户单日累计金额应不超过5000元（不包括支付账户向客户本人同名银行账户转账）；

（三）支付机构采用不足两类有效要素进行验证的交易，单个客户所有支付账户单日累计金额应不超过 1000 元(不包括支付账户向客户本人同名银行账户转账),且支付机构应当承诺无条件全额承担此类交易的风险损失赔付责任。

第二十五条　支付机构网络支付业务相关系统设施和技术,应当持续符合国家、金融行业标准和相关信息安全管理要求。如未符合相关标准和要求,或者尚未形成国家、金融行业标准,支付机构应当无条件全额承担客户直接风险损失的先行赔付责任。

第二十六条　支付机构应当在境内拥有安全、规范的网络支付业务处理系统及其备份系统,制定突发事件应急预案,保障系统安全性和业务连续性。

支付机构为境内交易提供服务的,应当通过境内业务处理系统完成交易处理,并在境内完成资金结算。

第二十七条　支付机构应当采取有效措施,确保客户在执行支付指令前可对收付款客户名称和账号、交易金额等交易信息进行确认,并在支付指令完成后及时将结果通知客户。

因交易超时、无响应或者系统故障导致支付指令无法正常处理的,支付机构应当及时提示客户;因客户原因造成支付指令未执行、未适当执行、延迟执行的,支付机构应当主动通知客户更改或者协助客户采取补救措施。

第二十八条　支付机构应当通过具有合法独立域名的网站和统一的服务电话等渠道,为客户免费提供至少最近一年以内交易信息查询服务,并建立健全差错争议和纠纷投诉处理制度,配备专业部门和人员据实、准确、及时处理交易差错和客户投诉。支付机构应当告知客户相关服务的正确获取途径,指导客户有效辨识服务渠道的真实性。

支付机构应当于每年 1 月 31 日前,将前一年度发生的客户投诉数量和类型、处理完毕的投诉占比、投诉处理速度等情况在网站对外公告。

第二十九条　支付机构应当充分尊重客户自主选择权,不得强迫客户使用本机构提供的支付服务,不得阻碍客户使用其他机构提供的支付服务。

支付机构应当公平展示客户可选用的各种资金收付方式,不得以任何形式诱导、强迫客户开立支付账户或者通过支付账户办理资金收付,不得附加不合理条件。

第三十条　支付机构因系统升级、调试等原因,需暂停网络支付服务的,应当至少提前 5 个工作日予以公告。

支付机构变更协议条款、提高服务收费标准或者新设收费项目的,应当于实施之前在网站等服务渠道以显著方式连续公示 30 日,并于客户首次办理相关业务前确认客户知悉且接受拟调整的全部详细内容。

第五章　监督管理

第三十一条　支付机构提供网络支付创新产品或者服务、停止提供产品或者服务、与境外机构合作在境内开展网络支付业务的,应当至少提前 30 日向法人所在地中国人民银行分支机构报告。

支付机构发生重大风险事件的,应当及时向法人所在地中国人民银行分支机构报告;发现涉嫌违法犯罪的,同时报告公安机关。

第三十二条　中国人民银行可以结合支付机构的企业资质、风险管控特别是客户备付金管理等因素,确立支付机构分类监管指标体系,建立持续分类评价工作机制,并对支付机构实施动态分类管理。具体办法由中国人民银行另行制定。

第三十三条　评定为“A”类且Ⅱ类、Ⅲ类支付账户实名比例超过 95%的支付机构,可以采用能够切实落实实名制要求的其他客户身份核实方法，经法人所在地中国人民银行分支机构评估认可并向中国人民银行备案后实施。

第三十四条　评定为“A”类且Ⅱ类、Ⅲ类支付账户实名比例超过95%的支付机构，可以对从事电子商务经营活动、不具备工商登记注册条件且相关法律法规允许不进行工商登记注册的个人客户（以下简称个人卖家）参照单位客户管理，但应建立持续监测电子商务经营活动、对个人卖家实施动态管理的有效机制，并向法人所在地中国人民银行分支机构备案。

支付机构参照单位客户管理的个人卖家，应至少符合下列条件：

（一）相关电子商务交易平台已依照相关法律法规对其真实身份信息进行审查和登记，与其签订登记协议，建立登记档案并定期核实更新，核发证明个人身份信息真实合法的标记，加载在其从事电子商务经营活动的主页面醒目位置；

（二）支付机构已按照开立Ⅲ类个人支付账户的标准对其完成身份核实；

（三）持续从事电子商务经营活动满6个月，且期间使用支付账户收取的经营收入累计超过20万元。

第三十五条　评定为“A”类且Ⅱ类、Ⅲ类支付账户实名比例超过95%的支付机构，对于已经实名确认、达到实名制管理要求的支付账户，在办理第十二条第一款所述转账业务时，相关银行账户与支付账户可以不属于同一客户。但支付机构应在交易中向银行准确、完整发送交易渠道、交易终端或接口类型、交易类型、收付款客户名称和账号等交易信息。

第三十六条　评定为“A”类且Ⅱ类、Ⅲ类支付账户实名比例超过95%的支付机构，可以将达到实名制管理要求的Ⅱ类、Ⅲ类支付账户的余额付款单日累计限额，提高至第二十四条规定的2倍。

评定为“B”类及以上，且Ⅱ类、Ⅲ类支付账户实名比例超过90%的支付机构，可以将达到实名制管理要求的Ⅱ类、Ⅲ类支付账户的余额付款单日累计限额，提高至第二十四条规定的1.5倍。

第三十七条　评定为“A”类的支付机构按照第十条规定办理相关业务时，可以与银行根据业务需要，通过协议自主约定由支付机构代替进行交易验证的情形，但支付机构应在交易中向银行完整、准确发送交易渠道、交易终端或接口类型、交易类型、商户名称、商户编码、商户类别码、收付款客户名称和账号等交易信息；银行应核实支付机构验证手段或渠道的安全性，且对客户资金安全的管理责任不因支付机构代替验证而转移。

第三十八条　对于评定为“C”类及以下、支付账户实名比例较低、对零售支付体系或社会公众非现金支付信心产生重大影响的支付机构，中国人民银行及其分支机构可以在第十九条、第二十八条等规定的基础上适度提高公开披露相关信息的要求，并加强非现场监管和现场检查。

第三十九条　中国人民银行及其分支机构对照上述分类管理措施相应条件，动态确定支付机构适用的监管规定并持续监管。支付机构分类评定结果和支付账户实名比例不符合上述分类管理措施相应条件的，应严格按照第十条、第十一条、第十二条及第二十四条等相关规定执行。

中国人民银行及其分支机构可以根据社会经济发展情况和支付机构分类管理需要，对支付机构网络支付业务范围、模式、功能、限额及业务创新等相关管理措施进行适时调整。

第四十条　支付机构应当加入中国支付清算协会，接受行业自律组织管理。

中国支付清算协会应当根据本办法制定网络支付业务行业自律规范，建立自律审查机制，向中国人民银行备案后组织实施。自律规范应包括支付机构与客户签订协议的范本，明确协议应记载和不得记载事项，还应包括支付机构披露有关信息的具体内容和标准格式。

中国支付清算协会应当建立信用承诺制度，要求支付机构以标准格式向社会公开承诺依法合规开展网络支付业务、保障客户信息安全和资金安全、维护客户合法权益、如违法违规自愿接受约束和处罚。

第六章　法律责任

第四十一条　支付机构从事网络支付业务有下列情形之一的，中国人民银行及其分支机构依据《非金融机构支付服务管理办法》第四十二条的规定进行处理：

（一）未按规定建立客户实名制管理、支付账户开立与使用、差错争议和纠纷投诉处理、风险准备金和交易赔付、应急预案等管理制度的；

（二）未按规定建立客户风险评级管理、支付账户功能与限额管理、客户支付指令验证管理、交易和信息安全管理、交易监测系统等风险控制机制的，未按规定对支付业务采取有效风险控制措施的；

（三）未按规定进行风险提示、公开披露相关信息的；

（四）未按规定履行报告义务的。

第四十二条　支付机构从事网络支付业务有下列情形之一的，中国人民银行及其分支机构依据《非金融机构支付服务管理办法》第四十三条的规定进行处理；情节严重的，中国人民银行及其分支机构依据《中华人民共和国中国人民银行法》第四十六条的规定进行处理：

（一）不符合支付机构支付业务系统设施有关要求的；

（二）不符合国家、金融行业标准和相关信息安全管理要求的，采用数字证书、电子签名不符合《中华人民共和国电子签名法》、《金融电子认证规范》等规定的；

（三）为非法交易、虚假交易提供支付服务，发现客户疑似或者涉嫌违法违规行为未按规定采取有效措施的；

（四）未按规定采取客户支付指令验证措施的；

（五）未真实、完整、准确反映网络支付交易信息，篡改或者隐匿交易信息的；

（六）未按规定处理客户信息，或者未履行客户信息保密义务，造成信息泄露隐患或者导致信息泄露的；

（七）妨碍客户自主选择支付服务提供主体或资金收付方式的；

（八）公开披露虚假信息的；

（九）违规开立支付账户，或擅自经营金融业务活动的。

第四十三条　支付机构违反反洗钱和反恐怖融资规定的，依据国家有关法律法规进行处理。

第七章　附　　则

第四十四条　本办法相关用语含义如下：

单位客户，是指接受支付机构支付服务的法人、其他组织或者个体工商户。

个人客户，是指接受支付机构支付服务的自然人。

单位客户的身份基本信息，包括客户的名称、地址、经营范围、统一社会信用代码或组织机构代码；可证明该客户依法设立或者可依法开展经营、社会活动的执照、证件或者文件的名称、号码和有效期限；法定代表人(负责人)或授权办理业务人员的姓名、有效身份证件的种类、号码和有效期限。

个人客户的身份基本信息，包括客户的姓名、国籍、性别、职业、住址、联系方式以及客户有效身份证件的种类、号码和有效期限。

法人和其他组织客户的有效身份证件，是指政府有权机关颁发的能够证明其合法真实身份的证件或文件，包括但不限于营业执照、事业单位法人证书、税务登记证、组织机构代码证；个体工商户的有效身份证件，包括营业执照、经营者或授权经办人员的有效身份证件。

个人客户的有效身份证件，包括：在中国境内已登记常住户口的中国公民为居民身份证，不满十六周岁的，为居民身份证或户口簿；香港、澳门特别行政区居民为港澳居民往来内地通行证；台湾地区居民为台湾居民来往大陆通行证；定居国外的中国公民为中国护照；外国公民为护照或者外国人永久居留证(外国边民，按照边贸结算的有关规定办理)；法律、行政法规规定的其他身份证明文件。

客户本人，是指客户本单位(单位客户)或者本人(个人客户)。

第四十五条　本办法由中国人民银行负责解释和修订。

第四十六条　本办法自 2016 年 7 月 1 日起施行。

9.4 《网络借贷信息中介机构业务活动管理暂行办法》

为加强对网络借贷信息中介机构业务活动的监督管理，促进网络借贷行业健康发展，依据《中华人民共和国民法通则》、《中华人民共和国公司法》、《中华人民共和国合同法》等法律法规，中国银监会、工业和信息化部、公安部、国家互联网信息办公室 2016 年 8 月 17 日发布了《网络借贷信息中介机构业务活动管理暂行办法》，内容如下：

第一章　总　　则

第一条　为规范网络借贷信息中介机构业务活动，保护出借人、借款人、网络借贷信息中介机构及相关当事人合法权益，促进网络借贷行业健康发展，更好满足中小微企业和个人投融资需求，根据《关于促进互联网金融健康发展的指导意见》提出的总体要求和监管原则，依据《中华人民共和国民法通则》、《中华人民共和国公司法》、《中华人民共和国合同法》等法律法规，制定本办法。

第二条　在中国境内从事网络借贷信息中介业务活动，适用本办法，法律法规另有规定的除外。

本办法所称网络借贷是指个体和个体之间通过互联网平台实现的直接借贷。个体包含自然人、法人及其他组织。网络借贷信息中介机构是指依法设立，专门从事网络借贷信息中介业务活动的金融信息中介公司。该类机构以互联网为主要渠道，为借款人与出借人(即贷款人)实现直接借贷提供信息搜集、信息公布、资信评估、信息交互、借贷撮合等服务。

本办法所称地方金融监管部门是指各省级人民政府承担地方金融监管职责的部门。

第三条　网络借贷信息中介机构按照依法、诚信、自愿、公平的原则为借款人和出借人提供信息服务，维护出借人与借款人合法权益，不得提供增信服务，不得直接或间接归集资金，不得非法集资，不得损害国家利益和社会公共利益。

借款人与出借人遵循借贷自愿、诚实守信、责任自负、风险自担的原则承担借贷风险。网络借贷信息中介机构承担客观、真实、全面、及时进行信息披露的责任，不承担借贷违约风险。

第四条　按照《关于促进互联网金融健康发展的指导意见》中"鼓励创新、防范风险、趋利避害、健康发展"的总体要求和"依法监管、适度监管、分类监管、协同监管、创新监管"的监管原则，落实各方管理责任。国务院银行业监督管理机构及其派出机构负责制定网络借贷信息中介机构业务活动监督管理制度，并实施行为监管。各省级人民政府负责本辖区网络借贷信息中介机构的机构监管。工业和信息化部负责对网络借贷信息中介机构业务活动涉及的电信业务进行监管。公安部牵头负责对网络借贷信息中介机构的互联网服务进行安全监管，依法查处违反网络安全监管的违法违规活动，打击网络借贷涉及的金融犯罪及相关犯罪。国家互联网信息办公室负责对金融信息服务、互联网信息内容等业务进行监管。

第二章　备案管理

第五条　拟开展网络借贷信息中介服务的网络借贷信息中介机构及其分支机构，应当在领取营业执照后，于 10 个工作日以内携带有关材料向工商登记注册地地方金融监管部门备案登记。

地方金融监管部门负责为网络借贷信息中介机构办理备案登记。地方金融监管部门应当在网络借贷信息中介机构提交的备案登记材料齐备时予以受理，并在各省(区、市)规定的时限内完成备案登记手续。备案登记不构成对网络借贷信息中介机构经营能力、合规程度、资信状况的认可和评价。

地方金融监管部门有权根据本办法和相关监管规则对备案登记后的网络借贷信息中介机构进行评估分类，并及时将备案登记信息及分类结果在官方网站上公示。

网络借贷信息中介机构完成地方金融监管部门备案登记后，应当按照通信主管部门的相关规定申请相应的电信业务经营许可；未按规定申请电信业务经营许可的，不得开展网络借贷信息中介业务。

网络借贷信息中介机构备案登记、评估分类等具体细则另行制定。

第六条　开展网络借贷信息中介业务的机构，应当在经营范围中实质明确网络借贷信息中介，法律、行政法规另有规定的除外。

第七条　网络借贷信息中介机构备案登记事项发生变更的，应当在 5 个工作日以内向工商登记注册地地方金融监管部门报告并进行备案信息变更。

第八条　经备案的网络借贷信息中介机构拟终止网络借贷信息中介服务的，应当在终止业务前提前至少 10 个工作日，书面告知工商登记注册地地方金融监管部门，并办理备案注销。

经备案登记的网络借贷信息中介机构依法解散或者依法宣告破产的，除依法进行清算外，由工商登记注册地地方金融监管部门注销其备案。

第三章　业务规则与风险管理

第九条　网络借贷信息中介机构应当履行下列义务：

(一) 依据法律法规及合同约定为出借人与借款人提供直接借贷信息的采集整理、甄别筛选、网上发布，以及资信评估、借贷撮合、融资咨询、在线争议解决等相关服务；

（二）对出借人与借款人的资格条件、信息的真实性、融资项目的真实性、合法性进行必要审核；

（三）采取措施防范欺诈行为，发现欺诈行为或其他损害出借人利益的情形，及时公告并终止相关网络借贷活动；

（四）持续开展网络借贷知识普及和风险教育活动，加强信息披露工作，引导出借人以小额分散的方式参与网络借贷，确保出借人充分知悉借贷风险；

（五）按照法律法规和网络借贷有关监管规定要求报送相关信息，其中网络借贷有关债权债务信息要及时向有关数据统计部门报送并登记；

（六）妥善保管出借人与借款人的资料和交易信息，不得删除、篡改，不得非法买卖、泄露出借人与借款人的基本信息和交易信息；

（七）依法履行客户身份识别、可疑交易报告、客户身份资料和交易记录保存等反洗钱和反恐怖融资义务；

（八）配合相关部门做好防范查处金融违法犯罪相关工作；

（九）按照相关要求做好互联网信息内容管理、网络与信息安全相关工作；

（十）国务院银行业监督管理机构、工商登记注册地省级人民政府规定的其他义务。

第十条　网络借贷信息中介机构不得从事或者接受委托从事下列活动：

（一）为自身或变相为自身融资；

（二）直接或间接接受、归集出借人的资金；

（三）直接或变相向出借人提供担保或者承诺保本保息；

（四）自行或委托、授权第三方在互联网、固定电话、移动电话等电子渠道以外的物理场所进行宣传或推介融资项目；

（五）发放贷款，但法律法规另有规定的除外；

（六）将融资项目的期限进行拆分；

（七）自行发售理财等金融产品募集资金，代销银行理财、券商资管、基金、保险或信托产品等金融产品；

（八）开展类资产证券化业务或实现以打包资产、证券化资产、信托资产、基金份额等形式的债权转让行为；

（九）除法律法规和网络借贷有关监管规定允许外，与其他机构投资、代理销售、经纪等业务进行任何形式的混合、捆绑、代理；

（十）虚构、夸大融资项目的真实性、收益前景，隐瞒融资项目的瑕疵及风险，以歧义性语言或其他欺骗性手段等进行虚假片面宣传或促销等，捏造、散布虚假信息或不完整信息损害他人商业信誉，误导出借人或借款人；

（十一）向借款用途为投资股票、场外配资、期货合约、结构化产品及其他衍生品等高风险的融资提供信息中介服务；

（十二）从事股权众筹等业务；

（十三）法律法规、网络借贷有关监管规定禁止的其他活动。

第十一条　参与网络借贷的出借人与借款人应当为网络借贷信息中介机构核实的实名注册用户。

第十二条　借款人应当履行下列义务：

（一）提供真实、准确、完整的用户信息及融资信息；

（二）提供在所有网络借贷信息中介机构未偿还借款信息；

（三）保证融资项目真实、合法，并按照约定用途使用借贷资金，不得用于出借等其他目的；

（四）按照约定向出借人如实报告影响或可能影响出借人权益的重大信息；

（五）确保自身具有与借款金额相匹配的还款能力并按照合同约定还款；

（六）借贷合同及有关协议约定的其他义务。

第十三条　借款人不得从事下列行为：

（一）通过故意变换身份、虚构融资项目、夸大融资项目收益前景等形式的欺诈借款；

（二）同时通过多个网络借贷信息中介机构，或者通过变换项目名称、对项目内容进行非实质性变更等方式，就同一融资项目进行重复融资；

（三）在网络借贷信息中介机构以外的公开场所发布同一融资项目的信息；

（四）已发现网络借贷信息中介机构提供的服务中含有本办法第十条所列内容，仍进行交易；

（五）法律法规和网络借贷有关监管规定禁止从事的其他活动。

第十四条　参与网络借贷的出借人，应当具备投资风险意识、风险识别能力、拥有非保本类金融产品投资的经历并熟悉互联网。

第十五条　参与网络借贷的出借人应当履行下列义务：

（一）向网络借贷信息中介机构提供真实、准确、完整的身份等信息；

（二）出借资金为来源合法的自有资金；

（三）了解融资项目信贷风险，确认具有相应的风险认知和承受能力；

（四）自行承担借贷产生的本息损失；

（五）借贷合同及有关协议约定的其他义务。

第十六条　网络借贷信息中介机构在互联网、固定电话、移动电话等电子渠道以外的物理场所只能进行信用信息采集、核实、贷后跟踪、抵质押管理等风险管理及网络借贷有关监管规定明确的部分必要经营环节。

第十七条　网络借贷金额应当以小额为主。网络借贷信息中介机构应当根据本机构风险管理能力，控制同一借款人在同一网络借贷信息中介机构平台及不同网络借贷信息中介机构平台的借款余额上限，防范信贷集中风险。

同一自然人在同一网络借贷信息中介机构平台的借款余额上限不超过人民币 20 万元；同一法人或其他组织在同一网络借贷信息中介机构平台的借款余额上限不超过人民币 100 万元；同一自然人在不同网络借贷信息中介机构平台借款总余额不超过人民币 100 万元；同一法人或其他组织在不同网络借贷信息中介机构平台借款总余额不超过人民币 500 万元。

第十八条　网络借贷信息中介机构应当按照国家网络安全相关规定和国家信息安全等级保护制度的要求，开展信息系统定级备案和等级测试，具有完善的防火墙、入侵检测、数据加密以及灾难恢复等网络安全设施和管理制度，建立信息科技管理、科技风险管理和科技审计有关制度，配置充足的资源，采取完善的管理控制措施和技术手段保障信息系统安全稳健运行，保护出借人与借款人的信息安全。

网络借贷信息中介机构应当记录并留存借贷双方上网日志信息，信息交互内容等数据，留存期限为自借贷合同到期起5年；每两年至少开展一次全面的安全评估，接受国家或行业主管部门的信息安全检查和审计。

网络借贷信息中介机构成立两年以内，应当建立或使用与其业务规模相匹配的应用级灾备系统设施。

第十九条　网络借贷信息中介机构应当为单一融资项目设置募集期，最长不超过20个工作日。

第二十条　借款人支付的本金和利息应当归出借人所有。网络借贷信息中介机构应当与出借人、借款人另行约定费用标准和支付方式。

第二十一条　网络借贷信息中介机构应当加强与金融信用信息基础数据库运行机构、征信机构等的业务合作，依法提供、查询和使用有关金融信用信息。

第二十二条　各方参与网络借贷信息中介机构业务活动，需要对出借人与借款人的基本信息和交易信息等使用电子签名、电子认证时，应当遵守法律法规的规定，保障数据的真实性、完整性及电子签名、电子认证的法律效力。

网络借贷信息中介机构使用第三方数字认证系统，应当对第三方数字认证机构进行定期评估，保证有关认证安全可靠并具有独立性。

第二十三条　网络借贷信息中介机构应当采取适当的方法和技术，记录并妥善保存网络借贷业务活动数据和资料，做好数据备份。保存期限应当符合法律法规及网络借贷有关监管规定的要求。借贷合同到期后应当至少保存5年。

第二十四条　网络借贷信息中介机构暂停、终止业务时应当至少提前10个工作日通过官方网站等有效渠道向出借人与借款人公告，并通过移动电话、固定电话等渠道通知出借人与借款人。网络借贷信息中介机构业务暂停或者终止，不影响已经签订的借贷合同当事人有关权利义务。

网络借贷信息中介机构因解散或宣告破产而终止的，应当在解散或破产前，妥善处理已撮合存续的借贷业务，清算事宜按照有关法律法规的规定办理。

网络借贷信息中介机构清算时，出借人与借款人的资金分别属于出借人与借款人，不属于网络借贷信息中介机构的财产，不列入清算财产。

第四章　出借人与借款人保护

第二十五条　未经出借人授权，网络借贷信息中介机构不得以任何形式代出借人行使决策。

第二十六条　网络借贷信息中介机构应当向出借人以醒目方式提示网络借贷风险和禁止性行为，并经出借人确认。

网络借贷信息中介机构应当对出借人的年龄、财务状况、投资经验、风险偏好、风险承受能力等进行尽职评估，不得向未进行风险评估的出借人提供交易服务。

网络借贷信息中介机构应当根据风险评估结果对出借人实行分级管理，设置可动态调整的出借限额和出借标的限制。

第二十七条　网络借贷信息中介机构应当加强出借人与借款人信息管理，确保出借人与借款人信息采集、处理及使用的合法性和安全性。

网络借贷信息中介机构及其资金存管机构、其他各类外包服务机构等应当为业务开展过程中收集的出借人与借款人信息保密，未经出借人与借款人同意，不得将出借人与借款人提供的信息用于所提供服务之外的目的。

在中国境内收集的出借人与借款人信息的储存、处理和分析应当在中国境内进行。除法律法规另有规定外，网络借贷信息中介机构不得向境外提供境内出借人和借款人信息。

第二十八条　网络借贷信息中介机构应当实行自身资金与出借人和借款人资金的隔离管理，并选择符合条件的银行业金融机构作为出借人与借款人的资金存管机构。

第二十九条　出借人与网络借贷信息中介机构之间、出借人与借款人之间、借款人与网络借贷信息中介机构之间等纠纷，可以通过以下途径解决：

（一）自行和解；

（二）请求行业自律组织调解；

（三）向仲裁部门申请仲裁；

（四）向人民法院提起诉讼。

第五章　信 息 披 露

第三十条　网络借贷信息中介机构应当在其官方网站上向出借人充分披露借款人基本信息、融资项目基本信息、风险评估及可能产生的风险结果、已撮合未到期融资项目资金运用情况等有关信息。

披露内容应符合法律法规关于国家秘密、商业秘密、个人隐私的有关规定。

第三十一条　网络借贷信息中介机构应当及时在其官方网站显著位置披露本机构所撮合借贷项目等经营管理信息。

网络借贷信息中介机构应当在其官方网站上建立业务活动经营管理信息披露专栏，定期以公告形式向公众披露年度报告、法律法规、网络借贷有关监管规定。

网络借贷信息中介机构应当聘请会计师事务所定期对本机构出借人与借款人资金存管、信息披露情况、信息科技基础设施安全、经营合规性等重点环节实施审计，并且应当聘请有资质的信息安全测评认证机构定期对信息安全实施测评认证，向出借人与借款人等披露审计和测评认证结果。

网络借贷信息中介机构应当引入律师事务所、信息系统安全评价等第三方机构，对网络信息中介机构合规和信息系统稳健情况进行评估。

网络借贷信息中介机构应当将定期信息披露公告文稿和相关备查文件报送工商登记注册地地方金融监管部门，并置备于机构住所供社会公众查阅。

第三十二条　网络借贷信息中介机构的董事、监事、高级管理人员应当忠实、勤勉地履行职责，保证披露的信息真实、准确、完整、及时、公平，不得有虚假记载、误导性陈述或者重大遗漏。

借款人应当配合网络借贷信息中介机构及出借人对融资项目有关信息的调查核实，保证提供的信息真实、准确、完整。

网络借贷信息披露具体细则另行制定。

第六章　监 督 管 理

第三十三条　国务院银行业监督管理机构及其派出机构负责制定统一的规范发展政策措施和监督管理制度，负责网络借贷信息中介机构的日常行为监管，指导和配合地方人民政府做好网络借贷信息中介机构的机构监管和风险处置工作，建立跨部门跨地区监管协调机制。

各地方金融监管部门具体负责本辖区网络借贷信息中介机构的机构监管，包括对本辖区网络借贷信息中介机构的规范引导、备案管理和风险防范、处置工作。

第三十四条　中国互联网金融协会从事网络借贷行业自律管理，并履行下列职责：

（一）制定自律规则、经营细则和行业标准并组织实施，教育会员遵守法律法规和网络借贷有关监管规定；

（二）依法维护会员的合法权益，协调会员关系，组织相关培训，向会员提供行业信息、法律咨询等服务，调解纠纷；

（三）受理有关投诉和举报，开展自律检查；

（四）成立网络借贷专业委员会；

（五）法律法规和网络借贷有关监管规定赋予的其他职责。

第三十五条　借款人、出借人、网络借贷信息中介机构、资金存管机构、担保人等应当签订资金存管协议，明确各自权利义务和违约责任。

资金存管机构对出借人与借款人开立和使用资金账户进行管理和监督，并根据合同约定，对出借人与借款人的资金进行存管、划付、核算和监督。

资金存管机构承担实名开户和履行合同约定及借贷交易指令表面一致性的形式审核责任，但不承担融资项目及借贷交易信息真实性的实质审核责任。

资金存管机构应当按照网络借贷有关监管规定报送数据信息并依法接受相关监督管理。

第三十六条　网络借贷信息中介机构应当在下列重大事件发生后，立即采取应急措施并向工商登记注册地地方金融监管部门报告：

（一）因经营不善等原因出现重大经营风险；

（二）网络借贷信息中介机构或其董事、监事、高级管理人员发生重大违法违规行为；

（三）因商业欺诈行为被起诉，包括违规担保、夸大宣传、虚构隐瞒事实、发布虚假信息、签订虚假合同、错误处置资金等行为。

地方金融监管部门应当建立网络借贷行业重大事件的发现、报告和处置制度，制定处置预案，及时、有效地协调处置有关重大事件。

地方金融监管部门应当及时将本辖区网络借贷信息中介机构重大风险及处置情况信息报送省级人民政府、国务院银行业监督管理机构和中国人民银行。

第三十七条　除本办法第七条规定的事项外，网络借贷信息中介机构发生下列情形的，应当在 5 个工作日以内向工商登记注册地地方金融监管部门报告：

（一）因违规经营行为被查处或被起诉；

（二）董事、监事、高级管理人员违反境内外相关法律法规行为；

（三）国务院银行业监督管理机构、地方金融监管部门等要求的其他情形。

第三十八条　网络借贷信息中介机构应当聘请会计师事务所进行年度审计，并在上一会计年度结束之日起 4 个月内向工商登记注册地地方金融监管部门报送年度审计报告。

第七章　法律责任

第三十九条　地方金融监管部门存在未依照本办法规定报告重大风险和处置情况、未依照本办法规定向国务院银行业监督管理机构提供行业统计或行业报告等违反法律法规及本办法规定情形的，应当对有关责任人依法给予行政处分；构成犯罪的，依法追究刑事责任。

第四十条　网络借贷信息中介机构违反法律法规和网络借贷有关监管规定，有关法律法规有处罚规定的，依照其规定给予处罚；有关法律法规未作处罚规定的，工商登记注册地地方金融监管部门可以采取监管谈话、出具警示函、责令改正、通报批评、将其违法违规和不履行公开承诺等情况记入诚信档案并公布等监管措施，以及给予警告、人民币 3 万元以下罚款和依法可以采取的其他处罚措施；构成犯罪的，依法追究刑事责任。

网络借贷信息中介机构违反法律规定从事非法集资活动或欺诈的，按照相关法律法规和工作机制处理；构成犯罪的，依法追究刑事责任。

第四十一条　网络借贷信息中介机构的出借人及借款人违反法律法规和网络借贷有关监管规定，依照有关规定给予处罚；构成犯罪的，依法追究刑事责任。

第八章　附　　则

第四十二条　银行业金融机构及国务院银行业监督管理机构批准设立的其他金融机构和省级人民政府批准设立的融资担保公司、小额贷款公司等投资设立具有独立法人资格的网络借贷信息中介机构，设立办法另行制定。

第四十三条　中国互联网金融协会网络借贷专业委员会按照《关于促进互联网金融健康发展的指导意见》和协会章程开展自律并接受相关监管部门指导。

第四十四条　本办法实施前设立的网络借贷信息中介机构不符合本办法规定的，除违法犯罪行为按照本办法第四十条处理外，由地方金融监管部门要求其整改，整改期不超过 12 个月。

第四十五条　省级人民政府可以根据本办法制定实施细则，并报国务院银行业监督管理机构备案。

第四十六条　本办法解释权归国务院银行业监督管理机构、工业和信息化部、公安部、国家互联网信息办公室。

第四十七条　本办法所称不超过、以下、以内，包括本数。

9.5 《私募投资基金监督管理暂行办法》

《私募投资基金监督管理暂行办法》(证监会令[105]号)已经 2014 年 6 月 30 日中国证券监督管理委员会第 51 次主席办公会议审议通过，具体内容如下：

第一章　总　　则

第一条　为了规范私募投资基金活动，保护投资者及相关当事人的合法权益，促进私募投资基金行业健康发展，根据《证券投资基金法》、《国务院关于进一步促进资本市场健康发展的若干意见》，制定本办法。

第二条　本办法所称私募投资基金(以下简称私募基金)，是指在中华人民共和国境内，以非公开方式向投资者募集资金设立的投资基金。

私募基金财产的投资包括买卖股票、股权、债券、期货、期权、基金份额及投资合同约定的其他投资标的。

非公开募集资金，以进行投资活动为目的设立的公司或者合伙企业，资产由基金管理人或者普通合伙人管理的，其登记备案、资金募集和投资运作适用本办法。

证券公司、基金管理公司、期货公司及其子公司从事私募基金业务适用本办法，其他法律法规和中国证券监督管理委员会（以下简称中国证监会）有关规定对上述机构从事私募基金业务另有规定的，适用其规定。

第三条　从事私募基金业务，应当遵循自愿、公平、诚实信用原则，维护投资者合法权益，不得损害国家利益和社会公共利益。

第四条　私募基金管理人和从事私募基金托管业务的机构（以下简称私募基金托管人）管理、运用私募基金财产，从事私募基金销售业务的机构（以下简称私募基金销售机构）及其他私募服务机构从事私募基金服务活动，应当恪尽职守，履行诚实信用、谨慎勤勉的义务。

私募基金从业人员应当遵守法律、行政法规，恪守职业道德和行为规范。

第五条　中国证监会及其派出机构依照《证券投资基金法》、本办法和中国证监会的其他有关规定，对私募基金业务活动实施监督管理。

设立私募基金管理机构和发行私募基金不设行政审批，允许各类发行主体在依法合规的基础上，向累计不超过法律规定数量的投资者发行私募基金。建立健全私募基金发行监管制度，切实强化事中事后监管，依法严厉打击以私募基金为名的各类非法集资活动。

建立促进经营机构规范开展私募基金业务的风险控制和自律管理制度，以及各类私募基金的统一监测系统。

第六条　中国证券投资基金业协会（以下简称基金业协会）依照《证券投资基金法》、本办法、中国证监会其他有关规定和基金业协会自律规则，对私募基金业开展行业自律，协调行业关系，提供行业服务，促进行业发展。

第二章　登记备案

第七条　各类私募基金管理人应当根据基金业协会的规定，向基金业协会申请登记，报送以下基本信息：

（一）工商登记和营业执照正副本复印件；

（二）公司章程或者合伙协议；

（三）主要股东或者合伙人名单；

（四）高级管理人员的基本信息；

（五）基金业协会规定的其他信息。

基金业协会应当在私募基金管理人登记材料齐备后的20个工作日内，通过网站公告私募基金管理人名单及其基本情况的方式，为私募基金管理人办结登记手续。

第八条　各类私募基金募集完毕，私募基金管理人应当根据基金业协会的规定，办理基金备案手续，报送以下基本信息：

（一）主要投资方向及根据主要投资方向注明的基金类别；

（二）基金合同、公司章程或者合伙协议。资金募集过程中向投资者提供基金招募说明书的，应当报送基金招募说明书。以公司、合伙等企业形式设立的私募基金，还应当报送工商登记和营业执照正副本复印件；

（三）采取委托管理方式的，应当报送委托管理协议。委托托管机构托管基金财产的，还应当报送托管协议；

（四）基金业协会规定的其他信息。

基金业协会应当在私募基金备案材料齐备后的20个工作日内，通过网站公告私募基金名单及其基本情况的方式，为私募基金办结备案手续。

第九条　基金业协会为私募基金管理人和私募基金办理登记备案不构成对私募基金管理人投资能力、持续合规情况的认可；不作为对基金财产安全的保证。

第十条　私募基金管理人依法解散、被依法撤销或者被依法宣告破产的，其法定代表人或者普通合伙人应当在20个工作日内向基金业协会报告，基金业协会应当及时注销基金管理人登记并通过网站公告。

第三章　合格投资者

第十一条　私募基金应当向合格投资者募集，单只私募基金的投资者人数累计不得超过《证券投资基金法》、《公司法》、《合伙企业法》等法律规定的特定数量。

投资者转让基金份额的，受让人应当为合格投资者且基金份额受让后投资者人数应当符合前款规定。

第十二条　私募基金的合格投资者是指具备相应风险识别能力和风险承担能力，投资于单只私募基金的金额不低于100万元且符合下列相关标准的单位和个人：

（一）净资产不低于1000万元的单位；

（二）金融资产不低于300万元或者最近三年个人年均收入不低于50万元的个人。

前款所称金融资产包括银行存款、股票、债券、基金份额、资产管理计划、银行理财产品、信托计划、保险产品、期货权益等。

第十三条　下列投资者视为合格投资者：

（一）社会保障基金、企业年金等养老基金，慈善基金等社会公益基金；

（二）依法设立并在基金业协会备案的投资计划；

（三）投资于所管理私募基金的私募基金管理人及其从业人员；

（四）中国证监会规定的其他投资者。

以合伙企业、契约等非法人形式，通过汇集多数投资者的资金直接或者间接投资于私募基金的，私募基金管理人或者私募基金销售机构应当穿透核查最终投资者是否为合格投资者，并合并计算投资者人数。但是，符合本条第（一）、（二）、（四）项规定的投资者投资私募基金的，不再穿透核查最终投资者是否为合格投资者和合并计算投资者人数。

第四章　资 金 募 集

第十四条　私募基金管理人、私募基金销售机构不得向合格投资者之外的单位和个人募集资金，不得通过报刊、电台、电视、互联网等公众传播媒体或者讲座、报告会、分析会和布告、传单、手机短信、微信、博客和电子邮件等方式，向不特定对象宣传推介。

第十五条　私募基金管理人、私募基金销售机构不得向投资者承诺投资本金不受损失或者承诺最低收益。

第十六条　私募基金管理人自行销售私募基金的，应当采取问卷调查等方式，对投资者的风险识别能力和风险承担能力进行评估，由投资者书面承诺符合合格投资者条件；应当制作风险揭示书，由投资者签字确认。

私募基金管理人委托销售机构销售私募基金的，私募基金销售机构应当采取前款规定的评估、确认等措施。

投资者风险识别能力和承担能力问卷及风险揭示书的内容与格式指引，由基金业协会按照不同类别私募基金的特点制定。

第十七条 私募基金管理人自行销售或者委托销售机构销售私募基金，应当自行或者委托第三方机构对私募基金进行风险评级，向风险识别能力和风险承担能力相匹配的投资者推介私募基金。

第十八条 投资者应当如实填写风险识别能力和承担能力问卷，如实承诺资产或者收入情况，并对其真实性、准确性和完整性负责。填写虚假信息或者提供虚假承诺文件的，应当承担相应责任。

第十九条 投资者应当确保投资资金来源合法，不得非法汇集他人资金投资私募基金。

第五章 投资运作

第二十条 募集私募证券基金，应当制定并签订基金合同、公司章程或者合伙协议（以下统称基金合同）。基金合同应当符合《证券投资基金法》第九十三条、第九十四条规定。

募集其他种类私募基金，基金合同应当参照《证券投资基金法》第九十三条、第九十四条规定，明确约定各方当事人的权利、义务和相关事宜。

第二十一条 除基金合同另有约定外，私募基金应当由基金托管人托管。

基金合同约定私募基金不进行托管的，应当在基金合同中明确保障私募基金财产安全的制度措施和纠纷解决机制。

第二十二条 同一私募基金管理人管理不同类别私募基金的，应当坚持专业化管理原则；管理可能导致利益输送或者利益冲突的不同私募基金的，应当建立防范利益输送和利益冲突的机制。

第二十三条 私募基金管理人、私募基金托管人、私募基金销售机构及其他私募服务机构及其从业人员从事私募基金业务，不得有以下行为：

（一）将其固有财产或者他人财产混同于基金财产从事投资活动；

（二）不公平地对待其管理的不同基金财产；

（三）利用基金财产或者职务之便，为本人或者投资者以外的人牟取利益，进行利益输送；

（四）侵占、挪用基金财产；

（五）泄露因职务便利获取的未公开信息，利用该信息从事或者明示、暗示他人从事相关的交易活动；

（六）从事损害基金财产和投资者利益的投资活动；

（七）玩忽职守，不按照规定履行职责；

（八）从事内幕交易、操纵交易价格及其他不正当交易活动；

（九）法律、行政法规和中国证监会规定禁止的其他行为。

第二十四条 私募基金管理人、私募基金托管人应当按照合同约定，如实向投资者披露基金投资、资产负债、投资收益分配、基金承担的费用和业绩报酬、可能存在的利益冲突情况以及可能影响投资者合法权益的其他重大信息，不得隐瞒或者提供虚假信息。信息披露规则由基金业协会另行制定。

第二十五条 私募基金管理人应当根据基金业协会的规定，及时填报并定期更新管理人及其从业人员的有关信息、所管理私募基金的投资运作情况和杠杆运用情况，保证所填报内容真实、准确、完整。发生重大事项的，应当在 10 个工作日内向基金业协会报告。

私募基金管理人应当于每个会计年度结束后的 4 个月内，向基金业协会报送经会计师事务所审计的年度财务报告和所管理私募基金年度投资运作基本情况。

第二十六条　私募基金管理人、私募基金托管人及私募基金销售机构应当妥善保存私募基金投资决策、交易和投资者适当性管理等方面的记录及其他相关资料，保存期限自基金清算终止之日起不得少于 10 年。

第六章　行 业 自 律

第二十七条　基金业协会应当建立私募基金管理人登记、私募基金备案管理信息系统。

基金业协会应当对私募基金管理人和私募基金信息严格保密。除法律法规另有规定外，不得对外披露。

第二十八条　基金业协会应当建立与中国证监会及其派出机构和其他相关机构的信息共享机制，定期汇总分析私募基金情况，及时提供私募基金相关信息。

第二十九条　基金业协会应当制定和实施私募基金行业自律规则，监督、检查会员及其从业人员的执业行为。

会员及其从业人员违反法律、行政法规、本办法规定和基金业协会自律规则的，基金业协会可以视情节轻重，采取自律管理措施，并通过网站公开相关违法违规信息。会员及其从业人员涉嫌违法违规的，基金业协会应当及时报告中国证监会。

第三十条　基金业协会应当建立投诉处理机制，受理投资者投诉，进行纠纷调解。

第七章　监 督 管 理

第三十一条　中国证监会及其派出机构依法对私募基金管理人、私募基金托管人、私募基金销售机构及其他私募服务机构开展私募基金业务情况进行统计监测和检查，依照《证券投资基金法》第一百一十四条规定采取有关措施。

第三十二条　中国证监会将私募基金管理人、私募基金托管人、私募基金销售机构及其他私募服务机构及其从业人员诚信信息记入证券期货市场诚信档案数据库；根据私募基金管理人的信用状况，实施差异化监管。

第三十三条　私募基金管理人、私募基金托管人、私募基金销售机构及其他私募服务机构及其从业人员违反法律、行政法规及本办法规定，中国证监会及其派出机构可以对其采取责令改正、监管谈话、出具警示函、公开谴责等行政监管措施。

第八章　关于创业投资基金的特别规定

第三十四条　本办法所称创业投资基金，是指主要投资于未上市创业企业普通股或者依法可转换为普通股的优先股、可转换债券等权益的股权投资基金。

第三十五条　鼓励和引导创业投资基金投资创业早期的小微企业。

享受国家财政税收扶持政策的创业投资基金，其投资范围应当符合国家相关规定。

第三十六条　基金业协会在基金管理人登记、基金备案、投资情况报告要求和会员管理等环节，对创业投资基金采取区别于其他私募基金的差异化行业自律，并提供差异化会员服务。

第三十七条　中国证监会及其派出机构对创业投资基金在投资方向检查等环节，采取区别于其他私募基金的差异化监督管理；在账户开立、发行交易和投资退出等方面，为创业投资基金提供便利服务。

第九章 法律责任

第三十八条 私募基金管理人、私募基金托管人、私募基金销售机构及其他私募服务机构及其从业人员违反本办法第七条、第八条、第十一条、第十四条至第十七条、第二十四条至第二十六条规定的，以及有本办法第二十三条第一项至第七项和第九项所列行为之一的，责令改正，给予警告并处三万元以下罚款；对直接负责的主管人员和其他直接责任人员，给予警告并处三万元以下罚款；有本办法第二十三条第八项行为的，按照《证券法》和《期货交易管理条例》的有关规定处罚；构成犯罪的，依法移交司法机关追究刑事责任。

第三十九条 私募基金管理人、私募基金托管人、私募基金销售机构及其他私募服务机构及其从业人员违反法律法规和本办法规定，情节严重的，中国证监会可以依法对有关责任人员采取市场禁入措施。

第四十条 私募证券基金管理人及其从业人员违反《证券投资基金法》有关规定的，按照《证券投资基金法》有关规定处罚。

第十章 附 则

第四十一条 本办法自公布之日起施行。

习题与思考

1.《互联网金融健康发展指导意见》主要目的和基本原则是什么?

2.《非银行支付机构网络支付业务管理办法》中业务范围及相关限制有哪些?

3. 今后出台的《网络借贷信息中介机构业务活动管理条例》将会如何保护借款人和出借人?

参考文献

[1] 宋华. 供应链金融[M]. 北京：中国人民大学出版社，2015.

[2] 杨青. 电子金融学[M]. 上海：复旦大学出版社，2009.

[3] 张宝明. 电子商务运作与管理[M]. 北京：清华大学出版社，2014.

[4] 百度. 金融风险[EB/OL]. [2016-05]. http://baike.baidu.com/.

[5] 中国人民银行. 关于促进互联网金融健康发展的指导意见[EB/OL]. (2015-07-18)[2016-03-13]. http://www.pbc.gov.cn/.

[6] 李耀东，李钧. 互联网金融框架与实践[M]. 北京：电子工业出版社，2014.

图书资源支持

感谢您一直以来对清华版图书的支持和爱护。为了配合本书的使用，本书提供配套的素材，有需求的用户请到清华大学出版社主页(http://www.tup.com.cn)上查询和下载，也可以拨打电话或发送电子邮件咨询。

如果您在使用本书的过程中遇到了什么问题，或者有相关图书出版计划，也请您发邮件告诉我们，以便我们更好地为您服务。

我们的联系方式：

地　　址：北京海淀区双清路学研大厦 A 座 707

邮　　编：100084

电　　话：010－62770175－4604

资源下载：http://www.tup.com.cn

电子邮件：weijj@tup.tsinghua.edu.cn

QQ：883604(请写明您的单位和姓名)

扫一扫

资源下载、样书申请

新书推荐、技术交流

用微信扫一扫右边的二维码，即可关注清华大学出版社公众号“书圈”。